10,-

John Dornberg
Breschnew

John Dornberg

Breschnew

Profil des Herrschers
im Kreml

Edition Praeger · München

ISBN 3-7796-4002-3
© 1973 by Edition Praeger GmbH, München
Aus dem Amerikanischen
Schutzumschlag: Ingeborg Geith und Willem Weijers
Satz, Druck und Einband: Ebner, Ulm
Printed in Germany

Inhalt

Vorwort 7

I. TEIL · PRIMUS INTER PARES
Antlitz der Macht 11

II. TEIL · APPARATSCHIK
Kind der Revolution 35
Mitglied der neuen Elite 52
Neue Männer auf alten Posten 65
Helden werden gemacht, nicht geboren 79

III. TEIL · IN DEN VORZIMMERN DER MACHT
Machtbasen in der Provinz 97
Der neue Bojar am Dnjestr 111
Schritte vorwärts und zurück 122
Neuland unterm Pflug 138

IV. TEIL · BRESCHNEW, DER CHRUSCHTSCHOWIST
Nach Moskau, nach Moskau! 157
Herr Präsident 169

V. TEIL · DIE MACHT IM KREML
Verwalter oder Führer? 193
›Ein Generalsekretär wird gemacht‹ 214
Invasionen und Doktrinen 234

Der Kampf um die Macht 255
Lenins Erbe 276
Von Freunden und Feinden 298

VI. TEIL · VON KULTEN UND PERSÖNLICHKEITEN
Ist das Rätsel gelöst? 309

LITERATUR- UND QUELLENVERZEICHNIS 327

REGISTER 331

Vorwort

Das Dilemma, dem man sich beim Schreiben eines Buches wie dem vorliegenden gegenübersieht, wurde von Mark Frankland in dem Vorwort zu seiner ausgezeichneten Biographie über Nikita Chruschtschow so treffend formuliert, daß ich seine Worte eigentlich nur wiederholen kann.

›Die Biographie eines noch lebenden, wenn nicht sogar eines noch regierenden Staatsmanns muß notwendigerweise ein Versuch sein. Wenn es aber ein lebender Sowjetpolitiker ist, muß es in einem sehr hohen Maß ein Versuch sein. Das ist hauptsächlich deshalb so, weil der größte Teil des Materials, auf dem Biographien gewöhnlich fußen, nicht zur Verfügung steht.‹

Mehr noch: Das zu Verfügung stehende Material ist so spärlich und von so schwer feststellbarem Wahrheitsgehalt und dementsprechender Zuverlässigkeit, daß man sich oft fragt, ob es überhaupt Sinn hat, es zu verwenden. Auch sind die Informationen, die dieses Material enthält, häufig sehr widersprüchlich.

So erklären einige sowjetische Nachschlagewerke, daß Leonid Breschnew in der Sowjetarmee gedient habe, nachdem er das metallurgische Institut in Kamenskoje absolviert hatte. Einige jüngere sowjetische Quellen übergehen das und behaupten, daß er sofort in einem örtlichen Stahlwerk gearbeitet habe. Warum? Der Biograph neigt zu dem Verdacht, daß hier etwas verborgen werden soll. Dieser Verdacht wiederholte sich häufig, als ich das sowjetische Material studierte, auf dem ein großer Teil dieses Buchs basiert.

Der Biograph Chruschtschows hatte wenigstens einen Vorteil: Chruschtschow war von Natur aus redselig und sprach oft über seine Vergangenheit. Vielleicht verdrehte er die Wahrheit, vielleicht übertrieb er, und vielleicht schmückte er Tatsachen farbig aus. Aber wenigstens redete er und erzählte etwas über seine Jugend und den Beginn seiner Laufbahn.

Leonid Breschnew ist — abgesehen von seinen langen formellen Reden — ein schweigsamer Mann. Bisher hat er zwei Interviews über sein persönliches Leben gegeben, und zwar der *L'Humanité,* dem Organ der französischen Kommunistischen Partei, und dem *Stern.* Man kann zum Beispiel nicht einmal genau feststellen, wann er geheiratet hat oder wann seine Kinder geboren sind.

Ich sage das nicht so sehr als Entschuldigung, sondern um die Zweifel zu unterstreichen, die ich in dem Text dieses Buches selbst so oft ausdrücken muß. Vieles über Leonid Breschnew läßt sich nur vermuten. Das ist der Grund, warum ich den vielen Quellen und Instituten so dankbar bin, die mir bereitwillig ihre Zeit zur Verfügung stellten und mich mit so vielen Informationen versorgten, ohne die dieses Buch nie hätte geschrieben werden können.

Besonders dankbar bin ich Mr. Nathan Kruglak, Milwaukee, Wisconsin, und seinem Bruder, Professor Haym Kruglak, Kalamazoo, Michigan, für ihre Schilderungen des frühen Kamenskoje; Herrn Christian Duevel, München, für seine bereitwillige Beratung und seine kremlinologischen Beobachtungen, Professor Oleg Pidhainy von der Auburn-Universität, Professor Emanuel Turczynski von der Universität Bochum und Professor Nicholas Nagy-Talavera von der kalifornischen Staatsuniversität in Chico, Kalifornien, für ihre hilfreichen Hinweise zum Auffinden weiterer Quellen und weiteren Materials. Äußerst verbunden bin ich auch meinem Vorgänger in Moskau, Mr. Robert Korengold, und meinem Nachfolger, Mr. Jay Axelbank, für ihre Auskünfte und das mir von ihnen freundlicherweise überlassene Material.

Mein Dank gilt auch den Informanten in den Vereinigten Staaten, in Kanada und Westeuropa, die speziell darum ersuchten, aus persönlichen oder beruflichen Gründen nicht genannt zu werden. Ganz besonders verpflichtet bin ich den Mitarbeitern der Forschungsbibliothek von Radio Liberty und dem Osteuropa-Institut in München für ihre Geduld und ihre Hilfe bei der Inanspruchnahme ihres Materials und ihrer Einrichtungen. Schließlich möchte ich meiner Frau, die mir so außerordentlich bei der Forschungsarbeit half, meinen Dank aussprechen.

München, Juni 1973   J. D.

I. TEIL

Primus inter pares

Es war einmal ein russischer Bauer, der zu Fuß zu einem entlegenen Dorf wanderte. Er kannte die Richtung, aber nicht die Entfernung. Als er durch einen Birkenwald ging, traf er zufällig einen verhutzelten alten Holzfäller und fragte ihn, wie weit es noch bis zu jenem Dorf sei. Der alte Mann zuckte mit der Achsel und sagte: ›Geh nur zu!‹ Der Bauer seufzte, wechselte sein Bündel von der einen Schulter auf die andere und schritt weiter. Plötzlich rief der Holzfäller: ›Eine Viertelstunde den Waldweg hinunter!‹ Erstaunt drehte sich der Bauer um und fragte: ›Warum hast du das nicht gleich gesagt?‹ Da antwortete der alte Mann ruhig: ›Ich mußte doch zuerst sehen, wie groß deine Schritte sind.‹

LEONID BRESCHNEW ZU RICHARD NIXON IM MAI 1972

Antlitz der Macht

In seiner Ferienvilla in Sotschi am Schwarzen Meer beging Nikita Sergejewitsch Chruschtschow seine letzte offizielle Amtshandlung als sowjetischer Regierungschef und Erster Sekretär der Kommunistischen Partei der Sowjetunion. Dort um neun Uhr morgens am 13. Oktober 1964 empfing er Gaston Palewski, den französischen Minister für Wissenschaft und Raumfahrt. Ihre Unterredung dauerte nur 30 Minuten. Dann entschuldigte sich Chruschtschow damit, daß er eine ›Reise‹ antreten müsse.

Zwei Tage später verschwand sein Name aus den Zeitungen und sein Bild von den Häuserfassaden, wo es für den Empfang für die drei neuesten sowjetischen Kosmonauten angebracht worden war. Der unsanfte Bauer, der die Sowjetunion fast ein Jahrzehnt lang regiert hatte, war plötzlich in der politischen Versenkung verschwunden.

Eine verblüffte Weltöffentlichkeit blickte besorgt und skeptisch auf die profillose Koalition, die Chruschtschow in einem blitzartigen Kreml-Coup entmachtet hatte. Im Gegensatz zu Chruschtschow waren Alexej Nikolajewitsch Kossygin, der neue Premierminister, und Leonid Iljitsch Breschnew, der neue Erste Sekretär der Kommunistischen Partei der Sowjetunion, praktisch unbekannt; nach den spärlichen Informationen, die man im Westen besaß, fehlte es beiden sowohl an Dynamik als auch an Format.

Überdies prophezeiten Kremlexperten, daß unter dem sowjetischen System kein Führungskollegium lange regieren könne. Es sei nur eine Frage der Zeit, bis Intrigen oder Gewalt oder beides zusammen die Macht wieder in der Hand eines einzigen Mannes vereinen würden. Diese Argumente klangen plausibel und wohlvertraut.

Über acht Jahre sind nun seit Chruschtschows Sturz vergangen, aber die Prognosen erwiesen sich nur zum Teil als richtig. Es stellte sich heraus, daß die Gruppe, die Chruschtschow gestürzt hatte, von bemerkenswerter Dauerhaftigkeit ist, ja gleichsam einen Überlebensrekord aufstellt, um den sie viele westliche Regierungen beneiden würden. Eine Ursache dafür mag sein, daß sie sich grundsätzlich von den Männern, die vorher die Sowjetunion regiert hatten, unterscheiden. So stellte der amerikanische Diplomat und Schriftsteller Charles Thayer fest: ›Im Gegensatz zu den frühen Bolschewiken handelt es sich bei diesen Männern nicht um ehemalige Desperados, die nichts mehr zu verlieren haben. Sie sind vielmehr geachtete Führer eines stabilen Staates, selbst wohlhabend und Hüter eines riesigen Industriekomplexes.‹

Verglichen mit den Säuberungsaktionen, welche die Stalin- und Chruschtschowära kennzeichneten, ist ihre Solidarität erstaunlich. Von den 21 Männern, die vor Chruschtschows Sturz Mitglieder des Politbüros waren oder nach jenem Oktober 1964 dazukamen, sind 16 bis zum heutigen Tag noch dabei. Von den restlichen fünf schieden drei durch Übertritt in den ehrenvollen Ruhestand oder durch Tod aus, während nur zwei bei einer wirklichen Säuberung ausgeschlossen wurden — und das geschah nicht vor April 1973.

Doch trotz des Eindrucks von Kontinuität und Kollektivgeist haben sich die Machtverhältnisse innerhalb des herrschenden Kreises sehr wohl verschoben — zuerst nur wenig, dann schneller und dramatisch — zugunsten eines Mannes: Leonid Iljitsch Breschnew. Er ist zum praktisch unangefochtenen Häuptling des politischen Dschungels der UdSSR aufgestiegen: nach Lenin, Stalin und Chruschtschow ist er der vierte in der elitären Reihe der Sowjetherrscher.

Bald nachdem Chruschtschow entmachtet worden war, begann ein neuer Witz in Moskau zu kursieren: Bei einem Parteitreffen, wurde ein Propagandaredner gefragt, ob auf Grund der jüngsten Entwicklungen der *Kult litschnosti,* der Persönlichkeitskult, in der UdSSR nun endlich abgeschafft worden sei. ›Natürlich‹, antwortete der Propagandist. ›Wie kann es denn einen Persönlichkeitskult geben, wenn es keine Persönlichkeit gibt?‹ Als Breschnew diesen Witz bei einem Kremlempfang hörte, brüllte er vor Lachen. Aber er sagte nichts. Der Witz ist in Moskau längst vergessen und die Meinung über Breschnew drastisch revidiert worden. ›Wir haben ihn von Anfang an unterschätzt‹, gestand einmal ein westlicher Diplomat in Moskau. ›Jeder tat ihn als farblosen Apparatschik, als Kompromißkandiaten ab.‹

Im Schatten seines extrovertierten Gönners traf das tatsächlich auf Breschnew zu. Und in Anbetracht der trüben Kremlwasser kann man es wirklich niemandem verübeln, wenn er die Zeichen falsch deutete. Aber Zeichen hatte es dennoch gegeben.

Von 1956 bis 1960 war Breschnew einer der mächtigen Sekretäre des Zentralkomitees der Kommunistischen Partei der Sowjetunion sowie Mitglied seines Präsidiums, wie das Politbüro damals genannt wurde. 1960 wurde er zum Vorsitzenden des Präsidiums des Obersten Sowjets ›befördert‹, d. h. zum ›Präsidenten‹ der UdSSR, der vor allem eine Repräsentationsstellung einnimmt. Er behielt jedoch seinen Sitz im Politbüro bei. Als Frol Koslow, der Mann, den Chruschtschow einmal als ›mein Nachfolger‹ bezeichnet hatte, 1963 durch einen Schlaganfall arbeitsunfähig wurde, kehrte Breschnew als Chruschtschows neuer Thronfolger ins Sekretariat des Zentralkomitees zurück.

Damals nannte ihn ein westlicher Diplomat ›einen Manager-Politiker sowjetischen Stils, einen Kommunisten im grauen Flanell‹. Er trug nach übereinstimmender Meinung den am besten sitzenden grauen Flanellanzug im ganzen Kreml. Wenn Breschnew tatsächlich irgend etwas von der Clique der *Apparatschiki* um Chruschtschow in ihren verknautschten Anzügen unterschied, dann war es seine tadellose Kleidung. Foy D. Kohler, ehemals US-Botschafter in der Sowjetunion, pflegte zu sagen: ›Breschnew muß den besten Schneider von Moskau haben.‹

Zog früher die gesamte Hierarchie als kleine Gruppe im Gefolge von Chruschtschow in eine Kremlempfangshalle ein, dann fiel Breschnews eckiges, markantes Gesicht, im Vergleich mit dem steifen humorlosen Auftreten der meisten anderen Führer, angenehm auf. Er wirkte etwas sympathischer als diese, da er eine forcierte Herzlichkeit ausstrahlte, wie Vertreter an der Haustür. Gelegentlich brach bei ihm auch jene schulterklopfende Art durch, die man amerikanischen Politikern gerne zuschreibt. Damen gegenüber konnte er — nach sowjetischen Maßstäben — sogar ein großer Charmeur sein, und bei Staatsempfängen zeigte er sich oft von seiner Schokoladenseite. Doch im Vergleich zu Chruschtschow schien Breschnew zweidimensional und farblos.

Er war Botschafter Kohlers Tischnachbar bei gelegentlichen Essen. Kohler schrieb in seinem Buch *Understanding the Russians:* ›Äußerlich war Breschnew immer leutselig; aber er hatte nie etwas zu berichten was ich nicht schon in der *Prawda* gelesen hatte oder was mich zurück in die Botschaft hätte eilen lassen, um nach Washington zu telegrafieren.‹

Aber schon in jenen Jahren wiesen sowjetische Kreise darauf hin, daß Breschnew Aufmerksamkeit verdiene. ›Unterschätzen Sie ihn nicht‹, riet 1962 ein sowjetischer Funktionär dem britischen Korrespondenten Michael Page. Als Page einwandte, Leute, die wirklich Macht besäßen, würden nicht Präsidenten der UdSSR werden, antwortete der Russe: ›Warten Sie ab. Ich weiß, daß Ihre Diplomaten ihn bereits abgeschrieben haben; aber sie machen da einen großen Fehler.‹

Im Jahre 1963 äußerte man sich gegenüber westlichen Journalisten noch nachdrücklicher über Breschnews zukünftige Rolle. Ein Sowjetfunktionär sagte damals zu Harry Hamm, dem Korrespondenten der *Frankfurter Allgemeinen:* ›Für uns gibt es keinen Zweifel über die derzeitige Stellung und die künftige Karriere Breschnews. Er ist der kommende Mann: klug, fähig, bescheiden und sehr populär in der Partei.‹

Diese Bemerkung erklärt, knapp zusammengefaßt, warum Breschnew dazu auserwählt wurde, den wichtigeren der beiden Posten Chruschtschows auszufüllen: die Parteiführung, traditionsgemäß der Hort höchster Machtausübung in der UdSSR. Inwieweit Breschnew an der aktiven Verschwörung gegen Chruschtschow beteiligt war oder nur das *Fait accompli* hinnahm, bleibt offen. In der kritischen Woche, vor Chruschtschows Abberufung, war Breschnew nachweislich nicht in Moskau — er befand sich zu einem offiziellen Besuch in der DDR und kehrte erst zwei Tage vor dem 13. Oktober zurück. Doch war er für die Nachfolge der logischste Kandidat. Obwohl von Chruschtschow selbst zum Erben auserwählt und im Kielwasser seines Gönners zur Spitze der Sowjethierarchie aufgestiegen, galt Breschnew seltsamerweise auch als der Mann, den Chruschtschows Gegner am ehesten akzeptieren konnten. Jahrzehntelang hatte er alle Anzeichen persönlichen Ehrgeizes unterdrückt und sich den Ruf erworben, Parteibeschlüsse ruhig, vernünftig und wirksam auszuführen. Er hatte sich bewußt nicht zu sehr profiliert und es vermieden, eine exponierte Stellung für oder gegen eine Fraktion einzunehmen. Was für feste und bestimmte Ansichten er auch gehabt haben mag, er hat sie offensichtlich nicht hinausposaunt. Er war der Kandidat, auf den sich all die Interessengruppen, all die kämpfenden und rivalisierenden ›Lobbies‹, die das sowjetische Establishment ausmachen, einigen konnten. Er hatte, wenn überhaupt, nur wenige Feinde. Vor allem war er sichtlich der fähigste Anwärter.

Kein anderer verfügte über Breschnews Erfahrung auf den Gebieten, die ein Erster Sekretär der Partei beherrschen muß. Er besaß sowohl eine theoretische wie auch eine praktische Ausbildung im landwirtschaftlichen und im industriellen Bereich. Sein Militärdienst hatte ihm ausgedehnte militärische Verbindungen auf höchster Ebene und Kenntnisse in Verteidigungsfragen verschafft. Die Partei war zwar sein primäres Aktionsgebiet gewesen, doch waren ihm auch Regierungsgeschäfte vertraut. Er besaß mehr Auslandserfahrung als seine politischen Konkurrenten und hatte gelernt, sich auf internationalem Parkett zu bewegen.

Breschnew ist zweifellos ein brillanter Politiker, dem es nicht an Zähigkeit und List mangelt. Er weiß genau, welche Schulter er wann klopfen, welche Hand er schütteln, welchen Anhänger er fördern und welchen Gegner er entfernen muß.

Im Blickpunkt der Öffentlichkeit — auf der Rednerbühne oder im Fernsehen — ist er der Alptraum jedes Imagemachers. Seine Stimme ist zwar tief und volltönend, sein Vortrag jedoch von tödlicher Langeweile. Umständlich und schwerfällig, belastet mit einem ukrainischen Einschlag, hinterläßt er bei vielen Zuhörern den Eindruck, als sei er leicht angetrunken. In den Ohren anderer wiederum besitzt er einen Sprachfehler — kurz: Breschnew ist als Redner ein Versager. Bei weniger formellen Anlässen — besonders auf den Empfängen, die sich gewöhnlich an offizielle Veranstaltungen anschließen — wirkt er hingegen lässig, umgänglich, trinkfest und völlig entspannt. Neben seiner Eigenschaft als amüsanter Erzähler verfügt Breschnew über eine Fülle von guten Anekdoten und Witzen, von denen nicht wenige auf Kosten des Kommunismus gehen. So erzählte er Bundeskanzler Willy Brandt die Geschichte eines Parteifunktionärs, der auf einer Propagandaversammlung in einem Dorf über die großen Leistungen des Kommunismus sprach: ›Ihr habt jetzt genug zu essen, ihr habt alle ein Dach über dem Kopf, Stoff für Kleidung und genug Geld, um jedes Jahr ein Paar neue Schuhe zu kaufen.‹ Dann, mit umschlagender Fistelstimme, imitierte Breschnew eine kleine, verhutzelte Großmutter, die aus dem Hintergrund des Raumes rief: ›Ganz recht, Genosse, genau wie unter den Zaren!‹

Breschnew kann an der Bahre toter Kosmonauten oder politischer Freunde ungeniert weinen. Er kann den Kopf junger Pioniere, die ihm Blumen überreichen, sanft streicheln. Bei öffentlichen Versammlungen springt er, zwei Stufen auf einmal nehmend, zur Bühne hinauf, um seine Vitalität und Männlichkeit zu demonstrieren. Er eilt seiner politischen Umgebung in der Regel mindestens ein paar Schritte voraus. Seine Gäste oder Gastgeber umarmt er mit rippenbrechender Begeisterung und küßt sie, ob männlich oder weiblich, meist mitten auf den Mund; kein anderes Mitglied des Politbüros küßt so wie Breschnew.

Man hat ihn selten erregt oder unbeherrscht gesehen. Demagogische Eskapaden und Agitation scheint er zu verabscheuen. Er ist jeder Zoll der erfolgreiche Ingenieur mit einer Vorliebe für das technische Detail. Als er im Iran eine Moschee besuchte, interessierte er sich kaum für ihre künstlerische Bedeutung und ihren religiösen Hintergrund, dafür jedoch um so mehr für die Bautechnik. Bei seinem Aufenthalt in Marseille schien weder die Architektur noch die Atmosphäre der Stadt seine Phantasie zu fesseln, sondern vielmehr die Pläne für ihre zukünftige U-Bahn.

In der Öffentlichkeit tritt Breschnew als Moralprediger auf, der die Menschen mit erhobenem Zeigefinger und orthodoxen kommunistischen Klischees zu immer größeren Leistungen anspornt. Aber hinter den Kulissen liebt er das süße Leben: teure Kleidung oder raffinierte Kleinigkeiten, wie etwa ein verschließbares Zigarettenetui mit Zeituhr, die es ihm ermöglicht, seinen Zigarettenkonsum zu bremsen; einen beheizten und mit Meereswasser gespeisten Swimming-pool in Oreanda ... Seinem Temperament entsprechen schnelle und elegante Wagen, Vollblutpferde, starke Getränke, scharf gewürzte Speisen (er ist angeblich ein ausgezeichneter Koch, was er vor Freunden gern und häufig demonstriert), hübsche Mädchen, ein Logensitz im Moskauer Dynamo-Stadion, von wo aus er seine Lieblingsfußballmannschaft beobachten kann, Wildschweinjagden, Entenschießen und Motorboote. Mit anderen Worten: jene Attribute, welche die Zugehörigkeit zu den oberen Klassenlosen der Sowjetgesellschaft symbolisieren. Als ich noch als Korrespondent in Moskau arbeitete, benutzten Mitglieder des Politbüros Wagen der sowjetischen Marken ›Sil‹ oder ›Tschaika‹; doch Breschnew jagte in seinem ›Rolls Royce‹ durch die Gegend. Später ist er auf den Cadillac umgestiegen, den er von US-Präsident Richard Nixon bekommen hat. Vermutlich sieht man ihn jetzt in dem ›Mercedes 450 SEL‹, den er von der deutschen Bundesregierung erhielt.

Breschnew ist auch eitel. Jeder Spiegel, an dem er vorbeikommt, wird benutzt, um das Erscheinungsbild zu kontrollieren: Er kämmt sein gewelltes Haar, bürstet jedes Staubkörnchen, jede Fussel von den Aufschlägen seines teuren Anzugs. Er läßt auf den offiziellen Porträtfotos die Falten in seinem Gesicht wegretuschieren und hat es nicht gern, wenn man ihn mit seiner randlosen Lesebrille fotografiert. Einmal, als Ägyptens Staatspräsident Anwer Sadat in Moskau war, posierte Breschnew begeistert für die Fotografen mit der Bemerkung: ›Immer machen sie Aufnahmen von mir, aber nie geben sie mir welche. Warum geben Sie mir nicht einige Fotos?‹

Doch so charmant er sich auch zu geben versucht: seine Augen — blau und blaß —, die entwaffnend lachen oder kühl distanziert blicken können, verraten ihn oft. Wenn Breschnew sich unbeobachtet glaubt, wenn er nicht bewußt versucht, Eindruck zu machen, werden sie hart und eiskalt.

In erster Linie besitzt Breschnew jedoch vierzig Jahre Erfahrung im politischen Nahkampf. Selbst nie Revolutionär, sondern ein Kind der Revolution, trat er erst 1931, im Alter von fast 25 Jahren, der Kommunistischen Partei bei. Damals war Stalin bereits Alleinherrscher der Partei und des Landes; Breschnew wurde ein typisches Produkt der Stalinära: ein Muster an politischer Klugheit, Unbarmherzigkeit, ergänzt durch ausgeprägten Selbsterhaltungstrieb. Ähnlich wie Chruschtschow, von dem er die politischen Schliche gelernt hatte, beherrschte er die Kunst, sich Protektion zu verschaffen und seinen Einfluß zu mehren. Während Chruschtschow jedoch viele Fehler machte, die schließlich zu seinem Sturz führten, beging Breschnew bis jetzt fast keine.

Er ist konservativ, klug und vorsichtig. Er erlitt einige schwere Rückschläge in seiner Karriere und hat offenbar gelernt, daraus

Kapital zu schlagen. Die Lektionen, die er auf dem Weg nach oben mitbekam, sind ihm heute an der Spitze von Nutzen.

Wie Lenin, Stalin und Chruschtschow versteht es Breschnew, Menschen zu manipulieren und die Partei nach seinen Intentionen zu führen. Im Unterschied zu ihnen geht er jedoch bei seinen Manipulationen ungewöhnlich vorsichtig vor. Lenin, das Genie, setzte sich gegenüber seinen Widersachern und Untergebenen mit der besseren Rhetorik, den klügeren Argumenten und der geschickteren Taktik durch. Stalin, der Diktator, liquidierte, unterdrückte und terrorisierte sie bis zur völligen Unterwerfung. Chruschtschow, der Bauer, überschrie sie, schüchterte sie ein oder stellte sie öffentlich bloß — was sie rachsüchtig machte. Breschnew hingegen zieht — mit wenigen bemerkenswerten Ausnahmen, zu denen die Behandlung Alexander Dubčeks nach der Invasion in die Tschechoslowakei zählt — Ausgleich und Schlichtung vor, um seine Ziele zu erreichen.

Er wurde der ›große Kompromißler‹ des Kremls genannt, immer bereit, einen Schritt zurückzugehen, wenn er meint oder hofft, dadurch zwei Schritte voranzukommen. Nur selten macht er Züge, ohne nicht vorher für Flanken- und Rückendeckung gesorgt zu haben. Seine Autorität beruht auf der Erhaltung des Kräftegleichgewichts im Politbüro und der Erzielung eines Konsens im Zentralkomitee und im kommunistischem Parteiapparat, der sowjetischen Version der ›öffentlichen Meinung‹. Obwohl Breschnew jenen Grundsatz der Sowjetpolitik bestätigte, daß Kollektivherrschaft an der Spitze sich letztlich auf einen Mann konzentriert, so demonstrierte er doch, daß es sich dabei um eine Form von Monokratie handelt, die von der Zustimmung des Kollektivs abhängt. Er benimmt sich wie ein ›Aufsichtsratsvorsitzender‹ — wenn auch ein Vorsitzender, an dessen Macht keiner zweifelt.

Nach Chruschtschows Sturz wartete Breschnew nicht lange, um die Fäden der Macht in seinen Händen zu vereinen. Geschickt schob er seine Hauptrivalen Nikolai Podgorny und Alexander Schelepin entweder auf- oder abwärts — jedenfalls hielt er sie von Positionen fern, in denen sie ihm gefährlich werden konnten. Er neutralisierte die meisten anderen Konkurrenten durch Entfernung ihrer wichtigsten Förderer, durch Versetzung, durch Neueinteilung der Bereiche, die ihre Position gestärkt hatten, und besetzte die Posten mit Männern, die ihm ergeben und von ihm abhängig waren.

Obwohl Breschnew Russe ist, finden sich seine politischen Wurzeln in der Ukraine, an den Ufern des Dnjepr, wo er — abgesehen von zwölf Jahren — die ersten 44 Jahre seines Lebens verbrachte. Er wurde in Kamenskoje (dem heutigen Dnjeprodserschinsk) geboren, erzogen und ausgebildet; im nahen Jekaterinoslaw (dem heutigen Dnjepropetrowsk) sowie in Alexandrowsk (dem heutigen Saporoschje) kletterte er die politische Leiter hinauf. Erst 1950 verließ Breschnew seine Ausgangsbasis, das Industriegebiet am Dnjeprbogen, um andernorts Parteiaufgaben zu übernehmen.

Seine Moskauer Mannschaft nennt man heute bezeichnenderweise die ›Dnjepr-Mafia‹. Es ist eine Clique aus mächtigen Politikern, *Apparatschiki,* Helfern, Ratgebern und Freunden, die ihre Laufbahn in den dreißiger und vierziger Jahren in Politik, Regierung und Industrie mit oder unter Breschnew in Dnjeprodserschinsk, Dnjepropetrowsk und Saporoschje begannen.

Heute bilden jene Männer, zusammen mit anderen Protegés und Anhängern, die Breschnew auf seinem Weg zur höchsten Macht an sich zog, das Fundament seiner Stärke. Diese Gruppe hat ihm praktisch den Treueeid geschworen; sie verdankt ihm ihre politische Karriere — so, wie er die seine einst Nikita Chruschtschow verdankt hatte. Sie sichern seine Majorität im Politbüro, verleihen ihm Gewicht im Zentralkomitee, nehmen Schlüsselpositionen in seinem Mitarbeiterstab ein, beeinflussen seine Ansichten und seine Politik, agieren als seine Wachhunde in den Ministerien, kontrollieren die Polizei, das KGB und den Parteiapparat. Es ist eine beeindruckende Liste der wichtigsten Männer in der Sowjetunion.

Einige von ihnen sind nicht nur seine engsten Freunde, sondern auch seine Nachbarn. Breschnew bewohnt seit Anfang der fünfziger Jahre ein streng bewachtes Mietshaus der Regierung in Moskau, Kutusowski-Prospekt 24. Heute wohnt Nikolai Schtschelokow, der sowjetische Innenminister und Chef der uniformierten Polizei, ein Stockwerk unter ihm; Juri Andropow, der Chef des KGB, der Geheimpolizei, wohnt ein Stockwerk über ihm. Nicht einmal Stalin mit seinen Wahnvorstellungen lebte in solch enger Nachbarschaft mit seinen höchsten Polizeibeamten.

Vielleicht noch wichtiger als die ›Dnjepr-Mafia‹ ist Breschnews solide Basis im sowjetischen Militär-Establishment.

Wie weit gehen diese militärischen Verbindungen zurück? Das ist eine der unlösbaren Fragen, die zu dem Puzzle aus Vermutungen, Hypothesen und fragmentarischen Informationen um Breschnew beitragen.

Trotz wachsender Macht und zunehmender Exponierung in der Öffentlichkeit bleiben Breschnews Leben und Biographie unklar. Die offiziellen Informationen fließen spärlich und scheinen periodisch zu wechseln, je nach Stimmung und Absicht des Kremls.

Einer der Widersprüche betrifft seine frühe militärische Laufbahn. Einigen biographischen Quellen zufolge, etwa dem Jahrbuch 1965 der *Großen Sowjetenzyklopädie*, diente Breschnew, nachdem er ein Ingenieurdiplom am Institut für Metallurgie in Kamenskoje erworben hatte, 1935 und 1936 in der Roten Armee. Jüngere Quellen, wie die Neuausgabe der *Großen Sowjetenzyklopädie,* erwähnen hingegen davon nichts, sondern vermerken, daß er gleich nach der Promotion als Ingenieur in der Stahlfabrik *F. E. Dserschinski* in Kamenskoje gearbeitet habe. Die Weglassung des Militärdienstes im Lebenslauf wäre für jeden Politiker der Welt ungewöhnlich. Doch im Falle Breschnews, dessen Heldentaten im Krieg eine wachsende Rolle beim Aufbau seines Images spielen, ist es einfach unverständlich.

Was immer die Wahrheit über diese frühe Dienstzeit in der Roten Armee sein mag, über Breschnews weitere militärische Laufbahn besteht jedenfalls kein Zweifel. Während des Zweiten Weltkrieges war er Politischer Kommissar, der mit 38 Jahren zum Range eines Generalmajors aufstieg. Hochdekoriert — er erhielt zwei Orden des Roten Banners und einen Orden des Roten Sterns —, gehörte Breschnew zu jener Elite, die bei der Siegesparade am 24. Juni 1945 auf dem Roten Platz vor Stalin marschieren durften.

Zu den Männern, mit denen er während des Krieges dauerhafte Verbindungen oder Freundschaften einging, zählen einige der mächtigsten Generäle und Admiräle der Sowjetunion, darunter Marschall Andrej Gretschko, der heutige Verteidigungsminister.

Der Krieg sollte jedoch nicht Breschnews letzter aktiver Dienst in Uniform sein. Eine weitere und sehr kurze, aber politisch vielleicht noch bedeutsamere Epoche begann im Jahre 1953. Nach Stalins Tod erlitt Breschnew einen größeren Rückschlag in seiner politischen Laufbahn. Er wurde zum obersten Politischen Kommissar der Sowjetmarine sowie zum Ersten Stellvertretenden Leiter der politischen Hauptverwaltung im Verteidigungsministerium ernannt. Diesen Posten im Range eines Generalleutnants hatte er knapp elf Monate inne — jedenfalls lange genug, um mit dem sowjetischen Militär-Establishment die politischen Verbindungen neu zu festigen, die heute eine entscheidende Stütze seiner Machtstruktur darstellen.

Zweifellos ist der Einfluß der Marschälle und Admiräle unter Breschnews Regime gewachsen. Das beweist die Aufnahme Gretschkos als Mitglied des Politbüros im April 1973. Doch da Breschnew selbst ein Mitglied dieser militärischen ›Altherrenverbindung‹ war, erlangte er eine größere Handlungsfreiheit, als es irgendeinem anderen potentiellen Nachfolger Chruschtschows möglich gewesen wäre. Es ist kaum anzunehmen, daß ein anderer als er US-Präsident Nixon zu einer Moskauer Gipfelkonferenz hätte empfangen können, nachdem derselbe Nixon ein paar Wochen zuvor die Verminung der nordvietnamesischen Häfen angeordnet hatte.

Neben der enormen Machtstellung, die Breschnew schon innehat, beansprucht er offenbar noch mehr Macht. Eine Zeitlang zielte er auf das zusätzliche Amt des Ministerpräsidenten — also Alexej Kossygins Funktion. Unter vielen Kremlkundigen gilt es beinahe als Axiom, daß Breschnew 1970 einen erfolglosen Vorstoß in diese Richtung unternahm. Ob und wann er den nächsten Versuch starten wird, bleibt abzuwarten.

Wenn er nicht — wie Chruschtschow, Stalin und Lenin vor ihm — Chef der Regierung *und* der Partei werden kann, dann könnte Breschnew danach trachten, an der Spitze des Staates *und* der Partei zu stehen. Es ist wenig wahrscheinlich, daß er dieselbe ›Präsidentschaft‹ anstrebt, die er schon in den Jahren 1960—1964 innehatte. Er scheint vielmehr auf eine Verfassungsänderung hinzuarbeiten, die einen ›Staatsrat‹ schaffen würde — eine kollektive Präsidentschaft nach dem Muster der DDR und Rumäniens — mit ihm als Staatsratsvorsitzenden, zusätzlich zu seiner Führungsposition in der Partei. Im November 1971 kursierten in Moskau und anderen osteuropäischen Hauptstädten Gerüchte, daß eine solche Änderung bevorstehe. Dann, in letzter Minute, scheint dieser Schachzug Breschnews vereitelt worden zu sein. ›Tipgeber‹ — fast ausnahmslos Agenten der ›Abteilung für Falschmeldungen‹ des KGB — erzählten Korrespondenten in Moskau, daß Berichte über eine solche Verfassungsänderung verfrüht seien. Wie verfrüht? Auch das bleibt abzuwarten.

Es ist fraglich, ob Breschnew wirklich einen Titel benötigt. Jedenfalls hat das Nichtvorhandensein dieses Titels weder Nixon noch Georges Pompidou oder Willy Brandt davon abgehalten, mit Breschnew als dem De-facto-Oberhaupt von Partei, Regierung und Staat zu verhandeln.

Seine Unterschrift neben der Nixons unter dem SALT-Abkommen wurde zu einem Präzedenzfall im Völkerrecht: es war das erstemal, daß ein Abkommen zwischen zwei Staaten von einem Mann in seiner Eigenschaft als Parteiführer unterzeichnet wurde. Nixons protokollarisch adäquater Partner hätte entweder Podgorny, das sowjetische Staatsoberhaupt, oder Kossygin sein müssen.

Noch lange Zeit danach versuchten sowjetische Beamte, diese gravierende Abweichung vom Protokoll zu erklären. Sie erzählten ausländischen Journalisten und Diplomaten, daß der Oberste Sowjet, das Parlament der UdSSR, diese Aufgabe an Breschnew delegiert habe. In Wirklichkeit unterstreicht Breschnews Unterschrift unter dem Vertrag nur das, was in den letzten Jahren offensichtlich wurde: Er *ist* der neue Zar im Kreml.

Begonnen hatte es Anfang 1970. Damals im März reiste Breschnew, nur von Verteidigungsminister Gretschko begleitet, nach Minsk, um die Frühjahrsmanöver der Sowjetarmee zu inspizieren: ein Akt, der ihn in die Rolle eines Obersten Befehlshabers einstufte.

Im Juni schuf er einen bemerkenswerten Präzendenzfall durch seine Teilnahme an einer Sitzung des Ministerrates, dessen Vorsitzender Kossygin ist; dort hielt er eine, wie die *Prawda* bemerkte, ›bedeutende Rede‹, die sich vermutlich mit dem neuen Fünfjahresplan und der Wirtschaftslage befaßte. Obwohl Breschnew kein Mitglied des Ministerrates ist, ließen die Berichte der *Prawda* den Eindruck entstehen, daß die Sitzung unter dem De-facto-Vorsitz von Breschnew abgehalten wurde, was vermutlich auch der Fall war.

Als im Februar 1971 der Entwurf des laufenden Fünfjahresplanes veröffentlicht wurde, war das Dekret des Zentralkomitees nur von Breschnew allein unterzeichnet. Seit Stalins Tod hatte das Zentralkomitee keinen Beschluß herausgegeben, der ausschließlich die persönliche Unterschrift des Ersten Sekretärs der Partei trug.

Den überzeugendsten Beweis von Breschnews wirklicher Macht

lieferte der XXIV. Parteitag im April 1971, auf dem er 6 Stunden lang sprach. Seine Marathonrede, die an die Rekorde von Chruschtschow und Stalin heranreichte, wurde vom Fernsehen für die Nation ›live‹ übertragen. Im Vergleich dazu sendete das Fernsehen aus Kossygins Ansprache nur Ausschnitte — als Aufzeichnung. Ja, zu dem Zeitpunkt, als der Ministerpräsident der UdSSR im Kongreßpalast des Kremls zu sprechen begann, brachte das sowjetische Fernsehen eine Wiederholung von Breschnews gesamter Rede.

Der Parteitag fand hinter verschlossenen Türen statt; aber Beobachter, die die Fernsehausschnitte der Kossyginrede sahen, bemerkten, daß während der Ansprache des Premierministers Breschnew demonstrativ Korrespondenz las, Pjotr Schelest, der damalige Parteichef der Ukraine, in eine Zeitschrift vertieft war, und Mstislaw Keldysch, der Präsident der sowjetischen Akademie der Wissenschaften, mit dem Ausdruck äußerster Langeweile seine Fingernägel betrachtete.

Seit jenem Kongreß war Breschnews Aufstieg unaufhaltsam, zumal er jetzt auch noch Kossygins bisheriges spezielles Ressort für sich okkupierte: die Außenpolitik. Das strenge Gesicht Kossygins, Fernsehzuschauern und Zeitungslesern in der ganzen Welt vertraut, tauchte immer seltener auf.

Auf dem Parteitag war es Breschnew, der dem Kreml den Sechs-Punkte-Vorschlag unterbreitete, der in den folgenden Monaten von sowjetischen Politikern und Diplomaten ganz betont als ›Breschnew-Friedensplan‹ bezeichnet wurde.

Im September 1971 lud er Bundeskanzler Brandt zu einem Treffen auf die Krim ein. Kossygin, nominell und verfassungsmäßig für die Außenpolitik verantwortlich, war nicht dabei. Noch im selben Monat reiste Breschnew nach Jugoslawien zu einem Gipfeltreffen mit Präsident Tito. Im Oktober fuhr er ohne Kossygin und Podgorny nach Frankreich, wo ihn Präsident Pompidou mit 101 Salutschüssen, dem Protokoll, das beim Empfang von Staatsoberhäuptern angewandt wird, und einer Suite im Grand Trianon in Versailles willkommen hieß. Immerhin hatte Mitte der fünfziger Jahre Chruschtschow bei Auslandsreisen Premierminister Bulganin noch als diplomatisches und protokollarisches Feigenblatt benützt. Doch erstaunlicher war die Art, wie sich Breschnew benahm.

Noch anläßlich seines Besuches in Teheran im Jahre 1963 war es eine kleine Sensation, als sich Breschnew zu einem spontanen, improvisierten Trinkspruch ›auf die Freiheit — lang lebe die Freiheit!‹ aufraffte. Spontaneität schien nicht seine Sache.

Doch in Simferopol, wo er im September 1971 auf die Landung von Willy Brandts Flugzeug wartete, schien er wie verwandelt. Als Nikolai Kiritschenko, der Parteichef des Krimgebiets, vor den versammelten westdeutschen Journalisten und Diplomaten damit begann, langweilige Statistiken über die lokale Produktion und den Fremdenverkehr herunterzuleiern, zupfte ihn Breschnew am Ärmel und sagte: ›Das wissen wir ja alles. Gehen wir hinüber und *reden* wir mit den Leuten, hören wir, was *sie* denken. *Das* ist wichtig!‹

Dann schüttelte Breschnew zwei Leibwächter ab, begab sich zu einer Schar sowjetischer Urlauber, die am Flughafen warteten, und begann rundum Hände zu schütteln. ›Wir können Sie nicht sehen, Leonid Iljitsch!‹ rief ein Mann aus dem Hintergrund. Agil, wie er es gern zur Schau stellt, sprang Breschnew auf eine niedrige Umzäunung. ›Könnt Ihr mich jetzt sehen?‹ fragte er. Es war ein symbolischer Sprung, denn Breschnew unternimmt seit Anfang 1970 große Anstrengungen, um sein politisches Profil so hoch zu heben, daß es auch jeder sehen kann.

Nachdem das Händeschütteln mit seinen eigenen Landsleuten vorbei war, wandte er sich der kleinen Gruppe westdeutscher Reporter zu, die in der Nähe standen. Das war das erstemal, daß er mit nichtkommunistischen Korrespondenten sprach. Er plauderte vergnügt mit ihnen und flocht sogar ein paar deutsche Worte ein.

Die Konferenz mit Brandt war eine virtuose Zurschaustellung von Breschnews Geschick, sich als leutseliger Gastgeber, als kampferprobter Politiker und als Staatsmann zu geben.

Die Vorstellung begann in dem Moment, als der Kanzler aus dem Flugzeug stieg. ›*Dobro poschalowat* — willkommen!‹, dröhnte Breschnew. Nach der routinemäßigen Frage, ob Brandt einen guten Flug gehabt habe, nahm er ihn beim Arm und steuerte ihn zur VIP-Lounge des Verwaltungsgebäudes, wo — wie Breschnew es formulierte — ›unsere ukrainischen Genossen Sie gern mit ein paar Erfrischungen begrüßen möchten‹. Es stellte sich dann heraus, daß diese ›paar Erfrischungen‹ eine dreistündige Festmahlzeit mit Bergen von russischen Delikatessen und Strömen von Wodka, Krimwein und -sekt waren.

Damit war die Atmosphäre für die folgenden beiden Tage festgelegt Plänkeleien mit Korrespondenten, baden im Schwarzen Meer, Bootsausflüge, Verhandlungen, Bankette und Privatgespräche, in denen Breschnew freimütig über seine Jugend und seine Kriegserlebnisse plauderte.

Während der ganzen Zeit behandelte der einstige Apparatschik und jetzige Staatsmann Breschnew den Bundeskanzler wie einen lange verloren geglaubten Freund. Als Brandt einmal einsam und allein an der Balustrade des sowjetischen Regierungsgrundstücks stand und auf das Meer hinausblickte, stürzte Breschnew von hinten herbei, schlug dem Ahnungslosen kräftig auf die Schulter, wischte sich den Schweiß von seinen buschigen Brauen und sagte: ›Entschuldigen Sie, daß ich Sie warten ließ, aber Ihre Landsleute haben mich mit ihren Fragen so lange aufgehalten.‹

In Jugoslawien verlor er ein paar Wochen später die letzten Spuren seiner legendären Aversion gegen die Presse. Er schlenderte zu einem amerikanischen Reporter hinüber, den er offensichtlich für einen Jugoslawen hielt, legte ihm den Arm um die Schulter und machte ein paar forsche allgemeine Bemerkungen über die Gespräche mit Tito.

Während seines Besuches in Paris im Oktober 1971 bewies Breschnew die gleiche Geschicklichkeit. Er lächelte, erzählte kleine Anekdoten, winkte freundlich und umarmte seine Gastgeber.

Nichts schien ihn zu erschüttern, nicht einmal die Aufzugtür im Louvre, die ihn plötzlich von allen seinen Leibwächtern abschnitt. Als die Leute vom Geheimdienst keuchend die Treppen heraufgestürzt kamen, fanden sie einen völlig ungerührten Breschnew vor, der gemächlich aus dem Aufzug stieg.

In dieser hektischen Woche kam er bei etlichen Gelegenheiten ohne ersichtlichen Grund zu spät. Ein französischer Beamter bemerkte dazu: ›Es hat den Anschein, daß er zu spät kommen will, um zu demonstrieren, daß er Herr seiner eigenen Zeit ist.‹

Französische Reporter, die mit ihm reisten, drückten verblüfft ihre Bewunderung aus: ›Ein neuer Breschnew — ein neuer Stil! Er schweift nicht vom Thema ab, er formuliert präzise. Er liest nicht ein vorbereitetes Konzept ab, sondern er improvisiert. Er ist freundlich und beklatscht sich nicht in der üblichen russischen Art.‹

Ein noch ›neuerer‹ Breschnew erschien im Mai 1973 in Bonn. Von dem Moment an, als er energiegeladen von der Treppe seiner Iljuschin 62 heruntereilte, bis zu seinem Abflug fünf Tage später war er sich immer der Presse und des unsichtbaren Fernsehpublikums der Bundesrepublik bewußt. Er winkte, er lächelte und lachte. Bereitwillig posierte er für die zahllosen Fotoreporter und stellte sich für Kurzinterviews. ›Fast wie Chruschtschow‹, bemerkte ein Bonner Beobachter — nicht ganz sicher, ob er damit Breschnew ein Kompliment machte oder nicht.

Breschnew beeindruckt Diplomaten und andere Staatsmänner der Welt nicht minder als die Journalisten. Er begegnet ihnen mit spontaner Herzlichkeit und natürlichem Einfühlungsvermögen. Er weiß Atmosphäre zu schaffen, eine Vertrauensbasis zu legen. Er wirkt völlig beherrscht, selbstsicher in seiner Rolle als Führer von 250 Millionen Menschen, überraschend urban, aber unerschütterlich in seiner politischen Überzeugung und in seinen Prinzipien.

Er kann verlockende Zukunftsträume darlegen. In seinen Gesprächen mit deutschen Industriellen malte er überoptimistische Bilder grenzenloser Investitionsmöglichkeiten in der UdSSR. Sie bewegten sich am Rande des Phantastischen. Breschnew sprach von Kooperationsvereinbarungen, um die Naturschätze und Rohmaterialquellen der Sowjetunion auszubeuten, die sich über 30, 40 ›und warum auch nicht 50‹ Jahre erstrecken könnten. Wie ein vieles versprechender Handelsreisender empfahl er seinen Geschäftspartnern: ›Zögern Sie nicht, um mit uns ins Geschäft zu kommen.‹

Was seine Kenntnisse der außenpolitischen Angelegenheiten anlangt, so wiesen diese gelegentlich Lücken auf. Und in seiner Bewunderung für die westliche Technologie neigt er dazu, die Kapazitäten und Möglichkeiten der kapitalistischen Industriewelt zu überschätzen. Deutsche Industriekreise und Wirtschaftsexperten verblüffte Breschnew, als er über Zinsraten für langfristige Kredite sprach und dabei sagte, daß es auf ein Prozent mehr oder weniger doch nicht ankäme. Möglicherweise ist das alles auf die zahlreichen Filter zurückzuführen, die eine Information passiert, ehe sie ihn erreicht. Auf dem Gebiet der sowjetischen Innenpolitik scheint er aber völlig Herr der Lage zu sein und ein klares Bild davon zu haben, was sein Land benötigt.

US-Präsidentenberater Henry Kissinger äußerte seine Überraschung darüber, daß Breschnew viel klüger, intelligenter und besser informiert sei, als er erwartet habe.

In einem Interview mit der *Süddeutschen Zeitung* sagte Bundeskanzler Brandt: ›Man soll sich hüten, einem wichtigen Gesprächspartner ein Etikett aufzukleben. Aber es ist unverkennbar, daß es sich bei Herrn Breschnew um einen Mann handelt mit sehr großer Erfahrung und mit sehr viel Willensstärke. Zusätzlich zu dieser großen Erfahrung, die man spürt, eine Erfahrung, die sich natürlich besonders auf die Sowjetunion und ihre eigenen Probleme bezieht, zusätzlich zu der Willensstärke, der Energie kommt eine — wie soll ich sagen — Neugier hinzu. Es ist die Neugier eines nun auch nicht mehr ganz jungen Mannes gegenüber den Problemen und den Persönlichkeiten eines Landes und eines Teiles der Welt, mit denen er bisher wenig zu tun gehabt hat.‹

Tatsächlich versuchte Breschnew seine neu erworbenen Kenntnisse und Erfahrungen besonders in der Deutschlandfrage anzuwenden. Im Gespräch mit Jay Axelbank, meinem Nachfolger in Moskau, bezeichnete ein prominenter sowjetischer Redakteur die Annäherung an die Bundesrepublik als das ›Werk‹ Breschnews, der selbst die deutschen Verhandlungen vorantrieb. ›Er hofft, in die Geschichte als der Mann einzugehen, der mit Deutschland Frieden schloß.‹

Diplomaten, die mit ihm zu tun hatten, äußerten ihre Erleichterung darüber, daß Breschnew offenbar die Zügel der Außenpolitik den Händen Kossygins entrissen hat.

›Mit ihm redet es sich leichter‹, meinte ein westeuropäischer Botschafter. ›Er ist auch einmal zu einem Scherz aufgelegt. Kossygin ist wie ein Maschinengewehr mit einem Computergehirn. Er will nur Fakten und Zahlen, während Breschnews Stil mehr dem eines Politikers entspricht.‹ Ein langgedienter westlicher Botschafter in Moskau erklärte einem amerikanischen Korrespondenten: ›Kossygin ist der härteste Verhandlungspartner von allen. Er weicht nicht einen Fingerbreit von seinen Politbüroinstruktionen ab. Verstehen Sie mich recht: Breschnew ist schon hart genug. Aber er scheint doch mehr Elastizität zu besitzen und auch mehr Autorität.‹

Die meisten westlichen Beobachter stimmen darin überein, daß Breschnew immer schon Autorität besessen habe. Was sich jedoch in den letzten zwei oder drei Jahren geändert hat, ist sein Stil, seine Haltung, die Art, wie er die Dinge anpackt, sein stärkeres Profil.

Wie mächtig Breschnew auch gewesen sein mag, seit er die

Führungsposition in der Partei übernahm: eine Fülle von politischen Flüsterwitzen der 60er Jahre verrät doch, daß er alles andere als allgemein beliebt war. So hieß es etwa, der einzige Unterschied zwischen Breschnew und Stalin wäre der, daß der Schnurrbart über die Augenbrauen gerutscht sei. Oder: Ein Agitpropredner antwortet auf die Frage, welches echte Interesse die Sowjetunion habe, den ersten Mann auf den Mond zu schießen: ›Der erste Mann in der Sowjetunion ist Leonid Breschnew!‹

Seit 1970 hat man keine Mühen gescheut, dieses Image zu ändern. Zahlreiche Bücher und eine Reihe von Zeitschriftenartikeln suchten ihn als mutigen, heldenhaften Offizier im Zweiten Weltkrieg herauszustellen, dessen einzigste Sorge das Wohlergehen seiner Truppe gewesen sei. Laut *Ogonjok*, einer sowjetischen illustrierten Wochenzeitschrift, kannte er die gesamte 18. Armee vom Kommandeur bis zum gemeinen Soldaten. ›Ihn schätzten sie besonders, er verstand ihre Stimmungen und Gedanken und vermochte in ihnen das Verlangen nach Sieg zu entfachen. Wie oft hat die Unerschütterlichkeit dieses Mannes das Unmögliche möglich gemacht? In den kritischsten Momenten der Schlacht fand er aufmunternde Worte, die eine enorme Wirkung hatten. Zu wiederholten Malen bewies er persönliche Tapferkeit und eiserne Nerven. Seine sichere, ruhige Stimme erklang im Lärm und Getümmel der Schlacht.‹

Breschnews Reden und Fotos beherrschten allmählich die Parteipresse. Immer häufiger reiste er in die Provinzen, wo er längere Reden hielt, die meist ›live‹ im Fernsehen übertragen wurden.

Die Kampagne, Breschnews Image menschlicher zu gestalten, erhielt durch den Brandt-Besuch neue Impulse. In Oreanda wurde er mit dem Kanzler fotografiert, ohne Krawatte und mit Sonnenbrille. Die sowjetische Nachrichtenagentur TASS gab wenig später ein offizielles Breschnew-Foto frei, auf dem er wie ein Filmstar oder Jachtbesitzer und um rund zehn Jahre jünger aussah. Er trug eine blaue Windjacke, Sporthemd und Hosenträger sowie eine Sonnenbrille; sein gewelltes, graumeliertes Haar war attraktiv vom Wind zerzaust, er lehnte lässig an der Reling eines großen Motorbootes. Heute sieht man sogar Fotos, die Breschnew bei Pferderennen, als erfolgreichen passionierten Jäger, charmanten Gastgeber und Landedelmann zeigen. Alle sind weit entfernt von dem düster blickenden Klischee eines Sowjetführers.

Gelegentlich schreitet die Kritik der Sowjetorthodoxie noch ein. So erschien in der *Prawda* im September 1971 ein Konferenzfoto von Breschnew, Brandt und Egon Bahr erst nach größeren Retuschen. Eine Zigarette in Breschnews Hand wurde auf dem TASS-Original überspritzt, ebenso die Flaschen und Gläser auf dem Tisch. Sogar der Ärmel von Breschnews Jacke wurde diskret verlängert, um die Hemdmanschette zu bedecken, die nach Meinung von *Prawdas* Arbiter elegantiarum zu weit vorstand.

Am Silvesterabend 1970 unternahm Breschnew einen ungewöhnlichen Schritt, indem er in einer zehnminütigen Rede an die Nation dem sowjetischen Volk seine Glückwünsche übermittelte und es ermahnte, ›neue Meilensteine im kommunistischen Aufbau‹ zu setzen.

Auf dem XXIV. Parteikongreß priesen zahlreiche Delegierte seine ›unermüdliche Aktivität und ständige Sorge für das Wohl des Volkes‹ und verkündeten, daß seine sechsstündige Rede sie zu ›Tränen der Freude und des Stolzes‹ gerührt hätte.

Sowjetische Zeitschriften und Zeitungen schildern Breschnew als echten Sohn des Proletariats, der in einer ärmlichen Lehmhütte in einem Arbeiterviertel aufgewachsen ist. Er wird als hart arbeitender Selfmademan gezeigt, über den die Leute in seiner Heimatstadt ›nur das Beste‹ reden.

Die Welt und auch viele seiner eigenen Landsleute hielten ihn einst für einen internationalen Tyrannen, der in die Tschechoslowakei einfiel und die zerbrechliche Blume des ›Prager Frühlings‹ zertrat; für einen geopolitischen Rohling, der die berüchtigte Breschnew-Doktrin erfand, welche Moskaus Recht dokumentiert, in die Angelegenheiten anderer kommunistischer Staaten militärisch einzugreifen; für einen Neostalinisten, der Konzentrationslager, psychiatrische Strafanstalten und die versteckte Drohung von Massenterror dazu benützt, politische Abweichung und ideologischen Dissens zu unterdrücken.

Dagegen bemühen sich die sowjetischen Imagemacher, ihn als einen Mann des Friedens zu präsentieren, der es sich zum Ziel gesetzt hat, bessere Lebensbedingungen für sein Volk zu schaffen, als einen Politiker und Staatsmann, der von Ebenbürtigen respektiert wird. Nicht umsonst lief ein zweistündiger Film über Breschnews Frankreichreise ungewöhnlich lange in sowjetischen Kinos.

Offenbar inspiriert von seinen drei Vorgängern, möchte auch Breschnew ein anerkannter Vertreter der kommunistischen Theorie werden. 1970 erschien eine zweibändige Sammlung seiner Reden mit dem Titel *Auf Lenins Kurs* (Auflage 500 000) in der UdSSR. Obwohl sie sich nicht gerade als Bestseller erwies, wurde im Herbst 1972 ein dritter Band herausgegeben. Die Kritiker ergingen sich in überschwenglichem Lob. Verständlicherweise enthält die Sammlung keine Reden aus der Zeit vor Chruschtschows Sturz. Denn damals war Breschnew noch voller Begeisterung für seinen Mentor — so wie er es auch Stalin gegenüber, bis zu dessen Tod, gewesen war.

Sachverständige Beobachter der sowjetischen Szene werden außerdem feststellen, daß die ›Breschnew-Sammlung‹ alles andere als eine genaue Wiedergabe seiner Aussprüche darstellt. Vergleiche mit den Originalen beweisen, daß die Texte frei bearbeitet wurden, um sie nachträglich in Einklang mit den Wandlungen der Parteipolitik zu bringen. Ganze Absätze, die sich auf nichterfüllte politische Versprechungen oder auf gestürzte kommunistische Führer wie Alexander Dubček oder Polens Wladislaw Gomulka bezogen, wurden kunstvoll herausredigiert.

Trotz stetigen Aufbaus des Breschnewkultes werden regelmäßig die Bremsen angezogen. Das Aufpolieren seines Images scheint sorgfältig dosiert zu sein und unterliegt möglicherweise einer stillen Abmachung innerhalb des Politbüros, wonach Einhalt geboten wird, falls der Breschnewkult Dimensionen anzunehmen droht, wie sie dem Chruschtschow- oder dem Stalinkult anhafteten. Dies geschah Mitte 1970.

Breschnew oder einige seiner Schützlinge benützten die allgemeine Verwirrung in der UdSSR über die Diskrepanz von 13 Tagen zwischen dem vorrevolutionären Julianischen und dem neuen Gregorianischen Kalender, um Breschnews Geburtstag vom 19. Dezember 1906 um 13 Tage auf den 1. Januar 1907 zu verschieben, so daß er auf den Neujahrstag, einen größeren gesetzlichen Feiertag, fiel. Die Produktion und Verteilung der vielen verschiedenen offiziellen und offiziösen Kalender in der Sowjetunion, die alle durch die staatliche Zensur gehen müssen, beginnt meist schon elf Monate vorher. Deshalb waren um die Jahresmitte vier von den 1971er-Kalendern mit Breschnews ›neuem‹ Geburtstag bereits verteilt worden. Offenbar intervenierten andere Politbüromitglieder, als sie entdeckten, daß besagter Geburtstag schon früher, nämlich nach der Revolution, gleichzeitig mit vielen anderen in der Sowjetunion vordatiert worden war. Die 1971er-Kalender, die nach der Jahresmitte zum Druck freigegeben und verteilt wurden, führten wieder den 19. Dezember an. Das war ein größerer Rückschlag in dem wachsenden *Kult litschnosti* um Breschnew; seither taktiert er wesentlich vorsichtiger.

Breschnew ist Realist, Pragmatiker und Konservativer. Er geht nur selten ein Risiko ein und führt keine ›wilden‹ Pläne durch, um seine Probleme zu lösen. Häufig schiebt er ihre Lösung hinaus. Er gefährdet nicht gern ein Unternehmen und läßt auch nicht zu, daß es von anderen gefährdet wird. Der Part, den er in internationalen Krisen spielt, ist mehr ein vermittelnder, beschwichtigender, wie es sein Vorgehen im Nahen Osten oder in Vietnam zeigt. Anstatt das Reich zu vergrößern, scheint er sich damit zu begnügen, das zu bewahren und zu schützen, was seine Vorgänger eingebracht haben.

In Moskau heißt es, es sei Breschnews Wunschtraum, der erste Parteiführer zu werden, der sich in Ehren zur Ruhe setzt. Ob es ihm gelingen wird, dieses Ziel zu erreichen, bleibt abzuwarten. Sowohl seine physische wie auch seine politische Gesundheit waren zeitweilig angeschlagen: wie behauptet wird, erlitt er mindestens einen Herzinfarkt. Nach einer angeblichen Operation wegen eines nicht näher spezifizierten Leberleidens im Jahre 1972 war er vorübergehend recht matt und blaß. Sein Lebenslauf zeigt eine Reihe von politischen Rückschlägen. Aber sowohl von seinen physischen wie von seinen politischen Niederschlägen kam er elastisch wieder hoch, stärker denn je zuvor.

Alles in allem sollte man nicht vergessen, daß die Herrschaft im Kreml ein wenig der Führungsrolle über ein Rudel ähnelt. Allmählich gewinnt der Stärkste die Oberhand. Es ist eine Vorherrschaft, die Breschnew jedoch gegen neue und jüngere Herausforderer verteidigen muß. Er agierte geschickt, um die Herausforderung zu neutralisieren, indem er das Kollektiv mit seinen Männern besetzte. Aber als Chruschtschows Protegé weiß er selbst am besten, daß es keine Garantie dafür gibt, sich ewig auf ihre Unterstützung verlassen zu können.

Der Kampf um die Spitze, sie zu erreichen und zu behaupten — das ist die Geschichte seines Lebens.

II. TEIL

Apparatschik

Sowjetische Führer prahlen, besonders Ausländern gegenüber, gern mit ihrer niederen Herkunft.
›Ich begann mein Leben als Schweinehirt, bevor ich zum Kuhhirten aufstieg‹, erzählte Chruschtschow bei einem Treffen 1959 Averell Harriman. Und Anastas Mikojan beeilte sich hinzuzufügen: ›Mein Vater war ein mittelloser Arbeiter.‹ — ›Und meiner ein Bauer ohne Land‹, berichtete Frol Koslow. ›Meiner war ein Bettler‹, schaltete sich Gromyko vom anderen Ende des Tisches in das Gespräch ein.
Jene, die keinen Schweinehirten, Armen oder Bettler in ihrem Stammbaum aufzuweisen haben, neigen dazu, entweder welche zu erfinden oder sich über ihre soziale Herkunft auszuschweigen.

CHARLES THAYER IM APRIL 1965

Kind der Revolution

Der Dnjepr ist für die Ukraine das, was die Wolga für Rußland ist: die Lebensader, ihre Seele. Europas drittlängster Wasserlauf nach Wolga und Donau entspringt westlich von Moskau in den Waldaihöhen. Er ist 2285 Kilometer lang; zuerst fließt er nach Westen, dann nach Süden bis Kiew, von dort nach Südosten bis Dnjepropetrowsk, dann wieder 100 Kilometer weit nach Süden bis Saporoschje, und schließlich noch einmal nach Südwesten, bis er seine Mündungsbucht, den *Dnjeprowski Liman* am Schwarzen Meer, erreicht.

An den Ufern des Dnjepr, in Kiew, wurde im 9. Jahrhundert der erste russische Staat gegründet. Hundert Jahre später taufte dort in seinen Wassern Großfürst Wladimir I. von Kiew, der heilige Wladimir, Tausende widerstrebender Untertanen, um die slawischen Gebiete zu christianisieren und ein neues Reich zu gründen.

Der über 2000 Kilometer schiffbare Dnjepr war schon im Mittelalter Teil eines wichtigen Wasserweges von Skandinavien nach Konstantinopel. Flankiert von reichen Eisen- und Kohlevorkommen und dem fruchtbarsten Boden Europas, lockte er Scharen von Eroberern an und gab gut tausend Jahre lang die Kulisse für Gebietsstreitigkeiten, Überfälle, Kriege, Verrat, Terror und Leid ab: an seinen Ufern lebten Fürsten, Prinzen, Khane, Zaren, Könige, Kaiser, Hetmane, Kriegsherren, Banditen, Anarchisten, Revolutionäre und Diktatoren. Der Fluß sah viele Herrscher: Waräger, Slawen, Mongolen, Litauer, Polen, Russen, Ukrainer, Österreicher und Deutsche.

In einem breiten Tal, das die ukrainischen Wälder und den Schwarzerdegütel durchzieht, fließt der Dnjepr meist sanft und ruhig dahin. Eine Ausnahme bilden die berühmt-berüchtigten Stromschnellen zwischen Dnjepropetrowsk und Saporoschje. Dort verwandelte sich der scheinbar schlafende Strom, bis zur Vollendung von *Dnjeproges,* dem ersten größeren sowjetischen Wasserkraftwerk aus dem Jahre 1932, in eine sich windende, wirbelnde Hydra.

35 Kilometer stromaufwärts von Dnjepropetrowsk, wo der Fluß eine scharfe Biegung macht und die Stromschnellen beginnen, liegt Kamenskoje oder Dnjeprodserschinsk, wie es seit 1936 genannt wird. Noch nicht einmal 200 Jahre alt, ist es heute eine blühende Industriestadt mit über 230 000 Einwohnern.

Zum erstenmal wird Kamenskoje in Kirchenarchiven aus dem Jahre 1750 erwähnt; das russische Wort *Kamen* bedeutet soviel wie Stein. Der Ort wurde nach den Steinbrüchen benannt, die sich am Flußufer entlangzogen.

Über hundert Jahre lang — während der Regierung Katherinas der Großen, der Pugatschew-Rebellion, der Napoleonischen Invasion, des Dezember-Aufstands von 1825, des Krim-Krieges und der Befreiung der Leibeigenen von 1861 — war Kamenskoje kaum mehr als eine Siedlung aus Holz- und Lehmhütten, die von verarmten Bauern und Steinbrucharbeitern bewohnt wurden.

Im Frühjahr 1887 — demselben Jahr, in dem Lenins älterer Bruder Sascha wegen eines Attentats auf Zar Alexander III. hingerichtet wurde — wählte ein französisch-belgisches Konsortium, das sich ›Südrussische Gesellschaft‹ nannte, Kamenskoje als Sitz für das erste metallurgische Werk in der Ukraine. Dazu meint ein sowjetischer Reiseführer des Dnjeprtales sarkastisch: ›Die Nähe eines guten Wasserweges, Kohle aus dem Donezbecken und Eisen aus Krivoj Rog, vor allem aber die Verfügbarkeit billiger Arbeitskraft versprachen den ausländischen Eigentümern des Werkes einen großen Profit.‹ Am 2. März 1889 wurde der erste der zwei Hochöfen angeblasen.

Was auch immer sich die ausländischen Eigentümer von dem Werk versprochen haben mögen — für Jakow Breschnew, einen Eisen- und Stahlarbeiter aus der Gegend um Kursk, einer Stadt an der südrussischen Grenze zur Ukraine, brachte es die Aussicht auf Arbeit und guten Lohn. Mit seiner Familie, darunter sein Sohn Ilja, kam er bald nach dem Produktionsbeginn des Werkes in Kamenskoje an und erhielt Arbeit im Walzwerk. Auch Ilja fand dort Beschäftigung.

Es war eine stürmische und aufrüttelnde Epoche in der russischen Geschichte: Die Transsibirische Eisenbahn wurde gebaut. Zar Nikolaus II., der letzte aus dem Hause Romanow, bestieg den Thron.

Das erste russische Arbeitsgesetz, das die Fabrikarbeit auf 11½ Stunden pro Tag beschränkte, trat in Kraft. Lenin wurde nach Sibirien verbannt. Die Russische Sozialdemokratische Partei hielt ihren ersten Kongreß in Minsk ab. Leo Tolstoi, Maxim Gorki und Anton Tschechow beherrschten die literarische Szene mit ihren sozialkritischen Romanen und Dramen. Rußland begann einen Krieg gegen Japan, erlitt eine Niederlage, die ein Jahr Demonstrationen, Meutereien, Revolten und Streiks auslösen sollte — die Revolution von 1905 —, wodurch das Regime des Zaren Nikolaus an den Rand des Zusammenbruches geriet.

Im Schatten dieser verhängnisvollen Entwicklung lernte der junge Ilja Breschnew ein auffallend hübsches achtzehnjähriges Mädchen namens Natalja kennen und heiratete es. Am 19. Dezember 1906 wurde in einer ärmlichen Lehmhütte in Kamenskojes Arbeiterviertel, das neben dem Werkgelände der Eisen- und Stahlfabrik lag, ihr erster Sohn Leonid Iljitsch geboren. Ein zweiter Sohn, Jakow, und eine Tochter folgten.

Was die Jahre zwischen Leonids Geburt und dem Ausbruch des Ersten Weltkrieges angeht, so wissen wir diesbezüglich nicht viel über die Familie Breschnew. Einem sowjetischen Journalisten, der 1972 Dnjeprodserschinsk besuchen wollte, wurde angeblich schon vorher gesagt, daß die Einwohner ›immer mit den herzlichsten und freundlichsten Worten über die Breschnews reden‹. Als er in der Stadt ankam, entdeckte er, ›daß viele langjährige Bewohner mit großem Respekt nicht nur über Leonid Iljitsch, sondern auch über seinen verstorbenen Vater, seine jüngeren Geschwister und seine Mutter sprechen, die sie wie in alten Tagen einfach ‚Tantchen Natascha' nennen‹. Nach allem, was Breschnew Ausländern gegenüber von seiner Kindheit und Jugend erzählt hat, muß der dominierende Einfluß von seiner Mutter ausgegangen sein. Sie war es beispielsweise auch, die ihn ständig ermahnte: ›Sei höflich zu den Damen, Lonja!‹ — ein Wesenszug, mit dem sich Breschnew bei Madame Pompidou sehr beliebt machen sollte. Heute lebt ›Tantchen Natascha‹, mittlerweile 86 Jahre alt, bei ihrem berühmten und mächtigen Sohn in seiner Wohnung auf dem Moskauer Kutusowski-Prospekt.

Wenn man bedenkt, daß die Breschnews in eine relativ bessere Gegend, wahrscheinlich oben auf dem Berg, zogen — weg aus der unmittelbaren Nachbarschaft des Werks, dann läßt sich daraus schließen, daß es ihnen in den Vorkriegsjahren leidlich gut ging.

Auch Kamenskoje florierte. Ende 1913 war es ein geschäftiges Städtchen mit etwa 22 000 Einwohnern. Mehr als die Hälfte davon waren Russen wie die Breschnews. Die restliche Bevölkerung setzte sich aus Polen, die den Direktions- und Verwaltungsstab der Firma sowie die Mehrzahl ihrer Ingenieure und Facharbeiter stellten, Deutschen, Tschechen und Juden zusammen.

Die einheimischen Ukrainer spielten nur eine unbedeutende Rolle im Leben der Stadt. Erst nach der Revolution des Jahres 1917 nahm durch Lenins Versuch, die Loyalität der verschiedenen Nationalitäten im russischen Reich zu gewinnen, die ukrainische Sprache und Kultur allmählich an Einfluß auf russifizierte Industriestädte wie Kamenskoje zu.

Nathan Kruglak aus Milwaukee im Staate Wisconsin, ein ehemaliger Mitschüler Breschnews, bemerkte dazu: ›Die Ukrainer waren die *Muschiki,* Bauern aus den nahegelegenen Dörfern wie Romankowo, die in die Stadt kamen, um ihr Getreide an Großhändler, wie meinen Vater, oder ihre landwirtschaftlichen Produkte auf dem Marktplatz zu verkaufen.‹ Sie waren die barfüßigen, verarmten, ›unsichtbaren‹ Leute, die die Lehmhütten und *Semljanki,* jene Erdlöcher, bewohnten, mit denen der *Liwada*-Bezirk und die *Peski,* die Sandbänke unten beim Fluß, übersät waren. Diese Gegenden waren so berüchtigt und gefährlich, daß Kinder aus den oberen Stadtbezirken sich nicht dort hintrauten.

Das *Sawod* oder Werk verfügte über fünf Hochöfen, zehn Martinsöfen, Bessemerbirnen und ein Walzwerk; während der Vorkriegszeit wurden hier die größten Eisen-, Stahl- und Walzblechmengen in der Ukraine produziert. Bis 1913, dem letzten Jahr des kapitalistischen Friedensbetriebes, hatte die Eisenproduktion die stattliche Zahl von rund 500 000 Tonnen erreicht. Schienen, Kessel, Drähte und eine große Auswahl an Gießereiprodukten sowie Ziegel und Aschenblöcke aus den Abfallprodukten bildeten das Fertigungsprogramm. Das Werk beherrschte das Leben der kleinen Stadt. Ständig quollen Rauch und Dämpfe aus den Hochöfen und Schornsteinen, und ewig hing eine ockergraue Glocke über Kamenskoje. Wenn in der Nacht Stahl gegossen wurde, leuchtete der Himmel feuerrot, und ein donnerndes Rauschen schreckte die Menschen aus dem Schlaf.

Obwohl sowjetische Quellen heute die ›Südrussische Gesellschaft‹ als geiziges, profitgieriges Unternehmen schildern, dessen Leitung ›die Russen intolerant behandelt‹ und ihre Arbeitskraft grausam ausgebeutet hätte, scheint es doch — sogar nach heutigen Maßstäben — eine sehr sozialbewußte und patriarchalische Gesellschaft gewesen zu sein, die Kamenskoje in eine aufstrebende Fabrikstadt verwandelte. Die Firma unterhielt ein Waisenhaus, eine Poliklinik, wo die Arbeiter gratis behandelt wurden — ja sogar ein vierzigköpfiges Streich- und Blasorchester. Es bestand hauptsächlich aus tschechischen und deutschen Musikern, die vom Werk bezahlt wurden. Man veranstaltete frei zugängliche öffentliche Konzerte im werkeigenen Auditorium, im reichverzierten hölzernen Musikpavillon im *Gorodskoj,* dem Stadtpark von Kamenskoje.

Der ›Südrussischen Gesellschaft‹ verdankte die Stadt auch die einzige Volksschule, wo Arbeiterkinder Lesen, Schreiben und Rechnen lernten. Außerdem gewährte sie Subventionen und Zuschüsse zur Erhaltung von Kamenskojes *Klassitscheskaja Gymnasija,* dem humanistischen Gymnasium.

Vor allem aber sorgte die Gesellschaft für billige Wohnmöglichkeiten. Auf dem Berg oberhalb der Fabrik, an einer baum- und strauchgesäumten Promenade, lag die *Werchnaja Kolonija,* die Obere Kolonie. Diese mit einem Wall umgebene Enklave umfaßte den elitären Ingenieurklub, Herrenhäuser, Villen und Backsteinwohnbauten für die Geschäftsleitung, die Oberingenieure und die leitenden Angestellten. Unten neben dem Fabrikeingang, nicht weit vom Fluß, lag die *Nischnaja Kolonija,* die Untere Kolonie, eine Gruppe von kleinen Häusern mit eigenen Gärten. Hier wohnten die Angestellten, die Vorarbeiter und Facharbeiter, die Orchestermusiker und das Krankenhauspersonal. Beide Kolonien waren die einzigen Stadtviertel mit gepflasterten Straßen, Leitungswasser und Elektrizität.

Das übrige Kamenskoje, umgeben von einer 5 Kilometer langen Eisenbahnlinie, die sich vom Werk zur *Tritusnaja*-Station und von dort zur Hauptlinie Kiew—Jekaterinoslaw erstreckte, war ein Irrgarten aus Holz- und Lehmhäusern bzw. -hütten. Hin und wieder befanden sich zwei- oder dreigeschossige Ziegelbauten dazwischen: die Polizeistation und das Gefängnis am Hauptplatz; das Bezirkskrankenhaus mit einem Arzt und zwei Schwestern; das Gymnasium für Jungen. Sämtliche Straßen, einschließlich Haupt-*Prospekt* und -Platz, der *Ploschad,* waren nicht gepflastert. Im Winter ähnelten sie Gletschern, im Frühling wurden aus ihnen Ströme knöcheltiefen Schlamms, während sie sich im Sommer in Wüsten aus Staub und Sand verwandelten.

In eben diesem Teil der Stadt, in einer Lehmhütte, die in einer Straße parallel zum Prospekt lag, muß Leonid Breschnew seine Jugendjahre verbracht haben. Kruglak sah ihn oft von dort zur Schule gehen.

Kamenskoje ist ein typisches Beispiel für eine russische Provinzstadt jener Zeit. Eine orthodoxe Kirche mit glänzenden Kuppeln beherrschte das Zentrum. Außerdem gab es eine Kirche der Altgläubigen und eine polnische römisch-katholische Kirche sowie drei Synagogen: die ›kleine‹, die ›große‹ und die Synagoge ›der Schneider‹.

Bis zu dem denkwürdigen Brand, der kurz vor Ausbruch des Ersten Weltkrieges Herrn Danilowitsch' *Apteka* einäscherte, existierten zwei Apotheken in der Stadt. Nach dem Feuer, von dem ältere Einwohner aus Kamenskoje noch heute reden, bestand nur noch die Apotheke von Golosowker. Ebenso wie die anderen Leute, die damals in der Stadt lebten, dürfte sich auch Leonid Breschnew an jene Katastrophe erinnern: nicht nur, weil sich damals die freiwillige Feuerwehr als völlig unfähig erwies, sondern auch, weil bald danach ein Filmtheater den Platz der ehemaligen Apotheke einnahm.

Genau wie die beiden anderen Kinos der Stadt war es eine recht wackelige Angelegenheit: die einzige Stromquelle, ein unzuverlässiger Dynamo, fiel häufig aus, und zwar unweigerlich mitten in einem guten Stummfilm. Das Publikum blieb im Dunkeln sitzen, während der Kinoinhaber beim Schein einer Petroleumlampe an dem Generator herumbastelte. Wenn er ihn nicht wieder in Gang setzen konnte, gingen alle nach Hause.

Es gab nur wenige andere Unterhaltungsmöglichkeiten in Kamenskoje. Ein Ehepaar mittleren Alters, Herr und Frau Njetschaij, pflegten im Werksauditorium amateurhafte Theaterabende zu inszenieren. Bis 1917 gastierte der Trutschija-Zirkus jeden Sommer zwei Monate lang auf dem Hauptplatz. Zu seinen Hauptattraktionen zählten Ringkämpfe; es reisten zwar ein paar Profis mit, doch die Mehrzahl der Wettkämpfer wurde von einheimischen Freiwilligen gestellt. Einer der Berufsringer, ein Deutscher namens Abs, kam mehrere Jahre hindurch getreulich jeden Sommer nach Kamenskoje, bis er einmal bei einem Kampf schwer verletzt wurde. Danach ließ er sich in der Stadt nieder und mietete eine kleine Wohnung in einem Haus auf der *Ulitsa Romanowa,* nur ein paar Straßen von Breschnews Wohnung entfernt.

Für Jungen wie Leonid gab es nur wenige Vergnügungen, zumindest von der Art, die sie sich leisten konnten. Breschnew, der bis heute ein begeisterter Fußballanhänger ist, lernte diesen Sport auf dem Fußballfeld des *Gorodskoj*-Parks. Im Sommer konnten sie im Dnjepr schwimmen, wenn sie den Weg durch den *Livada*- oder *Peski*-Bezirk nicht scheuten. Weitere vergnügte Kurzweil bot der Jugend das Beobachten des Schiffsverkehrs auf dem Dnjepr. Zweimal wöchentlich legten Passagierdampfer aus Kiew oder Jekaterinoslaw an; Schlepper und Frachtkähne befuhren den Fluß in beiden Richtungen. Wer eine oder zwei Kopeken hatte, konnte sich in den beiden türkischen Süßwarenhandlungen von Kamenskoje süße *Busa,* ein Hirsegetränk, und *Makowski,* Sesam- und Mohnvierecke, kaufen. Und dann gab es noch das einzige Automobil der Stadt: ein feuerspeiendes, qualmendes Monstrum, das dem Notar gehörte. Wenn es überhaupt lief, wurde es von einem Schwarm kreischender und schreiender Kinder verfolgt. Auf den leidenschaftlichen Autoliebhaber Breschnew muß es einen bleibenden Eindruck gemacht haben.

Getreu der russischen Tradition wurde in Kamenskoje viel getrunken. Neben zahlreichen Kneipen gab es zwei staatliche Wodkaläden, die *Kasjonki,* welche Alkohol in kleinen Halb- und Viertelliterflaschen verkauften. Das war erstens billig, und zweitens konnte man die Flaschen bequem in der Rocktasche tragen. Kruglak erinnert sich noch an den ersten Streik im *Sawod* im Jahre 1916. Was damit erreicht wurde, hat er vergessen, aber an die Hunderte von betrunkenen Arbeitern, die sich auf dem Hauptplatz herumtrieben, kann er sich noch gut erinnern. ›Ich sehe noch, wie ein Arbeiter einem anderen mit einer Metallstange so lange ins Gesicht schlug, bis der Stab sich bog und die Wange des anderen aufgerissen war. Ich lief schnell davon.‹

Die Stadt besaß vier Schulen: die kleine Volksschule, die von der Fabrik unterhalten wurde; eine lutherische Schule für deutsche und andere ausländische Schüler, die von einem Mann namens Otto Menexar geführt wurde; die *Schenskaja Gymnasija Morosa*, eine Mädchenoberschule, betrieben von einem Russen namens Moros, seiner Frau und seiner Tochter; und gleich daneben auf der Hauptstraße das *Klassitscheskaja Gymnasija* nur für Jungen, in dem sich im Herbst 1915 der ›zaundürre, sommersprossige‹ Leonid Breschnew einschrieb.

Um ihm diesen Schulbesuch zu ermöglichen, muß sein Vater Ilja sehr gespart haben; denn trotz der Unterstützung der Schule durch die Fabrik entsprach das jährliche Schulgeld etwa dem Monatslohn eines Stahlarbeiters wie Breschnew senior. In einer Klasse von 40 Schülern war Leonid praktisch als einziger der Sohn eines armen Fabrikarbeiters. Aber der Junge muß auch sehr ehrgeizig gewesen sein und hart gearbeitet haben, um die Aufnahmeprüfung zu bestehen.

In die Oberschule aufgenommen zu werden, setzte voraus, daß man lesen und schreiben konnte, mit den Grundbegriffen des Rechnens einschließlich des Einmaleins vertraut war, einige vorgeschriebene Gedichte vortragen und ein Diktat zu Papier bringen konnte. Zur Vorbereitung waren die meisten privat zu Hause von Eltern, Verwandten oder Hauslehrern unterrichtet worden. Ob das auch auf Breschnew zutraf oder ob er zuerst die Volksschule besucht hatte, ist ungewiß.

Die erste Erinnerung Kruglaks an den heutigen Generalsekretär der KPdSU gilt einem kleinen, etwas undisziplinierten Jungen, der am ersten Schultag auf seinem Sitz dauernd auf- und niederhüpfte. In den folgenden sechs Jahren saß Breschnew drei Reihen vor Kruglak; dann verließen beide die Schule.

Bis zur Revolution und dem anschließenden Bürgerkrieg war das Niveau sehr hoch. Latein, Deutsch und Französisch waren Pflichtfächer; ebenso russische Grammatik und Literatur, Geschichte des Altertums, der Neuzeit und russische Geschichte, Biologie, Chemie und Physik, Mathematik — einschließlich Algebra, Geometrie und Trigonometrie —, Geographie und Kunst. Die Schule begann um acht Uhr früh und dauerte bis zwei Uhr mittags, mit einer längeren Pause für ein frühes Mittagessen.

Noch mehr Wert wurde auf Disziplin gelegt. Bei Schuleintritt erhielt jeder Junge ein Heft mit der Schulordnung, und gnade demjenigen, der sie nicht einhielt. Wenn ein Lehrer das Klassenzimmer betrat, mußten alle aufstehen und stehen bleiben, bis die Erlaubnis zum Hinsetzen erteilt wurde. Sämtliche Schüler trugen Uniform. Trafen sie einen Lehrer auf der Straße, mußten sie ihre Schulmütze abnehmen und sich verbeugen. Die Schule hatte einen Hausmeister, *Djadja* (Onkel) Jakob. Jeden Morgen zog er seinen langen dunkelblauen Uniformrock an und setzte seine Schirmmütze auf; dann läutete er die Glocke zum Schulbeginn. Alle Jungen hatten Angst vor ihm. Das geringfügigste Vergehen wurde von ihm sofort Inspektor Solotarjow gemeldet, dem stellvertretenden Rektor. Dieser war von einer an Grausamkeit grenzenden Strenge und erteilte für die belanglosesten Übertretungen — einen fehlenden Knopf an der Jacke, schmutzige Schuhe oder ungekämmte Haare — Strafen. Er pflegte dem Delinquenten einen Arm auf den Rücken zu drehen, ihn gründlich zu schütteln und unter die große Pendeluhr in der Eingangshalle zu schieben, wo der Gemaßregelte zwischen ein und drei Stunden mit dem Gesicht zur Wand still stehen mußte.

Der Unterricht begann jeden Morgen mit einem Gebet; bis zur Revolution befanden sich auch in jedem Klassenzimmer eine Ikonenecke und die Porträts von Zar Nikolaus II. und Zarin Alexandra. Bei besonderen Anlässen — wenn es einen Sieg zu feiern oder eine Niederlage zu betrauern gab —, mußten Breschnew und seine Mitschüler an religiösen Feiern in der kleinen Aula teilnehmen. Ein ortsansässiger Priester, Pater Konstantin, hielt dann den Gottesdienst.

Die Namensliste der Lehrer über einen Zeitraum von mehreren Jahren ist ziemlich lang. Bis auf einige sind die meisten vergessen. Eine auffallend schöne Frau, Alexandra Petrowna, war Breschnews Klassenlehrerin. Otto Menexar, der Leiter der lutherischen Schule, erteilte Deutschunterricht. Er sprach fast überhaupt kein Russisch. Einer der Mathematiklehrer war ein dünner, nervöser, kleiner Mann mit einer Glatze, von der ein dünnes Büschel rötlicher Haare kerzengerade in die Höhe stand. Die Kinder nannten ihn *Petuschok,* den Hahn. Doch der Lehrer, der Leonid Breschnew am meisten beeindruckt haben muß — wegen seiner Strenge, seiner unbestrittenen Brillanz und seiner politischen Flexibilität —, war Jossif Sacharowitsch Schtokalo.

Er war nur neun Jahre älter als Breschnew und unterrichtete in

Mathematik und naturwissenschaftlichen Fächern. Weder Flüstern noch Lachen, nicht einmal ein Lächeln wurde von ihm geduldet; jeder Junge mußte in stocksteifer Haltung am Pult verharren. Seine Leistungsanforderungen konnten niemals erreicht werden, und er brüstete sich damit, keinem eine bessere Note als ›2‹ zu geben. In fünf Minuten pflegte Schtokalo durch eine Klasse von 40 Schülern zu gehen und ihre Hausaufgaben zu kontrollieren, ohne daß ihm dabei eine falsche Antwort oder ein ungelöstes Problem entging.

Hinter seinem Rücken gaben ihm die Jungen den Spitznamen ›der Jesuit‹, was sich nicht nur auf seine Strenge, sondern auch auf seine Frömmigkeit und seine Herkunft bezog. Er war in der Nähe von Lemberg in der Westukraine geboren, wo die Orthodoxe bzw. Unierte Kirche die Autorität Roms und den Primat des Papstes seit 1594 wieder anerkannt hatte. Schtokalo bekreuzte sich nicht wie die russischen Orthodoxen, sondern in der Art der römischen Katholiken, und ging zweimal täglich zur Kirche — bis zur Revolution. Da wurde er plötzlich zum Atheisten und glühenden Anhänger der Bolschewiken.

Das war freilich eine kluge Wandlung. Als die Schulleitung verschwand — Solotarjow ging angeblich 1919 zur Weißen Armee —, wurde Schtokalo Direktor. Er behielt diesen Posten bis 1931 bei, studierte aber nebenbei an der Universität von Dnjepropetrowsk und promovierte in Mathematik. Schtokalo übernahm Lehraufträge an verschiedenen ukrainischen Universitäten und technischen Instituten. Heute ist er Professor für Physik und Mathematik an der Universität von Kiew und Vollmitglied der ukrainischen Akademie der Wissenschaften.

In jenen Oberschultagen tat sich Breschnew kaum hervor. Er hielt sich gewöhnlich etwas abseits, war ruhig und nach innen gekehrt. Kruglak nannte ihn ›undurchsichtig, ein Kind, das seine Gedanken für sich behielt‹. Er hatte diese Schlußfolgerung aus Breschnews Verhalten gegenüber den acht jüdischen Jungen der Klasse gezogen, die Zielscheiben ständiger Schikanen durch Lehrer und Mitschüler waren. Um Rückendeckung zu haben, hatten sie ihre Bänke an der hinteren Wand des Klassenzimmers aufgestellt.

Der junge Leonid beteiligte sich nie an den Frotzeleien. Doch Kruglak war er immer etwas unheimlich. ›Wir trauten ihm nicht‹, erinnert er sich. ›Wir hatten das Gefühl, daß er der Typ war, der etwas hinter unserem Rücken machen könnte.‹ Einmal, im Jahre 1919, als Denikins Weiße Armee ins untere Dnjeprbecken einfiel und Partisanengruppen aus einheimischen Bauern im Gebiet um Kamenskoje wüteten und mörderische Pogrome durchführten, flohen die meisten jüdischen Familien nach Jekaterinoslaw, wo sie sich sicherer fühlten. Nach zehn Tagen, als die Banden Kamenskoje wieder verlassen hatten, kehrten auch die Flüchtlinge zurück. Am folgenden Tag gingen die jüdischen Jungen wieder zur Schule. Der Lehrer verlas die Anwesenheitsliste, und als er zum ersten jüdischen Namen kam, höhnte plötzlich der Klassentyrann, ein schon einmal Sitzengebliebener: ›Ach, ihr seid zurückgekommen!‹ Die ganze Klasse johlte. ›. . . Breschnew drehte sich um und grinste hämisch, aber sagte nichts. Er grinste nur.‹

Er war alles andere als ein hervorragender Schüler: Durchschnitt in den meisten Fächern, schwach in Fremdsprachen, aber gut in Russisch, das ihnen ›täglich, sechsmal in der Woche‹, eingetrichtert wurde. Hätte es nicht die Revolution gegeben, die die Kinder des russischen Proletariats förderte, Leonid Breschnew wäre vielleicht nur ein Facharbeiter im *Sawod* von Kamenskoje geworden, vielleicht ein Vorarbeiter mit einem Haus in der *Nischaja Kolonija,* höchstens ein Ingenieur mit einer Wohnung in einem der Backsteinhäuser oben auf dem Berg.

Die Revolution veränderte Breschnews Leben. Sie veränderte auch Kamenskoje und sein *Klassitscheskaja Gymnasija,* das bald den Namen *Trudowa Schkola,* wörtlich: Arbeitsschule, erhielt.

Im Winter 1916/17 gab es Anzeichen heraufziehenden Unheils. Der Krieg verlief schlecht, das Murren wurde offener; Soldaten desertierten scharenweise von der Front, die Disziplin zerbröckelte. Im März 1917 brach die Revolution wie ein Sturm über Rußland herein. Schulen, Fabriken, Büros, Geschäfte, öffentliche Institutionen — was bedeuteten sie, wenn sich das Leben auf den schneebedeckten Straßen abspielte, wo Demonstrationen einander ablösten und eine schier endlose Reihe von Rednern andere Redner überschrie? In den acht Monaten, in denen Alexander Kerenski die Provisorische Regierung führte, herrschten Chaos und Unsicherheit. Dann inszenierten Lenin und seine Bolschewiken ihren Staatsstreich. Was im März noch ein Sturm gewesen war, wurde im November zu einem Orkan.

Das chaotischste Bild zeigte die Ukraine. Drei Fraktionen stritten sich um die Macht: die Bolschewiken, die Streitkräfte, die loyal zur Provisorischen Regierung standen, und die ukrainischen Nationalisten, die für die Ukraine die Unabhängigkeit von Rußland anstrebten. Die Nationalisten gewannen. Dreizehn Tage nach der Revolution in Petrograd (heute Leningrad) proklamierten sie eine unabhängige Ukrainische Volksrepublik mit Kiew als Hauptstadt. Die Ukraine war zu einem Sammelplatz der Opposition gegen das Leninregime geworden.

In den folgenden vier qualvollen und blutigen Jahren war sie ein anarchistisches Schlachtfeld: Weiße kämpften gegen Rote, Sozialrevolutionäre setzten sich gegen Bolschewiken zur Wehr, Kosaken wüteten blindlings, bäuerliche Partisanengruppen mordeten und plünderten nach Belieben. Das Wirtschaftsleben war praktisch über Nacht zum Stillstand gekommen — es herrschten Hunger, Not, Tod und Krankheit.

Eines hatten die verschiedenen sowjetischen und antisowjetischen Regime, die nach 1917 das Dnjeprtal regierten, miteinander gemeinsam — nämlich die Instabilität. Es war eine Zeit, in der kleine Gruppen entschlossener Männer, egal welcher politischen Richtung, großen Gebieten ihren Willen aufzwingen konnten.

Das *Sawod* in Kamenskoje wurde geschlossen, da seine ausländischen Direktoren und Ingenieure geflohen waren. Es blieb bis 1925 geschlossen; dann wurde Felix Dserschinski, der Chef der gefürchteten Geheimpolizei ›Tscheka‹, plötzlich zu einem ›Metallurgie-Experten‹ und ›organisierte rasch den Wiederaufbau des Werkes‹. Bis dahin gab es praktisch weder Kohle noch Eisenerz, und die wenigen Fach- und Vorarbeiter konnten nur noch einige handwerkliche Produkte herstellen. Dazu zählten eiserne Öfen, einige *Bronepojesdij* — Panzerzüge —, von denen aus Leo Trotzki und seine Generäle den Bürgerkrieg dirigierten und gewannen, sowie eine Eisenstatue von Prometheus zu Ehren der ersten Werktruppe der Roten Garde. Prometheus, den die einheimischen Bauern ›Timofeij‹ nannten, wurde auf einer Steinsäule im Stadtpark aufgestellt, wo er noch heute steht.

Bereits Mitte Januar 1918 hatte die neue ukrainische Regierung Jekaterinoslaw und Kamenskoje an die Bolschewiken abgetreten. Während die meist ungebildeten und desorganisierten Roten

Anfang 1918 in Kamenskoje plünderten und wüteten, schlossen Vertreter der Ukrainischen Republik einen separaten Friedensvertrag mit Österreich und Deutschland. Nach den Bestimmungen dieses Vertrages sollte die Ukraine Getreide und andere Lebensmittel nach Deutschland exportieren. Dafür würden die Deutschen behilflich sein, die ukrainischen Bolschewiken zu vernichten. Am 2. März marschierten die Verbündeten in Kiew ein; nach erbitterten Kämpfen besetzten zwei Wochen später österreichisch-ungarische Truppen Kamenskoje.

Das Töten nahm kein Ende. In Jekaterinoslaw und Kamenskoje wurden Scharen von Revolutionären hingerichtet und Hunderte von vagabundierenden Zigeunern von den k. und k. Besatzungstruppen getötet.

Als die Deutschen acht Monate später an der Westfront vor den Alliierten kapitulierten, strömten die Roten wieder in die Ukraine. Die Österreicher und die Deutschen flüchteten. Während des Vormarsches der Sowjettruppen stießen Bauernbanden zu ihnen. Einer der erbarmungslosesten und schlagkräftigsten dieser Haufen wurde von einem blutrünstigen Partisanen namens Grigoriew angeführt, der sein Hauptquartier in Romankowo, einem ukrainischen Dorf 5 Kilometer vor Kamenskoje, aufgeschlagen hatte.

Grigoriews Liebe zu den Bolschewiken hielt jedoch nicht lange an. Als die Roten begannen, das Vieh und das Getreide der Bauern zu requirieren, wechselte er die Seiten und verbündete sich mit General Denikins Weißen.

Auf welcher Seite Grigoriew auch kämpfte, er hinterließ immer eine breite Blutspur. Seine 16 000 Anhänger, unterstützt von 60 Geschützen und einigen gepanzerten Eisenbahnzügen, waren permanent betrunkene, zügellose Banditen. In allen Städten, die sie besetzten, mordeten sie wahllos Juden und Bolschewiken.

Grigoriew wurde schließlich von einem anderen Partisanenführer namens Nestor Machno getötet, der auf dem Höhepunkt seiner Macht sein Hauptquartier in Jekaterinoslaw aufgeschlagen hatte. Machno war Anarchist, ein Feind der Roten wie der Weißen. Er lehnte jede Form von Regierung ab. Aber seine Methoden deckten sich mit denen der anderen: Tod, Vernichtung, Raub, Plünderung — und das Zentrum seiner Aktionen war häufig Kamenskoje.

Die Sympathien der ukrainischen *Muschiki* in der Umgebung

galten unverkennbar der nationalistischen Sache und den Weißen. Aber ebenso eindeutig zeigten die Metallarbeiter der Stadt ihre Loyalität den Bolschewiken gegenüber. Die Arbeiterschaft trug ihr Teil zur Revolution bei; als Trotzki einmal in die Stadt kam und in der Tritusnaja-Station von seinem gepanzerten Zug aus eine Rede hielt, bezeichnete er sie wohlwollend als ›*naschi kamenskije bosjaki* — unsere Strolche aus Kamenskoje‹.

Für die Jugend schienen Revolution und Aufruhr zunächst ein Segen zu sein. Wenn von der russisch-orthodoxen Kirche die Sturmglocke ertönte, waren entweder Rote, Weiße, Nationalisten, Deutsche oder Banditen im Anmarsch auf die Stadt. Aber gleichzeitig bedeutete es: schulfrei, zumindest für einen Tag, oder länger.

Die Revolution löste natürlich auch politische Aktivitäten in der Schule aus: Einige Schüler verließen sie, um sich den Roten Garden oder der Weißen Armee anzuschließen. Manche nützten dabei die Gelegenheit für persönliche Racheakte.

Ein Junge, der Sohn des Barbiers Pawlow, ritt in der Kavallerie von Denikins Weißer Armee. Als im Juli 1919 seine Abteilung siegreich die Stadt stürmte, jagte er auf seinem Pferd zur Schule, nahm seinen früheren Lehrer für russische Literatur gefangen, trieb ihn zum Flußufer und erschoß ihn dort. Dann gab es Sjonka Mischuk, die die benachbarte Mädchenschule verlassen hatte und als Henkerin für die ›Tscheka‹ fungierte. Randvoll mit Wodka, konnte sie in einer Nacht 40 bis 50 Feinde des Volkes erschießen. Zu den subversiven Elementen zählte sie offenbar auch ihren früheren Schuldirektor Moros und dessen Familie. Eines Tages im Jahre 1919 trieb Sjonka sie zusammen und tötete sie auf dem Marktplatz.

Falls Leonid Breschnew in diesen turbulenten Zeiten irgendwelche politischen Anschauungen besaß, so behielt er sie für sich. Er beteiligte sich nicht an dem Aufruhr. Aber wie jeder andere litt er. Und da er der Ärmste unter seinen Mitschülern war, litt er vermutlich am meisten.

Hunger und Elend zogen durchs Land. Bis 1920 hatten sechs aufeinanderfolgende Jahre Weltkrieg, Revolution und Bürgerkrieg Rußland zerrissen. Allein in der Ukraine waren dem Kampf 140 000 Rote und 400 000 Antibolschewiken zum Opfer gefallen. Die Ernten hatten nur noch ein Drittel des Vorkriegsstandes betragen, der Viehbestand war dezimiert. In der Leichtindustrie war nicht einmal die Hälfte der Produktion von 1913 erreicht worden, während die Schwerindustrie praktisch aufgehört hatte zu existieren.

Am trostlosesten war der Winter 1920/21: Eine Typhusepidemie griff um sich. In Breschnews Klasse erkrankten neun von zehn Schülern, und Leonid gehörte zu den ersten, die von der Krankheit befallen wurden. Als er schließlich wieder in die Schule kam, war er magerer als je zuvor.

Nachdem sich die Situation immer mehr verschlechterte, konnte keiner mehr die Schulgebühren entrichten. Die Lehrer waren jedoch bereit, ihre Arbeit fortzusetzen, wenn die Eltern sie in Form von Essen und Kleidung bezahlten. Wo sie diese Sachen herbekamen, war ihre eigene Angelegenheit.

Die Disziplin ließ nach. Früher hatte die Schule immer auf das Erscheinungsbild und auf Formen großen Wert gelegt. Als jedoch im Frühjahr 1921 einige Familien nur noch ein Paar Schuhe oder Stiefel für vier oder fünf Personen besaßen, erlaubte man Lehrern und Schülern, barfuß zu erscheinen. Sogar der neue Schuldirektor, Schtokalo stolzierte bloßfüßig in die Schule. Das geistige Niveau sank immer mehr. Es gab weder Papier zum Schreiben noch Heizmaterial für die Klassenräume. Um sich zu wärmen, standen Breschnew und seine Mitschüler während des Unterrichts im Winter 1920/21 und stampften mit den Füßen.

Für die meisten Jugendlichen begann der Tag um fünf Uhr früh mit dem Schlangestehen um die Brotrationen; häufig aber war nichts mehr da, wenn sie an die Reihe kamen. Die Bevölkerung lebte vom primitiven Tauschhandel. Waren keine Wertgegenstände mehr vorhanden, die man verkaufen oder bei den Bauern gegen Essen eintauschen konnte, dann drohte der Hungertod. Hunderte starben in Kamenskoje. Angeschwollen oder in lebende Skelette verwandelt, mit aufgeblähten Bäuchen und Beinen, die mit eiternden Wunden bedeckt waren, fielen sie auf der Straße um und starben. Täglich wurden dutzendweise Leichen eingesammelt, auf Holzkarren geladen und begraben. Nach einigen Schätzungen verhungerten in der Ukraine im Frühjahr 1921 zwei Millionen Menschen.

Im Sommer 1921 erhielt Breschnews Klasse das Abschlußzeugnis. Die Feier in der kleinen Aula der Schule war eine trübselige Angelegenheit: ein paar Reden und Abschiedsworte in einem Raum, der mit einem halben Dutzend flackernden Kerzen beleuchtet war. Es gab kein Petroleum. Der besondere ›Genuß‹ für die Jungen war das winzige Stückchen Zucker, das jeder zum Süßen einer Tasse heißen Wassers mitgebracht hatte.

Offizielle sowjetische Biographien über Breschnew behaupten, daß sein ›Arbeitsleben mit 15 begann‹. Wenn das stimmt, dann hatte er mehr Glück als die meisten Jugendlichen in Kamenskoje. Es gab keine Arbeit in der Stadt und, abgesehen von gelegentlichen amerikanischen Lebensmittelsendungen der Hoover-Hilfsadministration, kaum zu essen.

So vertrieb sich der junge Breschnew die Zeit, bis im Frühjahr 1922 ein arbeitsloser Ingenieur namens Petrow in den verlassenen Gebäuden des *Sawod* in Kamenskoje eine ›Berufsschule für Metallverarbeitung‹ organisierte. Breschnew und fünf seiner ehemaligen Mitschüler, darunter auch Kruglak, waren die ersten Teilnehmer. Das war der Anfang jenes Polytechnikums, das Breschnew, nach einigen offiziellen sowjetischen Quellen, 1937 und 1938 kurzfristig geleitet haben soll. Der Unterricht fand in einem der Büros im leeren Verwaltungsgebäude des Werkes statt. Petrows Unterricht bestand weitgehend darin, den Jungen Zeichnungen und Blaupausen der Maschinen zu zeigen und ihnen zu erklären, wie Eisen und Stahl verhüttet wird. Der praktische Teil erschöpfte sich darin, in kalte Hochöfen zu kriechen und auf dem Fabrikgelände herumzuklettern, wo nach fünf Jahren Vernachlässigung Gras und Unkraut wucherten.

Der junge Breschnew blieb ein Jahr in Petrows ›Polytechnikum‹ — bis zum Sommer 1923. Zwei Jahre zuvor war die ›Neue ökonomische Politik‹ (NEP) verkündet worden; ein ungewisser Friede und ein Ansatz wirtschaftlicher Stabilität waren ins Land zurückgekehrt. Wir werden wohl nie erfahren, was Breschnew dazu bewogen hatte, sich in jenem Jahr der Landwirtschaft zuzuwenden. Vielleicht waren es die schlechten Berufsaussichten in Kamenskoje, dessen Werk erst zwei Jahre später den Betrieb wiederaufnehmen sollte. Möglicherweise reizte ihn damals auch das vielversprechende neue Programm für Rußlands Bauern.

Was wir jedoch sicher wissen, ist, daß er in jenem Jahr dem *Komsomol,* der kommunistischen Jugendorganisation, beitrat und als Angehöriger der Arbeitsaristokratie auch keine Schwierigkeit hatte, sich in Kursk am Technikum für Landgewinnung und -nutzbarmachung zu immatrikulieren. Im Sommer 1923 verließ er Kamenskoje, um seine vierjährige Fachausbildung zu beginnen. Zweifellos glaubte er, daß er seine Heimatstadt für lange Zeit, wenn nicht für immer verlassen sollte. Er konnte damals nicht wissen, wie bald er zurückkehren würde.

Mitglied der neuen Elite

Wladimir Iljitsch Lenin war, obwohl schwer krank, noch am Leben, als Leonid Iljitsch Breschnew im Jahre 1923 Kamenskoje verließ. 1931 kehrte er in die Stadt zurück; zu dieser Zeit war Stalin faktisch schon Herr der Partei und der Sowjetunion.

In den dazwischenliegenden Jahren hatte die UdSSR eine neue und in vieler Hinsicht umfassendere Revolution eingeleitet als jene, die die Bolschewiken an die Macht gebracht hatte: Liquidierung des wohlhabenderen Bauernstandes; Zwangskollektivierung der Landwirtschaft; Unterdrückung von Meinungsabweichung und Opposition; eine Kampagne rascher Industrialisierung, die ungeachtet der dabei entstehenden Kosten das Land umformen sollte.

Millionen Menschen wurden — viele von ihnen freiwillig, viele aber auch unter Zwang — vom Sturm der Ereignisse erfaßt, aus ihren gewohnten Pfaden gerissen und gezwungen, neue zu beschreiten. Größtenteils war man zerlumpt, hungrig, illusionslos.

Sogar die Neuprivilegierten lebten äußerst bescheiden und unter geradezu spartanischen Bedingungen. Junge Parteifunktionäre wie Nikita Chruschtschow, der im Jahre 1925 den XIV. Parteitag der KPdSU in Moskau besuchte, wurden in ›einfachen und überfüllten Quartieren‹ untergebracht. Sie ›schliefen auf Pritschen und waren gestapelt wie Holzscheite‹.

Presse und Rundfunk hämmerten die Schlagworte der neuen Ära den Werktätigen ein: Liquidierung des Kulakentums als Klasse! Auf zur Industrialisierung! Überflügelt die kapitalistischen Länder!

Das Leben eines jungen Mannes wie Breschnew wurde zu einem verwirrenden Karussell von Studium, Arbeit, Propagandaversammlungen, Ermahnungen zur Wachsamkeit gegenüber äußeren und inneren Feinden und Experimenten, die, kaum begonnen, schon wieder aufgegeben wurden.

Bestehende Angaben über Breschnews Leben in jenen acht Jahren zwischen Lenins tödlicher Krankheit und Stalins Machtkonsolidierung sind spärlich und widersprüchlich.

Von 1923 bis 1927 studierte er am Technikum in Kursk und bereitete sich hier auf eine Laufbahn als Landvermesser und Meliorationstechniker vor.

Seine erste Stellung war die eines Landvermessers in einem Bezirk in der Nähe von Orscha in Weißrußland, 500 Kilometer westlich von Moskau — fast 1600 Kilometer nördlich von Kamenskoje. Diese oft umkämpfte alte Stadt, einst ein östlicher Vorposten des Katholizismus und eine wichtige polnische Festung, bis sie im 18. Jahrhundert russisch wurde, hatte etwas mit Kamenskoje gemeinsam: auch Orscha liegt am Dnjepr. Hier wird der Fluß auf seinem Lauf nach Süden schiffbar. Einige Quellen behaupten, daß Breschnew in Orscha Wiktoria Petrowna, seine spätere Frau, kennenlernte.

Dann folgte ein kurzer Aufenthalt in der Gegend von Kursk, bevor er 1600 Kilometer weiter nach Osten ging, in den Ural, wo er Chef der landwirtschaftlichen Abteilung im Bisertskij-Bezirk, im *Oblast* (Gebiet) Swerdlowsk, wurde. Dort versuchte er sich als Stellvertretender Vorsitzender des Exekutivkomitees des Bezirkssowjets (eine Position, die hierzulande ungefähr der eines Stellvertretenden Kreisratsvorsitzenden entsprechen würde) auch zum erstenmal in der Politik.

Bald darauf folgte eine wichtige Beförderung. Ende 1929 oder Anfang 1930 wurde Leonid Breschnew zum Stellvertretenden Leiter des Landwirtschaftsressorts für den Oblast Swerdlowsk ernannt, einer Behörde, die für die Landwirtschaft, Kollektivierung und Landgewinnung innerhalb eines Bereiches von etwa 200 000 Quadratkilometer verantwortlich war.

Wann verließ Breschnew Swerdlowsk? Was tat er, bevor er nach Kamenskoje zurückkehrte, um dort im *Sawod* zu arbeiten und sein Ingenieurstudium zu beginnen? Warum wechselte er wieder den Beruf und gab eine sich vielversprechend anlassende Zukunft in der Landwirtschaft auf, um sich der Metallurgie zuzuwenden? Wir wissen es nicht. Offizielle sowjetische Quellen, wie Enzyklopädien, Jahrbücher, biographische Handbücher und Kalender, schweigen sich entweder aus oder geben widersprüchliche Antworten. Der Verdacht, daß hier etwas bewußt verschleiert wird, läßt sich schwer zerstreuen.

Eine offizielle TASS-Biographie von Breschnew, die an dem Tag erschien, als er 1964 Erster Sekretär der Partei wurde, macht folgende mehrdeutige Feststellung: ›Er arbeitete für kurze Zeit in der Landvermessung, was aber nicht sein Beruf wurde. Als die Sowjetunion mit der Industrialisierung der nationalen Wirtschaft begann, widmeten Tausende von jungen Leuten ihre Kräfte diesem Gebiet. Der Wissensdurst, vor allem auf technischer Ebene, erfaßte viele Jungen und Mädchen ... Leonid Breschnew ließ sich im metallurgischen Institut seiner Heimatstadt einschreiben ...‹

Wann? Nach der neuesten Ausgabe der *Großen Sowjetenzyklopädie* im Jahre 1931. Frühere Quellen, etwa die *Jahrbücher zur Großen Sowjetenzyklopädie,* nennen das Jahr 1930. Die *Kleine Sowjetenzyklopädie* übergeht die Frage völlig.

Das *Jahrbuch* 1962 enthält die verblüffendste Eintragung von allen: Dort ist zu lesen, daß Breschnew von 1930 bis 1931 an einem landwirtschaftlichen Institut in Moskau studierte: vermutlich an der angesehenen Timirjasew-Akademie.

Sowjetische Nachschlagewerke sind ernst zu nehmende Dokumente. Die Herausgeber sind zwar bekannt dafür, daß sie ›politische Fehler‹ machen, die mitunter sogar ganz schwerwiegende persönliche Folgen haben; aber faktische Fehler — mit Ausnahme absichtlicher Geschichtsklitterungen — sind selten. Vielmehr werden die Texte von einer Reihe Zensoren der höchsten Ebene gelesen und kontrolliert, bevor sie zur Veröffentlichung freigegeben werden. Wenn es sich um einen Mann von Breschnews Status und Macht handelt, ist sogar denkbar, daß er die Eintragung persönlich genehmigt hat.

Hat er wirklich in Moskau studiert? Und wenn ja, was passierte dort? Die Zulassung zur landwirtschaftlichen Akademie wäre für einen kleineren Provinzbeamten eine Leistung gewesen, eine Art ›Sesam, öffne dich!‹ für eine erfolgreiche Karriere. Warum ging er so plötzlich weg, wechselte den Beruf und entschied sich für eine Ausbildung an einer provinziellen Hochschule? Und warum wurde diese Information aus allen Nachschlagewerken gestrichen?

Würde es sich um die Biographie irgendeines führenden westlichen Politikers handeln — die Diskrepanzen in seinem Lebenslauf wären kaum erwähnenswert. In unserem Zusammenhang sind sie möglicherweise von großer Bedeutung. Da wir uns aber mit einem sowjetischen Politiker befassen, ist es andererseits durchaus möglich, daß diese Fragen unbeantwortet bleiben. Wir sind auf Spekulationen angewiesen.

Es mutet jedenfalls unwahrscheinlich an, daß dieser Wechsel seiner eigenen Wahl entsprach. Damals pflegten junge Männer solch wichtige Entscheidungen nicht allein zu treffen; gewöhnlich wurde für sie entschieden. Möglich wäre auch, daß ein bürokratisches Durcheinander zu dieser Versetzung führte.

Es wäre auch plausibel, daß Breschnew — gerade eben Parteimitglied geworden — auf Befehl der Partei nach Kamenskoje geschickt wurde, weil er dort gebraucht wurde. Das metallurgische Institut von Dnjeprodserschinsk steckte noch in den Anfängen, als er dort zu studieren begann. Ein sowjetischer Journalist berichtete 1972, daß die Leute in Dnjeprodserschinsk ›sich noch erinnern, wie ihr mittlerweile berühmter Mitbürger damals half, mit den Studenten dieses Institut zu errichten, und gleichzeitig dort studierte‹. Vielleicht war Breschnew nach Kamenskoje beordert worden, um beim Bau der Schule zu helfen. Solche Missionen waren in den frühen dreißiger Jahren nichts Ungewöhnliches.

Oder hatte gar irgendein höherer Funktionär, der entweder in Dnjeprodserschinsk war oder gerade dorthin gehen sollte, ein Auge auf Breschnew geworfen und wollte seine Laufbahn fördern?

Andererseits ist nicht auszuschließen, daß Breschnew bei der agrarpolitischen Debatte auf der falschen Seite landete und von der Moskauer Akademie entlassen wurde, worauf er sich nach Kamenskoje zurückgezogen hatte, in der Hoffnung, mit Hilfe von Freunden eine neue Karriere auf einem möglicherweise aussichtsreicheren Gebiet zu beginnen. Das beste Argument gegen diese These ist, daß Breschnew die Parteisäuberung im Jahre 1933 überlebte, bei der fast ein Viertel aller Mitglieder eliminiert wurde. Wäre er in Moskau in ernsthaften politischen Schwierigkeiten gewesen, hätte ihn diese Aktion bestimmt betroffen.

Schließlich könnte möglicherweise auch eine Entlassung aus akademischen Gründen stattgefunden haben. Das wäre das einleuchtendste Argument, warum dieses Moskauer Zwischenspiel diskret aus seinem offiziellen Lebenslauf gestrichen wurde. Breschnew wäre nicht der erste kommunistische oder auch westliche Politiker, der solch eine geringfügige kosmetische Korrektur in seiner Biographie vorgenommen hat.

Wie auch immer die Tatsachen gewesen sein mochten: jedenfalls studierte Breschnew 1931 am metallurgischen Institut; zudem arbeitete er, zusammen mit seinem Vater und seinem jüngeren Bruder Jakow, im *Sawod* Kamenskoje, das jetzt F. E. Dserschinski-Stahlfabrik hieß. Es war das Jahr, in dem er — einigen sowjetischen Informationen zufolge — Wiktoria heiratete und in die Partei eintrat.

Vor dem Eintritt in die Partei hatte er sich, wie alle Mitglieder, einer zwölfmonatigen Probezeit als Kandidat unterziehen müssen. Die Aufnahme selbst war ein Ereignis von großer Tragweite, das von dem einstigen Mitstreiter Breschnews im Gebiet Dnjepropetrowsk und späteren Überläufer in die USA, Viktor Krawtschenko, prägnant beschrieben wurde. Krawtschenko, von 1930 bis 1934 Student am Institut für Metallurgie in Dnepropetrowsk, also zur selben Zeit, als Breschnew im benachbarten Kamenskoje das gleiche Fach studierte, schrieb in seinem Buch *Ich wählte die Freiheit:* ›Es erschien mir als das größte Ereignis in meinem Leben; nun gehörte ich zur Elite des neuen Rußlands. Ich war jetzt nicht mehr ein Einzelner mit freier Wahl der Freunde, Interessen, Ansichten. Ich hatte mich für immer einer Idee und einer Sache verschrieben. Ich war Soldat in einer hochdisziplinierten Armee, in der Gehorsam gegenüber der Führung die erste und beinahe einzige Tugend war. Danach die falschen Leute zu treffen und auf die falschen Worte zu hören, war unstatthaft.‹

Eine von Breschnews Aufgaben in jener hochdisziplinierten Armee war die Leitung der *Komsomol*-Organisation in dem soeben gegründeten metallurgischen Institut.

Kamenskoje und das Gebiet am Dnjeprbogen waren seit seiner Abreise im Jahre 1923 kaum wiederzuerkennen; aber sie sollten sich noch mehr verändern. Nördlich von Saporoschje näherte sich das Dnjeprkraftwerk der Vollendung. Es war einer der ersten Triumphe des ›sozialistischen Aufbaus‹, obwohl der Großteil der Anlagen von der amerikanischen General Electric Company geliefert wurde. Kamenskoje selbst war mittlerweile aus allen Nähten geplatzt und hatte fast 100 000 Einwohner. ›Man konnte es fast wachsen sehen‹, erzählte mir ein früherer Bewohner. Das alte

Sawod hatte sich um ein Vielfaches vergrößert. Ein chemisches Kombinat, ein großes Zementwerk sowie eine Fabrik für Eisenbahnwaggons und eine zweite für Elektroanlagen waren mittlerweile errichtet worden.

Ingenieur Petrows Polytechnikum war in ein Backsteinhaus in der *Ulitsa Pelina* übergesiedelt. Gegenüber nahm das metallurgische Institut langsam Gestalt an.

Als Komsomolleiter am Institut war Breschnew auch für die jungen Kommunisten am Technikum verantwortlich. Hier war er ein häufiger, aber nicht immer gern gesehener Gast. Einmal oder zweimal wöchentlich besuchte er den Schuldirektor Sintschuk. Dessen frühere Sekretärin, die jetzt in Westeuropa lebt, erinnert sich: ›Breschnew war kühl und reserviert, ein Mann, der den Kontakt mit anderen zu vermeiden schien. Er besuchte nie gesellige Veranstaltungen des Komsomol oder der Schüler am Technikum. Sein Verhalten grenzte an Arroganz. Er war ein Musterbeispiel für Parteiorthodoxie. Die Leute hatten eindeutig Angst vor ihm. Wenn jetzt sein Verhalten den Damen gegenüber als galant bezeichnet wird, dann muß er sich diese Eigenschaft erst später angeeignet haben. Er grüßte nie die Frauen, die im Vorzimmer arbeiteten, und ich kann mich nicht erinnern, daß er mich einmal gefragt hätte, ob der Direktor da sei oder Zeit für ihn habe. Er ging schnurstracks an mir vorbei und stürzte ins Direktorat hinein.‹

Trotz seines Wachstums und seiner geschäftigen Atmosphäre wirkte Kamenskoje, gleich den meisten anderen ukrainischen Städten in den Jahren 1931—1933, wie das ruhige Zentrum eines Hurrikans. Es war ein Zufluchtsort vor den Geißeln Zwangskollektivierung und künstlich erzeugte Hungersnot, die die umliegenden Dörfer tyrannisierten.

In der zweiten Hälfte der zwanziger Jahre, als sich Breschnew in Weißrußland und im Uralgebiet aufhielt, kam es zu einer auffallenden Diskrepanz zwischen dem industriellen Wachstum auf der einen und der landwirtschaftlichen Entwicklung auf der anderen Seite. Auf dem Land herrschte durch ein kontinuierliches Anwachsen des Viehbestandes und durch die Mehrproduktion von Erzeugnissen, die für die Weiterverarbeitung bestimmt waren, relativer Wohlstand. Aber die Getreidelieferungen, deren Preise von der Regierung künstlich niedrig gehalten wurden, blieben hinter den Erfordernissen der wachsenden Städte und Industriezentren zurück. Bis zum Winter 1928/29 war die Getreidelieferung so weit zurückgegangen, daß in den Städten das Brot rationiert werden mußte.

In der Partei hatte man die Notwendigkeit einer Kollektivierung der Landwirtschaft im Prinzip längst eingesehen. Die kritische Debatte konzentrierte sich auf das Tempo. Im Winter 1928/29 gab dann die drohende Hungersnot den Ausschlag: Die Partei inszenierte einen unbarmherzigen fünfjährigen nichterklärten Krieg gegen die Bauern, der Terror, Elend und Unheil heraufbeschwören sollte. Dieser Krieg konzentrierte sich vor allem auf die Kornkammer der UdSSR, die Ukraine, wo der Widerstand der Landbevölkerung am heftigsten — und am gefährlichsten für das Regime — war.

1928 hieß die erste Etappe in dem Kampf ›Liquidierung des Kulakentums als Klasse!‹ (damit waren die reicheren, leistungsfähigeren und wohlhabenderen Bauern gemeint). Fünf Millionen von ihnen samt Frauen, Kindern und nahen Verwandten — annähernd die Hälfte davon aus der Ukraine — wurden von ihrem Grund und Boden vertrieben, geschlagen, mißhandelt, gefoltert, eingesperrt und in Konzentrationslager bzw. zur Verbannung nach Sibirien, in den Ural und in den arktischen Norden deportiert. Mindestens ein Viertel dieser Menschen ging auf den langen Reisen an Hunger, Kälte und Krankheit zugrunde. Ebenso viele wurden in ihren Dörfern und bei dem Versuch getötet, ihr Eigentum gegen Konfiskation und Kollektivierung zu verteidigen. Die Entkulakisierung hatte kaum begonnen, als Stalin eine vollständige Kollektivierung in Angriff nahm, die alle Bauern, arm und reich, umfassen sollte. Die Betroffenen schlugen darauf mit blinder, vernichtender Wut zurück, schlachteten lieber ihr Vieh, bevor sie es an die Kolchosen abgaben, und verwandelten ihre Dörfer in Schlachtfelder, auf denen sie den Streit gegen die Einheiten der GPU, der Geheimpolizei, ausfochten.

Im Frühjahr 1930 wurde sogar Stalin bewußt, daß sich die Agrarpolitik am Rande des Zusammenbruchs befand. Am 2. März veröffentlichte die *Prawda* dann seinen Artikel ›Siegestrunkenheit‹, womit die Zwangskollektivierung zum Stillstand kam. Die Bremsen wurden angezogen, die Gewinne konsolidiert, die Exzesse gestoppt und die Schuld für erbarmungslosen Mord und Vernichtung übereifrigen lokalen Parteifunktionären zugeschoben.

Die Ruhepause dauerte nur zwanzig Monate. Dann setzte die Kampagne mit erneuter Vehemenz wieder ein, mit Konsequenzen, die die früheren Aktionen weit in den Schatten stellten. Wjatscheslaw Molotow selbst eröffnete das Feuer. Im Herbst 1931 traf er im Gebiet Dnjepropetrowsk ein. Der Vertraute Stalins reiste in seinem streng bewachten Sonderzug von Dorf zu Dorf, um die Kollektivierungsbewegung wiederzubeleben. Er versprach, daß sie freiwillig sein würde. In Wirklichkeit war es böswillig kalkulierter Zwang.

Die Kampagne lief zweigleisig. Um den Widerstand der Bauern zu brechen, wurden die landwirtschaftlichen Ablieferungsquoten absichtlich so hoch geschraubt, daß sie die Produktionskapazitäten der Bauern sowie der Nichtkollektivierten überschritten. Ihnen blieb nichts für den eigenen Verbrauch oder als Saatgut für das kommende Jahr. Kolchosen und Einzelbauern, die ›von der Erfüllung der Getreidekollektivpläne abwichen‹ oder ›es verfehlten, ihren vertraglichen Verpflichtungen nachzukommen‹, wurden mit einer vorsätzlichen Versorgungsblockade belegt. Wenn sie aber ihr Soll erfüllten, wurden ihnen sofort neue und höhere Abgabequoten vorgeschrieben. Der sowjetische Euphemismus für diese Politik hieß: ›feste Anweisungen‹. Jene, die überlebten, waren nicht unbedingt die Stärksten, sondern die Willfährigsten.

Da man einsah, daß Dorfsowjets und Ortsfunktionäre keine weiteren militanten Aktionen gegen Freunde und Nachbarn durchführen würden, beorderte Moskau 25 000 ›Arbeiter mit entsprechender politischer und organisatorischer Erfahrung‹ — Stadtkomsomolenthusiasten und Parteiaktivisten aus Hochschulen und Fabriken — aufs Land, um diese Politik mit Gewalt durchzusetzen. Sie bildeten sogenannte *Buxirnije Brigadij* (Schleppbrigaden) — Gruppen von bewaffneten, wohlgenährten und mit voller Straf- und Polizeigewalt ausgestatteten Jugendlichen, deren Aufgabe es war, dafür zu sorgen, daß das Getreideablieferungssoll erfüllt wurde.

Da Viktor Krawtschenko, nach einigen Angaben Komsomolaktivist im benachbarten Dnjepropetrowsk, und viele andere Kommilitonen und Parteimitglieder aus den Instituten und Fabriken des Dnjeprbogens solchen Brigaden angehörten, ist es wahrscheinlich, daß der Komsomolsekretär Breschnew auch mit von der Partie war.

Stalin war mit der Art, wie die ukrainischen Kommunisten die Getreidebeschaffung handhabten, höchst unzufrieden. So befahl er im

Januar 1933 einer Anzahl von verläßlichen Untergebenen, die Angelegenheit in die Hand zu nehmen. Unter diesen Getreuen befand sich auch M. M. Chatajewitsch, ein Sekretär des ukrainischen Zentralkomitees, der zum Parteichef des Oblasts Dnjepropetrowsk ernannt wurde.

Zu Chatajewitsch' ersten Handlungen gehörte die Organisation von ›Schleppbrigaden‹. Er berief sämtliche Brigadeführer zu einer Konferenz ins Hauptquartier des Oblast-Komitees nach Dnjepropetrowsk. Etwa 80 junge Männer waren dort in der Halle versammelt — meistens Komsomolführer aus den Hochschulen von Dnjepropetrowsk und Kamenskoje; einer von ihnen war Viktor Krawtschenko, ein anderer — das ist zumindest anzunehmen — Leonid Breschnew. Chatajewitsch hielt eine Rede: ›Genossen, das Gebiet Dnjepropetrowsk bildet ein Schlußlicht. Die Partei und der Genosse Stalin haben uns befohlen, den Kollektivierungsprozeß bis zum Frühjahr abzuschließen. Um das zu erreichen, brauchen die einheimischen Dorfbehörden Injektionen aus bolschewistischem Eisen. Deshalb schicken wir euch.

Der Klassenkampf hat in den Dörfern die schärfsten Formen angenommen. Dies ist keine Zeit für Überempfindlichkeit oder Sentimentalität. Werft eure bourgeoise Menschenfreundlichkeit auf den Misthaufen und handelt wie Bolschewisten. Vernichtet die Agenten, wo immer sie ihr Haupt heben. Die Kulaken, aber auch die mittleren und die kleinen Bauern weigern sich, ihren Weizen abzugeben. Eure Aufgabe ist es, ihn aus ihnen herauszupressen — mit allen Mitteln. Schreckt nicht davor zurück, die äußersten Methoden anzuwenden.‹

Die Brigaden waren ermächtigt, jedes Korn, jede Kartoffel, jede Rübe, jede Wurzel, die sie finden konnten, zu konfiszieren.

Wie ein heute in den USA lebender Ukrainer berichtet, gingen sie ›von Haus zu Haus, Tag für Tag, und suchten nach versteckten Nahrungsmitteln. Sie durchstöberten Speicher, Keller, Scheunen, Schweine- und Pferdeställe sowie Heuböden. Sie maßen die Dicke der Mauer unter dem Ofen, um herauszufinden, ob Getreide im Fundament versteckt sei. Sie klopften Fußböden und Wände ab, und wo der Klang hohl zu sein schien, wurde alles aufgerissen. Manchmal legten sie ganze Wände um, zerstörten die Öfen und nahmen das letzte Körnchen mit, wenn sie irgend etwas gefunden hatten. Die Beschaffungsaktion war gekennzeichnet durch mutwillige Zerstörungen und Ausschreitungen von äußerster Grausamkeit. Das Hauptquartier jeder Brigade war mit einem Spezialstab besetzt, dessen Mitarbeiter die Bauern nächtelang verhörten, schlugen, mit Wasser übergossen und halbnackt in kalte Zellen sperrten. Es gab viele Fälle von Folterungen.‹

Ob Breschnew daran beteiligt war oder nicht, wissen wir nicht. Selbst wenn es nicht der Fall war, so muß ihm doch der Schrecken — Hunger, Kannibalismus, Mord und Krankheit —, der durchs Land zog, klar bewußt gewesen sein.

Malcolm Muggeridge, der damalige UdSSR-Korrespondent des *Manchester Guardian,* beschrieb die zu jener Zeit herrschenden Zustände in einem Bericht aus dem Jahre 1933:

›Es war ein Krieg der Regierung gegen die Bauernschaft. Auf der einen Seite sah man Millionen von Bauern, ihre Leiber aufgeschwollen vor Hunger; auf der anderen waren die Soldaten und die Agenten des OGPU, die die Befehle der Diktatur des Proletariats ausführten. Sie warfen sich auf das Gebiet wie ein Heuschreckenschwarm und nahmen alles Eßbare. Sie erschossen und erhängten Tausende von Bauern, manchmal die Bevölkerung ganzer Dörfer ... Die Ukraine und der nördliche Kaukasus waren einst die fruchtbarsten Regionen Rußlands. Heute sehen sie wie Wüsten aus: Die Felder sind mit Unkraut bedeckt, und die Menschen erwarten den unvermeidbaren Tod.‹

Um am Leben bleiben zu können, schlachteten die Bauern ihr Vieh, und als dieses Fleischreservoir erschöpft war, Hunde, Katzen, Ratten und Mäuse. Sie lebten von Unkraut und Gras, Rinden und Blättern, und schließlich fraßen sie sich gegenseitig auf. Kannibalismus war in diesem Winter fast eine Alltäglichkeit. Als sie auf dem Lande nichts mehr zu essen fanden, verließen Hunderttausende ihre Wohnstätten und Dörfer und zogen in die Städte, wo sie durch Betteln oder im Tausch gegen ihre letzten Habseligkeiten ein bißchen Nahrung zu bekommen hofften.

Durch die Straßen von Dnjepropetrowsk, Kamenskoje, Kiew, Charkow und anderer Städte schleppten sich deformierte Massen menschlichen Elends auf geschwollenen Füßen und spindeldürren Beinen dahin. Jeden Morgen wurden die steifgefrorenen Toten auf Wagen geladen und in Schluchten oder Massengräbern begraben.

Nach einer sorgfältigen Analyse aller Schätzungen und Aufstellungen haben der Hunger und damit zusammenhängende Ursachen 5,5 Millionen Menschenleben, hauptsächlich unter der Dorfbevölkerung, gefordert. In den Städten gab es genug zu essen. Ja, die UdSSR exportierte sogar weiterhin Getreide, während im eigenen Land Millionen Menschen starben. Es war eine eiskalt geplante, künstlich erzeugte Hungersnot, um den Widerstand der Bauern zu brechen. ›Hätten wir den Bauern ihr Getreide gelassen, dann hätten wir sie nur ermutigt, weiterhin wenig zu produzieren‹, sagte ein sowjetischer Funktionär 1933 zu William H. Chamberlin, dem Moskauer Korrespondenten des *Christian Science Monitor*.

Nachdem er den Bauernstand unterdrückt hatte, begann Stalin, die Partei zu vernichten. Die große Säuberung setzte ein. Es gibt zwar keinen Beweis dafür, daß Breschnew an diesen Verbrechen beteiligt war, doch sollte er bald davon profitieren.

Die blutigen Säuberungen der dreißiger Jahre erfaßten bald die gesamte Sowjetunion. In der Ukraine waren sie jedoch häufiger und heftiger als anderswo, weil sie gleichzeitig einen willkommenen Anlaß boten, die letzten Anzeichen nationaler ukrainischer Unabhängigkeit zu ersticken.

Breschnew war noch Student, als im Januar und Februar 1934 der XVII. Parteitag der KPdSU in Moskau stattfand. Die ersten Schwierigkeiten bei der Industrialisierung waren überwunden, die Kollektivierung beinahe abgeschlossen und jeder Widerstand innerhalb und außerhalb der Partei erstickt. Stalin und seine Anhänger waren die absoluten Herrscher. Das Moskauer Konklave wurde daher auch mit Recht ›Parteitag der Sieger‹ genannt. Aber wie Chruschtschow über 20 Jahre später erklärte, war Stalin damals schon nicht mehr normal: Er verdächtigte alles und jeden, sah überall Feinde und wurde von dem Verlangen verzehrt, sie alle physisch zu vernichten. Der Moment zum Zuschlagen kam am 1. Dezember 1934, als sein Freund Sergej Kirow, der Parteichef von Leningrad, ermordet wurde.

Die Begleitumstände dieses Mordes sind mysteriös; in seiner berühmten ›geheimen Rede‹ deutete Chruschtschow 1956 an, Kirow wäre auf Befehl Stalins ermordet worden. Was auch immer die Wahrheit sein mag, sein Tod löste eine Terrorherrschaft aus, die in den folgenden Jahren das ganze Land erfaßte. Es war eine Ära der Angst, Gesetzlosigkeit, Inquisition, Folterung, Grausamkeit und des Mordes, welche die Partei dezimierte, die russische Seele für immer verkrüppelte, Millionen als Arbeitssklaven inhaftierte und weitere Millionen in den Tod schickte.

Über Breschnews Tätigkeit während der ersten Jahre des Terrors ist in den offiziellen Nachschlagwerken wenig zu finden. 1935 schloß er seine Studien am Institut für Metallurgie mit dem Ingenieurtitel ab. Damit gehörte er zu einer Kategorie von besonders geschätzten Parteimitgliedern — jenen mit einer soliden sowjetischen sowie technologischen Ausbildung. Über seine nun folgende Tätigkeit machen sowjetische Quellen widersprüchliche Angaben. Einigen zufolge trat er, wie schon früher erwähnt, in die Rote Armee ein. Laut anderen war er als Ingenieur im *Sawod* in Kamenskoje beschäftigt.

Ende 1936 scheint Breschnew mit Sicherheit in der Fabrik gearbeitet zu haben; im folgenden Jahr wurde er Direktor von Petrows Berufsschule, dem metallurgischen Polytechnikum. Das kann man aus einem Bericht schließen, den die sowjetische Wochenzeitschrift *Nowoje Wremja* (Neue Zeit) brachte: ›Die Einwohner von Dnjeprodserschinsk erinnern sich noch heute voll Dankbarkeit daran, wie Ingenieur Breschnew sein Wissen und seine Erfahrung an die künftigen Vorarbeiter weitergab, die an der metallurgischen Fachschule studierten.‹

Im Jahre 1937 begann der Terror auch Stalins aufrichtigste und ergebenste Anhänger zu verschlingen. Zu den ersten Opfern zählte Pawel Postyschew — jener Mann, der vier Jahre lang als Stalins Statthalter die Ukraine tyrannisiert hatte. Im Januar 1937 wurde er nach Moskau beordert und verschwand. Chatajewitsch, der Parteichef des Oblasts Dnjepropetrowsk, trat seine Nachfolge als Zweiter Sekretär der ukrainischen KP an. Chatajewitschs Stuhl als Erster Sekretär in Dnjepropetrowsk nahm E. K. Pramnek ein.

Auf Postyschews Amtsenthebung folgte eine umfassende Säuberung unter den Parteifunktionären auf Gebiets- und Ortsebene. Zwei Drittel aller Gebiets- und ein Drittel aller Gemeinde- und Bezirksführer wurden in jenem Frühjahr abgelöst. Einer der Männer, die dazu ausersehen waren, einen plötzlich freigewordenen Posten zu besetzen, war Breschnew. Im Mai 1937 wurde er zum ›Stellvertretenden Vorsitzenden des Exekutivkomitees für den Stadtsowjet von Dnjeprodserschinsk‹ ernannt — das entspricht dem Posten eines Stellvertretenden Bürgermeisters seiner Heimatstadt. Mittlerweile war er 30 Jahre alt, verheiratet, Vater von zwei Kindern, ein angesehener Mann und ganz offensichtlich auf dem Wege zu einer erfolgreichen neuen Karriere.

Neue Männer auf alten Posten

Als der Stellvertretende Bürgermeister von Dnjeprodserschinsk am Freitag, den 28. Januar 1938, morgens die *Prawda* aufschlug, starrte er einen Augenblick lang auf ein zweispaltiges Foto oben auf der Titelseite. Es zeigte das rundliche, lachende Gesicht eines blonden Mannes mit sich ankündigender Glatze in einem bestickten ukrainischen Hemd: Nikita Sergejewitsch Chruschtschow.

Eine knappgefaßte fünfzeilige TASS-Meldung unter dem Bild verkündete, daß ein Plenum des Zentralkomitees der ukrainischen Kommunistischen Partei Chruschtschow zu seinem Ersten Sekretär gewählt habe.

Obwohl Breschnew es damals noch nicht ahnen konnte, war es für ihn ein Ereignis von weittragender Bedeutung. Während des folgenden Vierteljahrhunderts sollte seine Laufbahn aufs engste mit der Chruschtschows verwoben sein — bis sein Mentor in einer Verschwörung gestürzt wurde und er selbst dessen Platz einnahm.

Breschnew ging es wie den meisten anderen jungen Apparatschiks in der Ukraine: Ihnen waren Chruschtschows Name und Gesicht nur vage bekannt — als einer von Stalins Favoriten. Formell war er der Parteichef von Moskau und am bekanntesten als der Erbauer der Moskauer Untergrundbahn. Seit etwa sechs Monaten jedoch war er offenbar des öfteren in Kiew gewesen, um Stalins Säuberungsaufträge auszuführen. Diese seine Ernennung zu Stalins neuem Statthalter in der Ukraine kam nicht ganz unerwartet. Dennoch muß die Nachricht an jenem Wintermorgen wie ein Schock gewirkt haben. Ebensogut wie andere Ortsfunktionäre wußte Breschnew, daß das ukrainische Zentralkomitee, das Chruschtschow dem Anschein nach gewählt hatte, nicht existierte. Vier Monate zuvor war es liquidiert worden.

In den Säuberungen, die seit Kirows Ermordung im Jahre 1934

in der gesamten Sowjetunion stattgefunden hatten, bot die Ukraine das letzte Aufflackern von Widerstand — sogar unter Führern, die Stalin loyal ergeben waren oder die er selbst ernannt hatte, wie Stanislaw Kosior, dem Parteichef, und Pawel Postyschew, dem Zweiten Sekretär.

Die ukrainische KP hat eine eigene Geschichte, die tief mit dem ukrainischen Nationalgefühl und mit der speziellen Struktur ihrer Gefolgschaft zusammenhängt. In den Anfangsjahren der UdSSR unterschied sie sich von der russischen Schwesterpartei insofern, als sie aus einer Koalition bestand — zwischen Bolschewiken und nationalbewußten linken Sozialrevolutionären nämlich, die bis 1920 eine eigene Organisation, die *Borotbist*-Partei, besaßen.

Immer wieder waren Versuche fehlgeschlagen, diese Form der ukrainischen kommunistischen Unabhängigkeit zu zerstören. Funktionäre mit starken zentralistischen Ansichten, die von Moskau geschickt worden waren, modifizierten diese im Laufe der Jahre, wobei sie meist mehr Sympathien für die ukrainische Politik entwickelten als für die des Kremls.

Nach dem zweiten großen Schauprozeß in Moskau im März 1937 jedoch schlug die Stunde auch für die Ukraine. Wie bereits erwähnt, begann es damit, daß Stalin Postyschew seines Amtes enthob. 1940 wurde er dann erschossen.

Kurze Zeit später versetzte Stalin der Ukraine einen zweiten Schlag mit der Abkommandierung und nachfolgenden Hinrichtung von General Jona Jakir, einem Mitglied des ukrainischen Politbüros und Kommandeur des ukrainischen Militärbezirks. Jakir war einer der ersten neun Generäle und Marschälle der Roten Armee, die im Rahmen von Stalins Säuberung des Militärs liquidiert werden sollten.

Zweifellos hoffte Stalin von den Rivalitäten zu profitieren, die durch Postyschews Abgang in Kiew ausgelöst würden. Aber die ukrainische Führungsspitze hielt zusammen. Beim XIII. Parteitag der ukrainischen KP, der Ende Mai bis Anfang Juni 1937 stattfand, wurde fast die ganze alte Garde, einschließlich Kosiors und Chatajewitschs, wiedergewählt.

Dieses Team schien Stalin immer noch zu unabhängig und zu nationalistisch. Und so verschwendete er keine Zeit, um dessen Vernichtung vorzubereiten. Scharenweise wurden NKWD-Agenten in die Ukraine geschickt, um dort eine Atmosphäre der Angst zu schaffen und Meldungen über ›Volksfeinde‹ in Umlauf zu setzen. Im August traf eine Sonderkommission des Kremls, bestehend aus Nikita Chruschtschow, Wjatscheslaw Molotow und Nikolai Jeschow, dem Chef der Geheimpolizei, in Kiew ein. Sie beschuldigten die ukrainische Führung der mangelnden Wachsamkeit und des Unvermögens, mit jenen ›Feinden‹ fertig zu werden, die Jeschows Agenten hervorgezaubert hatten.

Da Chruschtschow, Molotow und Jeschow der örtlichen ukrainischen Polizei nicht trauten, brachten sie Züge voll sibirischen Militärs und NKWD-Sondereinheiten aus Moskau mit nach Kiew, das sich dadurch in eine belagerte Festung verwandelte. Der Bezirk, in dem sich das Kremlteam mit den ukrainischen Führern traf, war von der übrigen Stadt durch NKWD-Truppen abgeriegelt worden, die direkt Jeschows Kommando unterstanden.

In einer Plenarsitzung mit dem ukrainischen Zentralkomitee verlas Molotow einen ganzen Katalog von Anschuldigungen, Anspielungen und erfundenen ›Tatsachen‹. Dann forderte er ein Mißtrauensvotum gegen Kosior, Chatajewitsch, N. N. Popow, einen anderen Sekretär des Zentralkomitees, Grigorij Petrowski, den ›Präsidenten‹ der Ukraine, und gegen Panas Ljubtschenko, den Premierminister, und verlangte ihren Ausschluß aus dem Zentralkomitee. Gleichzeitig bestand er darauf, daß Chruschtschow zum Ersten Sekretär gewählt würde.

Die Ukrainer verweigerten ihre Zustimmung mit der Begründung, daß sie als rechtmäßig unabhängige Partei nicht dem Diktat des Kremls unterstünden. Ihre Verhandlungen mit den Emissären aus Moskau — eine Szene, die der sowjetischen Konfrontation mit der tschechoslowakischen kommunistischen Führungsspitze 31 Jahre später ähnelte — schleppten sich tagelang hin.

Molotow und Chruschtschow hätten natürlich Jeschow anweisen können, das gesamte Zentralkomitee zu verhaften. Doch vor einer so drastischen Maßnahme konferierten sie noch einmal mit Stalin, der ihnen riet, die Gespräche in das ›rollende‹ NKWD-Hauptquartier zu verlegen. Aber auch in Jeschows Eisenbahnwaggons blieben die Ukrainer standhaft.

Schließlich, nach neuerlichen Konsultationen mit dem Kreml, bot Molotow eine Alternative an: Alle 102 stimmberechtigten und stellvertretenden Mitglieder des ukrainischen Zentralkomitees sollten nach Moskau fahren, um die Angelegenheit an Ort und Stelle mit den Führern der sowjetischen Partei und mit Stalin persönlich zu besprechen. Dieser Vorschlag wurde von der Mehrheit angenommen, wenn es auch Meinungsabweichungen gab. Ljubtschenko lehnte als einziger ab — er erschoß sich.

Die anderen bestiegen am 2. September 1937 einen Sonderzug nach Moskau. Von den 101 Mann verschwanden in den kommenden Wochen und Monaten alle bis auf drei.

Nur Petrowski, der zur Prominenz der ukrainischen Führung gehörte, überlebte diese Säuberung. Unter den liquidierten Vollmitgliedern und Kandidaten des ukrainischen Politbüros befanden sich auch Chatajewitsch und dessen Nachfolger als Parteichef des Oblasts Dnjepropetrowsk, Pramnek. Sie verschwanden in den NKWD-Gefängnissen oder in den Arbeitslagern Sibiriens und des hohen Nordens.

Bald waren alle Sekretäre der Oblast-, Stadt- und Bezirkskomitees, alle Gebiets- und Gemeindefunktionäre, Fabrikmanager, Universitätsrektoren und Institutsleiter sowie führende Persönlichkeiten in Kunst und Literatur ihrer Posten enthoben. Viele von ihnen hatten die Positionen erst vor einem halben Jahr, nach Postyschews Amtsenthebung, angetreten.

Die führerlose, terrorisierte und demoralisierte Ukraine glich einem NKWD-Lehen, in dem Jeschows Inquisitoren und Informanten nach Gutdünken denunzierten, verhörten, folterten, verhafteten und mordeten.

Bis zu Chruschtschows Ankunft im Januar hatte es in der Ukraine keine Regierung im herkömmlichen Sinne mehr gegeben; nach Ljubtschenkos Selbstmord folgten innerhalb von vier Monaten drei ukrainische Ministerpräsidenten aufeinander. Und der Oblast Dnjepropetrowsk wurde nach Chatajewitschs Abgang hintereinander von drei Parteichefs regiert — darunter Demjan Sergejewitsch Korottschenko, ein Chruschtschow-Intimus und vermutlicher Förderer Breschnews —, bis endlich wieder eine gewisse Ruhe eintrat. Korottschenko, dessen spätere Laufbahn bis in die heutige Breschnewära reichte — er starb, fünfundsiebzigjährig, erst 1969 — wurde im Februar 1938 zum Premierminister der Ukraine ernannt.

Ein damaliger Einwohner von Dnjepropetrowsk, der heute in der

Bundesrepublik lebt, schildert das Bild wie folgt: ›Funktionäre wechselten einander so schnell ab, daß die Nachfolger der Nachfolger bereits verhaftet waren, bevor die Türschilder an ihren Büros ausgetauscht waren. Keiner wußte, wer als Nächster drankommen würde. Der heldenhafte neue Führer von heute konnte leicht der neue Feind des Volkes von morgen sein. Das Hauptziel jedes einzelnen war, einer Verhaftung zu entgehen, und die sicherste Taktik, entweder möglichst unscheinbar zu bleiben oder sich dem NKWD als Kollaborateur anzubieten, indem man andere denunzierte.‹

Man weiß nicht, welchen Kurs Breschnew einschlug; jedenfalls gehörte er zu den wenigen, die überlebten. Die Säuberungen hatten die erste und zweite Garnitur der Partei- und Regierungsführung liquidiert. Jetzt war die dritte an der Reihe. Chruschtschow befand sich bei seiner Ankunft in Kiew in Begleitung seines Stellvertreters und ›neugewähltem‹ Zweiten Sekretär der ukrainischen KP, Michail Burmistenko, einem ehemaligen Tscheka-Mann in Lederjacke. Gemeinsam bauten sie den ukrainischen Parteiapparat wieder auf. Im Frühjahr 1938 wurden über 1600 Parteimitglieder befördert, um als Sekretäre und Abteilungsleiter leere Gebiets- und Gemeindeposten zu besetzen. Breschnew war einer von ihnen. Im Mai 1938 wurde Breschnew 35 Kilometer stromabwärts nach Dnjepropetrowsk versetzt, wo er im Oblast-Parteikomitee Leiter der Abteilung für Ideologie und Propaganda wurde. Als ein Jahr später das Amt eines *Obkom*-(Gebietskomitee-)Sekretärs für Propaganda geschaffen wurde, ging der Titel an ihn. Damit war er der fünfthöchste Parteifunktionär im zweitgrößten und industriell bedeutendsten Gebiet der Ukraine: 32 000 Quadratkilometer Fläche und mehr als zwei Millionen Einwohner.

Im Dnjepropetrowsker Oblast war Breschnew freilich nicht der einzige unter den jungen Kommunisten, der von Chruschtschows Machtübernahme in der Ukraine profitierte. Und viele von ihnen verdanken ihren Aufstieg in der Sowjethierarchie nicht nur Chruschtschow, sondern auch der Karriere seines Protegés Breschnew: die Mitglieder der sogenannten ›Dnjepr-Mafia‹ nämlich.

Als Breschnew im Mai 1938 sein Amt in dem düsteren, grauen, fünfgeschossigen *Obkom*-Gebäude Ecke *Puschkinska-Prospekt* und *Polewaja Ulitsa* in Dnjepropetrowsk antrat, war der neue Erste

Sekretär des Provinzkomitees, der Nachfolger Korottschenkos, ein Mann namens Semjon Borisowitsch Sadiontschenko. Er war, wie Korottschenko selbst, einst Funktionär im Moskauer Baumanski-Bezirk gewesen, Chruschtschows ehemaliger politischer Hochburg in der sowjetischen Hauptstadt, und wie Korottschenko zählte er zu den langjährigen Günstlingen des neuen ukrainischen Parteichefs. Der zweite Mann, auch ein vermutlicher Förderer Breschnews, war Leonid Romanowitsch Kornijez — einer der wenigen ›älteren‹ Funktionäre in der Ukraine, der die Säuberungswelle überlebt hatte und noch vieles überleben sollte. Kornijez konnte Breschnew eben noch ein Büro und einen Schreibtisch anweisen, dann ging er nach Kiew, wo Chruschtschow ihn zum Vorsitzenden des Präsidiums des Obersten Sowjets der Republik, d. h. zum Staatspräsidenten der Ukraine machte. Später, nach Stalins Tod, holte ihn Chruschtschow als Minister für Beschaffung nach Moskau. Er behielt dieses Amt auch unter Breschnew und starb 1969 im Alter von 68 Jahren.

Kurz nachdem Kornijez nach Kiew gegangen war, stieß Iwan Samojlowitsch Gruschezki zu dem Team der Obkom-Sekretäre in Dnjepropetrowsk.

Seither war er immer ein hoher ukrainischer Apparatschik. Im Juli 1972 wurde er zum ›Präsidenten‹ der Ukraine und zum Vollmitglied des ukrainischen Politbüros befördert.

Zwei Kommilitonen Breschnews — Pawel Nikitowitsch Alferow und Konstantin Stepanowitsch Gruschewoi —, beide sein Jahrgang, beide im Jahre 1934 Absolventen des metallurgischen Instituts in Kamenskoje und danach im gleichen Sawod tätig, machten auch in dieser turbulenten Zeit politische Karriere. Und beide sollten in späteren Jahren — Gruschewoi sogar heute noch — eine wichtige Rolle bei der Unterstützung von Breschnews Karriere und Machtposition spielen. 1937 wurde Alferow zum Stadtparteichef in Dnjeprodserschinsk ernannt. Ein Jahr später übernahm Gruschewoi diesen Posten, gin dann 1939 nach Dnjepropetrowsk als Zweiter Sekretär des Oblast-Parteikomitees und wurde also Breschnews unmittelbarer Vorgesetzter — eine Position, die er bis Kriegsanfang im Jahre 1941 inne hatte. Heute ist Gruschewoi Generaloberst der Sowjetarmee und Leiter der politischen Verwaltung, d. h. Politkommissar des Moskauer Militärbezirks und damit eine der wichtigen Kontaktpersonen Breschnews zur Armee.

1939 erlebte auch der damals 29jährige Nikolai Anisimovich Schtschelokow eine steile Beförderung. Er wurde zum Oberbürgermeister der Stadt Dnjepropetrowsk ernannt. Schtschelokow, ebenfalls Ingenieur, ist Absolvent des metallurgischen Instituts in Dnjepropetrowsk. Anfang der fünfziger Jahre folgte er Breschnew in die Moldauische Republik; heute ist er, wie schon erwähnt, Innenminister und Polizeichef der UdSSR — und außerdem Breschnews Nachbar am Kutusowski-Prospekt.

Im benachbarten Oblast Saporoschje wurde 1939 Andrej Pawlowitsch Kirilenko zum Sekretär des Parteikomitees, später sogar zum Zweiten Sekretär ernannt: eine Position, die er nach dem Zweiten Weltkrieg unter Breschnew noch innehatte. In Saporoschje arbeitete er mit ihm beim Wiederaufbau der Industrieanlagen zusammen. Jetzt ist Kirilenko praktisch Breschnews zweiter Mann in Moskau — Mitglied des Politbüros sowie Sekretär des Zentralkomitees der KPdSU.

Zur ›Dnjepr-Mafia‹ gehören auch einige jüngere Männer, Apparatschiks, die sich nach dem Zweiten Weltkrieg in Saporoschje oder Dnjepropetrowsk Breschnews Team angeschlossen hatten oder von ihm begünstigt wurden. Breschnew selbst jedoch und Funktionären wie Kirilenko, Schtschelokow, Gruschezki, Kornijez und Gruschewoi ermöglichte Chruschtschows Reorganisation der dezimierten Partei im Dnjeprbogen den plötzlichen Sprung nach oben auf der politischen Leiter.

Für Breschnew, seine Frau Wiktoria und seine beiden kleinen Kinder Galina und Juri bedeutete es auch den Eintritt in eine aufregende neue Welt. Trotz eines raschen Wachstums war Dnjeprodserschinsk ein rechtes Kaff — im Vergleich etwa zur geschäftigen Metropole Dnjepropetrowsk mit ihren 520 000 Einwohnern: eine prächtige, kultivierte Stadt mit eigenem Opernensemble, einer Universität, Hochschulen, Instituten und einem aristokratischen Stammbaum, der bis in die goldene Zeit der Romanowdynastie zurückreichte.

Jekaterinoslaw, 1784 von Katharina der Großen gegründet und von ihrem Günstling Fürst Grigorij Potemkin als seine Residenz und Regierungssitz von ›Neu-Rußland‹ erbaut, war eine vollständig geplante Stadt. Und Potemkin plante sie mit jener für die Regierungszeit Katharinas typischen protzigen Maßlosigkeit.

Die Lage an einem hohen, üppig grünenden Ufer über dem hier fast 1½ Kilometer breiten Fluß ist landschaftlich einmalig. Potemkin verstand es, die Natur verschwenderisch zu nützen. Er ließ eine herrliche Kathedrale im barocken Stil errichten, einen grandiosen neoklassizistischen Palast bauen und den 5 Kilometer langen *Katharinen-(jetzt Karl-Marx-)Prospekt* anlegen, den einstige Bürger von Dnjepropetrowsk, die heute im Westen leben, noch immer stolz als ›die längste, breiteste und eleganteste Hauptstraße in ganz Rußland‹ bezeichnen.

Um die Wende zum 20. Jahrhundert entwickelte sich Jekaterinoslaw rasch zu einer der größeren Industriestädte der Ukraine. Als Breschnew sich 1938 dort niederließ, war sie das metallurgische, chemische und verkehrstechnische Zentrum des Dnjeprbeckens. Dnjepropetrowsk hatte eine 1916 gegründete Universität, eine Hochschule für Medizin und technische Hochschulen für Bergbau, Metallurgie, Verkehrswesen, Chemie und Bautechnik. Aus Potemkins Palast wurde ein ›Kulturpalast für Studenten‹.

Als einer der neuen mächtigen Herren der Stadt und des Gebiets Dnjepropetrowsk hatte Breschnew Anspruch auf das Beste, was die Metropole zu bieten hatte: ein Auto für seinen Privatgebrauch; Einkaufsprivilegien in den besonderen Kaufhäusern, die ausschließlich für Obkom-, Stadt- und andere hohe Parteifunktionäre reserviert waren; die besten Theater- und Opernplätze; die modernsten medizinischen Einrichtungen und angeblich eine große Wohnung in einem der um die Jahrhundertwende errichteten Wohnhäuser am Karl-Marx-Prospekt.

Verglichen damit lebten andere, sogar Mitglieder der örtlichen Intellektuellenkreise, ziemlich bescheiden. Gemeinschaftswohnungen, wo drei- bis vierköpfige Familien in einen Raum gepfercht waren, wurden als angemessene Behausungen auch für Universitätsdozenten angesehen. Die Lebensmittelversorgung hatte sich zwar seit Mitte der dreißiger Jahre ungemein verbessert, aber andere Güter waren knapp, und die Bekleidung war streng rationiert. So erinnert sich ein ehemaliges Mitglied des Lehrkörpers der Universität von Dnjepropetrowsk, einmal als Prämie für eine wichtige Forschungsarbeit einen Bezugsschein für einen neuen Anzug bekommen zu haben. Für den Anzug mußte er selbstverständlich noch bezahlen, wobei der Preis einem Monatsgehalt entsprach;

aber er war wenigstens berechtigt, einen zu kaufen. Und ein Schauspieler, der damals aus Moskau gekommen war und sich in Dnjepropetrowsk niedergelassen hatte, um dort am russischsprachigen Theater zu spielen, erzählte mir, daß er seinerzeit in den Bekleidungs- und Kaufhäusern der Stadt keine Unterwäsche finden konnte. So mußte er sie bei einem Freund in Moskau bestellen, dessen Mutter in einem Herrenbekleidungsgeschäft arbeitete. Käuferschlangen, Knappheit und häßliche, schlechtverarbeitete Waren bildeten eher die Regel als die Ausnahme.

Zu Breschnews Aufgaben als Propagandachef des Oblasts gehörte es, die Aufmerksamkeit der Öffentlichkeit von diesen Mängeln des sowjetischen Lebens abzulenken. Auch hatte er für die Durchführung von Chruschtschows Russifizierungspolitik zu sorgen, die nach der Liquidierung der nationalbewußten alten Garde der ukrainischen Führungsspitze eingeführt worden war.

Im Jahre 1938 wurde Russisch Pflichtfach an den ukrainischen Schulen. Alle Bürger, einschließlich der Bauern und *Kolchosniki*, waren gezwungen, so viel Russisch zu lernen, daß sie fließend sprechen und auf einfache Art lesen und schreiben konnten. Russisch wurde die offizielle Sprache bei örtlichen Regierungs- und Parteiorganisationen; ferner wurden russischsprachige Parteizeitungen eingeführt. Das bedeutete die völlige Revision einer Politik, die sich kurz nach der Revolution die Verbreitung der ukrainischen Sprache und Kultur zum Ziel gesetzt hatte, um die national gesinnten Ukrainer für die Sache des Bolschewismus zu gewinnen. Plötzlich bezeichnete man Russisch nicht nur als die Sprache des großen Lenin, die der ganzen Sowjetunion gemein war, sondern auch als Trägerin einer fortschrittlichen, revolutionären, proletarischen Kultur. Die nationale Geschichte der Ukraine und ihre Helden verschwanden wieder in der Versenkung, und Rußlands lange Kolonialherrschaft, die Unterdrückung der Ukraine wurden nun neu interpretiert als ein Segen. Unter anderem wurde auch das russischsprachige Theater in Dnjepropetrowsk aufgefrischt, indem man neue Talente aus Moskau kommen ließ.

Das sowjetische System ist abhängig von der Indoktrination. Unter der Bezeichnung ›ideologische Arbeit‹ ergänzt sie den Zwang und trägt so dazu bei, die Zustimmung des Volkes zur jeweiligen Politik der Führung zu sichern. Somit gehörte es also auch zu Breschnews Verantwortung, zu ›ideologischer Wachsamkeit‹ gegen jede Art von Schädlingen, Spionen, Abweichlern, Landesverrätern und Volksfeinden aufzurufen, die unter dem breiten Spektrum von ›bourgeoisem Nationalismus‹, ›trotzkistischer Subversion‹, ›Rechtsabweichung‹ und deutschem Faschismus zu finden waren. Gerade letzterem wurde in der Ukraine spezielle Aufmerksamkeit gewidmet: befand man sich hier doch auf dem westlichsten Außenposten der Sowjetunion, den — wie Chruschtschow in jeder Rede beharrlich versicherte — das nationalsozialistische Deutschland von der UdSSR abzutrennen beabsichtigte.

Breschnew mußte auch den Terror und die Säuberung rechtfertigen, die — in der Ausdrucksweise jener Zeit — ›einen beachtlichen Erfolg bei der Entdeckung, Ausmerzung und Vernichtung von Nestern von Trotzkisten-Bucharinisten und bourgeois-nationalistischen Agenten des polnisch-deutschen und des japanischen Faschismus erzielt‹ hatten.

Als oberster Obkom-Propagandist hatte er ferner die redaktionelle Arbeit der Oblast-Parteizeitungen *Dnjeprowska Prawda* und der in ukrainischer Sprache erscheinenden *Sora* zu überwachen. Ferner gehörte zu seinen Aufgaben die Organisation von Agitprop-Sektionen in den Städten und Bezirken, Fabriken und Kolchosen, Universitäten und Schulen.

Er war verantwortlich für mündliche Agitation und Propaganda und beauftragt mit der Organisation von Massenveranstaltungen, Versammlungen, ›spontanen‹ Demonstrationen, von Paraden und Feiern, um die Volksbegeisterung für Stalin und das Regime anzufachen. Ihm oblag die Abfassung zahlloser Verpflichtungen, mehr zu produzieren, schneller zu arbeiten und größere Erträge zu erzielen, womit der ›sozialistische Wettbewerb‹ angespornt und Leistungsrekorden wie jenen des Grubenarbeiters Alexej Stachanow nachgeeifert werden sollte. Breschnew war der anonyme Autor zahlloser aufpulvernder Slogans und Lobpreisungen Stalins, die als Plakate und Spruchbänder an Hauswänden aufgehängt und über die Straßen von Dörfern und Städten des Gebietes Dnjepropetrowsk gespannt waren.

›Die späten dreißiger Jahre‹, so sagte ein aus jener Gegend stammender Emigrant, ›waren eine Zeit des Jubels — des künstlichen Jubels. Wir lasen jubelnde Bücher, wir hörten jubelnde Reden und sahen jubelnde Filme. Alles lief im wesentlichen auf dasselbe hinaus: Stalin sei der Klügste, der Gutmütigste, der Mutigste, der Allwissendste und der Weitblickendste. Er war unser Vater, dessen Herz aus Liebe zu uns überquoll. Und das Leben, das er für uns schuf — so wurde uns gesagt, und wir glaubten es allmählich —, war das beste aller möglichen Leben.‹

Es war auch eine Zeit sowjetischer Triumphe und sowjetischer Helden; Breschnew und seine Mitarbeiter strengten sich an, die Taten jener Großen den Leuten in Dnjepropetrowsk nahezubringen: Polarforscher und Nonstopflieger, die — wie man verkündete — den lebenden Beweis für die Überlegenheit des kommunistischen Systems lieferten.

Vor allem aber forderten schwerwiegende politische Entwicklungen Breschnews Geschicklichkeit als Propagandist heraus, denn sie machten es nicht gerade leicht, das Volk von der ›heilen Welt‹ der Parteilinie zu überzeugen. Am 23. August 1939 verkündete die *Prawda* den Hitler-Stalin-Pakt. Ein sechsspaltiges Foto zeigte Stalin, lachend, neben dem strahlenden deutschen Außenminister Joachim von Ribbentrop. Die Propagandamaschine mußte nunmehr umgestellt werden, da der einstmalige Feind jetzt Rußlands Alliierter war. Drei Wochen später marschierte die Rote Armee in Polen ein und annektierte die westliche Ukraine. Im November 1939 begann der blutige und kostspielige Krieg gegen Finnland — ein Ereignis, das bald Breschnews Rolle als oberster Propagandist von Dnjepropetrowsk beenden sollte.

Der Preis für den Sieg in jenem dreimonatigen Krieg war enorm. Die UdSSR hatte eine Armee von fast zwei Millionen Mann gegen eine Nation von nur drei Millionen Menschen eingesetzt. Über 48 000 sowjetische Soldaten fielen oder wurden als vermißt gemeldet, 158 000 wurden verwundet. Nur unter größten Schwierigkeiten und mit verheerenden Kosten konnte die Rote Armee eine Streitmacht besiegen, deren Größe nur einen Bruchteil ihrer eigenen ausmachte.

Es gab verschiedene Gründe dafür. Stalins Säuberung hatte die UdSSR ihrer besten Kommandeure beraubt und das Offizierskorps demoralisiert. Die sowjetischen Truppen waren miserabel ausgerüstet und schlecht geschult, die Tanks der Roten Armee zu dünn gepanzert, um der finnischen Artillerie standhalten zu können.

Im April 1940, einen Monat nach dem Friedensvertrag mit Finnland, ›genehmigte‹ der Oberste Sowjet eine enorme Anhebung des Verteidigungsbudgets, und Stalin befahl die Umstellung zahlloser Fabriken auf die Produktion von Waffen. Der Parteiapparat wurde reorganisiert, und man ernannte auf allen Ebenen der Parteihierarchie Sekretäre für Rüstungsindustrie. Im Oblast Dnjepropetrowsk wurde Breschnew für diese Aufgabe ausgewählt.

Jewgeni Maljarewski, etwa 30 Jahre lang ein untergeordneter Funktionär im Obkom Dnjepropetrowsk und mit Breschnew befreundet, schilderte, wie es zu der Wahl kam. Ein Plenum des Gebietskomitees kam zusammen, und Sadiontschenko erläuterte die Tragweite der Notlage. Dann erklärte er den Parteiführern: ›Als Sekretär für die Rüstungsindustrie brauchen wir einen Mann, der energisch ist und über eine Fachausbildung und Erfahrung auf dem Gebiet der Produktion verfügt. Er muß den Respekt und das Vertrauen der Arbeiter, Vorarbeiter und Ingenieure genießen. Nur einer von uns besitzt all diese Qualitäten: der derzeitige Propagandasekretär, Genosse Breschnew. Ich schlage ihn für diesen Posten vor.‹

Breschnew wurde ›einstimmig‹ gewählt.

Nach 1970 erschienen in der UdSSR lobspendende Artikel und Bücher über seine Rolle während des Krieges, wonach er tatsächlich energisch war. Er arbeitete rund um die Uhr, schmeichelte, ermahnte, drohte; er jagte Telegramme und Briefe nach Moskau, um mehr Ausrüstung und Nachschub zu bekommen, und machte verzweifelte Anstrengungen, den Amtsschimmel zu überlisten.

Am 22. Juni 1941, einem Sonntag, um vier Uhr morgens, eröffnete die Deutsche Wehrmacht das Feuer auf russisches Gebiet. Breschnew hatte in seinem Büro bis lange nach Mitternacht gearbeitet, um für Moskau einen dringenden Bericht über die Munitionsproduktion in einigen örtlichen Fabriken fertigzustellen. An jenem Sonntag war er früh aufgestanden, um einen neuen Luftstützpunkt zu inspizieren, der sich in der Nähe von Dnjepropetrowsk im Bau befand. Dort brachte ihm ein Freund die Nachricht: ›*Woina, woina* — Krieg, Krieg. Die Deutschen sind einmarschiert.‹ Breschnew begann nun einen vergeblichen, zweimonatigen Kampf, die restliche Industrie des Oblasts auf Rüstungsarbeit umzustellen sowie Werksanlagen und Belegschaften in den Ural und weiter östlich zu evakuieren.

Als Rüstungschef war Breschnew dauernd zwischen Dnjepropetrowsk und Dnjeprodserschinsk unterwegs. Er stellte Lokomotivwerke auf die Produktion von LKW- und Panzermotoren um, ein Brückenbauunternehmen auf die Herstellung von Teilen für Flugzeugmontagefabriken, das Hüttenwerk in Dnjeprodserschinsk auf die Fabrikation von großen Geschützen, die Kleiderfabriken auf das Nähen von Uniformen und die Metallwerkstätten auf die Fabrikation von Schanzgeräten und Eßgeschirr.

Aber es war zu wenig und zu spät. Stalins Säuberung hatte das Land seiner besten Führer und hellsten Köpfe beraubt, ganz zu schweigen von seinen fähigsten Generälen. Er hatte Monate von der Atempause vergeudet, die ihm der Pakt mit Hitler gewährt hatte.

Als die Deutschen Anfang Juli vorrückten, ohne auf nennenswerten Widerstand zu stoßen, begannen sie auch mit der Bombardierung von Dnjepropetrowsk, Dnjeprodserschinsk, Saporoschje und den Bergbauzentren um Krivoj Rog. Die Front um den Dnjeprbogen schloß sich unaufhaltsam.

Sowjetische Dokumente beschreiben den Versuch der Evakuierung von Industrieanlagen und die Verteidigung der Stadt als gut organisiert; Emigranten, die jetzt im Westen leben, schildern sie als chaotisch. Aber alle stimmen darin überein, daß die Lage verzweifelt war.

Es gibt fast keine detaillierten Auskünfte darüber, was im Gebiet von Dnjepropetrowsk vorging. Aber aus Saporoschje, wo die Situation ähnlich war, existieren schlüssige Berichte. Die Evakuierung wurde 30 Tage und Nächte lang ohne Unterbrechung durchgeführt.

Tagsüber erfolgte die Demontage, nachts wurden die Eisenbahnwaggons — insgesamt 3500 — beladen. Nicht alles, was abtransportiert wurde, war nach der Ankunft im Ural noch verwendungsfähig. Bei der Demontage ging durch die aufgebotene Eile und die Unerfahrenheit von Parteifunktionären und Arbeitern vieles in die Brüche.

In Dnjepropetrowsk organisierten Obkom-Funktionäre das Ausheben von Panzergräben und das Minenlegen. Um den Feind irrezuführen, hatte man sogar die Nummern auf Straßenbahnen verändert und Straßenschilder entfernt. Innerhalb eines Monats nach der Invasion hatte das Parteikomitee in Dnjepropetrowsk fünf

Infanteriedivisionen rekrutiert. Sie waren zwar tapfer — aber ohne Panzer und schwere Artillerie. Nur mit leichten Feldgeschützen, Gewehren, automatischen Waffen und selbstgebastelten Benzinbomben — oder ›Molotow-Cocktails‹, wie sie im Westen genannt werden — ausgerüstet, konnten sie den Deutschen keinen nennenswerten Widerstand leisten. Generalmajor I. T. Samerzew, der damalige Kommandeur der 225. Division, die Dnjepropetrowsk verteidigen sollte, bescheinigt Breschnew, daß er sein Äußerstes getan habe, um die Einheit mit Waffen und Munition zu versorgen. ›Um sicher zu sein, daß wir genügend improvisierte Benzinbomben hatten‹, berichtete Samerzew, ›befahl Breschnew, sämtliche Flaschen der örtlichen Schnapsbrennerei uns zu überstellen und den Wodka in die Kanalisation zu gießen‹.

Doch der deutsche Vormarsch konnte nicht aufgehalten werden. Bis zum 25. August hatte sich Samerzews Division über den Dnjepr zurückgezogen und dem Feind eine völlig zerstörte und verwüstete Stadt zurückgelassen. Über die Hälfte der Verteidiger war gefallen oder von den vordringenden Wehrmachtseinheiten der 2. Panzerdivision General von Kleists gefangengenommen worden.

Wo war Breschnew?

Ein bereits vergilbendes Papier in den Obkom-Archiven von Dnjepropetrowsk bemerkt knapp: ›Genosse Breschnew ging zur Armee.‹

Helden werden gemacht, nicht geboren

Die Revolution und der Bürgerkrieg waren der Schmelztiegel der Roten Armee — damals ein zerlumpter, desorganisierter Haufen aus Partisanen und Freiwilligen. Daß sie über die Weißen siegte und allmählich zu einer der gewaltigsten Streitmächte der Welt anwuchs, verdankt sie ebensosehr dem organisatorischen Talent Leo Trotzkis als der Einführung eines sonderbaren Systems ideologischer Kontrolle und Überwachung: das der Politischen Kommissare, deren Hauptaufgabe es war, die 20 000 ehemaligen zaristischen Offiziere zu überwachen, die teils freiwillig, teils unter Zwang in der Roten Armee dienten.

Die Kommissare waren den meisten Einheiten ab Kompaniestärke angeschlossen und fungierten als direkte Vertreter der Partei und des Sowjetregimes. Ihre vordringlichste Aufgabe war, ›zu verhindern, daß Armee-Einheiten zu Verschwörungszellen werden oder mit Waffengewalt gegen Arbeiter und Bauern vorgehen‹. Sie waren mit der Leitung der Parteiarbeit, der Organisation von Propagandakampagnen bei den Truppen und eben jener Überwachung der Tätigkeit der Offiziere beauftragt. Befehle und Berichte mußten von Kommandeuren und Kommissaren gemeinsam unterzeichnet sein.

Der Sache der Revolution selbst bis zum Fanatismus ergeben, stärkten diese Männer den Mut verzagender Soldaten, unterrichteten Moskau über die Moral der Truppe, die Befähigung der Offiziere und deren Loyalität. Sie waren alles andere als zimperlich und ihre Methoden oft schlichtweg brutal: aber sie trugen zu dem Gefühl von Zusammengehörigkeit und Entschlossenheit bei, das die Rote Armee schließlich zum Sieg führte. Auch in den Kämpfen des Zweiten Weltkriegs finden wir dieses Phänomen wieder.

Trotzki nannte sie stolz ›einen neuen Samurai-Orden kommunistischer Prägung, der ... zu sterben weiß und andere lehrt, wie man für die Sache der arbeitenden Klasse sterben muß‹.

Im Sommer 1941, nach dem deutschen Einmarsch in die UdSSR, trat Breschnew diesem Orden im Range eines Oberstleutnants als Stellvertretender Leiter der Politischen Verwaltung der Südfront bei. Sein unmittelbarer Vorgesetzter war Leonid Kornijez, ehemals sein Chef in Dnjepropetrowsk, zu Kriegsausbruch Ministerpräsident der Ukraine. Im April 1942 wurde Breschnew zum Obersten befördert und wechselte zum Stab der 18. Armee als Chef-Politoffizier über. Vor ihm war der Zweite Sekretär des Gebietskomitees Saporoschje, Andrej Kirilenko, auf diesem Posten; er wurde aber nach Moskau gerufen, um eine leitende Position in der Rüstungsindustrie zu übernehmen. Gegen Ende des Krieges hatte Breschnew den Rang eines Generalmajors und wurde zum Leiter der Politischen Verwaltung der 4. Ukrainischen Front ernannt.

Das waren keineswegs so hohe Positionen, wie sie Nikita Chruschtschow innehatte — er war Vertreter des Politbüros und Mitglied des Kriegsrates an der 1. Ukrainischen und an der Südrussischen Front. Aber sie gaben Breschnew zahlreiche hervorragende Gelegenheiten, sich Chruschtschow gegenüber — mit dem er in der Armee entscheidende Verbindungen angeknüpft hatte — zu bestätigen.

Bis vor einigen Jahren war über Breschnews Rolle während des Krieges so gut wie nichts bekannt. Ein Geschichtsbuch aus dem Jahre 1959 über den ›Großen Patriotischen Krieg‹ nennt ihn zusammen mit Stalin, Chruschtschow, Kossygin, Suslow, Kirilenko und 17 anderen Parteifunktionären als ›hervorragende Organisatoren und Führer des bewaffneten Kampfes und der Arbeit an der Heimatfront des Landes‹. In offiziellen Nachschlagewerken wurde sein Name hier und dort unter ›ferner liefen‹ erwähnt.

Aber genauso wie Chruschtschows persönliche Rolle während des Zweiten Weltkrieges mit zunehmender Macht und fortschreitender Zeit anwuchs, so traten auch Breschnews militärische Heldentaten immer prägnanter in den Vordergrund, je stärker seine politische Position wurde und je mehr der Kult um seine Person zunahm.

Es ist nicht weiter verwunderlich, daß es Verteidigungsminister Marschall Gretschko — ein Waffenbruder aus dem Krieg — war, der das Startzeichen für eine Kampagne gab, die Breschnew als hervorragende militärische Persönlichkeit darstellte.

Der Marschall befehligte während des Krieges verschiedene Armeen, darunter auch für einige Monate die 18., und war also für kurze Zeit Breschnews Kommandeur. Die Einheiten, die er kommandierte — zuletzt die 1. Garde-Armee —, kämpften fast während des ganzen Krieges an den Frontabschnitten, an denen auch Breschnew war.

In seinem Buch *Die Schlacht um den Kaukasus* lobte Gretschko oft überschwenglich die Taten seines damaligen Untergebenen und beschrieb ihn als energischen und mutigen Offizier, der von Front zu Front jagte, um die politische Moral der Truppe zu heben. Der Marschall erwähnte auch, daß der jetzige Generalsekretär der KPdSU 1943 beinahe gefallen wäre, als er mit einem kleinen Küstenlandeboot auf eine Mine stieß. Gretschko berichtet, daß Breschnew von der ›Druckwelle ins Meer geschleudert‹ wurde und das Bewußtsein verlor. ›Doch dank der Hilfsbereitschaft der Matrosen wurde sein Leben gerettet.‹

Dieses Buch gab gleichsam das Signal für eine wahre Flut von Berichten über Breschnews Kriegserlebnisse. Der Zweck dürfte ein zweifacher sein: erstens sollte Breschnews Image gehoben werden, und zweitens galt es, den Ruf der Politischen Kommissare im allgemeinen aufzupolieren. Auch wenn Trotzki die Kommissare ›kommunistische Samurais‹ genannt haben mag, so ist ihre Rolle in der sowjetischen Militärgeschichte doch äußerst umstritten. Als gegen Ende der zwanziger Jahre die meisten Militärbefehlshaber selbst schon Parteimitglieder waren und Stalin die Politverwaltung der Armee zu seinem eigenen Instrument gemacht hatte, schienen die Kommissare ihre Bedeutung verloren zu haben. Im August 1937 wurden sie dann im Zusammenhang mit Stalins Säuberung der Streitkräfte plötzlich wieder reaktiviert.

Kommissare waren damals den Kommandeuren gleichgestellt. Man beschrieb diese Zweigespanne als ›eine einzige Einheit in Fragen der militärischen sowie der politischen Führung‹. Beide, der militärische Kommandeur und der Politische Kommissar, sollten die Formation in die Schlacht führen.

Daß diese Anordnung in der Praxis undurchführbar war, zeigte sich schmerzlich in dem Debakel des Krieges mit Finnland. Nachdem

Marschall S. K. Timoschenko 1940 zum Oberbefehlshaber und Verteidigungsminister ernannt worden war, wurden die Politischen Kommissare und die dualistische Befehlsstruktur abgeschafft. Sie wurde wiederum eingeführt, als im Juli 1941 viele Einheiten, von Panik ergriffen, vor der vordringenden Wehrmacht flohen. 1942 wurde das System modifiziert. Von da an bis zum Ende des Krieges waren Politoffiziere wie Breschnew nicht mehr Co-Kommandeure, sondern stellvertretende Befehlshaber ihrer Einheiten.

Ihr Ruf bei den Kampfoffizieren und -truppen war ziemlich schlecht. Sie galten als Lehnstuhlpolitiker in Uniform und wurden gefürchtet wegen ihrer politischen Macht und offensichtlichen Verbindungen zu SMERSH, den erbarmungslosen ›Sicherheitseinheiten im Hinterland‹, einer NKWD-Abteilung, die das Militär bespitzelte sowie Offiziere und Mannschaften von ›fragwürdiger Loyalität‹ verhaftete. Erfahrene Frontsoldaten belächelten die Kommissare und sahen in ihnen Feiglinge, die hinter den Kampflinien in Sicherheit blieben und im Hauptquartier in relativem Luxus lebten. Ihre Tätigkeit schien darin zu bestehen, Parteibücher an neuaufgenommene Parteimitglieder auszuhändigen, politische Seminare abzuhalten, Propagandaveranstaltungen zu inszenieren und endlose Reden zu halten, in denen sie andere ermahnten, voranzustürmen und fürs Vaterland zu sterben.

Aber es gab einige bemerkenswerte Ausnahmen, und wenn wir den Imagemachern glauben dürfen, dann zählte Breschnew dazu. Praktisch wurde alles, was wir über diese seine Rolle wissen, in Zeitungen, Zeitschriften und Memoiren gewisser Marschälle und Generäle seit 1967 veröffentlicht, d. h. nachdem er schon Generalsekretär der Partei war. Der Verdacht eines bewußten Auffrisierens als Teil des wachsenden Breschnew-Persönlichkeitskultes läßt sich daher nicht verdrängen. Nichtsdestoweniger scheint man bei den Geschichten konsequent zu sein: dieselben Ereignisse und dieselben Zeugen tauchen in vielen Berichten auf. Außerdem wurden die Orden, die er während des Krieges erhielt — und nicht erst rückwirkend, als mächtiger Parteiführer —, gewöhnlich für wirkliche Tapferkeit, Mut und außerordentliche Führungseigenschaften vor dem Feind verliehen.

Dennoch waren viele Kriegserlebnisse Breschnews unbestreitbar typische *Politruk*-Arbeit. Eines der frühesten Fotos, aufgenommen im September 1942, zeigt einen lächelnden Breschnew, der gerade dem jungen Rotarmisten Alexander Malow die Hand schüttelt und ihm das Parteibuch überreicht. Malow, eine Maschinenpistole auf der Schulter, lächelt ebenfalls. Hinter den beiden stehen andere Soldaten und Offiziere mit Gewehren und Bajonetten.

Sowjetische Militärhistoriker haben Zugang zu einem ganzen Stoß von Breschnews Briefen, Befehlen, Direktiven und Bitten an seine Untergebenen und Vorgesetzten, vor allem an Chruschtschow. Nach und nach werden sie in Artikeln und Memoiren auch der Öffentlichkeit zugänglich gemacht. Sie zeichnen das rührende Bild eines immer um die Versorgung und Kampfmoral seiner Soldaten bemühten Kommandeurs.

Ein paar Tage vor der Gegenoffensive zwischen Kiew und Schitomir im Dezember 1943 gab Breschnew folgende Direktive an die ihm unterstellten Korps- und Divisionskommissare heraus:

›Sie haben ständig auf körperliche Fitness und Gesundheit Ihrer Leute zu achten. Diese müssen regelmäßig mit warmen Mahlzeiten und warmem Wasser versorgt werden. Es muß unbedingt sichergestellt werden, daß die vom Staat für Truppe und Offiziere bestimmten Versorgungsmittel diese auch erreichen. Nachlässigkeit oder Versäumnisse in dieser Beziehung sind streng zu ahnden. Besondere Beachtung ist der Sanitätstruppe zu widmen. Die Politabteilungen der Einheiten haben Sonderpersonal zu beauftragen, für den Abtransport der Verwundeten zu sorgen und möglichst schnelle ärztliche Hilfeleistung sicherzustellen.‹

Am selben Tag sandte er diese Depesche an das Hauptquartier der 1. Ukrainischen Front, also an Chruschtschow.

›Die Verpflegungslage bei den Einheiten ist schlecht. Es herrscht Mangel an Fleisch, Fett, Fisch und Konserven. Häufig kommt es zu Unterbrechungen beim Nachschub. Für die Pferde ist überhaupt kein Futter vorhanden. Munitions- und Lebensmittellieferungen werden durch mangelhaft motorisierten Transport verzögert. Die LKW-Einheiten waren bis jetzt unterwegs, die erste Kolonne ist erst gestern eingetroffen... Es wurden nur 185 Tonnen Treibstoff ausgegeben; das reicht gerade aus, um die Panzer einmal aufzutanken... Wir brauchen dringend Winteruniformen... Bitte veranlassen Sie die notwendigen Maßnahmen in sämtlichen von mir angeführten Punkten.‹

Eine Woche später konnte er von einer ermutigenden Verbesserung der Versorgungssituation berichten.

Nach den Angaben von Iwan Pawelko aus Saporoschje, ehemaliger Major der 18. Armee und einer von Breschnews Stellvertretern im Krieg, war die Politabteilung durchaus nicht für Logistik verantwortlich. ›Aber Oberst Breschnew vertrat die Ansicht, daß es nicht nur unsere Aufgabe war, die Soldaten auf dem Schlachtfeld anzuspornen, sondern auch eine strikte Parteikontrolle über die Versorgung mit Rationen, Kleidung und Munition auszuüben. ‚Zuerst achtet ihr darauf, daß der Soldat anständig ernährt und gekleidet wird', pflegte er zu sagen, ‚und dann führt ihr ihn in die Schlacht.'

Er verlangte von sich selbst genausoviel wie von den anderen: Tag für Tag machte er seine Runden bei den Einheiten und schickte uns immer aus, um die Lage zu erkunden. Wenn wir zurückkamen, fragte er uns genau aus: ‚Haben die Soldaten genug Brot und Zucker? Tabak? Konserven? Nahrungsmittel? Filzstiefel? Warme Jacken? Handschuhe? Munition? Handgranaten?'

Und jeder — wir von der Politischen Abteilung, die Nachschuboffiziere und die Kommandeure — wußte genau, daß er die Versorgungsberichte entweder persönlich oder telefonisch unweigerlich einmal oder öfter kontrolliert hatte.‹

Breschnews häufige Besuche an vorderster Front und jene Situationen, wo er mit knapper Not mit dem Leben davonkam, wurden als Beweise seiner Tapferkeit gepriesen. Die vollständigste und ausführlichste dieser Laudatios erschien 1971 und 1972 in der Wochenzeitschrift *Nowoje Wremja* (Neue Zeit) als sechsteilige Artikelserie, die vorgibt, eine Dokumentation der Schlachten der 18. Armee vom Kaukasus bis zu den Toren von Prag zu sein. In Wirklichkeit handelt es sich bei dieser Serie um die Verherrlichung *eines* der Offiziere der 18. Armee: Leonid Breschnew.

›Es gab nur einen Weg, den Feind zum Stillstand zu bringen und die Moral zu heben‹, schrieb der Verfasser, Jona Andronow, ›ein Weg, der in Revolution und Bürgerkrieg erprobt war: Kommunisten und Kommissare mußten die ersten sein, die dem Feind gegenübertraten. Wenn ein Kommandeur fiel, nahm sofort ein Politischer Kommissar seine Stelle ein. Es war daher auch kein Zufall, daß ein Politischer Kommissar als erster den Gipfel des Elbrus erreichte, wo deutsche Gebirgsjäger die Hakenkreuzfahne aufgepflanzt hatten. Mit einer kleinen Schar Soldaten vertrieb er die Faschisten vom Gipfel und hißte unser rotes Banner mit Hammer und Sichel.‹

Laut Andronow war Breschnew solch ein Kommissar. Andronow schildert eine Geschichte, die er von Alexej Kopenkin, einem Veteranen der erbitterten Kämpfe vom Oktober 1942 um den strategisch wichtigen Ort Tuapse an der Schwarzmeerküste, erfahren hatte:

›Die Nazis griffen unsere Schützengräben praktisch stündlich an. Ihre Artillerie und Luftwaffe hielten uns festgenagelt. Wir kämpften sieben Tage lang ohne Unterbrechung. Überall lagen die Toten. Stellenweise war der Fluß von Leichen eingedämmt und das Wasser rot gefärbt von ihrem Blut.‹ Fast das ganze Granatwerferbataillon, zu dem Kopenkin gehörte, wurde ausgelöscht. Von seiner zweiten Kompanie blieben nur zehn Mann am Leben. ›Als den Deutschen schließlich der Durchbruch gelang, riefen wir das eigene Artilleriefeuer auf uns herunter. Es erschien uns als der einzige Ausweg. In diesem Moment sah ich einen großen dunkelhaarigen Kommissar, der unter Beschuß durch unseren Schützengraben gelaufen kam, und hörte ihn rufen: ‚Haltet durch, Genossen! Hilfe kommt!'

So habe ich den Genossen Breschnew kennengelernt. Er kam, um uns zu ermutigen. Zwei Tage verbrachte er mit unserer Brigade, heiterte die Männer auf, spaßte mit ihnen und versicherte, daß wir Hitler ganz gewiß aus dem Lande vertreiben würde. Solchen Zuspruch brauchten wir ebensosehr wie Munition. Die Männer glaubten ihm, weil er im gegnerischen Feuer tapfer ausgehalten hatte. Sein Mut flößte auch der Truppe Mut ein.‹

Jene Schlacht war ein Wendepunkt. Sie beendete den deutschen Vorstoß in den Kaukasus und zum Schwarzen Meer. 1943, im Frühjahr, drehten die Sowjets den Spieß um; die 18. Armee befand sich mitten in den heftigsten Kämpfen an der Küste. Im März geschah jener schon erwähnte Zwischenfall mit dem Küstenboot.

Die Einzelheiten dieser Episode wurden von Iwan Solowjow geschildert. Er ist heute Anwalt in der Stadt Anadyr in Magadan; damals war er ein dreizehnjähriger Schiffsjunge auf einem Minenleger, der an der Schwarzmeerküste, vom Stützpunkt Gelendschik aus, operierte.

›Nachdem wir bei Kabardinka Minen gelegt hatten, befanden wir uns etwa in der Mitte der Tesemesskaja-Bucht, als wir ein Fischerboot ausmachten, das sich direkt auf unserem Kurs befand. Es war etwa 60 Meter entfernt, und unser Kapitän, Iwan Dotzenko, sagte: ‚Dieses Boot ist heute vor uns ausgelaufen.' Dann sahen wir, wie eine Wassersäule genau unter seinem Bug in die Höhe stieg. Einer der Matrosen schrie: ‚Es ist auf eine Mine gelaufen!'

Das Boot trieb noch auf dem Wasser, als wir es erreichten; es hatte starke Schlagseite nach Steuerbord. Einige Männer schwammen im Wasser; wir zogen sie heraus. Andere Boote stießen noch zu uns, und wir steuerten dann die Küste an. Es gab dort eine steile Klippe, die uns vor deutschem Beschuß schützte; ein halbversunkener Kahn diente als Anlegestelle. Nachdem sich alle Geretteten auf der Anlegestelle befanden, schaute Dotzenko einen der Offiziere an und rief: ‚Das ist doch unser Kommissar!' Erst dann bemerkte ich, daß es Oberst Breschnew war. Sie sagten, daß er über Bord geschleudert worden und nur durch ein Wunder mit dem Leben davongekommen war. Er gab sich gut gelaunt; aber man konnte sehen, daß er von dem kalten Wasser ziemlich durchgefroren war. In dem Moment brach die Hölle los. Maschinengewehre knatterten, und das Dröhnen der Explosionen erfüllte die Luft.

Alle, auch Breschnew, stürzten weg vom Wasser. Dotzenko sagte zu mir: ‚Hol mir meine eiserne Ration. Der Kommissar muß etwas zum Aufwärmen haben. Die Jungs brauchen ihn jetzt, da kannst du Gift drauf nehmen!' Er fuhr sich mit der Hand über die Kehle. Ich lief hinunter zum Boot, holte eine Feldflasche mit Wodka und brachte sie zurück ans Ufer in einen Bunker — den Keller eines Weinberges —, wo die Offiziere und Soldaten Breschnew umringten. Dotzenko reichte ihm die Flasche und sagte: ‚Versuchen Sie die Matrosenmilch, Genosse Kommissar. Das Wetter ist schlecht, und es ist zu kalt zum Schwimmen.'

Breschnew lachte, trank und bedankte sich, schalt aber Dotzenko, daß er einen Jungen Alkohol habe holen lassen. Es war jedoch keine Zeit, sich darüber Gedanken zu machen. Deutsche Granatwerfer feuerten. Breschnew und einige von den Offizieren liefen die Schlucht entlang nach vorne. Jeder schnappte Maschinenpistolen und Granaten und stürzte vor. An jenem Tag wurden drei deutsche Angriffe zurückgeschlagen.

Als wir gegen Abend zu den Booten an der Küste zurückkehrten, um die Verwundeten einzuschiffen, sah ich den Genossen Breschnew wieder. Jemand stichelte: ‚Genosse Kommissar, es wäre großartig, den 1. Mai in Berlin zu feiern.' Breschnew lächelte: ‚Eines Tages werden wir dort feiern.' Da hörte ich einen der Verwundeten sagen: ‚Dieser Kommissar ist nicht nur tapfer, er ist auch vernünftig. Er gehört nicht zu der Sorte, die sinnlos das Leben anderer riskieren. Er versucht, alles zu erfahren, und er ist auch mit dabei im Schützengraben. Wenn ich neben so einem Mann kämpfe, fürchte ich mich nicht.'‹

Ende des Sommers 1943 war Breschnew bei dem Angriff auf Noworossijsk und Taman dabei, wo sich die 18. Armee auszeichnete. Im November wurde sie plötzlich per Schiene und Straße fast 1600 Kilometer nordwestlich an den Dnjepr, in Breschnews Heimat, verlegt, wo sie der 1. Ukrainischen Front unter General Nikolai Watutin und Nikita Chruschtschow eingegliedert wurde. Dort sollte Breschnew sein nächstes Rendezvous mit dem Tode haben.

Den Entschluß für diesen Umzug faßte Stalin angeblich in dem Sonderzug, der ihn zu jener historischen Teherankonferenz vom 28. November mit Präsident Roosevelt und Premierminister Churchill brachte. In seiner Begleitung auf der Reise von Moskau befand sich auch der Chef des Führungsstabes, Generaloberst Sergej Schtemenko — heute Stabschef der Warschauer-Pakt-Streitkräfte —, ein Offizier, dessen Karriere eng mit dem politischen Geschick Breschnews verbunden war. Schtemenko hat die Lage rekonstruiert.

Ende Oktober / Anfang November hatte die Rote Armee den Dnjepr überschritten, im Süden Dnjeprodserschinsk und Dnjepropetrowsk und weiter nördlich Kiew befreit und war westlich bis Schitomir vorgedrungen. Dort ging der Offensive die Luft aus.

Eine deutsche Gegenoffensive begann am 15. November 1943: Generalfeldmarschall Erich von Mansteins Heeresgruppe Süd eroberte Schitomir zurück und bedrohte Kiew sowie die südlichen Brückenköpfe in Dnjepropetrowsk und Dnjeprodserschinsk.

Laut Schtemenko war Stalin auf der Fahrt zu dem Gipfeltreffen mit Roosevelt und Churchill ›vor allem an der Situation zwischen Kiew und Schitomir interessiert. Er hielt diesen Sektor damals für den wichtigsten.‹

Um die dort stationierte 1. Ukrainische Front von General Watutin und Chruschtschow zu verstärken, wurde die 18. Armee von der Taman-Halbinsel im Schwarzen Meer eilends dorthin verlegt. Sie hatte die Aufgabe, ›nicht nur die Straße Schitomir—Kiew abzuschneiden, sondern auch eine Gegenoffensive zu starten‹.

Bis zur Nacht vom 11. Dezember war die Lage veränderlich, wobei die Aktivität meist von den Deutschen ausging. Das Hauptquartier der 18. Armee befand sich in dem Dorf Kolonschtschina, etwa 40 Kilometer von Kiew entfernt. Kurz vor Mitternacht sandte Breschnew seine Politoffiziere an verschiedene Frontabschnitte, um die Lage zu sondieren. Dann machte er sich in einem Jeep selbst auf den Weg in jenes Gebiet, wo die Kämpfe am heftigsten waren, begleitet von einem Fahrer, einem Soldaten mit Maschinenpistole und Hauptmann Iwan Krawtschuk, seinem Adjutanten.

Krawtschuk rekonstruierte die Geschichte folgendermaßen: ›Wir verließen den Wagen etwa 1500 Meter von der Frontlinie entfernt, weil wir uns unter schwerem Artilleriefeuer der Deutschen befanden, sprangen in einen Verbindungsgraben und liefen weiter nach vorne. Der Graben war jedoch sehr flach. Ständig befanden wir uns unter MG-Feuer und hatten keine Deckung. Außerdem feuerte der Feind etwa alle halbe Minuten eine Leuchtrakete ab. Das letzte Stück legten wir in kurzen Sprüngen zurück.

Schließlich erreichten wir einen Schützengraben, in dem sich etwa 30 Mann befanden. Sie hatten gerade einen Naziangriff zurückgeschlagen, sich aber von den vordersten Linien zurückziehen müssen, nachdem dort der Großteil der Truppen gefallen war.

Plötzlich gerieten wir unter heftigen Granatwerferbeschuß. Eine Granate explodierte etwa 10 Meter von mir entfernt, und ich sah, wie zwei Männer fielen. Die Explosionen erfolgten nun pausenlos hintereinander; links und rechts von mir wurden Soldaten getroffen; überall schrien und stöhnten die Verwundeten.

Plötzlich rief jemand hysterisch: ,Wir müssen zurück, oder wir werden alle sterben!' Ein junger Leutnant richtete sich in der Dunkelheit auf und schrie: ,Sag das noch mal, und ich erschieß dich! Geh nicht einen Schritt zurück!' Da schnitt ihm eine sichere, ruhige Stimme — die Stimme Breschnews — das Wort ab: ,Steck deine Pistole ein, Genosse Leutnant! Verteile die Kommunisten im ganzen Graben unter die Truppe. Wir dürfen keine Zeit verlieren. Die Nazis werden gleich wieder angreifen.' Und an jene gewandt, die um ihn herumstanden: ,Es kann keinen Rückzug geben, Genossen. Kiew ist hinter uns. Wir müssen die Stellung halten.'

Die Deutschen eröffneten erneut das Feuer, und jetzt begann der Angriff ihrer Infanterie. Wir hatten ein einziges schweres Maschinengewehr, und das verstummte innerhalb von Sekunden.

Breschnew stürzte zu dem MG und ich hinter ihm her, wobei wir über jene Kameraden springen mußten, die regungslos am Boden lagen. Er rief mir über die Schulter zu: ‚Du hast eine Feldapotheke. Schau, was du für diese Männer tun kannst!' Hastig beugte ich mich über zwei oder drei von ihnen, aber sie waren tot. So lief ich Breschnew nach.

In dem Moment begann das Maschinengewehr wieder loszurattern. Als ich hinkam, sah ich, daß Breschnew die Stelle des toten Schützen eingenommen hatte. Ich zog den Leichnam zur Seite und schob den Munitionskasten näher zum Gewehr. Unsere Munition ging zur Neige, und die Deutschen befanden sich noch immer im Vormarsch. Sie waren nur noch 30 oder 40 Meter von uns entfernt und begannen, Handgranaten zu werfen. Um Munition zu sparen, antwortete Breschnew mit kurzen Feuerstößen und zielte genau im Schein der deutschen Leuchtraketen.

Er schien genauso ruhig wie immer zu sein. Einige Male, wenn das feindliche Feuer besonders heftig war, versuchte ich, ihn unter die Schußlinie zu drücken, doch er stieß mich jedesmal zur Seite. Als er zum letzten Munitionsgurt griff, befahl er mir, den Schützengraben entlangzulaufen und alle anzuweisen, ihre Handgranaten bis zum Schluß aufzuheben und sich auf den Nahkampf vorzubereiten.

In dem Schützengraben blieben nicht mehr als ein Dutzend Überlebende — darunter auch der Leutnant, der jetzt nicht mehr nervös war. Er gab einzelne Schüsse aus seiner Maschinenpistole ab, um möglichst viel Munition zu sparen... Mir war es klar, daß wir höchstens noch 10 bis 15 Minuten zu leben hatten — bis Breschnews Maschinengewehr verstummen und die Nazi-Angreifer in den Graben stürmen würden.

Aber wie so oft im Krieg, kamen wir auch diesmal davon. Unsere Ferngeschütze und unsere *Katjuschas* eröffneten das Feuer. Ein paar Minuten später kam von hinten ein Feldwebel mit einer Panzerfaust durch den Verbindungsgraben. Bald tauchte Zugunterstützung auf, dann eine ganze Kompanie.

Ich ging auf die Suche nach Breschnew. Hinter dem Maschinengewehr waren jetzt zwei neue Schützen, und Breschnew saß am

Boden des Schützengrabens und lehnte sich an die Wand. Auf seinem hellen Schafspelz war Blut. Ich stürzte ihm entgegen. ‚Iwan, hast du was zu rauchen?' fragte er lächelnd. Er war unverletzt: das Blut stammte von dem toten MG-Schützen. Mit zitternden Händen rollte ich eine Zigarette und schob sie zwischen seine Lippen, dann setzte ich mich, um selbst eine zu rauchen.

Wir verbrachten den Rest des Tages in vorderen Stellungen. Breschnew leitete den Abtransport der Verwundeten von den Kampflinien und nahm an der Abwehr eines Panzerangriffs teil. Obwohl wir uns dauernd unter Artilleriebeschuß befanden, hatte ich seit jener Nacht keine Angst mehr..., es hatte den Anschein, als ob uns der Tod für längere Zeit übergehen würde.‹

So war es auch tatsächlich, obwohl — Andronows Schilderung zufolge — Breschnew noch öfters tödlichen Gefahren ausgesetzt sein sollte. Drei Wochen später z. B., nachdem Schitomir zurückerobert worden war, stieß die 18. Armee nach Süden vor, gegen die Stadt Berditschew. Am Morgen des 3. Januar 1944 leitete Oberst Timofej Wolkowitsch, Kommandeur der 117. Garde-Infanterie-Division, einen Stoßtrupp gegen die von den Deutschen besetzte Kaserne in der Stadt. Als er sich der Festung näherte, stellte er fest, daß eine Gruppe von Soldaten und ein Offizier mit einer Maschinenpistole — es war Breschnew — vor ihm eingetroffen waren.

Gerade als Wolkowitsch den Schauplatz erreichte, sah er, wie Breschnew eine lange Salve aus seiner Maschinenpistole abfeuerte und damit zwei Deutsche kampfunfähig machte, die vom Dach aus dem Hinterhalt geschossen hatten. Plötzlich zielte ein Deutscher von einem Kasernenfenster aus auf Breschnew. Dieser wurde dadurch gerettet, daß ihn ein sowjetischer Infantrist zu Boden warf.

›Genosse Oberst‹, rief Wolkowitsch und lief zu ihm hin, ›Sie haben hier nichts zu suchen! Was machen Sie hier?‹

›Dasselbe wie Sie‹, bekam er zur Antwort.

›Dies ist aber kein Platz für Sie‹, beharrte Wolkowitsch. ›Gehen Sie jetzt bitte!‹

›Mein Platz ist dort, wo immer es die Situation erfordert‹, sagte Breschnew. ›Ist Ihnen klar, daß unser Stoßtrupp in der Stadt eingeschlossen ist? Wir müssen ihn freikämpfen. Beruhigen Sie sich, Genosse Oberst, und lassen Sie uns die Nazis hier gemeinsam ausräuchern.‹

Und das taten sie auch.

Nach der Befreiung von Berditschew kämpfte sich die 18. Armee über 1000 Kilometer nach Westen: durch die Ukraine und einen Teil Ungarns bis in die Tschechoslowakei. Sie spielte eine wesentliche Rolle in der Karpatenschlacht, die zu den blutigsten Kapiteln des Krieges zählte. Mehr als 21 000 sowjetische Soldaten wurden dabei getötet und 89 000 verwundet.

Im Zuge jener Aktion in den Karpaten lernte Breschnew auch Ludvig Svoboda kennen, den heutigen Präsidenten der ČSSR. Damals war dieser Kommandeur des Tschechoslowakischen Armeekorps, das im Januar 1945 der 18. Armee angegliedert wurde. Gemeinsam mit Svobodas Korps befreite die 18. Armee Košice, wo sich dann die tschechoslowakische Exilregierung in den letzten Monaten des Zweiten Weltkrieges vor der Befreiung Prags etablierte.

Während der tschechoslowakischen Krise im Sommer 1968 nahm sich Breschnew bei seinen Verhandlungen mit Alexander Dubček die Zeit, einen Soldatenfriedhof in der Nähe von Bratislava aufzusuchen, wo so viele seiner Waffenbrüder begraben sind. Er soll dort leise geweint haben. — Ob er wohl einige Wochen später auch weinte, als er einen jener Waffenbrüder, nämlich Svoboda, praktisch wie einen Gefangenen im Kreml hielt, nachdem er die Invasion jenes Landes angeordnet hatte, das er einst selbst befreien half?

Die 18. Armee war die erste Einheit, die eine große Stadt in der Tschechoslowakei befreite; sie sollte die letzte Einheit sein, für die der Krieg in Europa endete. Noch einige Tage nach der Unterzeichnung der Kapitulationsurkunden in Reims kämpfte sie gegen Truppen Feldmarschall Schoerners. Als die übrige Welt bereits den Sieg feierte, war Breschnew, schon Politkommissar der 4. Ukrainischen Front, noch immer mit dem Schreiben von Frontmeldungen beschäftigt. Sein letzter Bericht datierte vom späten Abend des 10. Mai 1945.

Darin heißt es: ›Der Feind weigerte sich, die Waffen niederzulegen. Am 9. Mai beschoß er unsere vorderen Stellungen und zog sich dann rasch zurück. Während dem 9. und 10. Mai verfolgten unsere Truppen unablässig den Feind, der sich von einer Verteidigungslinie zur nächsten zurückzog.‹

Doch dann ergab sich auch Schoerner endlich.

Am 12. Mai war der Krieg für Generalmajor Leonid Breschnew zu

Ende. Der stolzeste Augenblick seiner Kriegsjahre kam für ihn sicherlich einen Monat später: am 24. Juni, in Moskau.

Anläßlich des Sieges über Deutschland veranstaltete Stalin eine Galaparade auf dem Roten Platz. Hunderte von erbeuteten Hakenkreuzfahnen und zerbrochenen Wehrmachtsstandarten wurden zu einem Scheiterhaufen aufgehäuft — Symbol der gescheiterten Ambitionen des Dritten Reiches. Sammelregimenter der ruhmreichsten Einheiten der Roten Armee zogen vorbei, darunter auch die 4. Ukrainische Front. Und einer der vier Generäle, die das Regiment bei der Siegesparade über den Platz anführten, war Breschnew.

Der Krieg war vorüber, und zweifellos hoffte Breschnew, jetzt zu Wiktoria und seinen beiden Kindern zurückzukehren. Doch Stalin und Chruschtschow, der nun wieder seinen Posten als Parteichef der Ukraine eingenommen hatte und außerdem Ministerpräsident dieser Sowjetrepublik geworden war, hatten andere Pläne mit ihm.

Breschnews Militärzeit war noch nicht zu Ende. Er wurde zum Politkommissar des Wehrkreises Karpaten mit Hauptquartier in Lemberg ernannt. Oberbefehlshaber des Wehrkreises wurde General Andrej Jermojenko, zuletzt Kommandierender General der 4. Ukrainischen Front. Und erster Parteisekretär des Lemberger Gebietskomitees war kein anderer als Iwan Gruschezki — Breschnews Freund aus den gemeinsamen Tagen in Dnjepropetrowsk.

In vieler Hinsicht muß diese Aufgabe zu den schwierigsten in Breschnews Laufbahn zählen. Der Wehrkreis umfaßte das 1945 von der Tschechoslowakei an die UdSSR abgetretene Gebiet Ruthenien sowie die Rumänien abgenommene nördliche Bukowina. Die Eingliederung dieser beiden Gebiete in die Sowjetunion bedeutete eine vollkommene soziale und wirtschaftliche Umwälzung, Zwangskollektivierung der Landwirtschaft und fortdauernden Kampf gegen schwerbewaffnete antikommunistische Widerstandsgruppen, die sich in der Berglandschaft als Partisaneneinheiten eingenistet hatten.

Wenn Breschnew — wie andere sowjetische Führer — in seiner politischen Laufbahn etwas zu verschweigen hat, dann sind es mit größter Wahrscheinlichkeit Taten, die er in jenen Tagen beging. Der Widerstand gegen die Sowjetisierung mußte niedergeschlagen, die Repräsentanten des ›bürgerlichen Nationalismus‹ deportiert und liquidiert werden. Es muß ein ausgezeichnetes Training für jene Aufgabe gewesen sein, die ihm fünf Jahre später in der Moldau-

Republik zugewiesen wurde, einem anderen Stück rumänischen Territoriums, das Teil der UdSSR geworden war.

Am wichtigsten war dabei jedoch, daß ihm dieser Auftrag in der Karpaten-Ukraine die ständige Aufmerksamkeit Chruschtschows sicherte. Als Breschnew schließlich im August 1946 die Uniform ablegte, war er zweifellos ein zuverlässiges und auserwähltes Mitglied in Chruschtschows Gefolge.

III. TEIL

In den Vorzimmern der Macht

›*In der Partei gibt es etwa 3000 bis 4000 führende Funktionäre, die ich als die Generäle der Partei bezeichnen möchte.*
Dann gibt es zwischen 30 000 und 40 000 Funktionäre mittleren Ranges. Das sind unsere Offiziere.
Schließlich sind da noch etwa 100 000 bis 150 000 Mitglieder des jüngeren Partei-Kommandostabes. Das sind sozusagen unsere Unteroffiziere.‹

JOSEF STALIN IM JAHRE 1937

Machtbasen in der Provinz

In den Jahren 1937 und 1938 gaben politische Umwälzungen — von denen er wenig verstand und auf die er absolut keinen Einfluß hatte — Leonid Breschnew Gelegenheit, die ersten zögernden Schritte auf der hierarchischen Machtpyramide der Sowjetunion zu tun. Im August 1946 sollte er durch eine weitere Serie verhängnisvoller Ereignisse, die zum Großteil von Moskau aus gesteuert worden waren, aus der Laufbahn eines Politmilitärs in Friedenszeiten herausgerissen und an die risiko- und äußerst konkurrenzreiche Generalität des Parteiapparates befördert werden. Wie in den vergangenen acht Jahren, so sollte auch jetzt Breschnews Aufstieg mit der Karriere Nikita Chruschtschows eng verknüpft sein.

Chruschtschow war seit Februar 1944 erneut Parteichef und dazu Premierminister der Ukraine, außerdem noch Vollmitglied des Politbüros der KPdSU in Moskau: er war ganz offenkundig ein mächtiger Mann und stand Stalin unbestreitbar sehr nahe. Laut Marshall MacDuffie, 1946 Chef der UNRRA-Hilfsmission in der Ukraine, stellten damals Kiewer Kunsthandlungen in ihren Schaufenstern Gipsbüsten des stupsnäsigen Nikita Sergejewitsch neben Stalin-Büsten aus, und an den meisten Gebäuden hingen die Porträts der beiden Seite an Seite. MacDuffie erinnert sich auch, daß ein in der Ukraine weilender UNRRA-Beamter im Gespräch mit Chruschtschow beinahe beiläufig den Wunsch äußerte, vor seiner Abreise Stalin zu treffen. Chruschtschow verließ das Zimmer, kehrte ein paar Minuten später zurück und sagte: ›Ich habe soeben mit dem Genossen Stalin telefoniert. Er wird Sie morgen um 14 Uhr empfangen.‹

Stalins Verhalten gegenüber seinen altgedienten Kollegen war gekennzeichnet von Launenhaftigkeit, krankhaftem Mißtrauen und Angst. Er behandelte sie mit ausgesprochener Hinterlistigkeit. Da es unter ihnen aber auch bittere Rivalitäten und Eifersüchteleien gab, richtete es Stalin absichtlich so ein, daß sich ihre Kompetenzen überschnitten. Er rechnete damit, daß sie aufeinander losgehen und dadurch weniger gefährlich für ihn sein würden.

Chruschtschows Einfluß auf Stalin ärgerte vermutlich vor allem jene Mitglieder des Politbüros, deren Tätigkeitsbereich sich mit dem seinen überschnitt. Einer von ihnen war Georgij Malenkow, von 1943 bis 1945 Vorsitzender einer Regierungskommission für den Wiederaufbau der Wirtschaft in den befreiten Gebieten — von denen die Ukraine bei weitem das wichtigste war. 1946 wurde er mit der Kaderauswahl betraut, ein weiteres Amt, das Chruschtschows Kompetenzen als Parteichef der Ukraine berührte. Ein anderer rangälterer Funktionär war Andrej A. Andrejew. Ihm oblag die Verantwortung für die Agrarpolitik. Da die Ukraine zweifellos das bedeutendste Agrarland der Sowjetunion war, kam es unweigerlich zu Kontroversen über die Agrarpolitik zwischen den beiden. Schließlich gab es da noch Andrej A. Schdanow. Vor dem Krieg war er als Stalins zuverlässigster Sprecher in Fragen der Kultur und der Ideologie aufgetreten, dann aber zeitweise in Ungnade gefallen. Doch 1946 begann Schdanows erneuter Aufstieg. Er leitete eine ideologische und kulturelle Säuberungswelle — bekannt als *Schdanowtschina* — ein, an deren schwerwiegenden Folgen das Kulturleben der UdSSR noch heute zu tragen hat.

Im Jahre 1947 hätten die blutigen Bruderkämpfe zwischen diesen vier Männern beinahe Chruschtschows politischer Karriere ein Ende gesetzt; auch bei Schdanows mysteriösem Tode 1948 mögen sie eine Rolle gespielt haben. Die Folgen dieser Machtkämpfe beherrschten die Kremlpolitik nicht nur in den fünfziger und sechziger Jahren, sondern wirken sich zum Teil bis in die Gegenwart aus.

Auf die einfachste Formel gebracht heißt das: 1946 kämpfte Malenkow gegen Chruschtschow; Chruschtschow gegen Andrejew und Malenkow; Schdanow gegen Malenkow und Chruschtschow. Aber von den vieren — sie gehörten alle dem elfköpfigen Politbüro an — war Chruschtschow bei weitem der verwundbarste. Dafür gab es zwei Gründe: erstens hegte Stalin nach dem Zweiten Weltkrieg eine außerordentliche Feindseligkeit gegen die Ukrainer und alles Ukrainische, und zweitens war die Lage der ukrainischen Landwirtschaft in den Jahren 1946 und 1947 chaotisch. Und wie so oft spielte die Landwirtschaft die bedeutendste Rolle in diesem Konflikt.

Nahrungsmittel waren während des Krieges und in der unmittelbaren Nachkriegszeit in der ganzen UdSSR äußerst knapp und strikt rationiert. Oft bedeuteten die Lebensmittellieferungen der UNRRA die letzte Rettung vor dem Hungertod. Die Hauptursachen für die Versorgungsmisere waren die Kriegsverwüstungen und die deutsche Besetzung der Ukraine, der größten Kornkammer der UdSSR. Schneemangel und außergewöhnliche Kälte im Winter 1945 und die darauffolgende Dürre im Sommer 1946 — die ärgste seit 1891 — verschärften dann noch das Problem. Schon Ende Juli/Anfang August 1946 war eine schlechte Ernte vorauszusehen. Die chaotische Lage der ukrainischen Nachkriegslandwirtschaft machte sie zur Gewißheit.

›Wir hatten zu wenige Traktoren, Pferde und Ochsen‹, gab Chruschtschow viele Jahre später zu. ›Die Ackerbaugeräte wurden von Kühen, manchmal sogar von Menschen gezogen. Häufig spannten sich die *Kolchosniki* selber vor die Pflüge oder stachen den Boden mit Spaten um.‹

Es drohte eine Hungersnot — ähnlich jenen der Jahre 1921 und 1933. Für Chruschtschow komplizierte sich die Lage außerdem noch dadurch, daß er mit Andrejew über die Vor- und Nachteile des Anbaus von Frühjahrsweizen in Streit geriet. Traditionsgemäß ist die Ukraine eine Winterweizenregion. Andrejew, unterstützt von Stalin, trat jedoch dafür ein, alle Bemühungen auf die Frühjahrssaat zu konzentrieren; Chruschtschow war dagegen.

Im März 1947 wurde der Parteichef der ukrainischen KP seines Amtes enthoben, behielt aber den Titel eines Premierministers bei. Neuer Parteichef wurde Chruschtschows ehemaliger Mentor, Lasar Kaganowitsch, der damals von allen Politbüromitgliedern vermutlich am höchsten in Stalins Gunst stand. Chruschtschow war jedoch nicht lange in politischer Ungnade. Zehn Monate später hatte er wieder seine Position als Erster Sekretär der ukrainischen KP inne, und Kaganowitsch — dem Chruschtschow diese kurzfristige Einmischung und Demütigung nie verziehen hat — war nach Moskau zurückgekehrt.

Neuere Informationen haben Sowjetologen erst vor kurzem zu der Erkenntnis gebracht, daß die Agrarfrage, obgleich tatsächlich wichtig, doch nur die sichtbare Spitze der Differenzen rund um Chruschtschow war. Die wahren Gründe lagen viel tiefer: die

Rivalität mit Malenkow, der Konflikt mit Schdanow und die Frage des ukrainischen Nationalismus.

Der Streit zwischen Malenkow und Schdanow hatte sich Anfang der vierziger Jahre an einer Kontroverse entzündet, die für Kremlaffären heute noch genauso maßgebend ist wie damals: Ideologie kontra Pragmatik. Schdanow war der Fürsprecher einer rigorosen ideologischen Haltung, die bedingungslose Treue zu versteinerten Parteivorschriften und Klischeevorstellungen des Proletariertums propagierte. Malenkow plädierte für den praktischen, vernünftigen Weg, besonders was die Wirtschaft anlangte. In einem Artikel aus dem Jahre 1941 schlug er vor: ›Prahler, die nicht imstande sind, mit einer Aufgabe fertig zu werden, sollten ihres Postens enthoben und an eine weniger verantwortungsvolle Stelle versetzt werden, unabhängig davon, ob sie Parteimitglieder sind oder nicht.‹

Malenkows Ansichten hatten während des Krieges im Kreml die Oberhand gewonnen und zu einer bemerkenswerten Lockerung der strengen ideologischen Kriterien auf zahlreichen Gebieten geführt. Im Jahre 1946 schlug Schdanows Stunde: er, der die meisten Kriegsjahre als Parteichef von Leningrad verbracht hatte — fern von den Machtzentren und außerhalb von Stalins Gesichtskreis — hatte 1946 mit der entgegengesetzten politischen Linie sein Comeback.

Chruschtschow stand mehr oder weniger zwischen den Fronten gefangen. Was seine eigenen Ansichten betraf, hätte man ihn damals vielleicht als Politiker der Mitte bezeichnen können. Das Dilemma wurde einerseits noch erschwert durch Chruschtschows wachsenden Einfluß auf Stalin und andererseits durch das tiefgründige Mißtrauen des Diktators gegen Chruschtschows proukrainische Einstellung.

Obwohl Chruschtschow danach getrachtet hatte, jegliche Anzeichen eines ukrainischen Nationalismus zu vermeiden — so hatte er drakonische Maßnahmen gegen Partisanentrupps und ihre Sympathisanten ergriffen —, wurde seine Politik offensichtlich als nicht gründlich genug bewertet. Die schwankende ukrainische Loyalität während des Krieges hatte Stalins Zorn erregt. Um ihre eigene Macht in der Kremlhierarchie zu verstärken und ihren Einfluß auf Stalin zu vergrößern, flüsterten Malenkow und Schdanow diesem vermutlich ständig ein, daß Chruschtschow zu einer Art

›ukrainischem Separatisten‹ geworden sei und die entsprechende Sorgfalt bei seinen Bemühungen vermissen lasse, diese landwirtschaftlich und industriell kritische Republik wieder auf die Beine zu bringen.

Obwohl sie Chruschtschow von beinahe diametral entgegengesetzten Standpunkten angriffen, sollten ihre Anschuldigungen auf fruchtbaren Boden fallen.

Die ›Chruschtschow-Krise‹ wurde Ende Juli 1946 akut. Das Zentralkomitee in Moskau beschuldigte die ukrainische Parteileitung, ›die Bedeutung ideologischer Arbeit unterschätzt und der Auswahl sowie der politischen als auch ideologischen Ausbildung der Kader auf den Gebieten der Wissenschaften, der Literatur und der Kunst nicht genügend Aufmerksamkeit gewidmet zu haben‹. Dazu kamen noch eine Vielzahl anderer Vergehen, wie z. B. ›schwerwiegende Fehler und Irrtümer‹ auf dem Gebiet der Kaderpolitik. Solche Beschuldigungen waren gleichbedeutend mit ›politischer Blindheit‹, ein Verbrechen, das Chruschtschows Vorgänger in der Ukraine, Pawel Postyschew, in den dreißiger Jahren das Leben gekostet hatte.

Chruschtschow, der ja kein Neuling in der Deutung bedrohlicher Kremlhieroglyphen war, reagierte unverzüglich, um weitere Schläge aus Moskau abzuwehren. Er befahl die Verhaftung einer Anzahl des ›ukrainischen Nationalismus‹ Verdächtiger und unterzog den Parteiapparat einer umfassenden Säuberungsaktion. Einer der ersten, die dabei daran glauben mußten, war Fjodor Semjonowitsch Matjuschin, der Parteichef des Gebiets Saporoschje.

Matjuschin stürzte kurz nach einer Plenarsitzung des ukrainischen Zentralkomitees, die Chruschtschow in der dritten Augustwoche 1946 einberufen hatte. Neben Chruschtschow sprachen auf diesem Plenum noch ein Dutzend anderer Redner, darunter auch Matjuschin selbst, der alles andere als eine brillante Figur abgab. Ein vierspaltiger *Prawda*-Bericht über die Sitzung griff ihn namentlich heraus als einen ›von jenen Leuten, die ihre Fehler immer noch nicht einsehen und die nicht die richtigen Folgerungen aus den Beschlüssen des Zentralkomitees gezogen haben‹. Des weiteren wurde er beschuldigt, ›verworrene Argumente‹ vorgebracht zu haben.

Innerhalb einer Woche war Matjuschin seines Amtes enthoben und Generalmajor Leonid Breschnew eilends aus seinem aktiven Militärdienst in Lemberg entlassen, um ihn zu ersetzen.

Noch nicht 40 Jahre alt, sah Breschnew sich plötzlich, nur 130 Kilometer flußabwärts von seinem heimatlichen Dnjeprodserschinsk entfernt, als Parteiboß einer der wichtigsten Industrie- und Agrargebiete der Sowjetunion. Das Gebiet Saporoschje umfaßt eine Fläche von 28 000 Quadratkilometer, ist also z. B. größer als Hessen, und hatte damals eine Bevölkerung von fast 1,5 Millionen. Es liegt am Rande des fruchtbaren Schwarzerdegürtels und umfaßt den *Dnjeproges*-Staudamm, das erste große Wasserkraftwerk, das in der UdSSR gebaut wurde, sowie *Saporoschstal,* in jener Zeit das größte Eisen- und Stahlkombinat der Sowjetunion, größer noch als das Werk in Dnjeprodserschinsk. Die Stadt Saporoschje (das frühere Alexandrowsk) hieß damals ›Pittsburgh der Ukraine‹.

Als Gebietsparteichef waren Breschnews Hauptaufgaben der Wiederaufbau des Wasserkraftwerkes und des Stahlwerkes, die beide während des Krieges zerstört worden waren — ein gewaltiger Auftrag also, dessen erfolgreiche Ausführung Breschnew eine brillante politische Zukunft sichern sollte.

Der Dnjepr-Staudamm, der 1932 mit Hilfe amerikanischer Ingenieure und Aggregate fertiggestellt worden war, zählte zu den großen Meilensteinen der Industrialisierung der Sowjetunion. Um den Damm für die Deutschen unbrauchbar zu machen, hatten 1941 sowjetische Sprengkommandos einen Teil zerstört. 1943 beschoß und bombardierte ihn die auf dem Rückmarsch befindliche Wehrmacht. Als Marshall MacDuffie den Damm 1946 besichtigte, zeigte ihm der Oberingenieur zwei riesige Risse. Der Wiederaufbau hatte gerade eingesetzt.

Der Bau des *Saporoschstal*-Komplexes hatte Anfang der dreißiger Jahre begonnen, und im November 1933 war der erste Hochofen angeblasen worden. Teile des Werkes konnten noch gerettet und hinter den Ural transportiert werden, bevor die Deutschen in Saporoschje einmarschierten. Der Rest fiel dem Kriegsgeschehen zum Opfer. MacDuffie erschien es 1946 als ›ein Haufen verbogener Träger . . . eine leere Hülle‹.

›Nach meiner Schätzung‹, schrieb er, ›betrug die Zerstörung etwa 90 Prozent, worauf mir optimistische sowjetische Ingenieure versicherten, daß nicht mehr als zwei Drittel vernichtet seien. 1946 war der Begriff ‚nur zu zwei Dritteln vernichtet' ein Ausdruck des Glücks, etwas, worüber man sich freute.‹

Die Stadt Saporoschje selbst war Ödland, in dem 300 000 kriegsmüde, hungernde und erschöpfte Menschen versuchten, sich in Erdlöchern, ärmlichen Hütten und den zerfallenden Ruinen einstiger Wohnhäuser eine Behausung zu schaffen. Kein Hotel, kein großes Gebäude hatte den Krieg überstanden.

Mitten in dieser deprimierenden Umgebung entdeckte Breschnew zumindest ein vertrautes Gesicht: Andrej Pawlowitsch Kirilenko, den Zweiten Sekretär des Oblast-Parteikomitees — der nach der Befreiung Saporoschjes 1943 seine Funktion wiederaufgenommen hatte. Ihre Laufbahnen waren seither mehr oder weniger miteinander verbunden.

Breschnew machte bald eine weitere wichtige politische Bekanntschaft in Saporoschje, nämlich die von Wenjamin Emmanuilowitsch Dymschiz, damals 36 Jahre alt und Ingenieur für Bauwesen und Metallurgie. Er war der Leiter von *Saporoschstroj,* dem Bau-Trust, der mit dem Wiederaufbau des Stahlwerkes betraut worden war. Dymschiz, auch einer von Chruschtschows Protegés, hatte seit 1957 zahlreiche hohe Regierungsämter inne und ist heute ein stellvertretender Ministerpräsident der Sowjetunion. Übrigens ist er der einzige Jude im sowjetischen Kabinett. Mittlerweile wurde Dymschiz zum Breschnewanhänger; er gefällt sich darin, dessen Rolle beim Wiederaufbau von *Saporoschstal* über Gebühr herauszustreichen.

Mehr als 20 000 Bauarbeiter waren an dem Projekt beteiligt. Wie Dymschiz vor einigen Jahren in einem Interview mit der Sowjetillustrierten *Ogonjok* berichtete, ›hatte jeder einzelne von ihnen das Gefühl, Breschnew persönlich zu kennen‹.

Laut Wenjamin Dymschiz war der Wiederaufbau des Werkes Breschnews Hauptlebenszweck. ›Er hatte dort sein eigenes Büro, komplett mit Kommunikationszentrum und Schlafstelle. Seine Lebenserfahrung, sein tiefes Verständnis für die Situation, seine große Menschlichkeit, seine Geselligkeit und Freundlichkeit den Arbeitern gegenüber schufen auf dem Bauplatz eine Atmosphäre des Vertrauens.‹

Ebenso wie bei Breschnews Rolle im Krieg scheint auch seine Leistung in Saporoschje — mit jedem Jahr, das die Ereignisse selbst weiter in die Vergangenheit zurücktreten läßt — zunehmend an Bedeutung zu gewinnen.

Seinerzeit mangelte es jedenfalls nicht an Kritik über den schleppenden Fortgang des Projektes, und man bemängelte die Oberflächlichkeit, mit der das Oblastkomitee die Arbeiten in Angriff nahm. Anfang Herbst 1946 und im Winter 1947, gleichlaufend mit Chruschtschows verschlechterter Lage, veröffentlichte die *Prawda* eine Artikelserie, in der die Parteiführung von Saporoschje gerügt wurde. Weder Breschnew noch Kirilenko wurden namentlich angegriffen, aber selbst ein flüchtiger Leser konnte verstehen, auf wen sich die Kritik bezog.

Der bei weitem schärfste Angriff erschien in der Ausgabe vom 5. Februar 1947 mit der Überschrift: ›Baut Saporoschstal schneller wieder auf!‹ Der Berichterstatter Juri Korolkow, heute ein populärer Romanschriftsteller und Autor von Kurzgeschichten, warf den Obkomfunktionären vor, die Schuld für Mängel auf Untergebene abgewälzt zu haben. Er kritisierte das Tempo der Wiederaufbauarbeiten, die schlechte Arbeitsdisziplin, den Mangel an Kantinen, Wäschereieinrichtungen, Schlafstellen und Teeküchen sowie deren schlechten Zustand. Insbesondere bemängelte Korolkow die Tatsache, daß noch kein Stachanow-Wettbewerb eingeleitet worden sei.

›Weder das Parteikomitee am Bauplatz noch das Gebietskomitee von Saporoschje‹, schrieb er, ›scheint sehr interessiert zu sein an dem Wiederaufbau von *Saporoschstal,* dessen Produktion unser Land so dringend braucht.‹

Obwohl sein Name in dem Artikel nicht erwähnt wurde, reagierte Breschnew schleunigst, indem er die Stachanow-Bewegung ankurbelte. Schon nach elf Tagen konnte *Saporoschstal* seinen ersten Stachanow-Arbeiter präsentieren: Iwan Rumjantzew, einen Brigadeführer, dessen Bauteam den Tagesplan für Rohrlegungen um 200 Prozent überboten hatte.

Auf Breschnew lastete ein enormer Druck. Er war verantwortlich, nicht nur für den Wiederaufbau des Stahlwerkes und der Stadt, sondern auch für die Beschaffung von Wohnraum. Darüber hinaus mußte er sich um die sich verschlechternde Agrarsituation kümmern und versuchen, die drohende Gefahr des Hungertodes abzuwenden. Letztlich oblag ihm auch noch die Verantwortung für die Arbeiten am *Dnjeproges*-Staudamm, dessen Turbinen am 4. März 1947 wieder in Betrieb genommen wurden — am selben Tag, an dem Kaganowitsch Chruschtschow als Erster Sekretär der ukrainischen KP ablöste.

Die vielleicht stärkste Pression wurde indirekt von Schdanow in Form von wiederholten Weisungen und *Prawda*-Artikeln ausgeübt, in denen gefordert wurde, daß — unabhängig vom eigentlichen Fortschritt auf der Baustelle — das Saporoschjer Gebietskomitee der Verbesserung der ›Partei-Arbeit‹ und der ›ideologischen und massenpolitischen Erziehung‹ in *Saporoschstroj* mehr Aufmerksamkeit widmen sollte. Breschnew, der sowohl damals als auch heute ein Anhänger von Methoden wie Ermahnungen und ›ideologischer Stählung‹ war, leistete Folge.

Am 30. Juni wurde der im Krieg am wenigsten beschädigte Hochofen von *Saporoschstal* zum erstenmal seit 1941 wieder angestochen. Drei Monate später arbeitete dann auch schon ein Walzwerk, und am 28. September nahm die Fabrik die Produktion wieder auf.

Wie es in den vierziger Jahren üblich war, meldeten Breschnew, Dymschiz und einige andere mit dem Projekt befaßte Funktionäre diesen Erfolg Stalin in Form eines dreispaltigen Briefes auf der Titelseite der *Prawda* vom 3. Oktober 1947. Es sollte der erste von vielen ähnlichen Berichten und Gelübden an Stalin sein, die Breschnew in den folgenden Jahren unterzeichnete.

In der Hauptsache war es eine Aufstellung, wie viele Millionen Kubikmeter Zement, wie viele Millionen Ziegel, wie viele Hunderttausende Meter Elektrokabel und wie viele Kilometer neuer Eisenbahnschienen in dem Projekt verwendet worden waren. Der Brief schloß mit dem Standardgruß: ›Es lebe unser lieber Vater und Führer, unser Freund und Lehrer, Genosse Stalin!‹ Auf derselben Seite gratulierte der Diktator Breschnew und den anderen zu ihrem ›großen Produktionssieg‹.

Zwei Wochen später schrieb Breschnew einen weiteren Titelseitenbrief: ›Es ist uns eine Freude, Ihnen, lieber Jossif Wissarionowitsch, mitzuteilen, daß die Provinz Saporoschje am 12. Oktober den Getreideablieferungsplan für das Jahr 1947 erfüllt hat.‹

Das war seine letzte öffentliche Amtshandlung in Saporoschje: als Gebietsparteichef hatte er sich offenbar bewährt. Im November wurde er in dieser seiner Funktion nach Dnjepropetrowsk versetzt und als Vollmitglied in das Zentralkomitee der ukrainischen KP aufgenommen.

Es war eine bedeutende Beförderung und eine triumphale Heimkehr. Das Gebiet war nicht nur größer (32 000 Quadratkilometer) und bevölkerungsreicher (2,5 Millionen Einwohner), sondern auch industriell von noch größerer Wichtigkeit als Saporoschje.

Für Breschnews Mentor wendete sich das Blatt ebenfalls. Einen Monat nach der Ankunft seines Schützlings in Dnjepropetrowsk kehrte Chruschtschow als Parteichef der Ukraine an die Macht zurück.

Die Versetzung bedeutete mehr als nur eine Belohnung für gut verrichtete Arbeit. Wieder einmal war Breschnew eiligst ausgesucht worden, um eine durch eine Säuberungsaktion entstandene Lücke zu füllen. Nur war diesmal der Mann, dessen Stelle er nun einnahm, ein Freund: Pawel Andrejewitsch Naidenow. Bis Kriegsanfang war Naidenow Exekutivkomiteevorsitzender der Provinz Dnjepropetrowsk gewesen, also Regierungschef des Oblasts. Nach der Befreiung des von den Deutschen besetzten Dnjepropetrowsk im Jahre 1944 kehrte er als Parteichef zurück.

Die Ereignisse, die zu Naidenows Sturz führten, wurden erst viele Monate später enthüllt, und zwar auf einer Gebietsparteikonferenz, bei der Breschnew selbst als Ankläger gegen Naidenow auftrat. In der *Prawda* vom 6. Mai 1948 kam ein ziemlich ausführlicher Bericht darüber.

Naidenow, so sagte Breschnew — laut *Prawda* —, sei ›entfernt worden wegen schwerwiegender Fehler in seinem Führungsstil‹, und weil er die Anweisungen des Zentralkomitees der KPdSU vom Juli 1946 bezüglich der ukrainischen Parteiorganisation nicht entsprechend durchgeführt habe. Für jene, die gewohnt sind, zwischen den Zeilen zu lesen, war der lange Arm Schdanows omnipräsent.

In der von der *Prawda* gebrachten Zusammenfassung der Breschnewrede wurde darauf hingewiesen, daß bei der Führung der Industrie und Landwirtschaft seitens des Obkoms ›große Dummheiten und Fehler‹ gemacht worden seien. ›Eine Untersuchung dieser Fehler zeigt, daß sie sich aus der Einseitigkeit der Arbeit des Obkom ergeben, wodurch die parteipolitische Arbeit von der Erfüllung wirtschaftlicher Aufgaben getrennt wurde. Das führte zu Verzögerungen bei der Erreichung landwirtschaftlicher und industrieller Ziele und zur Nichterfüllung des Plansolls. ... In diesem Zusammenhang sind die nachlassenden Bau- und Wiederaufbautätigkeiten und die Verzögerungen bei der Fertigstellung wichtiger Industrie- und Wohnbauprojekte besonders gravierend.‹

Welche Ungeschicklichkeiten sich Breschnew selber in seiner Anfangszeit in Saporoschje auch zuschulden kommen hatte lassen, in Dnjepropetrowsk jedenfalls übernahm er sofort selbstsicher die Führung. Und warum auch nicht? Er befand sich auf sicherem und vertrautem Boden. Er kannte das Gebiet, seine wichtigsten Städte und Industriezentren: Dnjepropetrowsk, Dnjeprodserschinsk, Nikopol und Krivoj Rog. Er kannte das Volk und die Probleme. Vor allem aber besaß er Freunde und Bekannte in Schlüsselpositionen des Oblasts, in Kiew und in Moskau, die ihm dabei helfen konnten zu brillieren: der Kern der ›Dnjepr-Mafia‹ nämlich, die ihm auch heute noch treue Dienste leistet.

Da waren einmal Nikita Chruschtschow und Demjan Korottschenko, der frühere Erste Sekretär von Dnjepropetrowsk, der eben erneut zum Premierminister der Ukraine ernannt worden war. Korottschenkos erster Stellvertreter war kein anderer als Leonid Kornijez. Der ukrainische Minister für Autotransport war Konstantin Gruschewoi. Nikolai Schtschelokow hatte den kritischen Posten des Stellvertretenden Ministers der ukrainischen Lokalindustrie inne. Als Oberbefehlshaber des ukrainischen Wehrkreises amtierte General Gretschko, der bald auch Mitglied des Politbüros der ukrainischen KP werden sollte.

Es gab noch andere Freunde, bekannte und nützliche Kontaktpersonen in einflußreichen Stellungen: Wladimir Schtscherbizki, jetzt im Politbüro und Parteichef der Ukraine, leitete damals im Alter von erst 29 Jahren die wichtige Abteilung für ›Planmäßige vorbeugende Reparaturen‹ in Dnjeprodserschinsk. Nikolai Tichonow, Absolvent des Metallurgieinstituts von Dnjepropetrowsk, heute einer der Stellvertretenden Premierminister der UdSSR, arbeitete als Leiter des Röhrenwerks Süd in Nikopol. Ignati Nowikow, um ein Jahr älter als Breschnew und wie er Absolvent des metallurgischen Instituts von Kamenskoje, heute ebenfalls ein Stellvertretender Premierminister der UdSSR, arbeitete in Moskau in einer Schlüsselstellung als Vorsitzender der Hauptverwaltung für Ersatzteile für Kraftwerke. Georgij Zukanow, ein weiterer Absolvent von Kamenskoje, der seit 1960 Breschnews persönlicher Referent ist, war Oberingenieur in einer der Stahlfabriken von Dnjepropetrowsk. Georgij Pawlow, ebenfalls ein Bekannter aus der Studienzeit und Absolvent des Instituts in Kamenskoje, jetzt Breschnews Kanzleichef und Geschäftsführer des Zentralkomitees, war damals Parteichef der Stadt Dnjeprodserschinsk. Andrej Kirilenko war als Gebietsparteichef nach Nikolajew gegangen; dennoch befand sich auch das benachbarte Saporoschje in guten Händen: der ehemalige Stellvertreter Breschnews und Kirilenkos, Georgij Jenjutin, fungierte hier als neuer Erster Sekretär.

Breschnews Amtsführung in Dnjepropetrowsk sollte länger als zwei Jahre dauern und schien von Anfang an dazu prädestiniert, Stalins und Chruschtschows volle Zufriedenheit zu finden. In seinem ersten Jahr wurde das Stadtzentrum von Dnjepropetrowsk wiederaufgebaut, natürlich in stalinistischem Barock. Diese Leistung brachte ihm Lob von Moskau und Kiew ein wegen des Tempos und der Tüchtigkeit, mit der diese Arbeit durchgeführt worden war.

Nikopol, ein Zentrum für die Herstellung von Stahlrohren südlich von Dnjeprodserschinsk, hatte sich zu einer neuen Industriestadt mit breiten gepflasterten Straßen, einem Theater, modernen Schulen und neuen Wohngebieten entwickelt. Vor dem Krieg war es ein Gewirr von einmal schlammigen, einmal staubigen Straßen gewesen, wo Stahlarbeiter mit ihren Familien in Lehmhütten und *Semljanki* — Erdlöchern — hausten.

In Dnjeprodserschinsk hatte man den Bau eines Fernheizwerkes für die Hauptwohnbezirke der Stadt gestartet. Das Dserschinski-Kombinat — das alte *Sawod* von Kamenskoje — war so erweitert worden, daß man es kaum wiedererkannte. Ein *Prawda*-Korrespondent berichtete im April 1948: ›Es gibt nicht ein Unternehmen, nicht ein größeres Gebäude in der Stadt, das nicht wiederaufgebaut oder vergrößert wird.‹

Über seine Erfolge auf dem Agrarsektor konnte Breschnew in einer ganzen Reihe von *Prawda*-Briefen an Stalin berichten. Mitte August 1948 hatte das Gebiet Dnjepropetrowsk das Weizensoll um 120 und das Roggensoll um 104 Prozent erfüllt. Tatsächlich war Dnjepropetrowsk das erste Oblast der Ukraine, welches die Ernte des Jahres 1948 abschloß. Breschnew wurde Gelegenheit gegeben, in einem dreispaltigen *Prawda*-Artikel den ›Erfolg der Kolchosarbeiter Dnjepropetrowsks‹ zu rühmen.

Auf einer Plenarsitzung des ukrainischen Zentralkomitees im Mai 1949 trat er ans Rednerpult und berichtete stolz über seine Leistungen auf dem Gebiet der massenpolitischen Arbeit: in Dnjepropetrowsk hatten über 25 000 Bauern, Kolchosvorsitzende und

Brigadeführer ›Kontakte mit wissenschaftlichen Institutionen hergestellt, die ihnen behilflich sind, hohe Ernteerträge zu erzielen‹. Bei einer anderen Plenarsitzung zwei Monate später referierte Breschnew über ›erfolgreiche Maßnahmen zur Stärkung der Dorf-Parteiorganisationen‹ sowie zur Verbesserung der parteipolitischen Arbeit in Kolchosen, Sowchosen und Maschinen-Traktoren-Stationen. Wie er zuversichtlich mitteilte, ›sind jetzt 32 000 Parteiagitatoren im Gebiet Dnjepropetrowsk auf dem Lande tätig‹.

Es gab aber auch Probleme und Schwierigkeiten. Ende 1949 beanstandete ein Regierungsrevisor Verschwendungen, weitreichende Verluste und übermäßige Warenbestände in zahlreichen Fabriken; dafür machte er die Leiter der Gebietsabteilungen für die heimische und die Nahrungsmittelindustrie verantwortlich.

Der Revisionsbericht vermerkte auch ›schwerwiegende Mängel‹, wie z. B. übermäßigen Treibstoffverbrauch von 871 400 Liter und den Diebstahl weiterer 57 700 Liter Benzin und Dieselöl in den Maschinen- und Traktorenstationen.

Ein weitaus gravierenderer Fall war ein komplizierter Korruptions- und Vertuschungsskandal im Parteikomitee sowie im Bürgermeisteramt der Stadt Dnjepropetrowsk; über beide Affären berichteten sowohl die *Prawda* als auch die *Iswestija* mit peinlicher Ausführlichkeit. Ein Funktionär wurde bezichtigt, einen Scheck über 1250 Rubel gefälscht und sich 2 Tonnen galvanisiertes Eisenblech, das zur Reparatur des Dnjepropetrowsker Rathausdaches angefordert worden war, für persönliche Zwecke angeeignet zu haben. Die Oblastbehörden mußten sich den Vorwurf gefallen lassen, von dem Vorfall gewußt, aber keine disziplinären oder rechtlichen Maßnahmen gegen den Verantwortlichen eingeleitet zu haben. In einem offenbar ähnlich gearteten Fall wurde der Erste Sekretär eines Bezirksparteikomitees von Dnjepropetrowsk, A. R. Blinow, der Korruption, des Amtsvergehens sowie des Versuches beschuldigt, den Vorsitzenden einer örtlichen Kolchose in einen Kriminalfall verwickelt zu haben. Angeblich hatten sich Obkom-Behörden bemüht, den Fall zu verheimlichen. Blinow wurde schließlich, vermutlich auf Breschnews Anweisung, entlassen und gemaßregelt. Dennoch erhob die *Prawda* massive Anschuldigungen gegen nicht namentlich genannte ›Funktionäre‹ des Obkoms von Dnjepropetrowsk, ›die versuchen, Missetaten und Fehler von Mitarbeitern zu vertuschen.‹

Breschnews ernsthafteste Krise in Dnjepropetrowsk scheint jedoch familiärer Natur gewesen zu sein — und zwar mit seiner impulsiven, eigenwilligen Tochter Galina, die damals die Oberschule besuchte und sich hoffnungslos in einen beinahe doppelt so alten Zirkusjongleur verliebte.

In gewisser Hinsicht war Breschnew selber an der Affäre schuld. Abgesehen von Fußball, Jagen und Autofahren galt seine Leidenschaft immer schon dem Zirkus und seinen Artisten — vermutlich seit jenen fernen, vorrevolutionären Tagen in Kamenskoje, als der Trutschnaja-Zirkus mit seinen Ringern auf dem Marktplatz zu gastieren pflegte. Einer von Breschnews Beiträgen zum Nachkriegskulturleben von Dnjepropetrowsk war, den ständigen Zirkus der Stadt wiederzubeleben. Der Zirkusdirektor und viele der Starartisten — darunter auch der schneidige Jongleur, in den sich die schwärmerische Galina verknallte — waren häufige Gäste bei den Breschnews. Es gab eine Familientragödie ersten Ranges, die damit endete, daß Galina eine kurzlebige Ehe mit dem Jongleur einging. Laut einiger in Moskau kursierender Gerüchte war dies nicht ihre letzte Affäre mit einem Mann vom Zirkus. Aber davon abgesehen, muß die Episode Breschnews Begeisterung für Artisten doch etwas abgekühlt haben. Zweifellos atmete er erleichtert auf, als man ihn im Frühjahr 1950 nach Moskau versetzte und er damit eine weitere wichtige Stufe auf der Treppe des Erfolgs nach oben rückte.

Chruschtschow, der inzwischen wieder voll rehabilitiert und in Stalins Gunst war, hatte Kiew im Dezember 1949 verlassen, um Parteichef der sowjetischen Hauptstadt zu werden. Außerdem wurde er zu einem der fünf Sekretäre des Zentralkomitees der KPdSU ernannt. Breschnew folgte ihm bald nach — für eine kurze Amtszeit im Apparat des ZK, wo er vermutlich für seine nächste Aufgabe ausgebildet und instruiert wurde: als Parteichef von Moldawien, einer der 15 Republiken der UdSSR.

Der neue Bojar am Dnjestr

Mit einer Fläche von ungefähr 34 000 Quadratkilometer — etwa die Größe Belgiens — stellt die Moldau eine der kleinsten Sowjetrepubliken dar. Sie umfaßt Bessarabien und die nördliche Bukowina zwischen den Flüssen Dnjestr und Pruth. Die historische Begründung für ihre Zugehörigkeit zur Sowjetunion ist — neben Litauen, Lettland und Estland — am umstrittensten.

Die Kontroverse beginnt eigentlich schon mit der Frage: Wer und was sind die Moldauer? Nach sowjetischen Historikern ›betrachten sie sich selber als Slawen‹. Doch ihre Sprache ist ein rumänischer Dialekt, und nach rumänischer Ansicht stammen die Moldauer, ebenso wie die Rumänen selbst, von Dakern und römischen Legionären ab, die sich in diesem Teil Europas niedergelassen und mit einheimischen Stämmen vermischt hatten. In einer Propaganda-Broschüre, die man mir bei einem Besuch in der Moldau-Hauptstadt Kischinjow überreichte, heißt es: ›Jahrhundertelang hatten die Moldauer unter dem ständigen Druck der Türken zu leiden: In ihrem Kampf um Befreiung vom türkischen Joch wandten sich die Moldauer an Moskau um brüderliche Hilfe. Es ist kein Zufall, daß der Patriarch von der Moldau, Dosotheus, schon vor nahezu 300 Jahren schrieb: ‚Das Licht wird zu uns kommen von Rus...‘

1812 gelang es schließlich den russischen Truppen, die Moldauer von der türkischen Unterdrückung zu befreien, und Bessarabien wurde ein Teil Rußlands. Seite an Seite mit den Russen und unter der Führung des russischen Proletariats kämpfte die Arbeiterklasse Bessarabiens gegen Zarismus und Kapitalismus. 1917 wurde in Bessarabien ebenso wie im übrigen Land die Sowjetmacht begründet.‹

Nach der offiziellen sowjetischen Darstellung wurde jedoch der bessarabische Kommunismus ›auf Anweisung des US-Präsidenten

Wilson, der die konterrevolutionäre Tätigkeit lokaler bürgerlicher Nationalisten unterstützte‹, vernichtet. Wilsons ›berüchtigte Vierzehn Punkte, die scheinheilig ein ‚Friedensprogramm' genannt wurden, in Wirklichkeit aber ein imperialistisches Programm darstellten, sorgten dafür, daß Bessarabien Rußland entrissen ... und ... von Rumänien im Jahre 1918 besetzt wurde.

22 Jahre lang leistete das moldauische Volk Widerstand gegen diese Besetzung. Doch erst 1940, als Rumänien Bessarabien an die Sowjetunion zurückgab, brachte der moldauische Freiheitskampf Freiheit und Unabhängigkeit für das Volk.‹

In einem Artikel, den Breschnew im Februar 1951 in der Prawda veröffentlichte, beschrieb er jene 22 Jahre der ›Besetzung durch rumänische Bojaren‹ in den trostlosesten Farben: ›In jenen dunklen Zeiten trieben sich Tausende von Arbeitslosen in den Städten und Dörfern Bessarabiens herum, und eine Armee von Landarbeitern zog auf Arbeitssuche von einem Bezirk zum anderen. Bauernhöfe waren verfallen oder mußten versteigert werden. Das heimische Moldauland, ein Land voll Sonnenschein, Gärten und Weinbergen, wurde gefangengehalten. Unbarmherzig unterdrückt wurden die Arbeitermassen von den Rumänen, hinter denen eine habgierige Clique amerikanischer, britischer, deutscher und französischer Imperialisten stand, welche die Früchte von des Volkes mühseliger Arbeit verzehrten und die Moldau zu einer ausgebeuteten Kolonie degradierten.‹

Verständlicherweise weicht die rumänische Geschichtsversion der Moldau, sogar die Interpretation des heutigen kommunistischen Rumäniens, grundsätzlich von der Moskauer Fassung ab. Ein früherer Funktionär der rumänischen Zwischenkriegsregierung schrieb 1956 in einem Brief an die *New York Times:* ›Die überwiegende Mehrheit der Einwohner Bessarabiens und der Bukowina sind Rumänen gewesen, und zwar seit der Zeit, da diese Gebiete historisch bekannt sind ... 1775 wurde die Bukowina von Österreich, 1812 Bessarabien von Rußland besetzt und annektiert. Ungeachtet der Dauer und des Terrors der ausländischen Besetzung behielt die zum Großteil bäuerliche Bevölkerung entschlossen ihre rumänische Nationalität bei. Und so geschah es, daß 1918, nach dem Ende des Ersten Weltkrieges, die in beiden Provinzen gewählten Parlamente sich für eine Rückkehr zum Mutterland aussprachen ...

Gemäß (den geheimen Protokollen) des Hitler-Stalin-Paktes annektierte die Sowjetunion 1940 Bessarabien, die nördliche Bukowina und sogar einen Teil des alten Rumäniens auf gewaltsame Weise.‹

Nach Leonid Breschnews Version war das nicht gewaltsam, sondern eine ›Befreiung vom imperialistischen Joch‹, wofür das moldauische Volk seine ›grenzenlose Dankbarkeit der sowjetischen Regierung, der bolschewistischen Partei und unserem teuren Genossen Stalin entgegenbrachte‹.

Tatsächlich dauerte die erste sowjetische Herrschaft nicht einmal ein Jahr: von August 1940 bis zur deutschen Invasion in der UdSSR im Juli 1941. Rumänien, das damals mit dem nationalsozialistischen Deutschland verbündet war, besetzte erneut Bessarabien und die Bukowina. Drei Jahre später, 1944, marschierte die Rote Armee wieder ein, und dieses Gebiet — reich an Getreide, Obst, Gemüse und Wein, gesegnet mit einem fruchtbaren Boden und einem milden Klima — kam als eine der nominell unabhängigen Republiken der UdSSR endgültig unter sowjetische Herrschaft.

Damit begann eine Zeit intensivster Sowjetisierung, die eigentlich nur durch Moskaus prekäre Lage in der angrenzenden Karpaten-Ukraine, wo bewaffnete Partisanen gegen die sowjetische Herrschaft verbissenen Widerstand leisteten, gemildert wurde.

Ungeachtet der Frage, ob sie jetzt Slawen oder Rumänen waren, mußten die Moldauer nun ihre romanische Muttersprache kyrillisch lesen und schreiben.

Zwischen 1945 und 1950 wurden von den ursprünglichen drei Millionen Einwohnern der Republik schätzungsweise 500 000 hingerichtet, zu Arbeitslager verurteilt oder in kasachische und sibirische ›Umsiedlungsgebiete‹ deportiert. Einige von ihnen hatten zweifellos mit den Deutschen oder den Rumänen kollaboriert. Aber das Verbrechen der meisten bestand darin, daß sie ›Kulaken‹ waren, einer der 12 nichtkommunistischen Parteien angehört hatten bzw. ›antisowjetische Propaganda‹ betrieben oder sich der ›konterrevolutionären Tätigkeit‹ schuldig gemacht hatten. Um sie zu ersetzen und das ethnische Kräfteverhältnis zu verändern, wurden etwa 250 000 Russen in der Moldau-Republik angesiedelt.

Privatwirtschaft wurde verboten, Handel, und was es an Industrie gab, wurden verstaatlicht. Die 1948 begonnene Kollektivierung der Landwirtschaft war bis zum Frühjahr zu etwa 80 Prozent abgeschlossen — aber die Republik glich einem Notstandsgebiet, und die Bauern waren den Sowjets gegenüber weiterhin feindlich eingestellt.

Im Juli 1950 wurde Leonid Breschnew nach Kischinjow geschickt, um die Arbeit abzuschließen. Es war kein Job für Zimperliche. Obwohl weitverbreitete politische Abneigung — die bis zum heutigen Tag in der Moldau vorherrscht — einen Schatten über seine gesamte Amtszeit warf, führte Breschnew seine Aufgabe mit Zähigkeit und Entschlossenheit durch. Innerhalb eines halben Jahres nach seiner Ankunft in der Moldau war ›das Kulakentum als Klasse liquidiert‹. Für ›Wirtschaftsvergehen‹ wurden schärfere Strafen eingeführt. Er ging auch gegen bewaffnete Widerstandsgruppen vor, die mit Partisanenbanden in den angrenzenden Gebieten der Ukraine zusammenarbeiteten. Es folgten noch mehr Deportationen, vor allem aus Kischinjow und den anderen städtischen Zentren; die Städte wurden vollkommen russifiziert, so daß Moldauer heute nur noch ein Drittel der 300 000 Einwohner Kischinjows ausmachen.

Einzelheiten über Breschnews Herrschaft wurden geschickt vermieden oder mit der üblichen Tünche aus Sowjetpropaganda, Geheimhaltung und Verdunklung übermalt. Erst 1956 durfte ein westlicher Korrespondent — Jack Raymond von der *New York Times* — die Moldau-Republik besuchen: mehr als drei Jahre, nachdem Breschnew Kischinjow wieder verlassen hatte. Auch zu diesem Zeitpunkt war die Bewegungsfreiheit des Journalisten begrenzt und die Informationsquellen auf offizielle Sprecher beschränkt.

Das wenige verfügbare Material führt westliche Beobachter und einige Emigranten aus dem Gebiet jedoch zu der gemeinsamen Schlußfolgerung, daß Breschnews Herrschaft rigoros war und jene Moldauer Zeit zu den dunkelsten Epochen in seiner Karriere zählt.

Als politischer Boß eines großen, wichtigen Gebiets wie Dnjepropetrowsk war Breschnew zweifellos eine einflußreiche Persönlichkeit gewesen. Nichtsdestoweniger war er jedoch nur einer aus der Schar von Provinzpräfekten, zu deren Aufgaben es gehörte, eine Vielzahl von Anweisungen durchzuführen, die von einer verwirrenden, oft widersprüchlichen Partei- und Regierungsbürokratie auf nationaler und republikanischer Ebene herabgereicht wurden. Die Moldau war nicht viel größer oder bevölkerungsreicher als das Gebiet

Dnjepropetrowsk. Industriell zählte sie kaum. Ihre Kommunistische Partei war lächerlich klein — bis 1953 gehörten ihr kaum mehr als 20 000 Mitglieder an. Aber als Erster Sekretär ihres Zentralkomitees galt Breschnew nun als einer der wenigen mächtigen Sowjetbojaren, Stalin persönlich verantwortlich und somit an der Schwelle zur Macht angelangt.

Ebenso wie nach Saporoschje und Dnjepropetrowsk wurde Breschnew auch in die Moldau-Republik geschickt, um ein durch Säuberung entstandenes politisches Vakuum zu füllen. Diesmal besteht allerdings der berechtigte Verdacht, daß er selber von Moskau aus die Durchführung der Säuberung mitbestimmt hatte.

Bereits Ende 1949/Anfang 1950 waren der Erste Sekretär der Moldau, Nikolai Grigorjewitsch Kowal, und andere Parteiführer wiederholt kritisiert worden, weil sie die Sozialisierung der Landwirtschaft nicht beschleunigt und die ›restlichen Spuren des bürgerlichen Nationalismus‹ nicht ausgemerzt hatten.

Kowal wurden auch ›Fehler bei der ideologischen Arbeit‹ angelastet. Außerdem warf man ihm vor, daß ›bürgerlich-nationalistische Verzerrungen und Idealisierungen des feudalen Moldau-Fürstentums in einigen Werken der moldauischen Literatur und Geschichte gestattet wurden‹. Der Parteiführung der Republik wurde aufgetragen, ›die Überreste des Kapitalismus zu überwinden‹.

Was anschließend geschah, wurde erst 18 Jahre später von Sergej Trapesnikow enthüllt, einem Parteiideologen, mit dem Breschnew in Kischinjow eng zusammengearbeitet hatte und der heute eine der Schlüsselfiguren — gewiß die reaktionärste und prostalinistischste — in seinem Gefolge ist. Trapesnikow berichtet in seiner 1968 veröffentlichten *Geschichte der Moldauischen Sozialistischen Sowjetrepublik*, daß die Anklagen gegen die moldauische Parteiführung in einem Dekret des Zentralkomitees der KPdSU vom Juni 1950 endgültig formuliert wurden.

Kowal und zwei weitere Sekretäre der moldauischen KP, F. I. Kaschnikow und M. M. Radul, wurden entlassen; sie waren die ersten einer ganzen Reihe von moldauischen Funktionären, die auf den politischen Schrotthaufen geworfen wurden. Im Juli zog Breschnew an Kowals Stelle in das Parteihauptquartier nahe des *Prospekt Lenina* in Kischinjow ein.

Juristisch ist die Moldau eine souveräne Republik mit eigenem

Außenministerium und dem verfassungsmäßigen Recht, sich jederzeit von der Sowjetunion loszusagen. In der Theorie ist ihre Kommunistische Partei genauso autonom wie beispielsweise die Parteien Bulgariens, Chinas, Frankreichs oder der Vereinigten Staaten. Die Ernennung Breschnews zum Ersten Sekretär ihres Zentralkomitees hätte vorausgesetzt, daß er ein Mitglied jenes Komitees war, was nicht zutraf, und daß das Komitee eine Plenarsitzung abhielt, um ihn zu wählen, was auch nicht geschehen war. In Wirklichkeit war er noch immer ein Mitglied des ukrainischen Zentralkomitees. Es war aber auch keine Ära, in der man sich um die Feinheiten sozialistischer Legalität gekümmert hätte. Breschnew war ganz einfach von oben für diese Stellung bestimmt worden: von Stalin, Malenkow oder Chruschtschow. Solche Verletzungen der Parteistatuten, die in der Stalinära gang und gäbe waren, werden auch heute noch begangen — auch von Breschnew.

Breschnew kam nach Kischinjow in Begleitung von Beratern und Leuten, denen er vertrauen konnte. Einer der ersten, die sich ihm dort anschlossen, war sein Freund Nikolai Schtschelokow, der frühere Bürgermeister von Dnjepropetrowsk, der ihm schon als Stellvertretender Minister für die ukrainische Lokalindustrie und dann als Abteilungsleiter des ukrainischen Zentralkomitees dabei behilflich gewesen war, daß in der Provinz Dnjepropetrowsk alles glatt lief. Im Januar 1951 wurde Schtschelokow zum Ersten Stellvertretenden Premierminister der Moldau ernannt und im April, auf dem Parteitag der Republik, ins moldauische Zentralkomitee gewählt.

Breschnew nahm auch neue Verbindungen auf. Ein solcher ›Verbündeter‹, der sich bis heute bewährt hat, war Konstantin Ustinowitsch Tschernenko, von 1948—1956 Leiter der Abteilung für Propaganda und Agitation im moldauischen Zentralkomitee. Auf Breschnews Veranlassung wurde er 1956 in den Apparat des Moskauer Zentralkomitees versetzt. Seither war er immer bei Breschnew; er wurde Sekretariatsleiter des Präsidiums des Obersten Sowjets, als Breschnew dessen Vorsitzender, d. h. Staatsoberhaupt der UdSSR war. Heute ist Tschernenko als Leiter der ›Allgemeinen‹ Abteilung des Zentralkomitees einer von Breschnews engsten Beratern und Mitarbeitern.

Vielleicht die unheilvollste Verbindung für die Zukunft der Sowjetunion, obgleich politisch vorteilhaft für Breschnews eigene Karriere, war die mit Professor Trapesnikow. Sergej Pawlowitsch Trapesnikow, damals erst 38 Jahre alt, war Rektor der moldauischen Parteihochschule: eine Position, die er bis 1956 innehatte, als ihn Breschnew nach Moskau holte. Seit 1965 leitet er die einflußreiche und maßgebende Abteilung für Wissenschaft und Erziehung im Zentralkomitee. Das bedeutet, daß er in der sowjetischen Forschung und Pädagogik den Ton angibt. Breschnew ist im Laufe der Zeit intellektuell gewachsen und ideologisch flexibler geworden; Trapesnikow hingegen wurde lediglich dogmatischer. Wenn man seine politische Einstellung höflich umschreiben will, kann man ihn ultrakonservativ nennen; offen gesagt ist er ein waschechter Stalinist. Noch heute verteidigt und rechtfertigt er die Liquidierung von Bucharin und Rykow durch Stalin im Jahre 1938. Sein Einfluß auf Breschnew in innenpolitischen, ideologischen und außenpolitischen Fragen kann von Außenstehenden nicht ermessen werden. Wie groß auch dieser Einfluß sein mag — er ist jedenfalls fatal.

Breschnews Kontakte zu Trapesnikow und Tschernenko lassen sich zurückverfolgen bis zu seinen ersten Monaten als moldauischer Parteichef, als er sich mit großer Entschiedenheit bemühte, die Mitgliederzahl zu erhöhen, die Wirkungskraft der Partei zu steigern und die ideologische Haltung der bestehenden Parteiorganisationen und -zellen, vor allem auf dem Lande, zu stärken.

Im April 1951 berichtete Breschnew dem moldauischen Parteitag: ›Obwohl sich die Zahl der Parteiorganisationen auf den Kolchosen seit 1949 verdreifacht hat, gibt es immer noch viele, die überhaupt keine Parteiorganisation haben. Die Bezirkskomitees achten kaum darauf, daß bessere Leute in den ländlichen Parteiorganisationen aufgenommen werden ... Es gibt einige tausend Traktoristen und Mähdrescherfahrer in der Republik, aber bis jetzt sind nur sehr wenige von ihnen Kommunisten. Es ist unbedingt notwendig, die Arbeitsmethoden der Parteibehörden zu vervollkommnen, Unterweisung und Kontrolle zu verbessern und Kritik und Selbstkritik rigoroser zu entwickeln, um den Standard der ideologischen Arbeit zu heben.‹

Zwischen diesem Kongreß im April 1951 und dem IV. Parteitag der moldauischen KP im September 1952 trat das Zentralkomitee noch sechsmal zusammen, und auf fast jeder Plenarsitzung war dieselbe Klage zu hören. Auf der Sitzung im September 1951 wurden die Redaktionsräte der moldauischen Zeitungen kritisiert, weil sie nicht über Fragen der Parteierziehung berichteten. Auf einer Sitzung im Dezember wurden verschiedene Parteikomitees getadelt, weil sie der politischen Unterweisung der Traktoristen zuwenig Aufmerksamkeit widmeten. Im Januar 1952 stand die unsystematische und oberflächliche Einstellung zur politischen Erziehung junger Kommunisten auf der Tagesordnung. Im August wurde gerügt, daß es viele Parteikomitees und -zellen — in ihrem Übereifer, möglichst viele neue Parteimitglieder zu gewinnen — versäumt hatten, ›die praktischen und politischen Qualifikationen jener Leute zu prüfen, die sie in die Partei aufnahmen‹.

Breschnews Amtszeit in der Moldaurepublik ist gekennzeichnet vom intellektuellen Widerstand gegen die Russifizierung und Sowjetisierung und gegen seine entschlossenen, aber offensichtlich vergeblichen Bemühungen, die ideologische Disziplin zu straffen und alle Leute in eine vorgeformte sowjetische Schablone zu pressen. Das geht jedenfalls aus den diesbezüglichen offiziellen Verlautbarungen hervor.

Im September 1952 erklärte Breschnew dem Zentralkomitee: ›Die Probleme der moldauischen Geschichte müssen mehr vom marxistischen Standpunkt erklärt werden. Jedem Arbeiter muß klargemacht werden, daß die Wiedervereinigung des moldauischen Volkes und seine Eigenstaatlichkeit, die es zum erstenmal in seiner Geschichte erlangte, eine Leistung der leninistisch-stalinistischen Nationalitätenpolitik der Kommunistischen Partei darstellen.‹

Auf verschiedenen Plenarsitzungen wurden Persönlichkeiten des moldauischen Kulturlebens wegen ›ernsthafter ideologischer Fehler und Irrtümer‹ sowie ›verzerrter Wiedergabe der moldauischen Vergangenheit‹ wiederholt kritisiert.

Breschnew warf den Schriftstellern, Dichtern und Dramatikern vor, sie würden die jüngste kapitalistische und rumänische Vergangenheit verherrlichen, anstatt sie zu verdammen: ›Das alte patriarchalische System, die lange Unterdrückung durch die türkischen Versklaver und ihre einheimischen Günstlinge sowie die verheerenden Bruderzwiste der Bojaren werden oft als Teil eines allgemeinen idyllischen Daseins in einem gesegneten Land, in dem Ströme von Wein fließen, beschrieben.‹

Historiker wurden wegen ›schwerwiegender Irrtümer‹ namentlich herausgegriffen, weil sie ›zahlreiche historische Fragen von einem bürgerlich-nationalistischen Standpunkt aus‹ betrachtet und ›bourgeoise Lügen über ein Goldenes Zeitalter in der moldauischen Vergangenheit‹ wiederholt hatten. Häufig wurde bekrittelt, daß ›der Entwicklung der moldauischen Sprache‹ nicht genügend Aufmerksamkeit gewidmet würde — eine beschönigende Umschreibung Breschnews für die hinhaltende Art und Weise, in der das kyrillische Alphabet eingeführt wurde.

Auf einer dieser Plenarsitzungen ergriff Trapesnikow das Wort, um Artem Lasarew, den Dritten Sekretär der Partei, zu tadeln, weil er ›das Erscheinen unkorrekter Artikel‹ sanktioniert und ›gravierende Fehler‹ bei der ›Auswahl und Placierung der Mitarbeiter auf dem Gebiet der ideologischen Arbeit‹ begangen hatte.

Obwohl heftiger Kritik ausgesetzt, war Lasarew seltsamerweise der einzige Sekretär des Zentralkomitees, der die gesamte Amtszeit Breschnews überdauerte. Von den anderen vier untergeordneten Sekretären, die auf dem Parteitag im April 1951 gewählt worden waren, wurde kein einziger auf dem IV. Parteitag im September 1952 wiedergewählt.

Wenn auch die Moldau primär ein Agrarland war und bis heute noch ist, siedelte Breschnew jedoch einige Industriezweige dort an. Wie schon in Saporoschje und Dnjepropetrowsk erwies sich der Erste Sekretär auch hier als hartnäckiger Baumeister. Im Januar 1952 berichtete die *Prawda:* ›In der ganzen Geschichte von Kischinjow haben seine Einwohner noch nie eine so rege Bautätigkeit erlebt wie heute. Die Hauptstraße der Stadt, Prospekt Lenina, wird mit großen neuen Wohnhäusern verschönt. Die Bauten eines Miethauses mit 120 Wohnungen sowie jene des Verwaltungsgebäudes des Ministeriums für Nahrungsmittelindustrie, der Oper und eines Filmtheaters schreiten mit Riesenschritten voran... Der untere Teil der Stadt wird radikal neu aufgebaut, vor allem mit Wohnhäusern... Ausgedehnte Arbeiten sind im Gange, Bäume und Sträucher zu pflanzen; allein im Jahre 1951 wurden über zwei Millionen Blumen angepflanzt.‹

Manchmal, so scheint es, schritten die Bauarbeiten etwas zu rasch voran. Es gab Klagen über miserable Verarbeitung, mindere Qualität, schlecht eingepaßte Türen und Fenster, Risse in den Wänden und herabfallenden Putz. Aber die gleiche Kritik war damals überall in der Sowjetunion zu hören, und sie überwiegt, unvermindert und völlig berechtigt, bis in die Gegenwart.

Ungeachtet dessen, was er der moldauischen Psyche und Sprache zugefügt haben mag, konnte Breschnew 1952 doch stolz behaupten, ein größeres, wenn auch nicht unbedingt schöneres Kischinjow zu verlassen, als er es bei seiner Ankunft vorgefunden hatte.

Obwohl es ständig Rückschläge gegeben hatte — Diebstähle, Mißernten, schlechte Zulieferung und einige sinnlose Kreuzungen von Traubensorten, die den Ernteertrag verminderten —, scheint er doch die Kollektivierung zu jedermanns Zufriedenheit — die Bauern ausgeschlossen — durchgeführt und die Landwirtschaft der Moldau in den Griff bekommen zu haben. Im Herbst 1951 berichtete Breschnew zweimal in Titelseitenbriefen der *Prawda* an Stalin über die glorreichen Leistungen der moldauischen Obst- und Weinbauern.

Aber es gab für ihn auch Schwierigkeiten, über deren Natur Schweigen bewahrt wird. So glänzte er beispielsweise am 1. Mai 1951 durch Abwesenheit auf der Tribüne auf Kischinjows ›Platz des Sieges‹. B. A. Gorban, der Zweite Sekretär, führte den Vorsitz bei der traditionellen Schau und nahm die Truppenparade ab. Normalerweise fehlt der Parteichef bei solchen Ereignissen nicht: Breschnew war entweder ernstlich erkrankt oder in großen politischen Schwierigkeiten gewesen.

Im Februar 1952 deckte die *Prawda* die Tatsache auf, daß der Leiter des moldauischen Lehrbuch-Verlages ein Gauner war, der Werke von mitarbeitenden Autoren abschrieb und unter seinem eigenen Namen veröffentlichte, Übersetzungsarbeiten an Freunde vergab und dafür von ihnen Schmiergelder bezog und aus dem ›Verlag eine Vetternwirtschaft und ein Privatunternehmen‹ gemacht hatte. Wer war schuld? ›Das Zentralkomitee der moldauischen Kommunistischen Partei‹, sagte die *Prawda,* ›das versäumt hatte, Parteiaufsicht über eines der wichtigsten Gebiete der ideologischen Arbeit auszuüben. Es ist in dieser Hinsicht wiederholt gewarnt worden, hat aber diese Warnungen nicht ernsthaft beachtet und nicht die richtigen Schlüsse daraus gezogen.‹

Diese Affäre hatte gewisse Auswirkungen auf den Parteitag im September. Lasarews ›Irrtümer‹ bei der Auswahl der Exekutive für die ideologische Arbeit kamen erneut unter Beschuß. Doch offenbar versuchte Breschnew, seinen Dritten Sekretär zu schützen. In einer seltenen Zurschaustellung von Parteidemokratie und politischer Courage kritisierten zahlreiche Delegierte den Parteichef wegen seines Versuches, die Angelegenheit herunterzuspielen.

Zu seiner Selbstverteidigung erklärte Breschnew: ›Wir... haben immer versucht, Plenarsitzungen energisch zu führen und niemandes Gefühle zu schonen, egal, welche Position er auch haben mag.‹ Diese Bemerkung wurde von den Anwesenden mit Murren und einigen höhnischen Bemerkungen quittiert, so daß die *Prawda* später kommentierte, Breschnews Versicherung ›spiegelte augenscheinlich nicht den wahren Stand der Dinge‹.

Eine weniger maßgebliche Persönlichkeit, ein sowjetischer Politiker mit weniger einflußreichen Freunden und Beschützern im Kreml hätte wegen eines solch hitzigen Wortwechsels leicht ernste Konsequenzen zu erwarten gehabt; vielleicht hätte man ihn auch endgültig gestürzt. Doch im Jahre 1952 konnte Breschnew es sich leisten, mit einem Achselzucken darüber hinwegzugehen. Er wußte, was er wollte und was er zu tun hatte. Nach dem Moldauer Kongreß zog er sich eine Woche lang zurück, um das bis dahin wichtigste Ereignis in seiner Karriere vorzubereiten: die Rede, die er im Oktober auf dem XIX. Parteitag der KPdSU halten sollte — dem ersten solchen Kongreß, den Stalin seit 1939 einberief. Als Breschnew seine einstündige Rede in der letzten Septemberwoche schrieb, konnte er nicht ahnen, wie nah er selber der Macht im Kreml war.

Schritte vorwärts und zurück

Ein beklemmendes Gefühl des unabwendbaren Verderbens sowie düstere Intrigen und erbarmungslose Machtkämpfe bestimmten die Atmosphäre der letzten Lebensjahre Stalins.

Unter hohen Parteifunktionären ebenso wie unter einfachen Arbeitern und Bauern herrschte eine dumpfe Vorahnung, daß die Geschichte sich wiederholen würde.

Der Krieg hatte eine Lockerung des ideologischen Drucks, des politischen Zwanges, der Polizeigewalt und ein Ende der Angst mit sich gebracht. Er hatte als Katharsis gedient, die das sowjetische Volk von den innersten Ängsten, die es seit dem großen Terror bedrückten, befreite. Als Schmelztiegel gemeinsamen Leidens schweißte er es zum erstenmal seit der Revolution zu einem patriotischen, relativ begeisterten und pflichtbewußten Ganzen zusammen.

Aber in seinem wachsenden Größenwahn und seiner sich vertiefenden Paranoia traute Stalin ihnen nicht. Er traute niemandem!

Öffentlich wurde er bewundert, gepriesen, verherrlicht und vergöttert wie kein Diktator in der Welt, kein Zar in Rußland vor ihm. Überall standen seine Statuen, überall hingen seine Porträts. So hieß er ›unser lieber Vater‹, ›unser großer Führer und geduldiger Lehrer‹, ›der brillante Architekt des Kommunismus‹, ›ein Genie‹, ›unser Leitstern‹ ... Städte, Straßen, Fabriken und Kolchosen wurden nach ihm benannt. Soldaten gelobten ihm die Treue, Schulkinder sangen Lieder und Dichter schrieben Verse auf ihn; Schriftsteller widmeten ihm ihre Romane, Maler ihre Bilder, Komponisten ihre Symphonien.

Doch privat wurde Stalin, wie Chruschtschow 1956 ihn in seiner ›Geheimen Rede‹ beschrieb, ›noch launenhafter, reizbarer und brutaler ... Sein Verfolgungswahn erreichte unglaubliche Ausmaße. ... Er konnte einen Mann ansehen und sagen: ›Warum blicken Ihre Augen heute so falsch?‹ oder ›Warum sind Sie heute so unruhig und vermeiden es, mir in das Gesicht zu sehen?‹ Er verdächtigte fast jeden Mann seines engsten Mitarbeiterstabs — einschließlich Wjatscheslaw Molotow, Anastas Mikojan, Marschall Kliment Woroschilow und Marschall Georgij Schukow —, ein Spion oder imperialistischer Agent zu sein. ›Es kann vorkommen, daß man in Stalins Datscha zum Essen eingeladen wird, und dann sitzt man dort und weiß nicht, ob man nach Tisch nach Hause oder ins Gefängnis gehen wird‹, vertraute Nikolai Bulganin einmal Chruschtschow an.

In Stalins Umgebung hielt man sich nur vorübergehend. Solange er einem vertraute, durfte man arbeiten und leben. Doch — laut Chruschtschows ›Memoiren‹ aus dem Jahre 1970 — ›in dem Moment, in dem Stalin einem nicht mehr traute, begann er einen genau zu prüfen, bis der Becher seines Mißtrauens überfloß. Dann war man selber an der Reihe, jenen zu folgen, die nicht mehr unter den Lebenden weilten. So war es bei allen, die mit ihm arbeiteten und neben ihm auf Parteiposten kämpften um der Partei willen.‹

Als Stalins Mißtrauen wuchs, mehrten sich auch die Intrigen, Verschwörungen, Gegenverschwörungen und Säuberungen unter seinen Untergebenen, besonders unter Chruschtschow, Berija und Malenkow sowie deren Anhänger und Protegés.

Das zweite dunkle Zeitalter stalinistischen Terrors begann 1946 mit Andrej Schdanows Rückkehr nach Moskau und der *Schdanowschtschina*. Die *Schdanowschtschina,* eine kommunistische Feuer-und-Schwefel-Ära, war eine Kampagne für ideologische Reinheit und Erneuerung, die gleichzeitig eine Straffung der gesamten Verwaltungsstruktur mit sich brachte. Primär gegen die Intellektuellen gerichtet, war ihr Ziel, den sowjetischen Geist von den liberalen Einflüssen der Kriegszeit und von der ›sklavischen Bewunderung für die zeitgenössische bürgerliche Kultur des Westens‹ zu reinigen, die grundsätzliche Doktrin und die marxistischen Werte in Kunst und Literatur wieder zu festigen. Das berühmteste Opfer dieser schrecklichen Jahre wurde die Dichterin Anna Achmatowa. Schdanows Säuberung und Politik erschütterte die sowjetische intellektuelle, politische, administrative und wirtschaftliche Struktur.

Im August 1948 — gerade einen Monat, nachdem sein Erzrivale Malenkow, der kurze Zeit in Ungnade gestanden hatte, wieder in eine Machtposition im Sekretariat des Zentralkomitees zurückgekehrt war — starb Schdanow plötzlich eines mysteriösen Todes. Angeblich trank er sich ins Grab; aber die näheren Umstände sind nie zufriedenstellend erklärt und der Verdacht, daß er ermordet wurde, ist nie zerstreut worden.

Die Zweifel wurden noch genährt durch die Begleitumstände beim Tode von Sergej Kirow im Jahre 1934. Er war Schdanows Vorgänger auf dem Posten des Leningrader Parteichefs. Kirow wurde ermordet, aber Chruschtschow machte in seiner ›Geheimen Rede‹ eindeutige Anspielungen, daß Stalin die Hand im Spiel gehabt hätte. Als Kirow starb, stand er nach außen hin in höchster Gunst; nach seinem Tode wurden ihm auch die höchsten Ehrungen zuteil. Aber innerhalb von drei Jahren nach seinem Tod, der als Vorwand für die fürchterlichen Säuberungen der dreißiger Jahre gedient hatte, waren alle von ihm ernannten Funktionäre in Leningrad von ihren Posten entfernt und erschossen worden. Bei Schdanows Tod sollte sich das Geschehen wiederholen. In den Jahren 1948 und 1949 wurden seine engsten Mitarbeiter, Günstlinge und Anhänger verhaftet und schließlich hingerichtet. Ihre Posten besetzten Malenkows Leute. Nur einer kam — mit knapper Not und mit einer vorübergehenden Degradierung — davon: Alexej Kossygin, damals sowjetischer Finanzminister und Erster Stellvertretender Ministerpräsident sowie Vollmitglied des elfköpfigen Politbüros.

Diese ›Leningrader Affäre‹ war aber nicht die einzige, die eine Blutspur hinterließ. Es folgte die Aufdeckung einer sogenannten Verschwörung auf der Krim und jener angeblichen ›nationalistischen‹ Verschwörung in Stalins Heimat Georgien: führende Parteifunktionäre dieser Republik und der allmächtige Geheimdienstchef Lawrenti Berija waren darin verwickelt. Obwohl der Fall sich langsam dahinschleppte und es zu kompliziert wäre, hier alle sich daraus ergebenden Säuberungsaktionen und -gegenaktionen aufzuführen, bezweckte man damit doch letzten Endes, Berijas Einfluß allmählich zu schmälern und seine Macht zu mindern.

Ein gewisses Modell begann sich abzuzeichnen: Aufdeckung von angeblichen, aber nichtexistenten Verschwörungen, die dann durch Massenverhaftungen und -hinrichtungen niedergeschlagen wurden.

Wer gerade Agent welcher imperialistischen Macht war, variierte von Tag zu Tag und hing von Stalins blühender, aber offensichtlich krankhafter Phantasie ab. Aber trotz der Verschlechterung seines

Geisteszustandes beherrschte er noch immer die grundlegenden Mechanismen der Kremlpolitik: ›Divide et impera!‹ Stalin war ein Meister in der Handhabung des komplizierten Patronatsystems, wobei er für sich Stützen aufbaute und jene seiner Kontrahenten umwarf. Er verstand es, die verschiedenen Partei- und Regierungsämter mit Männern zu besetzen, die von ihm abhängig waren, aber auch mit genügend Männern, um das Risiko zu verteilen und eine etwa vorhandene Opposition zu schwächen. Dies sind die Grundregeln des Kremlmachtspiels, das er erfand. Er lehrte sie Chruschtschow, der sie seinerseits an Leonid Breschnew weitergab. Und sie gelten heute noch genauso wie damals.

Ende 1949 hatte Stalin Chruschtschow nach Moskau beordert, als Gegengewicht zu Malenkow, der ihm offenbar zu stark geworden war. Neben dem Diktator waren sie die beiden mächtigsten Männer in dem fünfköpfigen Sekretariat des Zentralkomitees. (Die anderen beiden Mitglieder waren zwei Männer, die zu späterer Zeit noch wichtige Rollen im Leben Leonid Breschnews spielen würden: Pantelejmon Ponomarenko, Breschnews zukünftiger ›Chef‹ in Kasachstan, und Michail Suslow, der 1964 den Sturz Chruschtschows plante und inszenierte; er ist bis heute ZK-Sekretär und Politbüromitglied und gilt als die ›graue Eminenz‹ des Kremls). Schon bald nach Chruschtschows Ankunft in der Hauptstadt zeigte sich, daß alles nach Stalins Wunsch lief. Der Ukrainer brachte tatsächlich die Machtverhältnisse in der Parteiführung aus dem Gleichgewicht — zum Nachteil Malenkows.

In den folgenden zwei Jahren kämpften die beiden verbissen — hauptsächlich über Fragen der Agrarpolitik —, während Stalin als anscheinend völlig desinteressierter Randbeobachter zusah. Ihre Fehde wäre vielleicht viel blutiger ausgegangen, wenn nicht Stalins eigene Pläne im Herbst 1952 dazwischengekommen wären: eine neue Säuberungswelle, welche die meisten seiner älteren Mitarbeiter und Verbündeten entmachten sollte.

Stalins Konzept war typisch hinterlistig und komplex. Zunächst wollte er die Legitimität wiederherstellen, indem er zum erstenmal nach über 13 Jahren einen Parteitag einberief. Diesen Kongreß wollte er dazu benützen, das neue Zentralkomitee mit jüngeren, verläßlichen Männern zu besetzen. Von ihnen erwartete er die nachdrückliche Unterstützung seiner Vorschläge, Sekretariat und Politbüro rigoros zu vergrößern. Auf diese Art konnten die Positionen der älteren Mitglieder darin geschwächt und unterminiert werden. Der zweite Schritt erforderte dann, eine Verschwörung — die ›Verschwörung der Kremlärzte‹ — zu erfinden. Damit konnten die älteren Mitglieder der obersten Führungsgremien leicht in Verbindung gebracht und bei einer anschließend inszenierten Hexenjagd und Massensäuberung liquidiert werden. Ihren Platz würde einfach die neue Garde einnehmen.

Leonid Breschnew hätte, obwohl er selber es nicht gewußt haben kann, zu den Hauptbegünstigten dieses zwielichtigen, unheilvollen Planes gehört. Bevor dieser jedoch durchgeführt werden konnte, starb Stalin im März 1953.

In jener üblen, verhängnisvollen Atmosphäre kam Breschnew am 5. Oktober 1952 als einer von 1192 stimmberechtigten Delegierten zum XIX. Parteitag der KPdSU nach Moskau.

Im Jahre 1939 war Breschnew ein zu unbedeutender Apparatschik gewesen, um am XVIII. Parteitag teilzunehmen. Jetzt war er eine mächtige Persönlichkeit, die nicht nur als Redner vorgesehen war, sondern auch einem maßgebenden Gremium des Kongresses angehören und aus der Tagung als Mitglied der Führungselite des Kremls hervorgehen sollte. Am Eröffnungstag fiel ihm das ehrenvolle Amt zu, das Parteitagssekretariat vorzuschlagen. Er nominierte neun Männer, die einstimmig gewählt wurden. Von diesen neun sind zwei noch immer auf einflußreichen Posten innerhalb des Parteiapparates: Iwan Kapitonow, jetzt Sekretär des Zentralkomitees, verantwortlich für die Personal- und Kaderabteilung der Partei, und Antanas Snetschkus, damals wie heute Parteichef von Litauen. Noch am selben Tag wurde Breschnew einstimmig in die Mandatskommission des Parteitages gewählt. Von ihren 15 Mitgliedern erreichten einige wohl später die Spitzen der Parteimacht, aber nur einer von ihnen befindet sich heute noch in einflußreicher Position: Leonid Breschnew.

Die Hauptredner waren Malenkow, der den Rechenschaftsbericht des Zentralkomitees vorlegte, und Chruschtschow, der die Vorschläge für Änderungen der Parteistatuten unterbreitete. Stalin selber verharrte während der zehntägigen Sitzung in eisigem Schweigen und hielt nur am Schluß eine siebenminütige Rede.

Breschnew sprach am vierten Tag. Seine Rede war eine typische

Lobeshymne auf Stalins Größe und eine prahlerische Aufzählung der Nachkriegsleistungen der Moldaurepublik, bekräftigt durch diplomatisch formulierte Hinweise an die Regierungsbürokratie, daß noch mehr zu erreichen wäre, wenn die Investitionen für die embryonale Industrie der Moldau verstärkt würden:

›Dank der weisen Innenpolitik der bolschewistischen Partei und der Sowjetregierung und dank der ständigen Sorge des Genossen Stalin um die Zukunft des moldauischen Volkes wurden die Arbeiter Bessarabiens aus dem Kolonialjoch befreit ... Dieses historische Ereignis wird nie aus dem Gedächtnis des moldauischen Volkes ausgelöscht werden; durch die Jahrhunderte wird das moldauische Volk von einer Generation zur nächsten den Namen seines Befreiers, des großen Stalin, weitergeben und verherrlichen.‹

Dem Protokoll zufolge wurde Breschnew an dieser Stelle durch ›anhaltenden Beifall‹ unterbrochen.

Er fuhr fort mit einer Schilderung der vorsowjetischen Epoche als Ära der ›bessarabischen Tragödie‹ und schrieb es der ›ständigen Aufmerksamkeit unseres Parteizentralkomitees, unserer Sowjetregierung und des Genossen Stalin persönlich‹ zu, daß das moldauische Volk ›bei der Entwicklung seiner Wirtschaft und Kultur solch beachtliche Erfolge‹ erzielen konnte.

›Das Analphabetentum unter der moldauischen Bevölkerung wurde beseitigt ... Das Volk, das jahrhundertelang keine Gelegenheit hatte, sich an den Früchten der Kultur zu erfreuen, zeigt unter dem sowjetischen System ein ungeheures Verlangen nach Wissen und kann nun teilhaben an der großen russischen Kultur, an der Kultur Lenins und Stalins ...‹

Dann folgte eine für die damalige Zeit typische Laudatio: ›Es ist das große Glück unserer Gesellschaft, daß der größte Mann unserer Epoche, unser weiser Führer und Lehrer Jossif Wissarionowitsch Stalin, in der vordersten Linie unseres Kampfes für die Entwicklung des Mutterlandes, für den Triumph des Kommunismus steht. Lang lebe unser Führer und Lehrer, unser großer, geliebter Genosse Stalin.‹

Von der erhöhten Präsidiumsbank hinter ihm blickte Stalin auf den gutaussehenden Parteiführer von der Moldau herab und lächelte gütig.

Es war vorauszusehen, daß am letzten Tag, als der Kongreß zur

Wahl eines neuen Zentralkomitees schritt, Breschnew zu einem der 125 Mitglieder gewählt werden würde. Nicht vorauszusehen allerdings war das, was am folgenden Tag, dem 16. Oktober, bei der ersten Plenarsitzung des Zentralkomitees geschah.

Stalin führte selber den Vorsitz und schlug vor, daß das Sekretariat aus zehn — statt wie bisher aus fünf — Mitgliedern bestehen solle; anstelle des traditionellen Politbüros von elf Mitgliedern nominierte er ein Parteipräsidium aus 25 Vollmitgliedern und elf Kandidaten. Selbstverständlich wurden alle einstimmig gewählt.

Einer der Kandidaten des neuen Präsidiums wurde Breschnew. Kossygin übrigens auch; im Anschluß an die Leningrader Affäre war er zeitweilig in Ungnade gefallen und in Stalins Augen offenbar einer vollen Mitgliedschaft nicht für würdig befunden worden. Aber weitaus wichtiger ist, daß Breschnew auch zu einem der zehn Sekretäre des Zentralkomitees ernannt wurde — zusammen mit Stalin, Chruschtschow, Malenkow und Suslow.

Die älteren Mitglieder des inneren Kreises waren über die Größe des Präsidiums erstaunt; Chruschtschow sagte angeblich viele Jahre später: ›Nicht einmal Stalin selber konnte alle Leute kennen, die er gerade ernannt hatte.‹ Der Diktator las die Namen von einer Liste ab, die er aus seiner Tasche gezogen hatte. ›Es ist unmöglich, daß er die Liste allein zusammengestellt hat.‹

Offenbar hatte er sie doch allein aufgestellt. Chruschtschow bemerkte dazu 1956 in seiner ›Geheimen Rede‹: ›Stalin dürfte den Plan gehabt haben, die älteren Mitglieder des Politbüros zu erledigen. Er sagte des öfteren, daß [sie] durch neue ersetzt werden sollten. Sein Vorschlag nach dem XIX. Parteikongreß ... war ein Plan für die künftige Vernichtung des alten Politbüros ...‹

Für Breschnew bedeutete es jedenfalls einen enormen Sprung. Er wurde fast sofort von Kischinjow nach Moskau versetzt und bezog mit Wiktoria und den beiden Kindern eine Dreizimmerwohnung in einem düster aussehenden Haus an der Moschaiski-Chaussee. Für damalige sowjetische Begriffe war sie jedoch fürstlich. In diesem Bau, der 1939 für höhere Funktionäre des Zentralkomitees errichtet wurde, lebt Breschnew mit seiner Familie auch heute noch. Allerdings hat er jetzt eine größere Wohnung, und die Straße wurde in Kutusowski-Prospekt umbenannt. Die Vorderfront des Wohnhauses liegt an jener Straße, durch die Stalin in seiner Limousine vom Kreml zur ›nahegelegenen Datscha‹ in dem Vorort Kuntzewo zu fahren pflegte.

Welche neuen Aufgaben Breschnew eigentlich im Sekretariat hatte, ist nie bekanntgeworden. Die Tatsache, daß er bis Juni 1953 dem moldauischen Politbüro als Mitglied angehörte, läßt vermuten, daß er auch von Moskau aus eine gewisse Verantwortung für diese Republik beibehielt. Aber er zählte zweifellos zum inneren Kreis. Seit dem Beginn des großen Präsidiums gab es Anzeichen für die Existenz einer kleineren, strafferen, nicht satzungsmäßigen Gruppe innerhalb des Präsidiums. Das wurde von Chruschtschow 1956 bestätigt. Obwohl ihre Zusammensetzung nie bekannt wurde, sind Sowjetologen der Ansicht, daß ihr jene Parteiführer angehörten, die am 7. November 1952 bei der Parade anläßlich des Revolutionstages mit Stalin oben auf dem Leninmausoleum standen. Breschnew war einer von ihnen. Kossygin dagegen — früher ein vertrautes Gesicht bei diesen jährlichen Aufmärschen — fehlte.

Kaum hatte sich Breschnew in seinem neuen Amt und in seiner neuen Wohnung eingewöhnt, als ganz Moskau von den Druckwellen der ›Ärzte-Verschwörung‹ erschüttert wurde: Stufe zwei jenes Planes, der Stalins letzte große Säuberung hätte werden sollen.

Die ›Mörder-Ärzte ... Ungeheuer in Menschengestalt‹, wie sie genannt wurden, zählten zur Elite der sowjetischen Ärzteschaft; fast alle von ihnen hatten irgendeinmal Mitglieder der sowjetischen Führung behandelt. Nun beschuldigte man sie, Agenten des britischen Geheimdienstes und des jüdischen ›Joint Distribution Comittee‹ zu sein, das als amerikanische Spionageorganisation bezeichnet wurde. Von den neun genannten Ärzten waren fünf Juden. Der offiziellen Anklage zufolge hatten sie sich verschworen, sowohl Schdanow als auch A. S. Schtscherbakow, den 1945 gestorbenen Moskauer Parteichef, zu töten, indem sie Behandlungen und Medikamente verordneten, die für beider Krankheiten kontraindiziert waren. Weiter wurde behauptet, daß die ›kriminellen Ärzte‹ auch versucht hätten, ›die Gesundheit führender Militärs zu unterminieren, sie außer Gefecht zu setzen und damit die Verteidigung des Landes zu schwächen‹. Zu den fünf Opfern unter den hohen Offizieren zählten Marschall Iwan Konjew, der Held der Schlacht um Berlin, und General Sergej Schtemenko, damals Stabschef der sowjetischen Armee.

Natürlich waren die Ärzte lediglich Schachfiguren in einem größeren, komplizierteren und unheilvolleren Plan.

Hätte Stalin länger gelebt, dann wären wahrscheinlich allmählich auch Molotow, Mikojan, Berija und möglicherweise Marschall Woroschilow mit der anglo-amerikanisch-zionistischen ›Verschwörung‹ der Ärzte in Verbindung gebracht worden. Vielleicht hätte man auch Malenkow als Hauptnutznießer von Schdanows Tod impliziert — aber gewiß nicht Chruschtschow und seine Anhänger, unter ihnen Breschnew.

Die Aufdeckung der ›Verschwörung‹ auf der Titelseite der *Prawda* vom 13. Januar 1953 löste eine Hexenjagd und Bespitzelungskampagne aus, die jener in den dreißiger Jahren an Intensität und Bösartigkeit kaum nachstand. In den acht Wochen bis zu Stalins Tod überschwemmte die sowjetische Propagandamaschinerie die Nation mit frenetischen, hysterischen Aufrufen, vor Spionen, Saboteuren, Schwindlern und Feinden des Volkes auf der Hut zu sein.

Die Linie, die in Berichten und Leitartikeln der *Prawda* und anderer Parteiblätter zu erkennen war, prangerte ›Mangel an Wachsamkeit, Selbstzufriedenheit und Selbstgefälligkeit‹ an, die sich als Folge des ›siegreichen Ausganges des Krieges sowie unter dem Einfluß der großen Nachkriegsleistungen‹ breitgemacht hatten ... ›Die Wachsamkeit einiger unserer Funktionäre hat nachgelassen‹, schrieben die Zeitungen. ›Sie haben sich mit Leichtgläubigkeit infiziert ... Der Genosse Stalin lehrt uns, vor den Intrigen des Feindes unermüdlich auf der Hut zu sein, imstande zu sein, den Feind zu erkennen, in welcher Verkleidung er sich auch zeigen mag [Molotow, Mikojan, Berija?], seine gerissenen Pläne rechtzeitig zu durchschauen und seine subversive Tätigkeit im Keim zu ersticken ...‹

›Leichtgläubigkeit‹ wurde zu einer ›sehr gefährlichen Krankheit‹ erklärt, weil sie ›dem Eindringen feindlicher Agenten Tür und Tor öffnet‹. Und ›leichtgläubige Personen‹ wurden als gefährlich bezeichnet, weil ›sie leicht auf die Tricks der Feinde hereinfallen und unfähig sind, feindliche Intrigen zu durchschauen‹.

Wer waren diese leichtgläubigen Personen und heimtückisch verkleideten Feinde, auf die sich das ganze Arsenal von Stalins Propagandamaschinerie einschoß? Er mag geistesgestört gewesen sein, aber sein Wahnsinn hatte Methode.

Am bedrohlichsten waren jedoch die häufigen Hinweise auf das

Jahr 1937, als ›der Genosse Stalin zeigte, wie der neue Typ des Umstürzlers und Zerstörers entsteht — ein Mensch, der es nicht wagt, offen gegen den sowjetischen Staat und die Kommunistische Partei aufzutreten, sondern im Gegenteil die Wachsamkeit des sowjetischen Volkes zu betäuben versucht, indem er mit falschen Versicherungen seine Treue zur gemeinsamen Sache beteuert.‹

Obwohl die Verhaftung der Ärzte erst am 13. Januar 1953 bebekanntgegeben wurde, gibt es überzeugende Beweise dafür, daß man sie bereits zwei Monate früher inhaftiert hatte, nämlich in der ersten Novemberwoche. Man vermutet sogar, daß der gesamte ›Fall‹ schon einige Zeit vor dem XIX. Parteikongreß ausgeheckt worden war.

Außerdem waren neben Stalin zahlreiche hohe Parteifunktionäre zumindest an der Erfindung des ›Falles‹ beteiligt. Zu ihnen gehörte sicherlich Chruschtschow, denn der damalige Minister für Staatssicherheit war S. D. Ignatiew, ein politischer Mitarbeiter, der später Chruschtschows Protektion genoß. Ein anderer Mitarbeiter war Frol Koslow, damals Zweiter Sekretär des Leningrader Oblast-Komitees. Koslow war auserwählt worden, in der Januarnummer der Zeitschrift *Kommunist* jenen Artikel zu schreiben, der die politische Erklärung für die Säuberung enthielt. Später wurde er Chruschtschows erwählter Nachfolger und Breschnews Hauptrivale in der Parteiführung. Ob Breschnew selbst in die Tatsachen eingeweiht war, bleibt weiter Spekulationen überlassen. Aber irgendwie scheint es doch mehr als bloßer Zufall zu sein, daß alle drei — Ignatiew, Koslow und Breschnew — innerhalb weniger Tage nach Stalins Tod drastische Degradierungen hinnehmen mußten, als die Anklage gegen die Ärzte zurückgezogen und die Unsinnigkeit der ganzen Verschwörung aufgedeckt wurde.

Der Diktator starb am 5. März 1953, kurz vor 22 Uhr. Innerhalb von 24 Stunden waren seine politischen Erben zusammengetreten, um die Partei- und Regierungsstruktur, die er hinterlassen hatte, umzuformen.

Die alte Garde reagierte schnell, um die jüngeren, die im Oktober zu großer Macht gelangt waren, zu degradieren und zu neutralisieren. Das vergrößerte Parteipräsidium wurde von 36 Vollmitgliedern und Kandidaten auf 14 gekürzt, das Sekretariat des Zentralkomitees von zehn auf sieben Mitglieder reduziert.

Leonid Breschnew wurde aus beiden Gremien ausgeschlossen. Eine der zahlreichen knappen *Prawda*-Mitteilungen über die Veränderungen verkündete am 7. März seine Ernennung zum Leiter der Politischen Hauptverwaltung im Marineministerium. Innerhalb einer Woche rutschte er noch eine Stufe tiefer: das Marineministerium wurde abgeschafft und mit dem Kriegsministerium zusammengelegt. Breschnew wurde im Range eines Generalleutnants ›Erster Stellvertretender Leiter‹ der politischen Hauptverwaltung des neuen Verteidigungsministeriums.

Das bedeutete zwar einen schweren Rückschlag für Breschnew, aber es hätte ihm Schlimmeres widerfahren können — wie z. B. Kossygin, der Minister für Leichtindustrie wurde. Breschnew blieb zumindest in Moskau — in unmittelbarer Nähe der Macht —, wenn er auch nicht daran teilhatte.

Diese Durststrecke währte fast ein Jahr; dann holte ihn Chruschtschow aus der Vergessenheit. Er erschien nun zwar bei zahlreichen Empfängen und militärischen Feiern, doch gewöhnlich war es sein Vorgesetzter und Chef der politischen Hauptverwaltung, Generaloberst Alexej Scheltow, dessen Namen die Zeitungen nannten. Breschnew wurde nur zweimal erwähnt: am 9. August, als die *Prawda* berichtete, daß er die Feiern anläßlich des Tages der sowjetischen Luftwaffe im Freilicht-Theater des Moskauer Gorki-Parkes eröffnet hatte, und am 8. September, als er zusammen mit 33 anderen hohen Offizieren den Nachruf für Generalleutnant Boris Werschinin, einen prominenten Panzerexperten, unterzeichnet hatte.

Doch die Degradierung sollte ein Grundprinzip der sowjetischen Politik im allgemeinen bestätigen und eine Menge über Breschnews politische Fähigkeiten und Taktiken im besonderen offenbaren.

Breschnew bewies vor allem, daß man noch lange nicht kampfunfähig sein muß, wenn man am Boden liegt. Das ist ein Axiom, das schon auf viele sowjetische Führer vor Breschnew angewendet werden kann. Er selbst sollte seine Gültigkeit noch bei einer anderen Gelegenheit beweisen, und zahlreiche seiner Anhänger und Protegés, vor allem Schtscherbizki, Schtschelokow und Dinmuchamed Kunajew, der gegenwärtige Parteichef von Kasachstan, haben unter seiner Anleitung und seinem Schutz das Prinzip bestätigt. Eines Tages aber könnte dieses Prinzip der politischen Elastizität Breschnew in Gestalt jener Männer verfolgen, deren Flügel er seit Chruschtschows Sturz gestutzt hat.

Vor allem stellte Breschnews Degradierung im März 1953 seine bemerkenswerte Fähigkeit unter Beweis, Rückschläge zu verkraften, den Schein zu wahren und aus einer widrigen Situation das Beste zu machen, indem er alle Vorteile wahrnahm, die sich ihm boten, und schließlich triumphierend auf der Seite der Gewinner wieder auftauchte.

Während dieser Unterbrechung seiner Karriere gelangen Breschnew zwei wichtige Dinge: erstens machte er sich Chruschtschow beim nachstalinistischen Machtkampf außerordentlich nützlich, und zweitens schmiedete und erweiterte er seine Verbindungen zu einem einflußreichen Teil des sowjetischen Establishments: den Militärs. Beides sollte sich erst viele Jahre später bezahlt machen.

Offiziell war er nur der Zweite Mann in der politischen Abteilung des Verteidigungsministeriums. Für alle praktischen Belange war er jedoch der Erste *Politruk*. General Scheltow, jetzt Rektor der Lenin-Militärakademie, war — obwohl erfahrener politischer Offizier und seit 1924 Berufssoldat — eine Null. Breschnew dagegen war nicht nur ein hoher Apparatschik, sondern auch Mitglied des Zentralkomitees. Dazu kam, daß er als Chruschtschows Wachhund fungierte und 1953 eine wesentliche Figur in dessen Machtkampf sowohl gegen Berija als auch gegen Malenkow abgab.

Nach Stalins Tod wurde das Ministerium für Staatssicherheit (MGB) mit dem Innenministerium (MWD) zusammengelegt und unter Berijas Kommando gestellt. Gemeinsam verfügten diese beiden Ministerien über eine ungeheure Streitmacht von mehr als einer halben Million Geheimpolizisten, Spionage- und Spionageabwehragenten, uniformierten Bereitschaftspolizisten, Grenzschützern, Sicherheitstruppen, Arbeitslagerposten, Küstenwachen und anderen militärischen und paramilitärischen Einheiten, einschließlich einer kleinen Polizeiluftstreitmacht. Man schätzte damals, daß diese Streitkräfte 14 gut ausgerüstete MWD-Divisionen enthielten, von denen einige motorisiert waren. Außerdem unterstand die gesamte Sicherheitswache des Kremls Berijas Befehlsgewalt.

Das einzige Gegengewicht bildete die Armee, und sie unterstützte am 27. Juni Chruschtschow — nach eigener Aussage Initiator des Coups gegen Berija. Während Berija verhaftet wurde, umzingelten und bewachten sowjetische Armeepanzer und -truppen den Kreml und andere Regierungsgebäude und hinderten so die Sicherheitstruppen daran, ihrem Chef zu Hilfe zu kommen.

Gewiß, es gibt keinen Beweis, daß Breschnew persönlich in den Sturz Berijas verwickelt war. Tatsächlich war es Scheltow, der drei Wochen nach Berijas Verhaftung den Vorsitz in der Parteiversammlung des Verteidigungsministeriums führte, bei der ›rechtzeitige und energische Maßnahmen zur Unterdrückung der kriminellen Tätigkeit jenes Vaterlandsverräters, bourgeoisen Renegaten und eingeschworenen Feindes der Partei und des Volkes, Berija, einstimmig gutgeheißen wurden‹. Aber jedenfalls muß Breschnew in der Nähe jenes beschlußfassenden Apparates gewesen sein, der Armeepanzer und -soldaten gegen die Sicherheitstruppen des Mächtigen schickte.

Während dieser turbulenten Zeit war Breschnew damit beschäftigt, im Verteidigungsministerium lebenswichtige Bande der Kameradschaft, Freundschaft und Loyalität aufzunehmen und neu zu knüpfen.

Die Liste der Marschälle und Generäle, auf die er sich verlassen kann, ist ein einziges *Who is Who?* der Spitze des militärischen Establishments.

Allen voran steht natürlich Marschall Gretschko, dessen ungebrochene Kontakte zu Breschnew bis in den Krieg zurückreichen und der dem ehemaligen Politruk der 18. Armee mehr oder weniger seine Position als Verteidigungsminister verdankt.

Breschnews Beziehungen zu Admiral Sergej G. Gorschkow, dem Oberbefehlshaber der Sowjetmarine, bestehen ebenfalls seit jenen Kriegstagen. Damals war Gorschkow Stellvertretender Befehlshaber der Verteidigungsregion Noworossijsk und Kommandeur der Asov-Flotille. 1942 und 1943, als sie sich zuerst kennenlernten, spielten Gorschkows Marineeinheiten in den Kämpfen um den Kaukasus und an der Schwarzmeerküste eine bedeutende Rolle.

Ein weiterer Kriegskamerad ist General Viktor G. Kulikow, heute Chef des Generalstabes und Erster Stellvertretender Verteidigungsminister. Er ist der jüngste und vielleicht brillanteste Offizier in der oberen Militärführung — ein militärischer Senkrechtstarter, wie er im Buch steht. Bereits mit 24 Jahren war er Brigadekommandeur — in der 18. Armee.

Marschall Kirill S. Moskalenko, ein weiterer Stellvertretender Verteidigungsminister und Leiter des Hauptinspektorates der Sowjetarmee, kennt Breschnew auch seit dem Zweiten Weltkrieg. Als ehemaliger Befehlshaber des Fliegerabwehrkommandos der Hauptstadt Moskau und späterer Kommandeur der Moskauer Garnison spielte Moskalenko 1953 eine wesentliche Rolle bei Berijas Sturz: Er gehörte zu den Generälen, die Berija verhafteten.

Das Verhältnis zwischen Breschnew und Schtemenko, dem heutigen Stabschef der Warschauer-Pakt-Streitkräfte, ist schwieriger zu beurteilen. Schtemenko, einer der fünf Offiziers-›Opfer‹, die in der Ärzte-Verschwörung angeführt wurden, hatte eine wechselhafte Karriere. Als stalinistischer General und einer der engsten Berater des Diktators war er bis einige Tage vor Stalins Tod der Chef des Generalstabes der sowjetischen Armee. Dann wurde er, offensichtlich noch von Stalin, plötzlich abgesetzt. Seine geplante Rolle in der darauffolgenden Säuberung bleibt im dunkeln. Jedenfalls dürfte eine Beziehung zwischen ihr und jener anschließenden Zeit bestehen, in der Schtemenko in Ungnade gestanden hatte. Er wurde nach Stalins Tod um zwei Ränge degradiert. Erst nachdem Breschnew Chruschtschow als Parteiführer abgelöst hatte, schlug auch für Schtemenko die Stunde des Comebacks. Obwohl es keine Beweise für eine enge Zusammenarbeit während des Krieges oder für Kontakte zwischen ihnen in den fünfziger Jahren gibt, verdankt Schtemenko doch ganz offensichtlich Breschnew seine Rückkehr zur Autorität sowie die Wiedererlangung seines früheren Ranges.

Es gibt aber noch andere hohe Militärs, zu denen Breschnews Verbindungen niemals abrissen: so zum Beispiel zu seinem ehemaligen Chef in der 4. Ukrainischen Front und im Wehrkreis Karpaten, Marschall Andrej Jerjomenko. Dieser diente bis zu seinem Tod im November 1970 als Generalinspektor des sowjetischen Verteidigungsministeriums.

General Iwan G. Pawlowski, ein weiterer Stellvertretender Verteidigungsminister und Oberkommandierender der Bodentruppen, ist ebenfalls ein Kriegskamerad Breschnews. 1968 befehligte Pawlowski die Einheiten, die in die Tschechoslowakei einmarschierten.

Vom Zweiten Weltkrieg her kennt Breschnew auch den General und heutigen Oberbefehlshaber des Wehrkreises Zentralasien, Nikolai Ljaschtschenko.

Anton I. Gastilowitsch war während des Krieges eine Zeitlang Breschnews Kommandeur in der 18. Armee. Heute ist er Generaloberst und Stellvertretender Leiter der Generalstabsakademie.

Konstantin Gruschewoi, wie schon erwähnt, ist jetzt Generaloberst und Politkommissar des Wehrkreises Moskau. 1953 war er Mitglied des Militärrates für Luftabwehr im Raum Moskau und zusammen mit Moskalenko an dem Coup gegen Berija beteiligt.

Generalleutnant Nikita S. Djomin, im Krieg Kommandeur des 17. Grenadier-Korps der 18. Armee und ein guter Kamerad Breschnews, arbeitet heute als Stellvertretender Vorsitzender der DOSAAF, einer paramilitärischen Organisation von zivilen ›freiwilligen Helfern in der Armee, Luftwaffe und Marine‹.

General Alexej A. Jepischew ist heute Leiter der politischen Hauptverwaltung der sowjetischen Armee und Marine. Seine Verbindungen zu Breschnew reichen sogar bis in die Zeit vor dem Krieg zurück, als er Erster Sekretär des Stadtparteikomitees von Odessa war. Den heutigen Posten erhielt er 1962 von Chruschtschow; vermutlich stellt er eine der Hauptverbindungen Breschnews zum Oberkommando dar.

Diese Liste ist keineswegs vollständig. Von den 20 hohen Militärs, die beim XXIV. Parteikongreß im Jahre 1971 zu Vollmitgliedern des Zentralkomitees gewählt wurden, kann man mindestens sieben zu Breschnews engsten politischen Verbündeten zählen.

Diese Verbindungen erklären zum Teil, wieso sich Breschnew einer so großen Bewegungsfreiheit bei seiner neuen Westpolitik, bei seiner Annäherung an Washington und seinem vorsichtigen Balanceakt im Nahen Osten zu erfreuen scheint. Auch erklären sie bis zu einem gewissen Grade die scheinbaren Imponderabilien von Breschnews Außenpolitik Ende der sechziger/Anfang der siebziger Jahre.

Eingedenk der bedeutenden Rolle, die das sowjetische militärische Establishment bei gewissen Ereignissen in der Vergangenheit spielte, sagten einige Kremlexperten wiederholt Übernahmeversuche durch die sowjetischen Prätorianer voraus. Das war die Prognose im Jahre 1969 nach der Invasion in die Tschechoslowakei, als man die Marschälle und Generäle in Meutereistimmung glaubte, weil die Politiker einen blendend durchgeführten Militärcoup in ein politisches Debakel zu verwandeln schienen. Die Frage tauchte erneut im Frühjahr 1972 auf, als Präsident Nixon knapp vor seinem geplanten Gipfeltreffen mit Breschnew die nordvietnamesischen Hafenanlagen verminen ließ: ein Affront für die Militärs, den, wie einige Beobachter voraussagten, Breschnew nie überstehen würde.

Die gleichen Vermutungen tauchten im April 1973 wieder auf, als Gretschko dem Politbüro beitrat — das erstemal in 16 Jahren, daß ein Verteidigungsminister zum Mitglied der obersten Parteiexekutive avancierte.

Es gab tatsächlich militärischen Widerstand und nur kaum verhohlenes Murren aus der *Frunse*-Straße, dem sowjetischen Pentagon, als Antwort auf Breschnews Außenpolitik. Doch war dies nie eine ernsthafte Bedrohung seiner Stellung oder der zivilen Kontrolle über die Militärs.

Es stimmt auch, daß die Beziehungen zwischen der zivilen Parteiführung und den Berufsoffizieren in der UdSSR jahrzehntelang von periodisch wiederkehrenden Spannungen gekennzeichnet waren. Man braucht nur an Stalins Säuberung des Oberkommandos im Jahre 1937 zu denken, an seine Nachkriegsdegradierung von Marschall Schukow oder an Chruschtschows Kontroversen mit verschiedenen Marschällen, insbesondere mit Schukow. Unter Breschnew dürften die politisch-militärischen Beziehungen vier große Problemkategorien umfaßt haben: die Frage der Erhaltung der politischen Kontrolle; das Problem der wirtschaftlichen Prioritäten; die Frage der internationalen Vorrangigkeiten und letztlich das Problem, wie man den wachsenden militärischen Einfluß auf die Politik gegenüber den Bedürfnissen der Politiker, sich in zunehmenden Maße auf militärisches Know-how zu stützen, ausbalancieren kann.

Breschnew hat sich bemerkenswert gut bewährt. Er bestätigte erneut das Prinzip der zivilen Befehlsgewalt, ohne jedoch seine Generäle zu liquidieren oder öffentlich zu demütigen, wie es Stalin und Chruschtschow vor ihm getan hatten. Am allermeisten aber zählt die Tatsache, daß es Breschnew gelungen ist, den Militärs auch einen Teil der Verantwortung für politische Entscheidungen zu übertragen, indem er Mitglieder des Militärestablishments in wichtige politische Gremien miteinbezogen hat. Das ist die eigentliche Bedeutung von Gretschkos Berufung ins Politbüro.

Das Verhalten Breschnews gegenüber dem Militär ist zweifellos ein Zeichen seiner politischen Klugheit. Es erscheint jedoch zweifelhaft, ob er ebensolchen Erfolg gehabt hätte, wenn er nicht selber Mitglied der militärischen ›Altherren‹-Gesellschaft gewesen wäre. So manches von seinem politischen und diplomatischen Programm hätte dann nicht durchgeführt werden können.

Neuland unterm Pflug

Während Breschnew an Feiern anläßlich des sowjetischen Tages der Armee, des Tages der Luftwaffe und des Tages der Marine teilnahm und vermutlich über die unsichere Zukunft seiner politischen Karriere grübelte, war Chruschtschow damit beschäftigt, Stalins Erbe anzutreten.

Bereits wenige Wochen nach dem Tod des Diktators hatte die *Prawda* betont, daß ›eines der Grundprinzipien der Parteiführung die Kollektivität beim Beschluß aller wichtigen Probleme der Parteiarbeit‹ sei. Doch hinter den Schlagzeilen und oft orakelhaften Leitartikeln fand ein erbitterter Kampf um die Vorherrschaft zwischen Nikita Chruschtschow, Lawrenti Berija und Georgij Malenkow statt. Jeder von ihnen hatte einen der drei Stützpfeiler der Macht geerbt, die bisher praktisch allein von Stalin kontrolliert worden waren: Chruschtschow die Partei, Berija die Polizei und Malenkow den Regierungsapparat.

Theoretisch hätte dies ein Gerüst für ein System der gegenseitigen Kontrolle und des Gleichgewichts ergeben können. Aber das wäre zuviel erwartet in einer Gesellschaft, in der bis dahin die totale Macht von einem einzigen Mann beansprucht worden war. Es war eine vorweggenommene Schlußfolgerung — daß in der einen oder anderen Form die Macht sich allmählich wieder auf einen Mann konzentrieren würde — ebenso wie nach Chruschtschows Sturz im Jahre 1964. Und im System liegt, daß dieser eine Mann der Parteichef ist.

Von Anfang an stellte Berija die größte Herausforderung für das Prinzip der Kollektivität dar. Obwohl er geholfen hatte, Malenkow als Premierminister einzusetzen, begann er sogar außerhalb der unter seinem Kommando stehenden riesigen Polizeiorganisation, eine eigene politische Machtbasis auszubauen.

In der ersten Schlacht bildeten Chruschtschow und Malenkow gezwungenermaßen ein Bündnis, um Berija auszuschalten; doch sobald er geschlagen war, versuchten die beiden Überlebenden, sich gegenseitig zu zerstören.

Obwohl Chruschtschow und Malenkow bereits viele Jahre lang Rivalen gewesen waren, zeigte ihre Analyse der Grundproblematik des Landes bemerkenswerte Ähnlichkeiten. Beide stimmten grundsätzlich darin überein, daß die Sowjetunion, wie sie Stalin hinterlassen hatte, nicht so weiterexistieren konnte wie bisher. Sie hatten bereits weitreichende, aber diskrete Schritte unternommen, um Stalin zu entmythologisieren und dem sowjetischen Leben wieder den Anschein von Legalität zu verleihen. Die Ärzte-Verschwörung war als Schwindel bezeichnet und die noch lebenden Ärzte selbst aus der Haft entlassen und rehabilitiert worden. Viele Gefangene wurden begnadigt. Die ›Wachsamkeits‹-Kampagne war über Nacht gestoppt worden. Der ideologische Würgegriff auf Literatur und Kunst wurde gelockert. Stalins Name, der vor seinem Tod durchschnittlich 40mal auf einer einzigen *Prawda*-Seite erschienen war, wurde kaum noch erwähnt.

Sowohl Chruschtschow wie auch Malenkow erkannten, daß die Wirtschaft, wie sie Stalin hinterlassen hatte, arg aus dem Gleichgewicht geraten war. Bei den krampfhaften Anstrengungen des Nachkriegswiederaufbaus und in dem Bemühen, ein neues Verteidigungspotential zu schaffen, war alles der Schwerindustrie geopfert worden. Sowjetische Arbeiter waren schlecht untergebracht, schlecht gekleidet und schlecht ernährt. Außerdem hatten die äußerst zentralisierten Methoden der Industrieplanung und -kontrolle ein völlig unwirksames und unrentables System mit einem bürokratischen Wasserkopf geschaffen. Die Lage der Landwirtschaft war womöglich noch schlechter. Wie Chruschtschow bald feststellte, besaß die UdSSR im Jahre 1953 um 8,9 Millionen Stück Vieh weniger als 1928. Die Kartoffelanbaufläche war seit dem Krieg auf die Hälfte reduziert und die Gesamtgetreideproduktion nach den Jahrzehnten der Umwälzung nur um 10 % höher als 1913. Am schlimmsten schlug jedoch zu Buche, daß die Landwirtschaft so unrationell war, daß sie über die Hälfte der Bevölkerung des Landes beschäftigte; d. h., eine Mehrheit war damit beschäftigt, eine Minderheit zu ernähren.

Das Paradoxon ist, daß Chruschtschow — obwohl er in der Analyse mit Malenkow übereinstimmte — sich durch die Erfordernisse des Machtkampfes gezwungen sah, öffentlich eine entgegengesetzte Meinung zu vertreten — die er jedoch ins Gegenteil umkehren sollte, nachdem sein Rivale besiegt und politisch erledigt war.

Als Malenkow ein neues Programm für die Massen unterbreitete, indem er festlegte, daß die Konsumgüterproduktion im selben Maße gefördert werden sollte wie die Schwerindustrie, wurde Chruschtschow der Sprecher des militärisch-industriellen Komplexes. Erst später, aus gesicherter Position heraus, sollte er der Prophet des ›Gulasch-Kommunismus‹ werden. Eine analoge Gegenüberstellung der Rollen und Ansichten bestimmte übrigens auch die Beziehungen Breschnew–Kossygin nach Chruschtschows Sturz.

Malenkow verkündete den neuen Kurs der Regierung auf der Sitzung des Obersten Sowjets am 8. August 1953. Was er sagte, war nicht weniger bemerkenswert als das, was unausgesprochen blieb; denn in seiner Rede fand die Partei nur knapp Erwähnung — ein deutliches Anzeichen für seine Absicht, die Regierung praktisch allein die Verantwortung für die Wirtschaft übernehmen zu lassen, womit sie die traditionelle Funktion der Partei an sich gerissen hätte.

Drei Wochen später setzte Chruschtschow auf einer epochalen Plenarsitzung des Zentralkomitees zum Gegenzug an. Zuallererst wurde er offiziell zum Ersten Sekretär der Partei ernannt, was ihn ermächtigte, die entscheidenden Personalernennungen zu treffen. Doch was noch wichtiger war: Er enthüllte die Agrarfrage als seine Offensivwaffe.

Chruschtschow wußte, daß das Land und die Landwirtschaftspolitik der Parteiführung und -kontrolle zugänglicher waren als die Industrie. Er erkannte auch, daß seine Vorherrschaft gesichert wäre, wenn er das sowjetische Volk mit ›genügend Brot, Fleisch, Milch, Butter, Gemüse und anderen Agrarprodukten‹ versorgen könnte.

Die Statistiken, die er über den katastrophalen Stand der sowjetischen Landwirtschaft vorlegte — sogar die Mitglieder des Zentralkomitees wurden zum erstenmal mit den Tatsachen konfrontiert —, waren ein Schock. In einem direkten Angriff auf Malenkows Kompetenzbereich schob er die gesamte Schuld jenen Ministerien zu, die für die Landwirtschaft zuständig waren.

Die Lösungen, die er in der Plenarsitzung sowie in einer Reihe von Reden, Artikeln und Geheimtagungen vorschlug, erforderten weitreichende Änderungen. Er führte in der Landwirtschaft wieder das Prinzip des materiellen Anreizes ein; er forderte drastische Erhöhungen der Preise, die der Staat für Fleisch und tierische Produkte zahlte; er unterstützte das Prinzip vom Privateigentum der Gartengrundstücke und kleinen Viehbestände; er verlangte, daß ertragreiche Feldfrüchte, besonders Mais, angebaut werden sollten, um die Versorgung mit Fleisch und Molkereiprodukten zu erhöhen und zu verbessern. Er beorderte 100 000 Landwirtschaftsexperten und 50 000 Parteifunktionäre aufs Land, um das wirtschaftliche Niveau der Kolchosen zu heben und mehr politische Kontrolle über sie auszuüben.

Aber Chruschtschows spektakulärster und umstrittenster Vorschlag — die erste seiner sensationellen Ein-Mann-Initiativen — war das Neulandprogramm: eine gewagte Kampagne, ungenütztes, potentiell kultivierbares Steppen- und Präriegebiet in Kasachstan und Südwestsibirien zu pflügen und zu bestellen.

Die Idee an und für sich — Ausweitung der Landwirtschaft durch Nutzbarmachung von Neuland — war keineswegs neu. Die Dimensionen von Chruschtschows Plan waren allerdings beispiellos: 13 Millionen Hektar — eine Fläche so groß wie England — in den Jahren 1954 und 1955 urbar zu machen. Ermutigt vom Erfolg des ersten Jahres, erhöhte Chruschtschow bald seine Forderungen: bis Ende 1956 sollten 28–30 Millionen Hektar bebaut werden.

Der Plan steckte voller Imponderabilien und unberechenbarer Risiken. Hunderttausende von Experten und Freiwilligen, Millionen Tonnen landwirtschaftlicher Geräte, Baumaterialien und Versorgungsgüter müßten in eine Region geschickt werden, die bis dahin ein Niemandsland ohne Transport- oder Kommunikationsmöglichkeiten war. Es schien fraglich, ob die UdSSR über derlei Mittel verfügte. Zudem argumentierten die Gegner des Planes, daß der Ertrag die Investition niemals rechtfertigen würde. Noch schwerwiegender waren die Warnungen der Fachleute, daß es zu Bodenerosion, Sandstürmen, Trockenheit und Unkrautverseuchung kommen würde, wenn nicht richtige und sorgsam angepaßte Kultivierungsmethoden befolgt würden.

Die Aufmerksamkeit konzentrierte sich auf Kasachstan, die zweitgrößte der 15 Sowjetrepubliken, wo sich die Hälfte des Neulandterritoriums befand. Von dem Moment an, da Chruschtschow bei der September-Plenarsitzung des Zentralkomitees seine Idee erstmals zur Sprache gebracht hatte, opponierten die Parteiführer von Kasachstan, vor allem der Erste Sekretär Schumabai Schajachmetow, gegen diesen Plan. Obwohl sie der Erweiterung des kultivierbaren Landes im Prinzip zustimmten, lehnten sie die Ausmaße von Chruschtschows Plan scharf ab mit der Begründung, daß er zuviel in zu kurzer Zeit erreichen wolle. Es war ihnen auch klar, daß die Durchführung dieses Plans eine massive Invasion von slawischen Siedlern mit sich bringen, die traditionelle kasachische Weide- und Graslandkultur zerstören und die Kasachen selbst zu einer machtlosen Minorität in ihrer eigenen Republik machen würde.

In der Zeit von Mitte September bis Ende des Jahres 1953 — während Chruschtschow mit Schajachmetow verhandelte und ihn auszuschalten suchte, indem er sich direkt an die Parteisekretäre der Gebiete wandte, die später als *Zelinnij Kraj*, Neulandterritorium, bekanntwerden sollten — sah er sich nach einem Mann um, der diese gewaltige Aufgabe für ihn durchführen würde. Was er brauchte, war ein persönlich loyaler Parteifunktionär, in der Exekutive bewährt, in Landgewinnung und Landwirtschaft erfahren, mit modernen Maschinen vertraut und imstande, mit einer nichtslawischen, einheimischen Bevölkerung zu arbeiten. Außerdem mußte er energisch und jung genug sein, um eine so schwierige Aufgabe zu meistern.

Von Chruschtschows politischen Verbündeten und Protegés, denen er nach der Plenarsitzung des Zentralkomitees im September 1953 zu Machtpositionen verholfen hatte, erfüllte keiner diese Bedingungen besser als Breschnew.

Die Sache hatte jedoch einen Haken. Als Chruschtschow um die Jahreswende 1953/54 seine Wahl traf, war seine eigene Position noch nicht stark genug, um Breschnew offiziell mit der Aufgabe zu betrauen. Der offizielle Titel ging daher an Pantelejmon K. Ponomarenko, einen Verbündeten Malenkos. Ponomarenko, einstmals Partisanenführer, war vor dem Krieg Parteichef von Weißrußland und von 1944 bis 1948 Premierminister dieser Republik gewesen. Als Schdanow starb, arrangierte Malenkow Ponomarenkos Versetzung nach Moskau als einen der fünf Sekretäre des Zentralkomitees. Beim XIX. Parteikongreß wurde er ein Vollmitglied des vergrößerten Präsidiums. Nach Stalins Tod degradierte man ihn zum Präsidiumskandidaten und komplimentierte ihn vom Sekretariat hinaus; er wurde Kulturminister der UdSSR, eine Position, die er bis zu seinen Auftrag in Kasachstan innehatte.

Malenkow dürfte aus zweierlei Gründen auf Ponomarenkos Ernennung bestanden haben: Erstens diente er ihm als Wachhund über Chruschtschow und Breschnew in dem Neulandterritorium, und zweitens konnte er, sollte das Projekt erfolgreich sein, durch Ponomarenko sein Verdienst geltend machen. Mißlang es jedoch, dann würde es nicht schwerfallen, Chruschtschow und Breschnew die Schuld zuzuschieben.

Ponomarenko, nur vier Jahre älter als Breschnew, sollte Erster Sekretär und dieser bloß Zweiter Sekretär des Zentralkomitees von Kasachstan werden. In Wirklichkeit war jedoch Breschnew die treibende Kraft hinter Chruschtschows Programm, und 15 Monate später erbte er auch den formellen Titel des kasachischen Parteiführers — nach Malenkows ›Rücktritt‹ als Premierminister und Ponomarenkos plötzlicher Versetzung nach Warschau als sowjetischer Botschafter in Polen.

Doch ehe Breschnew oder Ponomarenko ihre neuen Pflichten in Alma-Ata aufnehmen konnten, mußte das Problem einer legal konstituierten, wenngleich hinderlichen kasachischen Parteiführung aus der Welt geschafft werden. Das erforderte einen brutalen Eingriff.

Am 30. Januar 1954 wurden Schajachmetow und die Mitglieder des kasachischen Politbüros zu einem Treffen mit Chruschtschow, Breschnew, Ponomarenko und dem Sekretariat des Zentralkomitees nach Moskau beordert. Dort kritisierte man sie scharf wegen ihres Verhaltens: Schajachmetow und der Zweite Sekretär, Iwan Afonow, wurden auf der Stelle ihrer Ämter enthoben. Ein paar Tage später kamen Breschnew und Ponomarenko nach Alma-Ata, um in einer Plenarsitzung des kasachischen Zentralkomitees am 7. Februar den Moskauer Beschluß zu legalisieren; bei Abschluß der Sitzung waren sie ›gewählt‹.

Doch die Säuberung war damit keineswegs abgeschlossen. Die Fortsetzung folgte zehn Tage später auf einem überstürzt einberufenen 7. Parteitag der Kommunistischen Partei von Kasachstan.

Dort wurde Schajachmetow ›direkter Verletzung der Parteiprinzipien‹ beschuldigt, weil er Mitarbeiter unter dem Gesichtspunkt von ›Familie und Freundschaft‹ ausgewählt habe; außerdem warf man ihm ›bürokratische und papierne Methoden der Führung‹ vor.

Der also Gemaßregelte wurde als Erster Sekretär des Oblasts Südkasachstan nach Tschimkent ›verbannt‹. Sogar in jenem politischen Hinterland sollte er noch weitere Demütigungen erfahren. Breschnew fuhr im Juni 1955 dorthin, um persönlich Schajachmetows Ausschluß aus der Oblast-Parteiführung und die endgültige Zerstörung seiner politischen Karriere zu überwachen.

Nachdem nun Schajachmetow aus dem Weg geräumt und der Rest der alten kasachischen Parteiführung erniedrigt war, konnten die beiden neuen Sekretäre sich ihrer eigentlichen Arbeit zuwenden.

Breschnew hatte Revolution, Bürgerkrieg, Hungersnot, Typhus, Stalins Säuberungen sowie deutsche Granaten und Geschosse überlebt. Er hatte Saporoschjes kriegszerstörte Stahlindustrie wiederaufgebaut, Dnjepropetrowsk wieder zum Leben erweckt und die feindseligen Moldauer unter Moskaus Joch gebracht. Sein Selbstbewußtsein hätte fast grenzenlos sein müssen. Aber sogar Breschnew muß vor der immensen Größe und Komplexheit der bevorstehenden Aufgabe zurückgeschreckt sein, besonders als er sich der mageren Mittel bewußt wurde, mit denen das Projekt durchgeführt werden sollte.

Es ist relativ einfach, von Moskau aus darüber zu theoretisieren, wie viele zusätzliche Millionen Tonnen Getreide man ernten könne, wenn man Millionen Hektar unbebauten Landes 20 Monate lang kultiviert. Die Sache sieht aber wesentlich anders aus, wenn man nach Kasachstan kommt und das Land sieht. Es ist undenkbar, daß Breschnew auf die Armut, Rückständigkeit, Größe, den Mangel an Infrastruktur sowie das unberechenbare, ungünstige Klima jener Republik vorbereitet war, die er nun regieren sollte.

Kasachstan — flächenmäßig ein Drittel der Vereinigten Staaten von Nordamerika mit damals nur sieben Millionen Einwohnern — war im Frühjahr 1954 ein riesiges Nichts, reich an Mineralien und Möglichkeiten, aber Tausende von Kilometern von der Technologie entfernt, die zu ihrer Auswertung nötig gewesen wäre. Im Osten an Chinas Sinkiang-Provinz und im Westen an das Kaspische Meer grenzend, ist das Land wenig rentabel und äußerst anfällig für die Launen der Natur: ein Gebiet, in dem ein später Frost im Mai oder ein früher Regen im August Überfluß in katastrophale Mißernten verwandeln kann, wie es tatsächlich auch oft geschieht. Es war ein Land, das praktisch keine Straßen, keine Eisenbahnen, keine Flugplätze oder Landebahnen, keine Elektrizität und keine Kommunikationsmittel besaß. 1954 gab es Gebiete in Kasachstan, deren Einwohner noch nie einen Lastwagen oder einen Personenwagen gesehen hatten und erschreckt davonliefen, als der erste Geländewagen, in eine Staubwolke gehüllt, mit einem Vermessungsteam über die holprige Steppe rumpelte.

Ein solches Gebiet befand sich im Semipalatinsk-Oblast, wo ein sowjetischer Emigrant, der jetzt in Westeuropa lebt, als Dorfschullehrer arbeitete, als Breschnew nach Alma-Ata kam: ›Es gab keine eigentlichen Häuser‹, erzählte er, ›sondern *Semljanki* (Erdlöcher) mit Strohdächern und Lehmböden. Stroh sowie getrockneter Kuh- und Pferdemist wurden als Brennmaterial — zum Kochen und im Winter zum Heizen — verwendet.

Wir hatten über 50 solcher Erdlöcher im Ort bei einer Gesamtbevölkerung von etwa 300 Einwohnern. Auch die Schule war ein Erdloch mit Lehmboden. Es gab überhaupt nur zwei Gebäude, die mit Holzbrettern ausgelegt waren: die Behausung des Kolchosvorsitzenden und die des Parteisekretärs.

In der Schule hatten wir keine Bücher, kein Papier, keine nennenswerten Lehrmittel. Im Winter 1954/55 wurde das Futter so knapp, daß wir das Stroh vom Schuldach herunterrissen, um damit das Vieh zu füttern; Schulunterricht gab es erst wieder im Spätfrühjahr.

Die Bevölkerung bestand hauptsächlich aus Wolgadeutschen, die während des Krieges hierher deportiert worden waren, aus Tschetschenen, einigen Polen sowie den Nachkommen der ukrainischen Siedler und politischen Häftlinge aus dem 19. Jahrhundert, deren Ahnen von der zaristischen Polizei verbannt worden waren.

Wir hatten kein Fließwasser, nur einen Brunnen, und das Dorf erhielt erst 1956 elektrischen Strom. Die Schule selbst bekam erst 1959 elektrisches Licht.

Bis zur nächsten Eisenbahnlinie waren es 80 km, über 30 km bis zur Kreisstadt, wo sich die nächsten Dienstleistungsbetriebe wie Friseur und Post befanden. Im Sommer konnte man mit einem Pferde- oder Geländewagen über einen Feldweg hinfahren. Im

Winter jedoch war das einzige Transportmittel der Kolchosschlitten. Ich erinnere mich, daß ich einmal im Winter 1955/56 zu einer Lehrerversammlung in die Kreishauptstadt fahren mußte; ich bestach den Kolchosvorsitzenden mit zwei Flaschen Wodka, um den Schlitten sowie ein Ochsengespann für diese Reise geliehen zu bekommen.

Bei der Versammlung sah ich im Saal ein riesiges Foto von Breschnew, und darunter den Slogan: ‚Vorwärts zum Sieg des Kommunismus'.‹

Breschnews und Ponomarenkos Aufgabe war es, solch rückständige Regionen in eine neue reiche Kornkammer zu verwandeln. Um 6,3 Millionen Hektar kasachischen Neulandes in den ersten 20 Monaten des Programmes — d. h. vom März 1954, als es öffentlich bekanntgemacht wurde, bis Ende 1955 — zu bebauen, mußten fast 300 neue Staatsgüter *(Sowchosen)*, von denen jedes mindestens 50 000 Morgen Land umfaßte, geschaffen werden.

Der Umfang der Nachschubversorgung, die notwendig war, um das zu bewerkstelligen, läßt einen erschaudern. Doch niemand kann behaupten, daß der sowjetische Staat bei seinen Bemühungen knauserte.

Während des ersten Jahres erhielt Kasachstan zusätzlich 200 Millionen DM (zum offiziellen Umrechnungskurs von 1954) für den Bau jener Güter und zur Erstellung der Infrastruktur.

Die ursprünglichen Partei- und Regierungserlasse forderten die Lieferung von 5000 Mähdreschern und Mähmaschinen, von 10 000 Lastwagen, 6000 Pflügen, 3000 Eggen, von über 50 000 Traktoren und Tausenden Tonnen zusätzlicher landwirtschaftlicher Geräte nach Kasachstan. Über 2000 Kilometer neuer Eisenbahnlinien, die meisten davon schmalspurig, und Hunderte Kilometer Straßen mußten gebaut werden.

Die riesige Propagandamaschinerie der Partei wurde angekurbelt, um Komsomol-Jugendliche, abgemusterte Soldaten, Traktoristen und Mähdrescherfahrer, Kolchosen- und Sowchosen-Bauern nach Kasachstan zu locken. Vielfältige Anreize wurden geboten, um junge Leute zu gewinnen. Man appellierte an ihren Patriotismus und versprach ihnen gute Bezahlung und großzügige Kredite im Falle, daß sie sich dort ansiedelten. Doch auch subtilere Mittel der Überredung und des moralischen Zwanges wurden von Parteifunktionären angewandt, die ihr Soll an ›Freiwilligen‹-Siedlern im Neulandterritorium übererfüllen wollten.

Und sie kamen tatsächlich; manche voller Idealismus, andere gewinnsüchtig: jedenfalls kamen sie mehr oder weniger freiwillig — zu Zehn-, zu Hunderttausenden. Laut Breschnew waren bis Juni 1954 55 000 Traktoristen, Brigadeführer und andere landwirtschaftliche Maschinisten nach Kasachstan gekommen. Bis Ende 1956 waren über eine halbe Million neue *Sowchosniki* in diese Republik gezogen.

Ihre Unterbringung, Ernährung und Einkleidung erforderte dasselbe Organisationstalent und denselben riesigen Versorgungsapparat wie die Ausrüstung einer Armee. Bereits zur Unterbringung der ersten Welle hatte das Zentralkomitee die Beschaffung von 500 Feldküchen, 225 000 Quadratmeter vorfabrizierte Unterkünfte und fast 4000 Großzelte vorgesehen.

Die Pläne waren grandios; aber wie so oft in der Sowjetunion — auch heute noch — standen Mißwirtschaft, Teilnahmslosigkeit und Korruption zwischen Versprechen und Wirklichkeit.

Komsomol-Jugendliche trafen ein, voll Eifer, die Traktoren zu bedienen: aber niemand war imstande, sie zu Traktoristen auszubilden. Versierte Mechaniker kamen aus der Ukraine, mußten aber feststellen, daß die Maschinen in Kasachstan aus einer neueren Fabrikationsserie stammten, die niemand kannte.

Ein *Prawda*-Korrespondent berichtete aus Kustanai, daß die tägliche Lieferung von Waggonladungen neuer Geräte sowie das Fehlen jeglicher Entladungsmaschinen auf dem Bahnhof eine derartige Verstopfung verursachten, daß das neue Material einfach auf den Bahnsteig oder seine nähere Umgebung geschoben wurde, wo es verrostete.

›Wo man hinschaut, sieht man Maschinen und Geräte, die liegenblieben. Überall sind Schrotthaufen neuer, aber schon verrosteter Pflüge, verbogene Teile von Mähdreschern oder bereits defekte Dieselmotoren. Der Güterbahnhof hat nur einen kleinen Kran, der häufig nicht funktioniert, weil er unsachgemäß bedient wird. Deshalb werden nun neue Traktoren eingesetzt, um das neuangekommene Gerät von den Güterwaggons zu zerren. Dabei geht alles in die Brüche.‹

Jene Geräte, die nicht schon auf der langen Fahrt nach Kasachstan gestohlen, nach Ersatzteilen ausgeplündert oder auf den Laderampen der Provinzbahnhöfe beschädigt worden waren, gingen auf den holprigen Fahrten zu den Staatsgütern kaputt und wurden dann gleich am Straßenrand abgestellt. Nach einem Jahr produzierte der *Zelinnij Kraj* tatsächlich Getreide; gleichzeitig war er aber ein riesiger Schrottplatz für verrostete, unbrauchbare Maschinen geworden.

Das waren aber keineswegs die einzigen Klagen. Vielen Sowchosen wurde unreiner Samen geliefert. War er rein, dann gab es häufig keine Lastwagen für den Transport — oder keinen Treibstoff für die Lastwagen. Die Lieferungen von Dieselöl und Benzin fielen wiederholt um 40—50 Prozent niedriger aus als angefordert. Bei der ersten Ernte gab es einen Verlust von Tausenden Tonnen Getreide. Es fehlte an Zeltplanen zum Zudecken der Ernte in den offenen Kippwagen. Aufgrund der Straßenverhältnisse in manchen Gebieten wurden bis zu 100 Pfund Getreide pro Fahrt verschüttet, wenn die Lastwagen durch Kraterlandschaften von Schlaglöchern holperten oder im Morast steckenblieben. Die traurigsten Geschichten wurden jedoch von den Freiwilligen und neuen Siedlern erzählt.

Der Plan hatte die Errichtung Tausender von Wohneinheiten vorgesehen. Realisiert wurde so gut wie nichts davon. Das Holz, das bereits gestellt war, wurde nie verteilt, das Fensterglas verschwand einfach. Nach Abschluß der ersten Ernte lebten schätzungsweise 75 Prozent der ›Neulandarbeiter‹ noch immer in Zelten.

Jene Glückspilze, die vor Einbruch des Winters ihre Häuser fertigstellen oder in Wohnheimen einziehen konnten, hatten weder Möbel noch Haushaltsgeräte, weil sich der staatliche Einzelhandel am Rande des Chaos befand.

›Unsere Leute sitzen auf Kisten und essen auch von Kisten‹, beklagte sich ein Sowchoseningenieur in der Provinz Kustanai. ›Wir verdienen alle gut, aber wir können keine Stühle, Tische oder Betten zu kaufen finden. Abends haben wir kein Licht. Wir haben Stromkabel für Elektrizität gelegt, aber im Konsum gibt es weder Lampenfassungen noch Glühbirnen.‹

Aus ganz Kasachstan hörte man ähnliche Klagen: keine Möbel, keine Küchengeräte, Schüsseln, Bestecke, Töpfe, Pfannen, Waschzuber; nicht genügend Filzstiefel, Steppjacken, Mützen und Fäustlinge; weder Seife noch Streichhölzer, Zucker oder Tee. Und was ein Traktorist besonders schmerzlich beklagte: kein Schachspiel und auch kein Domino.

Dienstleistungsbetriebe gab es praktisch überhaupt nicht; bis zu 60 km lange Fahrten wegen einer Schuhreparatur, eines Haarschnitts oder einer ärztlichen Behandlung waren an der Tagesordnung.

Ein Jahr nach Beginn der Kampagne trafen sich 700 Ärzte, Krankenhausleiter, Gesundheitsinspektoren, Apotheker und Krankenschwestern aus den Neulandbezirken in der Hauptstadt Alma-Ata. Breschnew saß auf der Bühne und hörte verdrossen zu, als der kasachische Gesundheitsminister S. R. Karijnbajew Bericht erstattete. 78 Bezirkskrankenhäuser waren noch immer ohne Ärzte, 40 ohne Hebammen und Gynäkologen, 33 ohne Kinderärzte. Über 300 Ärzte hatten 1954 die Republik verlassen: häufigster Grund waren die schlechten Lebensbedingungen in den ländlichen Bezirken.

Breschnew und Ponomarenko hatten keine Mühe gescheut, um zahlreiche erstklassige Moskauer und Leningrader Künstler in die Neulandgebiete zu bringen. Sie ermutigten kasachische Schriftsteller, in ihren Romanen und Geschichten eine rosige, optimistische Zukunft einer neu entstehenden Welt darzustellen. Sie luden Delegationen aus Indien, China und Afghanistan ein. Die Presse berichtete über die große Verwandlung der kasachischen Steppe und veröffentlichte Briefe von glücklichen Komsomol-Jugendlichen, die ihre ›Freunde zu Hause‹ dringend aufforderten, zu ihnen zu kommen.

Aber für Hunderttausende von Freiwilligen bestand die Wirklichkeit in Kasachstan aus verfaulendem Getreide, weil irgendwer versäumt hatte, Lastwagen oder Lagerräume zu beschaffen; aus zerbrochenen Antriebswellen ihrer Erntemaschinen, für die es keine Ersatzteile gab; aus den kalten Nächten in Zelten oder Erdlöchern; dem Fehlen von Seife und Wasser; dem Mangel an Fäustlingen und warmen Stiefeln sowie der Post von zu Hause, die sie nie erreichte, weil das nächste Postamt 50 km entfernt war und sich niemand die Mühe machte, die Post zuzustellen.

Und dennoch war es ein Triumph. Bis August 1954 war Chruschtschow so ermutigt, daß er das Ziel der Neulandbebauung weiter steckte. Und als im November die Ernteergebnisse vorlagen, konnte Kasachstan sich rühmen, fast doppelt so viel Getreide geliefert zu haben wie im Vorjahr.

Das waren genau die Zahlen, die Chruschtschow für seinen Sieg über Malenkow brauchte — ein Sieg, bei dem Breschnew nicht nur eine entscheidende Rolle gespielt hatte, sondern von dem er auch bald profitieren sollte.

Die Schlacht hatte sich in Form von esoterisch formulierten Debatten in der Presse und der diskreten, aber unmißverständlichen Erosion von Malenkows Machtbasis durch die Entfernung seiner Verbündeten und Anhänger bereits seit Wochen zugespitzt. Ihren Höhepunkt erreichte sie auf der einwöchigen Plenarsitzung des Zentralkomitees der KPdSU im Januar 1955. Breschnew war als Mitglied des Zentralkomitees dabei. Als Ergebnis unterbreitete Malenkow am 8. Februar dem Obersten Sowjet seinen ›Rücktritt‹ als Ministerpräsident, mit der Begründung, daß er ›unfähig‹ sei, dieses Amt auszuüben. Chruschtschow nominierte Bulganin als Malenkows Nachfolger.

Danach ging Chruschtschow methodisch vor und säuberte alles, was noch vom Apparat des Gestürzten übrig war. Breschnew wußte, daß es nur eine Frage von Wochen, höchstens von ein paar Monaten sein konnte, bis auch Ponomarenko fallen würde. Und richtig: im Mai wurde dieser nach Warschau abgeschoben; das war der Beginn eines langen, schmachvollen Abstiegs. 1957 wurde er von Warschau als Botschafter nach Indien versetzt. 1959 beorderte ihn Chruschtschow — nach einem kurzen Zwischenspiel in Nepal — als sowjetischen Botschafter in die Niederlande. Dort lieferte er seine letzte Schlagzeile: im Oktober 1961 geriet er auf dem Amsterdamer Flughafen Schiphol in eine Rauferei mit der holländischen Polizei. Es ging um eine sowjetische Überläuferin, die man gewaltsam in die UdSSR zurückzubringen versucht hatte. Ponomarenko, der bei dem Handgemenge eine blutige Nase davontrug, wurde zur ›Persona non grata‹ erklärt und mußte Den Haag verlassen.

Nach Ponomarenkos Abreise aus Alma-Ata im Mai 1955 war Breschnew drei Monate lang der amtierende Erste Sekretär der Republik.

Formell erbte er den Titel auf einer Sitzung des kasachischen Zentralkomitees im August 1955.

In der Zwischenzeit hatte er auch neue Freundschaften und politische Verbindungen geknüpft. Die wichtigste und dauerhafteste darunter war die mit Dinmuchamed Kunajew, der im März zum

Premierminister von Kasachstan ernannt wurde. In dem sechs Jahre Jüngeren entdeckte Breschnew eine verwandte Seele. Kunajew ist halb Kasache, halb Russe und in Alma-Ata geboren; ein brillanter Metallurge und Techniker, der das russische Äquivalent eines Doktorates in den Technischen Wissenschaften besitzt und von 1952 bis zu seiner Wahl als Premierminister Präsident der kasachischen Akademie der Wissenschaften war.

Es ist bemerkenswert, daß nach der Wahl seines Freundes zum Premierminister Breschnew seine Aufmerksamkeit in erhöhtem Maße auf Kasachstans zweite aufregende Fundgrube konzentrierte: die Auswertung der reichen Bodenschätze des Landes sowie die Entwicklung seiner Bergbau- und Maschinenindustrie. Vielleicht langweilte es ihn bloß, Neuland umzupflügen. Vielleicht wurde er von Kunajew beeinflußt. Falls letzteres zutraf, dann bedurfte es sicher nur eines geringen Anstoßes, denn im Innersten war Leonid, der Agrarier, immer Breschnew, der Ingenieur geblieben.

Auf der Plenarsitzung des kasachischen ZK im August, an dem Breschnew formell zum kasachischen Parteiführer gewählt wurde, widmete er den Großteil seines Berichtes Industriethemen.

Unzählige Freiwillige, Millionen Rubel, Tausende von Traktoren, Erntemaschinen, Lastwagen und Tonnen von Ausrüstung flossen weiter nach Kasachstan, und neun Millionen Hektar Neuland — anderthalb mal soviel wie 1954 — wurden umgepflügt. Doch im August 1955 war bereits klar ersichtlich, daß es zu einer Mißernte kommen würde: die erste von den vielen folgenden, die Kasachstan befallen sollten. Breschnew konnte man kaum die Schuld zuschieben. Eine große Trockenheit hatte das Land heimgesucht. Zu Breschnews — und auch Chruschtschows — Glück wurde die Mißernte in Kasachstan durch Ernten von beinahe Rekordhöhe in den traditionellen Getreideanbaugebieten der UdSSR ausgeglichen. 1956 hingegen erreichten die kasachischen Getreidelieferungen einen absoluten Rekord von 16,1 Millionen Tonnen, glichen damit die Dürre in der Ukraine aus und sicherten der UdSSR eine ausgezeichnete Ernte. Breschnew konnte jedoch diesen Erfolg nicht mehr für sich buchen, denn er verließ Alma-Ata im Februar, um nach Moskau und in den inneren Kreis der Kremlführung zurückzukehren.

Nichtsdestoweniger erlangte er den Ruf eines landwirtschaftlichen Hexenmeisters, und man hält ihn noch immer für den einzigen sowjetischen Politiker, der das Neulandprojekt erfolgreich durchführen konnte.

Diese Feststellung ist ebensowenig berechtigt wie die allgemeine Behauptung, der Landgewinnungsplan sei Chruschtschows größte Torheit gewesen. Aber es läßt sich nicht bestreiten, daß Breschnew der einzige Mann war, der den Kasachstanauftrag ungeschoren überstehen konnte.

In einem Land wie der Sowjetunion steigen und fallen die politischen Schicksale mit den jährlichen Ernten. Nachdem Kasachstans Ernten den Launen der Natur und den menschlichen Irrtümern gegenüber besonders anfällig sind, kam der Posten des Ersten Sekretärs der Republik — zumindest bis zu Chruschtschows Amtsenthebung — als Friedhof politischer Träume und Ambitionen in Verruf. Von den sieben Männern, die in den letzten beiden Jahrzehnten diesen Stuhl besetzt hatten, entging nur einer außer Breschnew dem politischen Schrotthaufen: Kunajew. Wobei noch hinzuzufügen ist, daß Kunajew zweimal in dieser Führungsposition war. Im Januar 1960 avancierte er vom Premierminister zum Parteiführer; drei Jahre später, im Dezember 1962, führte dann eine mittelmäßige Ernte zusammen mit einem Machtkampf zwischen Breschnew und Frol Koslow zu seiner Entlassung und Rückversetzung auf den Posten des Premierministers. Genau zwei Jahre danach, im Dezember 1964 — sieben Wochen nach Chruschtschows Sturz — arrangierte Breschnew Kunajews Rückkehr ins Amt des Ersten Parteisekretärs von Kasachstan, das er heute noch ausübt.

Während der ganzen Zeit seiner Herrschaft sollten Kasachstan und die Neulandgewinnung Chruschtschow verfolgen, ebenso wie sie Breschnew bis heute beschäftigen. Einige Beobachter sind der Ansicht, daß die katastrophale Ernte von 1963 der Hauptgrund für Chruschtschows Sturz war, und folgerten vorschnell, daß Breschnew dasselbe Schicksal aufgrund der Mißernte von 1972 erleiden könnte.

Obwohl man Parallelen ziehen kann, wie beispielsweise die riesigen Getreidekäufe, die Chruschtschow im Jahre 1963 und Breschnew 1972 tätigen mußten, so ist doch das Problem in Wirklichkeit komplizierter.

Zunächst taucht die Frage auf, ob der Neulandgewinnungsplan wirklich eine Torheit war. Im Prinzip nicht. Chruschtschows grundlegender Fehler war, daß er sich von seiner eigenen Begeisterung mitreißen ließ und die Warnungen der Landwirtschaftsexperten, einen größeren Prozentsatz dieses Landes brachliegen zu lassen, in den Wind schlug. Das Ergebnis war katastrophal. Nach der hervorragenden Ernte von 1958 setzte ein stetiger Abstieg ein, nicht nur in der Gesamtproduktion, sondern auch im Ertrag pro Hektar Land. Das ganze Projekt war durch Erosion, Sandstürme und Fruchtbarkeitsverlust des Bodens gefährdet. Auch die Lebensbedingungen der Landarbeiter in diesen Gebieten schwankten zwischen ›unzumutbar‹ und ›gerade noch erträglich‹. Hunderttausende, die mit großen Kosten ins Land gebracht worden waren, verließen es wieder.

Breschnew machte sich innerhalb einiger Wochen nach seiner Amtsübernahme 1964 daran, diese Fehler auszumerzen. Möglicherweise war es gerade noch rechtzeitig, um Chruschtschows großen Plan vor Chruschtschows Fehlern zu retten.

Durch sorgfältiges Management und durch die Konsultation von Wissenschaftlern anstelle von Scharlatanen gelang es Breschnew, den Schaden wiedergutzumachen. Es gelang ihm, Kasachstans jährliche Durchschnittsproduktion an Getreide zu erhöhen und den Ertrag pro Hektar um 50 Prozent gegenüber den letzten 5 Chruschtschowjahren zu verbessern.

In welchem Maße auch das landwirtschaftliche Debakel 1964 zu Chruschtschows Amtsenthebung beigetragen haben mag — auf jeden Fall muß man es im Zusammenhang mit der seltenen Verkettung von zwei Erntekatastrophen im selben Jahr sehen. Sowohl in Kasachstan als auch in den traditionellen Getreideanbaugebieten des europäischen Rußlands und der Ukraine gab es 1963 Mißernten. In einem Land von der Größe der Sowjetunion ist ein solches Zusammentreffen höchst ungewöhnlich.

1972 hatte die Ukraine zum Beispiel wieder eine Mißernte zu verzeichnen; schuld war einer der kältesten Winter des ganzen Jahrhunderts und einer der heißesten, trockensten Sommer seit der Revolution. Doch Kasachstan erzielte die beste Ernte seiner Geschichte: 27 Millionen Tonnen Getreide — 16 Prozent der gesamten sowjetischen Ernte. Dazu befand sich Breschnew vor Ort und bereiste fast zwei Wochen lang das Neulandgebiet zur Erntezeit, in einem verzweifelten Versuch, die Verluste auszugleichen, die — wie er wußte — im westlichen Teil des Landes bevorstanden.

Das bedeutete natürlich nicht, daß Breschnews landwirtschaftliche Probleme gelöst waren; ganz im Gegenteil. Sie sollten sich noch vergrößern, wie ein späteres Kapitel zeigen wird. Sogar als er im August und September 1972 von einer kasachischen Provinz zur anderen reiste, berichteten die Zeitungen über die gleiche Desorganisation und Mißwirtschaft, die gleichen traurigen Geschichten von Überfluß und Abfall, die bei der sowjetischen Landwirtschaft im allgemeinen und beim Ackerbau in Neulandgebieten im besonderen endemisch zu sein scheinen.

Aber Breschnew demonstrierte in der für ihn typischen Art, daß er Kasachstan noch immer als sein spezielles Reservat betrachtete.

Diese Tatsache war zwei Jahre zuvor, im August 1970, besonders unterstrichen worden, als er Alma-Ata anläßlich der Feiern zum 50. Jahrestag der Republik Kasachstan besuchte. Kunajew, der ihn als Hauptredner vorstellte, hielt eine Laudatio, die selbst Chruschtschow oder Stalin zum Erröten gebracht hätte:

›Wir freuen uns, daß Sie, Leonid Iljitsch, trotz Ihrer enormen Arbeitslast Zeit gefunden haben, an unseren Feiern teilzunehmen. Wir vermerken mit besonderem Stolz, daß Sie während einer der kritischsten Epochen in der Entwicklung unserer Republik — als Millionen Hektar Neuland erschlossen wurden — die Kommunistische Partei von Kasachstan anführten. Mit Ihrer dynamischen und unermüdlichen Tätigkeit leisteten Sie in jenen Jahren einen immensen persönlichen Beitrag zur Erschließung des Neulandes und zur Entwicklung der gesamten Wirtschaft von Kasachstan.‹

Ein bißchen zu dick? Vielleicht. Aber es war schließlich der Schauplatz eines seiner größten Triumphe gewesen und darüber hinaus — nach einem dreijährigen Intervall — das entscheidende Sprungbrett für seine Rückkehr zur Macht im Kreml.

IV. TEIL

Breschnew, der Chruschtschowist

›Die Völker der Sowjetunion sehen in diesen Erfolgen die
fruchtbare Aktivität und den leninistischen Scharfblick jenes . . .
begabten Organisators und hervorragenden Führers der Kommunistischen Partei, des sowjetischen Staates sowie der gesamten
internationalen Kommunistischen und Arbeiter-Bewegung:
Nikita Sergejewitsch Chruschtschow.‹

LEONID BRESCHNEW, 22. APRIL 1959

Nach Moskau, Nach Moskau!

Die Posten salutierten stramm, als die schwarze SIS-Limousine durch das Borowitzkij-Tor zum Großen Kremlpalast rollte. Im Fond des Wagens saß Breschnew, versunken in den vertrauten, aber niemals langweiligen Anblick der alten russischen Festung.

Er hatte diesen Weg oftmals zurückgelegt — zu Sitzungen des Obersten Sowjets, dem er als einer der Abgeordneten seit 1950 angehörte; als Delegierter zum Parteikongreß 1952; zu zahlreichen Empfängen — aber nicht im selben Stil wie an diesem Dienstagmorgen, dem 14. Februar 1956. Seine Intuition muß ihm gesagt haben, daß er jetzt das Allerheiligste der sowjetischen Macht in einer neuen Rolle, von einer neuen Position der Stärke aus betrat: als einer von Chruschtschows loyalsten und erfolgreichsten Anhängern.

Seit Malenkows ›Rücktritt‹ vor einem Jahr hatte Chruschtschow mehr oder weniger unverhüllt den Versuch unternommen, die Vorherrschaft zu erringen. Er hoffte, daß der XX. Parteitag der KPdSU, zu dessen Eröffnungssitzung Breschnew an jenem Morgen fuhr, ihm die erforderliche Mehrheit in Zentralkomitee, Sekretariat und Präsidium bringen würde.

Chruschtschow erreichte sein Ziel nicht; seine Position konsolidierte sich erst etwa 16 Monate später. Aber dennoch war es eine denkwürdige Sitzung, denn am letzten Tag verlas Chruschtschow seinen ›Geheimen Bericht‹ über Stalins Verbrechen. Damit begann ein neues Kapitel in der sowjetischen Geschichte.

Für Breschnew sollte der Kongreß zum Wendepunkt seiner politischen Karriere werden.

Der anfängliche Erfolg des Neulandprojekts war sicherlich ein wichtiger Faktor in Chruschtschows Versuch, die absolute Macht zu erlangen. In Anbetracht der wesentlichen Rolle, die Breschnew bei der Verwirklichung dieses Erfolges gespielt hatte, fiel sein Bericht vor dem Kongreß als Parteiführer von Kasachstan bemerkenswert kurz und ohne die üblichen prahlerischen Reden aus. Die enttäuschende Ernte von 1955 mag teilweise für diesen maßvollen Ton verantwortlich gewesen sein. Möglich ist auch, daß er schon wußte oder Grund zu der Annahme hatte, daß Kasachstan und die Neulandgebiete nicht mehr lange zu seiner speziellen Verantwortung gehören würden.

Am wahrscheinlichsten ist jedoch, daß er Chruschtschows ausdrücklichen Anweisungen folgte, denn in seiner knappen 45minütigen Rede wurde das Thema Landwirtschaft lediglich gestreift. Statt dessen widmete sich Breschnew ausführlich der komplexen Frage der Entwicklung von Kasachstans Schwerindustrie sowie der Auswertung seiner Bodenschätze — oder, präziser, ihrer unzureichenden Auswertung und Entwicklung. Und damit befand er sich genau auf Chruschtschows Kurs: Förderung der Schwerindustrie und Bestätigung der Parteivorherrschaft gegenüber der Regierungsbürokratie.

›Kasachstan ist eines der reichsten Gebiete der Sowjetunion ... Zwei Drittel der Bleivorkommen, etwa die Hälfte unseres Kupfers und Kadmiums und riesige Vorkommen an Eisenerz, Kohle und Öl liegen dort. Es gibt jede Möglichkeit, Kasachstan zu einem der mächtigsten Industriezentren der Sowjetunion zu machen ... Bis jetzt haben wir jedoch von diesen Möglichkeiten kaum Gebrauch gemacht.‹

Dann begann Breschnew die Mängel, die Fehler und Fehlschläge aufzuzählen. Wer war schuld daran? Nun, natürlich die zentralen Planungsstellen und die verschiedenen Industrieminister, die bis Februar 1955 unter Malenkows und danach unter Bulganins Führung gestanden hatten.

Der Parteitag dauerte noch eine ganze Woche; am 25. Februar wählte er, nachdem er Chruschtschows epochale Geheimattacken auf Stalin angehört hatte, ein neues Zentralkomitee. Breschnew zählte natürlich zu den Mitgliedern.

Als das Komitee am nächsten Tag zusammentrat, um die neuen Parteiführer zu wählen, erhielt Breschnew endlich die Gewißheit, daß er nicht für lange Zeit nach Alma-Ata zurückkehren würde, sondern nur, um seine Angelegenheiten abzuwickeln, bei der Auswahl eines Nachfolgers mitzustimmen und die Übersiedlung seiner

Familie nach Moskau in die Wohnung am Kutusowski-Prospekt zu arrangieren. Er war zu einem Sekretär des Zentralkomitees und einem Kandidaten des neuen Präsidiums (Politbüros) ernannt worden.

Drei Jahre nach Stalins Tod befand sich Breschnew wieder im Kreise der Herrschenden — genau auf derselben Stufe der Leiter, wo er vor seiner Degradierung im März 1953 gestanden hatte. Er war fast fünfzig — also kaum das, was man einen aufsteigenden jungen Star am politischen Horizont nennen würde. Eines muß ihm jedoch klar gewesen sein: jetzt oder nie! In den folgenden vier Jahren — bis zum Mai 1960, als abermals ein Rückschritt seine Karriere erschütterte — war sein politischer Stern im Aufsteigen.

Es waren jene ereignisreichen, turbulenten Jahre von bleibender historischer Bedeutung, die Breschnew beeinflussen würde, die ihn aber auch formen sollten: die Ungarische Revolution und der Aufstand in Posen; die Suezkrise von 1956; die Aufdeckung der ›parteifeindlichen Gruppe‹ und die politische Vernichtung von Malenkow, Molotow und Kaganowitsch; der erste Sputnik und der Anbruch des Zeitalters der Raumfahrt; Boris Pasternaks Roman ›Doktor Schiwago‹ und der Beginn des zweiten kulturellen Tauwetters in der Sowjetunion; die Berlinkrise von 1958; Richard Nixons Besuch in der UdSSR und Chruschtschows Reise in die Vereinigten Staaten im Jahre 1959; der Beginn des roten Schismas zwischen Moskau und Peking und schließlich die U-2-Affäre, die weitreichende Auswirkungen für Chruschtschow und Breschnew haben sollte.

Das Zentralkomitee hatte acht Sekretäre gewählt — Chruschtschow und Breschnew inbegriffen. Mit Ausnahme von Chruschtschow als Erstem Sekretär wurden ihre speziellen Funktionen und Aufgaben nicht öffentlich bekanntgegeben. Alles deutet aber darauf hin, daß Breschnew in seinem ersten Amtsjahr für den Bereich ›Ausländische kommunistische Parteien‹ verantwortlich war.

In dieser Eigenschaft traf er bald zwei Männer, die bis heute eine wesentliche Rolle in der Struktur der Kremlmacht spielen: Juri Wladimirowitsch Andropow, jetzt sein Nachbar und Chef des KGB, und Boris Nikolajewitsch Ponomarew, der heutige Sekretär des Zentralkomitees, der für die Beziehungen mit ›nichtregierenden‹ kommunistischen Parteien verantwortlich ist.

Andropow, seit April 1973 Vollmitglied des Politbüros, war

42 Jahre alt, als Breschnew von Kasachstan nach Moskau zurückkehrte. Seit 1954 war er Botschafter der UdSSR in Ungarn gewesen und blieb auch während der Ungarischen Revolution bis März 1957 in Budapest. Dann wurde er nach Moskau zurückberufen, um die ZK-Abteilung für die Beziehungen mit ›regierenden‹ kommunistischen Parteien zu leiten, d. h. mit jenen Parteien, die an der Macht sind. Diese Abteilung unterstand Breschnew.

Ponomarew, ein Jahr älter als Breschnew, Historiker und erfahrener Komintern- und Kominformfunktionär, war 1956 Leiter der ZK-Abteilung für die Beziehungen mit ›nichtregierenden‹ Parteien — also quasi in derselben Funktion wie heute. Seit 1972 ist er auch Kandidat des Politbüros.

Fast unmittelbar, nachdem Breschnew seine neuen Pflichten übernommen hatte, wurde er auf das diplomatische Parkett katapultiert. Er besuchte Empfänge, Banketts, Luncheons und Konferenzen. Er traf berühmte ausländische Politiker und ihre eleganten Frauen. Er reiste ins Ausland. Eine faszinierende, glitzernde, neue Welt eröffnete sich ihm — eine Welt, von der er damals, in Kamenskoje, nicht einmal geträumt hätte, eine Welt, von deren Existenz er kaum gewußt hatte. Am Anfang muß er sich unbehaglich und deplaciert gefühlt haben: defensiv und befangen, aber doch neugierig und begierig, alles zu erleben.

Einige Wochen nach seiner Ernennung erhielt Breschnew seinen ersten Auslandsauftrag: Als Leiter einer KPdSU-Delegation fuhr er zum 3. Kongreß der Nordkoreanischen Arbeiterpartei nach Pjöngjang. Er hielt eine Rede und überbrachte ›herzliche brüderliche Grüße‹ der KPdSU. Er sagte nichts Unerwartetes oder Originelles. Es war vielmehr eine Ansprache, wie sie jeder Moskauer Funktionär halten könnte oder würde — aber es war der Beginn eines ›neuen‹ Breschnew-Image.

Bis Herbst 1956 war er mit so prominenten internationalen Persönlichkeiten wie Indonesiens Sukarno, Indiens Radhakrishnan, Kambodschas Prinz Sihanouk, dem Schah von Persien und Frankreichs Guy Mollet zusammengetroffen.

Ende September erschien sogar seine Frau Wiktoria kurz auf der internationalen Bühne. Sie begleitete Breschnew nach Jalta zu einem ›Ferien‹-Treffen mit Chruschtschow, dem jugoslawischen Präsidenten Tito mit seiner Frau Jovanka und dem ungarischen Parteichef

Ernö Gerö. Zu den Teilnehmern zählten außerdem Premierminister Bulganin, Marschall Gretschko, der KGB-Chef General I. A. Serow, der damalige ukrainische Parteiführer Alexej Kiritschenko sowie der ukrainische Ministerpräsident Demjan Korottschenko — die meisten in Begleitung ihrer Frauen. Wie die *Prawda* am 1. Oktober berichtete, handelte es sich um ein gesellschaftliches Ereignis mit erholsamen Spaziergängen an der Schwarzmeerküste. In Wirklichkeit war es ein kritisches Treffen, um einen erneuten Bruch zwischen Jugoslawien und der Sowjetunion zu verhindern und Tito aufzufordern, Gerö als ungarischem Parteichef seinen Segen zu geben. Der Marschall lehnte zunächst ab und willigte erst zwei Wochen später ein, als die ungarische Krise unabwendbar war.

Das ist das einzige Indiz von Breschnews Beteiligung an den Ereignissen vor, während und nach der Ungarischen Revolution. Doch als verantwortlicher ZK-Sekretär für die Beziehungen mit anderen kommunistischen Parteien muß er an den entscheidenden Sitzungen, die zu der sowjetischen Intervention führten, zumindest teilgenommen haben. Es fragt sich, wieviel er davon zwölf Jahre später bei der tschechoslowakischen Krise noch in Erinnerung hatte.

Am 19. Dezember 1956 — während sich das Zentralkomitee in einer wichtigen Plenarsitzung befand — wurde Breschnew fünfzig Jahre. Als Geschenk der Partei erhielt er den Lenin-Orden. Es war die erste von den vier hohen Auszeichnungen, die er heute besitzt.

An der Oberfläche schien alles ganz ruhig. Tatsächlich aber braute sich ein politischer Sturm zusammen, denn jene Dezemberplenarsitzung signalisierte den letzten Versuch von seiten der Opposition, Chruschtschow zu stürzen. Die Kampagne erreichte ihren Höhepunkt mit dem versuchten Coup der sogenannten ›parteifeindlichen Gruppe‹ im Juni 1957.

Die Dezembersitzung des Zentralkomitees hatte Malenkows Position in der Führung wieder gestärkt und einen seiner Verbündeten, Michail Perwuchin, praktisch zum Diktator der sowjetischen Wirtschaft gemacht, wodurch die breite Autorität Chruschtschows und des Parteiapparates eingeschränkt wurde.

Im Februar, bei einer weiteren Plenarsitzung, schlug Chruschtschow zurück. Er verkündete eine weitläufige Dezentralisierung der Wirtschaftsverwaltung durch die Schaffung von regionalen Wirtschaftsräten. Damit sollten die Machtgrundlagen seiner Gegner untergraben und die Rolle der Spitzenparteiorgane auf Kosten der zentralen Regierungsbürokratie gestärkt werden.

Was Breschnew anlangt, so brachte jenes Februarplenum eine neue Persönlichkeit hervor, die ihm in den kommenden Jahren den politischen Aufstieg strittig machen und die Machteroberung im Kreml beinahe vereiteln sollte: Frol Romanowitsch Koslow. Chruschtschow hatte nämlich auf der Plenarsitzung als Preis für seinen Sieg in der Frage der Wirtschaftsdezentralisierung auch einen Kompromiß eingehen müssen: die Ernennung des Leningrader Parteiführers Koslow zum Kandidaten des Präsidiums.

Koslow war ein Mann, der eine bedeutende Rolle in der erfundenen ›Ärzte-Verschwörung‹ und Stalins geplanter Säuberung von 1953 gespielt hatte. Wie Breschnew hatte auch er nach Stalins Tod einen größeren Rückschlag hinnehmen müssen und kletterte nun langsam wieder die Stufen der Macht hinauf. Im Februar 1957 war er tatsächlich ein Verbündeter Chruschtschows. Aber im Gegensatz zu Breschnew und einigen anderen hing seine Karriere nicht ausdrücklich von Chruschtschows Protektion ab. So war seine Beförderung zum Präsidiumskandidaten eine Art Kompromiß zwischen Chruschtschow, der Koslow als verläßlich genug erachtete, und seinen Gegnern, die hofften, daß Koslow bei einer extremen Entwicklung in Richtung Ein-Mann-Herrschaft Chruschtschow nicht unterstützen würde. Innerhalb weniger Jahre sollte Koslow sich zu einem der wichtigsten Herausforderer von Chruschtschows Vorherrschaft und gleichzeitig zu Breschnews Hauptrivalen entwickeln. Hätte das Schicksal nicht 1963 eingegriffen und Koslow durch einen Gehirnschlag gelähmt, würde er wahrscheinlich heute auf Breschnews Platz sitzen — und dies könnte seine Biographie sein.

In den Monaten nach dem Februarplenum ergriff Chruschtschow zahlreiche wirtschaftliche und organisatorische Maßnahmen, um seine Position zu festigen. Er stieß im obersten Führungsgremium auf ständig wachsenden Widerstand, der sich bis Juni zu einer mächtigen Chruschtschow-Opposition entwickelt hatte. Von dem elfköpfigen Präsidium waren mittlerweile mindestens sechs Mitglieder, angeführt von Malenkow, Kaganowitsch und Molotow, gegen ihn.

Am 19. Juni versuchten sie, Chruschtschow zu stürzen. Unter dem Vorwand, die Feiern für das bevorstehende 250. Jubiläum der Stadt

Leningrad diskutieren zu wollen, beantragten die Führer des Coups eine Sondersitzung des Präsidiums. Als es im Präsidiumssaal des ZK-Gebäudes am *Staraja Ploschad* (Alten Platz), einen Block vom Kreml entfernt, zusammentrat, starteten sie ihre Attacke. Sie beschuldigten Chruschtschow, eine opportunistische und trotzkistische Politik zu verfolgen, und verlangten eine komplette Umbildung von Regierung und Parteispitze. Die Liste der neuen Führer, die sie im voraus zusammengestellt hatten, schloß Chruschtschow aus. Sie forderten eine sofortige Abstimmung und hinterherige Bekanntmachung des Beschlusses in der Presse.

Chruschtschow widersetzte sich mit dem Argument, daß ihn das Zentralkomitee gewählt habe und er daher auch nur vom Zentralkomitee abgesetzt werden könne. In der Gewißheit, daß er dort eine Mehrheit zusammenbringen würde, suchte er Zeit zu gewinnen, indem er die Einberufung einer Plenarsitzung verlangte.

Drei Tage lang währte der Streit um die Art des Verfahrens hinter den ledergepolsterten Türen des Sitzungssaals. Anscheinend nahm Breschnew, der nur Kandidat des Präsidiums und ohne Stimme war, nicht daran teil. Wie die anderen Kandidaten, darunter Verteidigungsminister Marschall Georgij Schukow, verbrachte auch er die meiste Zeit auf dem Korridor, wo sich eine immer größere Anzahl von ZK-Mitgliedern versammelte, um zu erfahren, was los war.

Die Debatte zwischen Chruschtschow und den restlichen Präsidiumsmitgliedern zog sich hinaus; währenddessen veranlaßte Schukow, daß praktisch alle ZK-Mitglieder aus der Provinz mit Flugzeugen der sowjetischen Luftwaffe nach Moskau gebracht wurden. Schließlich setzte Chruschtschow seinen Antrag durch; zu dieser Zeit befanden sich 309 der Vollmitglieder und nichtstimmberechtigten Kandidaten bereits in der Hauptstadt.

Die entscheidende Plenarsitzung wurde am Sonntag, den 22. Juni, eröffnet und dauerte volle acht Tage. In einer beispiellosen Entfaltung von Demokratie — die sich nie mehr wiederholen sollte — ergriffen tatsächlich 60 Mitglieder das Wort. Als die Marathontagung am folgenden Sonntag beendet war, war Chruschtschow nicht nur siegreich daraus hervorgegangen, sondern seine Hauptgegner, die ihn abzusetzen versucht hatten — Molotow, Malenkow, Kaganowitsch und andere —, waren außerdem sowohl aus der Parteiführung als auch aus dem Zentralkomitee abgewählt worden.

Breschnews Rolle bei der Zerstörung der ›parteifeindlichen Gruppe‹ bleibt im dunkeln. Bemerkenswert ist jedoch, daß in den noch einige Jahre anhaltenden vielen öffentlichen Diskussionen und Debatten von ihm erstaunlich maßvolle Worte gebraucht wurden, was die Verdammung der Gruppe betraf. Während andere die ›Parteifeinde‹ als ›kriminell‹, ›abscheulich‹, ›verräterisch‹, ›gemein‹, ›verachtenswert‹, ›heimtückisch‹ und ›schmutzig‹ bezeichneten, waren die ärgsten Worte, die Breschnew zu ihrer Beschreibung finden konnte, ›antileninistisch‹ und ›politisch bankrott‹. Er war aber zweifellos einer der Hauptnutznießer, denn er trat in das neugewählte fünfzehnköpfige Präsidium als Vollmitglied ein.

Breschnew war jedoch nicht der einzige Mann, der von Chruschtschows Sieg profitierte. Auch Koslow war eine Stufe aufgestiegen. Demjan Korottschenko wurde zum Präsidiumskandidaten ernannt, ebenso wie drei Männer, die sich heute noch im Politbüro die Macht mit Breschnew teilen: sein Freund Andrej Kirilenko, der damalige Parteiführer von Weißrußland, Kirill T. Masurow, und Alexej Kossygin. Tatsächlich war es für Kossygin nach Stalins Tod der erste Schritt zurück in den inneren Kreis. Von den 15 Vollmitgliedern des Präsidiums, die am 29. Juni 1957 gewählt wurden, ist erwähnenswert, daß sich nur noch zwei an der Macht befinden: Breschnew selber und der ewige Königsmacher des Kremls, Michail Suslow.

Chruschtschow beeilte sich, seine gestärkte Position zu konsolidieren. Im März 1958 übernahm er Bulganins Position als Premierminister und wurde damit — wie Stalin vor ihm — Chef der Partei und der Regierung. Breschnews Stellung verbesserte sich mit Chruschtschows wachsender Macht. 1958 wurde er beispielsweise Stellvertretender Vorsitzender des Parteibüros für die Russische Föderation. Im Unterschied zu den 14 anderen Republiken der Sowjetunion besitzt Rußland keine eigene, nominell unabhängige kommunistische Partei. Statt dessen werden die Parteiangelegenheiten der Russischen Republik von einem Sonderbüro innerhalb des Sekretariates der KPdSU erledigt. Es ist eine einflußreiche Position mit einem großen Spielraum bei Kaderernennungen und Patronanz.

Auch Breschnews Freunde, Verbündete und Schützlinge machten politische Fortschritte. Georgij Jenjutin, sein Nachfolger als Gebietsparteichef in Saporoschje, wurde zum Vorsitzenden der neuen, mächtigen Kommission für Sowjetkontrolle im Ministerrat ernannt. Konstantin Tschernenko hatte sich im Apparat des Zentralkomitees eingenistet. Georgij Zukanow fundierte bereits als Breschnews persönlicher Referent. Pawel Alferow hatte eine einflußreiche Position als Mitglied der Parteikontrollkommission.

In zunehmendem Maße wurde Breschnew auch mit Schwerindustrie in Verbindung gebracht. Da die Auszeichnung ›Held der Sozialistischen Arbeit‹, die er 1961 erhielt, seine Rolle im sowjetischen Raumfahrt- und Raketenprogramm besonders hervorhebt, ist anzunehmen, daß dieses höchst geheime Unternehmen auch Teil seines Reservates war.

Im Januar 1959 berief Chruschtschow einen außerordentlichen Parteitag ein, den XXI., um seinen sich dahinschleppenden Fünfjahresplan durch einen Siebenjahresplan zu ersetzen. Einer der Hauptredner war natürlich Breschnew. Seine Ansprache befaßte sich fast ausschließlich mit den Problemen der Ausweitung und Modernisierung der sowjetischen Metallindustrie. Breschnew war in seinem Element und in bester Form. Es war eine Rede ohne Nonsens, ohne Getue, ohne Parteigeschwafel — eine Rede, die ein Ingenieurherz schneller schlagen ließ. Und wie Breschnew wußte, befanden sich eine Menge Ingenieure unter den Kongreßdelegierten.

Mit dem Hinweis auf einige Fabriken, die sich bereits zehn Jahre im Bau befanden, sagte er: ›Diese Praxis kann nicht länger toleriert werden ... Der Plan sieht eine Konzentration der Geldmittel für Schlüsselprojekte und eine Beschleunigung der Bauzeiten vor.‹ Breschnew betonte die Notwendigkeit eines ›sparsamen Verbrauchs von Metall‹ sowie der Einführung ›neuer, hochwirksamer technischer Prozesse und Produktionsmethoden‹. Die Arbeitsproduktivität in der sowjetischen Metall- und Stahlindustrie sei — so seine Worte — niedriger als in den Vereinigten Staaten, ›weil eine größere Anzahl von Arbeitern in unseren Fabriken mit verschiedenen zusätzlichen Tätigkeiten, Reparatur- und Hilfsdiensten beschäftigt sind ... Wir haben noch viel zu tun, um Mechanisierung und Automatisierung einzuführen.‹

Im April kam Breschnew die hohe Ehre zu, bei der jährlichen Leningeburtstagsfeier im Bolschoi-Theater als Hauptredner aufzutreten. Seine Ansprache war eine zweistündige Lobeshymne auf Chruschtschow — der durch Abwesenheit glänzte — und eine Aufzählung der kommunistischen Errungenschaften, besonders während der Epoche von Chruschtschows Aufstieg, die er ›einen Wendepunkt im Leben der Sowjetunion‹ nannte. Trotz aller Wiederholung der sowjetischen Standardkonzepte und -hoffnungen war diese Rede doch auch Ausdruck von Breschnews persönlichem politischem Stil: Kompromiß — ein Versuch, so viele verschiedene Interessengruppen wie möglich zu befriedigen.

Einerseits pries er Chruschtschow, andererseits aber zollte er Stalin Anerkennung für seine Leistung in der ›Industrialisierung, ... Kollektivierung [und] kulturellen Revolution‹ der Sowjetunion, wodurch die ›sozialistische Reorganisation der Gesellschaft ermöglicht wurde.‹ Er sprach über die Wiedereinführung von ›Leninistischen Normen‹, erwähnte aber dann die ›vielen Klassenfeinde im Lande und ihre Agenten innerhalb der Partei — Trotzkisten, Sinowjewisten, Bucharinisten, bürgerliche Nationalisten —, die [versuchten] den sozialistischen Aufbau zu hemmen und ihr Äußerstes taten, um die Partei von ihrem leninistischen Kurs abzubringen‹. Einerseits ermahnte er seine Zuhörer, daß die UdSSR wachsam bleiben und militärisch stark sein müsse, andererseits unterstrich er aber auch die Hoffnung auf friedliche Koexistenz: ›Wir brauchen keine Kriege, keine Eroberungen, keinen Rüstungswettlauf; was wir brauchen, ist Frieden, um den Kommunismus aufzubauen.‹ Amerikanische Kapitalisten seien das größte Hindernis bei der Verfolgung dieses Ziels, weil ›der Rüstungswettlauf ihrer Wirtschaft nützlich ist‹.

Drei Monate später traf Breschnew mit einem dieser ›kapitalistisch-imperialistischen Amerikaner‹ zusammen: mit Richard Nixon, zu jener Zeit Vizepräsident der USA. Damals trat Breschnew zum erstenmal auch in das Blickfeld der westlichen Welt. Während des historischen ›Küchengesprächs‹ zwischen Nixon und Chruschtschow auf einer Ausstellung amerikanischer Konsumgüter im Moskauer Sokolniki-Park stand Breschnew etwas links hinter dem damaligen US-Vizepräsidenten. Kein Muskel zuckte in seinem kantigen Gesicht; er hörte scheinbar unbeteiligt zu, wie Chruschtschow und Nixon Drohungen, Eigenlob und Prahlereien austauschten. Nur einmal gab Breschnew seine steinerne Pose auf, um durch energisches Kopfnicken Chruschtschows Äußerung zu unterstreichen, als dieser mit drohendem Finger vor Nixons Gesicht pathetisch hervorstieß: ›Auch wir sind Giganten. Wenn Sie uns drohen wollen, werden wir Drohung mit Drohung beantworten.‹

Was auch immer seine sonstigen Pflichten gewesen sein mögen, auf jeden Fall gehörte Breschnew zu Chruschtschows wichtigsten Feuerwehrmännern. Ende 1959 befand sich Kasachstan in großen Schwierigkeiten: Breschnew eilte nach Alma-Ata, um sie zu beheben. Als Nachfolger für sich hatte er Iwan D. Jakowlew zum Chef der kasachischen Partei gewählt. Während seines ersten Jahres war Jakowlew erfolgreich gewesen und hatte eine Rekordernte verzeichnen können. Doch 1957 war eine Katastrophe über die Neulandgebiete hereingebrochen: die Getreidelieferungen hatten um 75 Prozent abgenommen. Chruschtschow enthob Jakowlew im Dezember 1957 seines Amtes und schickte seinen Hauptberater in landwirtschaftlichen Fragen, Nikolai I. Beljajew, ein Vollmitglied des Präsidiums, als Kasachstans Ersten Sekretär nach Alma-Ata. Beljajews erste Ernte 1958 war ausgezeichnet. Doch 1959 waren die Getreidelieferungen wieder gesunken. Im Januar 1960 erschien Breschnew auf dem Schauplatz, um Beljajew hinauszuwerfen und seinen Freund, Dinmuchamed Kunajew, den kasachischen Ministerpräsidenten, auf den Posten des Parteiführers zu setzen.

Breschnews persönliche Intervention in Kasachstan bestätigte, was Kremlbeobachter bereits seit Wochen vermutet hatten: daß er im Begriff war, zum zweiten Mann der Parteihierarchie aufzusteigen und somit Chruschtschows mutmaßlicher Erbe und Nachfolger von Alexeij Kiritschenko zu werden.

Kiritschenko, ein Freund und Protegé Chruschtschows, war bis 1957 Parteiführer der Ukraine gewesen. Einige Monate vor der Niederlage der ›parteifeindlichen Gruppe‹ hatte Chruschtschow Kiritschenko nach Moskau gerufen: zusätzlich zu seinem Sitz im Präsidium wurde er auch einer der Sekretäre des Zentralkomitees. Bald kristallisierte sich heraus, daß er praktisch der Zweite Sekretär der Partei war. Ihm waren die Kader anvertraut — der maßgeblichste und einflußreichste Posten nach Chruschtschow; Kiritschenko war der anerkannte Erbe. Im Januar 1960 wurde er plötzlich entlassen und als Erster Sekretär des Gebietskomitees nach Rostow-am-Don geschickt.

Die Gründe für diese Degradierung wurden nie genannt. Eine Version, die damals in Moskau zu hören war, besagte, daß Kiritschenkos ›Arbeitsstil fehlerhaft‹ gewesen sei. Eine weitere Version war, daß er andere einflußreiche Präsidiumsmitglieder, vor allem Anastas Mikojan, durch seine barschen Manieren irritiert hätte. Es können auch echte politische Meinungsverschiedenheiten zugrunde gelegen haben. Höchst unwahrscheinlich ist jedoch, daß Chruschtschow selbst Kiritschenkos Degradierung initiierte; denn mit ihm verlor er seinen vielleicht loyalsten und ergebensten Verbündeten. Vermutlich hatten mehrere Fehler Kiritschenkos zusammen eine heterogene Koalition gegen ihn hervorgerufen.

Was auch immer der Grund oder die Gründe sein mögen: Kiritschenkos Sturz im Januar 1960 versetzte Breschnew in eine neue Position. Aber wie Michel Tatu in seiner ausgezeichneten Studie *Macht und Ohnmacht im Kreml* hervorhob, ›eröffnete Kiritschenkos Sturz auch eine neue Phase in Chruschtschows Herrschaft‹.

Nach außen hin schien alles ganz ruhig in jenen ersten Wochen des Jahres 1960. Unter der Oberfläche brodelte es jedoch. Im Mai sollte Breschnew von diesem Strudel ergriffen werden und dabei einen politischen Rückschlag erleiden.

Herr Präsident

Als Leonid Iljitsch Breschnew im Sommer 1921 die *Trudowa Schkola* abschloß, waren die Umstände keineswegs dazu angetan, ein Klassen-Jahrbuch mit erfolgversprechenden Prognosen über die künftige Karriere der Jungen herauszugeben. Auch die Ansprachen und Abschiedsworte, die es anläßlich der Abschlußfeier bei Kerzenbeleuchtung und heißem Zuckerwasser gab, wurden nicht für die Nachwelt aufgezeichnet. Aber angenommen, dies wäre der Fall gewesen, so mutet es doch höchst unwahrscheinlich an, daß irgendwer — ob Lehrer, Mitschüler oder der Schuldirektor Jossif Schtokalo — die Prophezeihung aufgestellt hätte, Breschnew würde eines Tages Staatspräsident der UdSSR sein.

Im Mai 1960 wurde er zum fünften Staatsoberhaupt der Sowjetunion ernannt — Nachfolger von Jakow Swerdlow, Michail Kalinin, Nikolai Schwernik und dem großen Kavalleriehelden des Bürgerkrieges, Kliment Woroschilow.

Eigentlich hätte ›Tantchen Natascha‹, seine alte Mutter, vor Stolz strahlen, hätten seine Frau Wiktoria, die beiden Kinder und die Enkel begeistert sein müssen. Schließlich hat in den meisten Ländern ein Mann, wenn er Präsident wird, den Gipfel der Macht und den Zenit der persönlichen Ehre und des Prestiges erreicht.

Doch in der Sowjetunion, wo die Partei der Quell aller Macht ist und die führende Rolle in der Gesellschaft spielt, ist die ›Präsidentschaft‹ wenig mehr als eine ehrenvolle Weide politischer Ohnmacht.

Breschnew hatte also überhaupt keinen Grund zum Jubeln. Er wußte nur zu gut, daß seine Wahl zum Vorsitzenden des Präsidiums des Obersten Sowjets am 7. Mai 1960 einen großen Rückschlag bedeutete, der mit all seinen möglichen Konsequenzen genauso schwer wog wie seine Degradierung im Jahre 1953.

Ebenso wie 1953 wurde Breschnew das Opfer politischer Umstände, die außerhalb seines Einflußbereiches lagen. Praktisch ohne jedes eigene Verschulden — außer, daß er Chruschtschows karriereträchtigster und einflußreichster Protegé war — war er zum Prellbock einer massiven Umbildung geworden. Sie erschütterte die sowjetische Führung, einige Tage, nachdem Gary Powers U-2-Aufklärungsflugzeug über Swerdlowsk abgeschossen worden war. Die innenpolitische Umwälzung, die diesem Zwischenfall des kalten Krieges folgte, war nicht so sehr gegen Breschnew gerichtet als gegen Chruschtschow. Eine Gruppe von Gegnern suchte seine Politik zu unterminieren und war gleichzeitig entschlossen, seine Macht einzuschränken.

Bis zum 1. Mai, jenem Tag, an dem Powers abgeschossen wurde, hatte Breschnew die besten Aussichten, in die zweite Position in der Partei aufzurücken, die durch die mysteriöse Degradierung von Kiritschenko freigeworden war. Obwohl nicht mehr ein völlig ergebener Diener Chruschtschows, hatte er doch unendlich mehr Loyalität bewiesen als irgendein anderer Mann in der Führungsspitze. Doch die U-2-Affäre und Washingtons ungeschickte Diplomatie nahmen ihm diese Chance — zumindest für die nächsten drei Jahre.

Tatsächlich hatten sich die Ereignisse, die zu Chruschtschows Schwierigkeiten und Breschnews Rückschlag im Mai 1960 führten, bereits seit einiger Zeit angebahnt.

Die Streitfragen waren grundlegender Natur: Chruschtschows Politik der Annäherung an den Westen, die in einem Pariser Gipfeltreffen am 16. Mai sowie in einem darauffolgenden Besuch Präsident Eisenhowers in der UdSSR ihren Höhepunkt finden sollte; seine angekündigte Absicht, 1,2 Millionen Mann — einschließlich 250 000 Berufsoffizieren, Generälen und Admirälen — aus dem Dienst zu entlassen; der sich anbahnende Bruch mit China; sein wirtschaftliches Dezentralisierungsprogramm.

Seit Chruschtschows Rückkehr aus den USA und den Camp-David-Gesprächen mit Eisenhower im September 1959 befand sich insbesondere seine Außen- und Militärpolitik unter ständigem und kaum verhülltem Beschuß. Die Gegner waren eine Koalition, bestehend aus Gralshütern der kommunistischen Orthodoxie, Mitgliedern des Militärestablishments und kalten Kriegern. Ihre andauernde Kritik hatte eine Verschärfung der sowjetischen Außenpolitik schon lange vor der U-2-Affäre bewirkt. Die beiden Politiker, die am heftigsten auf eine Verhärtung der Politik gedrängt hatten, waren Michail Suslow und Frol Koslow.

Der Abschuß der U-2 und die Gefangennahme Powers brachten die innere Diskussion nun zu einem Höhepunkt. Es war unvermeidbar, daß dieser Zwischenfall auch die Grundfesten von Chruschtschows Machtstruktur erschütterte.

Chruschtschow hatte monatelang behauptet, daß man den USA trauen könne, und hatte diese Versicherung teilweise auf seine ›Freundschaft‹ mit Eisenhower und auf die Übereinstimmung gegründet, die er angeblich mit dem Präsidenten während der Camp-David-Gespräche erzielt hatte. Aber die Erbeutung des Aufklärers ließ nicht nur die amerikanische Politik doppelzüngig erscheinen, sondern machte auch Chruschtschow lächerlich, weil er dem amerikanischen Präsidenten auf den Leim gegangen war. Als Eisenhower dann auch noch zugab, daß er persönlich die Spionageflüge über sowjetischem Territorium genehmigt hatte, verschlimmerte er damit unbedachterweise Chruschtschows Dilemma und vergrößerte dessen Verlegenheit. Chruschtschow erklärte einer Gruppe ausländischer Journalisten in Moskau: ›Die amerikanischen Militaristen haben mich, der ich für die Vorbereitung des Besuches des Präsidenten in der UdSSR verantwortlich bin, in eine sehr schwierige Lage versetzt.‹

Die Schwierigkeit seiner Lage wurde auf einer Sitzung des Zentralkomitees am 4. Mai deutlich. Das Plenum ratifizierte eine rigorose Änderung in der Führung, mit dem Ziel, Chruschtschows Macht zu schmälern. Das Parteisekretariat wurde in seiner Größe drastisch reduziert und unter die De-facto-Kontrolle von Frol Koslow gestellt, der bis dahin Stellvertretender Premierminister gewesen war. Drei Männer, die Chruschtschow wenig oder nichts verdankten, wurden zu Vollmitgliedern im Parteipräsidium befördert: Alexej Kossygin, der auch zum Ersten Stellvertretenden Premierminister ernannt wurde, Nikolai Podgorny und Dimitri Poljanski. Chruschtschows engster Verbündeter in der Außenpolitik, Anastas Mikojan, erlitt eine ernsthafte Niederlage, und Breschnew wurde von den Hebeln der Macht weggeboxt und ›treppaufwärts gestoßen‹ zur Präsidentschaft der UdSSR als Nachfolger Woroschilows.

Zum erstenmal seit der ›Parteifeinde‹-Affäre im Jahre 1957 war

Chruschtschows Stellung ernstlich bedroht. Eine neue Opposition hatte sich um Suslow, Koslow und Kossygin gebildet. Sie steckte noch in den Anfängen, und das Schicksal sollte in den folgenden Jahren ihre Zusammensetzung drastisch verändern. Nichtsdestoweniger bot sie einen neuen Anziehungspunkt für all jene, die Chruschtschows Politik ablehnten, jene, die keine eigenen politischen Alternativen anzubieten hatten, aber unter seinem willkürlichen Führungsstil, seiner taktlosen öffentlichen Bloßstellung von Untergebenen, seinen überheblichen und *ne kulturnij*-Manieren sowie dem neuen Persönlichkeitskult, den er ihnen aufzwang, stöhnten.

Es erscheint zweifelhaft, daß die Frage seines Sturzes bereits im Mai 1960 angeschnitten wurde. Aber jene, die seine Politik und sein Machtmonopol ablehnten, hatten bewiesen, daß er gebremst und sogar zum Rückzug gezwungen werden konnte. Gewiß, es schälte sich eine Art Kompromiß heraus. Die Veränderungen in der Führung stellten einen Versuch dar, die Armee in die Hand zu bekommen und den Primat der politischen Autorität über die Militärs wiederherzustellen. Andererseits hatten die Marschälle eines ihrer grundlegenden Ziele erreicht: die Verhärtung der Außenpolitik.

Seine Opponenten — die Chinesen; die Marschälle und Generäle, die größere Geldzuwendungen wollten; die Wirtschaftsplaner, die größere Zentralisierung forderten; die Konservativen in Staats- und Parteiapparat — waren ermutigt. Sie hatten gezeigt, daß Chruschtschow gezwungen werden konnte, die Macht zu teilen. Es war ein Warnsignal, das den Anfang vom Ende Chruschtschows anzeigte. Nur Koslows schlechter Gesundheitszustand verhinderte, daß dieses Ende auch Breschnew mit einbezog.

Breschnew kämpfte eisern, und seine Degradierung erfolgte stufenweise. Der Beschluß, ihn zur ›Präsidentschaft‹ abzuschieben, wurde offenbar in der Plenarsitzung am 4. Mai gefaßt. Zwei Tage später wurde er vom Obersten Sowjet bestätigt. Breschnew gehörte jedoch noch immer dem Parteisekretariat an.

Vom 11. bis zum 14. Mai wurde eine Mammutkonferenz über die politische Arbeit in der sowjetischen Armee im Großen Kreml-Palast abgehalten. Die Tagung befaßte sich mit der Struktur von Parteiorganisationen auf Bataillons-, Regiments- und Divisionsebene sowie mit der Frage der zivilen politischen Kontrolle im allgemeinen. Die militärischen Hauptredner waren Verteidigungsminister Marschall Rodion Malinowski und General F. I. Golikow, damals oberster Politoffizier. Drei ›Zivilisten‹ waren auch auf dem Podium: Leonid Breschnew, Michail Suslow und Nikolai Ignatow, ein anderer Chruschtschow-Protegé, der gerade degradiert worden war. Von den dreien ergriff Breschnew als einziger das Wort: ein Hinweis auf die Bedeutung, welche die Marschälle und Generäle seiner Rolle im Sekretariat beimaßen.

Doch zwei Monate später erfolgte der nächste Keulenhieb. Er wurde seiner Funktionen im Parteisekretariat entbunden und nicht ersetzt.

Für einen ehrgeizigen Mann war dies ein ungeheurer Rückschlag. Doch wie bei früheren persönlichen Machtkrisen demonstrierte Breschnew auch jetzt seine bemerkenswerte Fähigkeit, dem Mißgeschick noch die beste Seite abzugewinnen. Bis jetzt ist er der einzige Sowjetpolitiker, dem es gelingen sollte, vom Nebengleis der Präsidentschaft wieder auf die Hauptstrecke echter Macht zu gelangen.

Fast unverzüglich versetzte er die engsten Berater seines persönlichen Stabes — Georgij Zukanow, den Absolventen des Instituts in Kamenskoje, der seit 1958 sein persönlicher Adjutant gewesen war, und Konstantin Tschernenko — vom ZK-Gebäude am *Staraja Ploschad* in die Büroräume des Obersten Sowjets im Kreml. Zum Glück wurde ihm auch ein Berater für außenpolitische Angelegenheiten zugewiesen: Andrej M. Alexandrow-Agentow, ein Berufsdiplomat und Fachmann für deutsche Angelegenheiten, der sich seit 1970 in der Öffentlichkeit zu ›Breschnews Kissinger‹ entwickelte.

Breschnew erkannte auch bald, daß der Vorsitz im Präsidium des Obersten Sowjets zumindest nicht mehr ganz jene Sinekure und politische Grabstätte war, wie allgemein angenommen wurde. Er bot den enormen Vorteil der öffentlichen Repräsentation. Neben Chruschtschow wurde Breschnew der Mann, der am häufigsten im Fernsehen zu sehen war. Er wurde fast täglich in der Presse erwähnt. Er begrüßte ausländische Besucher, empfing Gesandte und tauschte Botschaften mit ausländischen Staatsoberhäuptern aus. Er unterzeichnete alle Gesetze, Erlasse und internationalen Verträge, die vom Obersten Sowjet ratifiziert wurden. Er verlieh Tausende von Orden und Auszeichnungen.

Vor allem reiste er ins Ausland. Er war so viel unterwegs wie noch kein sowjetischer Präsident vor ihm: in 3 Jahren machte er 15 Reisen. Er fuhr nach Marokko, Ghana, Guinea und in den Sudan, nach Persien, Indien und Afghanistan, nach Finnland und Jugoslawien, nach Ungarn, Polen, Rumänien, Bulgarien, in die Tschechoslowakei und in die DDR.

Der Beginn seiner peripatetischen Karriere war jedoch keineswegs erfolgversprechend. Am 9. Februar 1961 wurde Breschnews Iljuschin 18 auf dem Flug nach Rabat 130 Kilometer nördlich von Algerien von einem Düsenjäger der französischen Luftwaffe scharf angeflogen und zweimal beschossen. Der Zwischenfall zog einen hitzigen Austausch von diplomatischen Noten zwischen Moskau und Paris nach sich, in denen die Sowjetunion die Franzosen der ›internationalen Luftpiraterie‹ beschuldigte. Frankreich verteidigte sich mit der lahmen Erklärung, das Flugzeug sei vom Kurs abgewichen und der Abfangjäger habe versucht, ›die Identität festzustellen‹.

Welches Gefühl Breschnew hatte, als die französische ›Mirage‹ zu feuern begann, ist nicht überliefert. Jedenfalls hat ihm diese kurze Begegnung mit dem Tod keineswegs die Lust am Reisen genommen. Es schien auch seine Frau Wiktoria nicht zu beunruhigen, die ihn im selben Jahr auf einem Staatsbesuch nach Indien und 1963 in den Iran begleitete.

Wiktoria hinterließ als Breschnews Reisegefährtin keinen bleibenden Eindruck, im Unterschied zu Tochter Galina, die ihn 1962 nach Jugoslawien begleitete und Klatschspaltentanten und ausländischen Journalisten mit ihren modischen Kleidern und gewandten Umgangsformen willkommenes Material lieferte.

Im großen und ganzen unterschied sich der Eindruck, den Breschnew im Ausland hinterließ, grundsätzlich von dem seines cholerischen Chefs Chruschtschow und dem seines reizbaren Rivalen Koslow. Seine Gastgeber mögen sich gefragt haben, wo er eigentlich seinen Platz in dem Lotteriespiel um die Macht im Kreml hatte, andere mögen ihn gleichsam als Galionsfigur betrachtet haben. Aber Breschnew war ganz eindeutig weder ein Bauer noch ein rüpelhafter Apparatschik. Er war noch am ehesten ein Vorbild höflichen diplomatischen Benehmens. Und er schien die Probleme zu kennen.

›Zwei Jahre Unabhängigkeit sind eine sehr kurze Zeit‹, erklärte er dem strahlenden Sekou Touré bei einem Austausch von Trinksprüchen in Konakri. ›Um so erfreulicher ist es, die Fortschritte zu sehen, die Sie in dieser Zeit gemacht haben; Sie haben den Staat gestärkt und einen großangelegten wirtschaftlichen und kulturellen Aufbau begonnen.‹

Kwame Nkrumah von Ghana war ebenso begeistert, als ihm Breschnew sagte: ›Ich habe gehört, daß es in Afrika ein Sprichwort gibt, daß man mit vereinten Kräften sogar einen Löwen bezwingen kann. Wenn also die sozialistischen Staaten und die unabhängigen Länder Afrikas, Asiens, Europas und Lateinamerikas gemeinsam über den Frieden wachen, dann wird dies eine unerschütterliche Barriere im Wege jener sein, die militärische Abenteuer lieben.‹

Während jener Jahre auf dem politischen Nebengleis gewann Breschnew sicherlich an Format. Sein Horizont erweiterte sich, sein Geschmack wurde anspruchsvoller und teurer. Er sah etwas von der Welt und ihren Völkern und begann, neue Maßstäbe anzulegen. Wie sehr unterschied sie sich doch von jener anderen, die ihm das Leben eines Apparatschiks am Dnjepr, in Kischinew, in Alma-Ata oder in den düsteren Büroräumen des Zentralkomitees bieten konnte. Es wurden ihm auch die Bezüge und Nebeneinkünfte einer hohen Stellung zugestanden. Er erhielt noch einen Leninorden, eine Auszeichnung ›Held der Sozialistischen Arbeit‹ für seine ›hervorragenden Verdienste um die Entwicklung der Raketentechnik und den erfolgreichen Raumflug eines Sowjetmenschen‹ sowie — was am wichtigsten war — eine größere Wohnung in dem Haus am Kutusowski-Prospekt.

Doch was hatte er davon? Er war Mitte 50, voll Energie, Lebenslust, Ehrgeiz, aber gefesselt durch die Unfähigkeit seines eigenen Gönners, nur Breschnews Erzrivalen Koslow zu stärken schien.

Die Wahl Frol Koslows im Mai 1960 — einem Verbündeten der ›Stahlfresser‹-Lobby des sowjetischen Militärindustrie-Establishments und Vertreter der härteren Linie in außen- und innenpolitischen Angelegenheiten — war offenbar eine Kompromißlösung zwischen einem ausgesprochenen Chruschtschow-Anhänger wie Breschnew und einem Gegner, der von der schärfsten Opposition unterstützt wurde, beispielsweise Suslow. Jedenfalls machte sich Koslow sofort daran, das Machtvakuum mit seinen eigenen Anhängern und Günstlingen zu füllen, zum Schaden jener Breschnewfreunde und -verbündeten, die im Amt geblieben waren.

Zahlreiche wichtige Umbesetzungen in der Führung, die der XXII. Parteitag im Oktober 1961 vornahm, schwächten Breschnews und stärkten Koslows Position.

Es trifft wohl zu, daß die Gruppe der Breschnewfreunde, -verbündeten und -protegés im Zentralkomitee an diesem Parteitag wuchs. So wurden beispielsweise Marschall Gretschko, damals der Kommandeur der Warschauer-Pakt-Streitkräfte, und Admiral Gorschkow sowie zahlreiche andere Marschälle und Generäle ins Komitee gewählt. Iwan Gruschezki avancierte zum Vollmitglied, ebenso wie Wenjamin Dymschiz, den Breschnew in Saporoschje kennengelernt hatte, Ignati Nowikow, Nikolai Tichonow und Lew N. Smirnow, der ein Forschungsinstitut für die Rüstungsindustrie in Dnjepropetrowsk geleitet hatte und 1961 Vorsitzender des Staatskomitees für die Rüstungsindustrie war. Es stiegen aber noch andere in das ZK auf: Nikita Tolubejew, damals Erster Sekretär des Dnjepropetrowsk-Obkoms; Iwan Junak, damals wie heute Parteichef des Tula-Oblasts, der bis 1961 Regierungschef des Gebietes Dnjepropetrowsk gewesen war, und Wladimir Schtscherbizki. Wiedergewählt als Vollmitglieder des Zentralkomitees wurden solche Verbündete wie Kunajew, Korottschenko, Kirilenko und Jenjutin.

Aber andererseits wurden auf dem Parteitag zwei von Breschnews engsten Anhängern in der Führungsspitze, Kirilenko und Korottschenko, aus dem Parteipräsidium ausgeschlossen. Kirilenko wurde sogar durch Iwan Spiridonow, den Nachfolger von Koslow als Leningrader Parteichef, ersetzt. Spiridonow erhielt gleichzeitig seine Ernennung zum ZK-Sekretär. Spiridonows Position in Leningrad nahm ein anderer Koslowanhänger ein: Wassilij Tolstikow, der diesen Posten bis 1970 bekleidete. Dann erst sollte es Breschnew gelingen, ihn als Botschafter nach Peking zu ›verbannen‹.

Bald nach dem Kongreß nutzte Koslow auch seine neue Stärke dazu, Breschnews Machtbasen in der Provinz anzugreifen.

Zuerst schlug er in der Moldau-Republik zu. Im Mai 1962 wurde Nikolai Schtschelokow als Erster Stellvertretender Ministerpräsident entlassen und mußte sich damit begnügen, einer von mehreren Stellvertretenden Premierministern zu sein. Einige Monate später erlitt Schtschelokows Karriere einen weiteren Rückschlag und trat in eine Phase der ›stufenweisen Degradierung‹ ein, die nur durch Koslows späteren physischen Zusammenbruch zum Stillstand kommen sollte.

Als nächstes nahm Koslow eine weitere schlechte Ernte zum willkommenen Vorwand, um in Breschnews altes Lehen Kasachstan einzubrechen, wo er im Dezember 1962 persönlich eine zweitägige Sitzung des Zentralkomitees in Alma-Ata überwachte. Sie gipfelte darin, daß Kunajew von der Parteiführung entbunden und wieder zum Ministerpräsidenten ernannt wurde, ein Posten, den er bereits vor 1960 bekleidet hatte. Koslows Schützling Ismail Jusupow wurde neuer Erster Sekretär der KP Kasachstans.

Die kasachische Säuberung war besonders scharf. Koslow hatte Kunajew der schlechten Führung bezichtigt. Jusupow beschuldigte — ohne Namen zu nennen — Spitzenfunktionäre der Trunkenheit, des Spielens und der Veruntreuung. Bald erlebte Breschnews alter Apparat eine massive Säuberung. Die vakant gewordenen Stellen wurden mit Koslowanhängern besetzt.

Nach Chruschtschows Sturz 1964 beeilte sich Breschnew, Kunajew wieder als Parteiführer von Kasachstan einzusetzen. Die Konsequenzen von Koslows Säuberung des kasachischen Apparates sollten Breschnew jedoch noch lange plagen, und zwar hauptsächlich deshalb, weil Koslows Anhängerschaft zum Teil von Nikolai Podgorny übernommen wurde.

Als Koslow im April 1963 einen Schlaganfall erlitt, der schließlich zum Tode führen sollte, schlüpften viele seiner Protegés und Anhänger in Kasachstan unter Podgornys schützende Fittiche. Dieser begann damit, seine eigene kasachische Machtbasis aufzubauen; sein Klient Witalij N. Titow war ihm dabei behilflich. Auf dem Höhepunkt seiner Macht hatte Koslow Titow, einen Podgorny-Anhänger, als Leiter der Kaderabteilung des Zentralkomitees der KPdSU eingesetzt: eine erstklassige Ausgangsposition, um Koslow- und Podgornyanhänger in Schlüsselstellungen im ganzen Land — so natürlich auch in Kasachstan — einzuschleusen. Erst 1965, während des Machtkampfes mit Podgorny, sollte Breschnew Titow aus Moskau entfernen können. Doch gelang es ihm nicht, ihn weit genug wegzuschicken. Titow ging als Kunajews Zweiter Sekretär nach Kasachstan. Sein Einfluß in Moskau war nun untergraben, aber in Alma-Ata genoß er noch große Macht. Hauptsächlich waren es Koslow- und Podgorny-Leute, die von seiner Protektion dort profitierten. Breschnew und Kunajew wandten verschiedene Strategien an, um sie aus ihren Machtpositionen zu entfernen: beispielsweise eine

Neueinteilung der Oblasts und der Bezirke Kasachstans. Erst im März 1971, als Titow von seinem Posten als Zweiter Sekretär der KP Kasachstans abgesetzt wurde, gelang es Breschnew schließlich, seine Kontrolle über die Republik wiederherzustellen. Ein Jahrzehnt war vergangen, seitdem Koslow zuerst in Breschnews Leben eingedrungen war.

Für Koslow waren diese Feindflüge gegen Breschnews Bastionen freilich nur zweitrangig gegenüber seinem Hauptkampf mit Chruschtschow selbst.

Chruschtschow war ein großartiger Schauspieler, und der Persönlichkeitskult, den er gepflegt hatte, lieferte eine perfekte Kulisse für eine Aufführung, die den Großteil der Welt in dem Glauben wiegte, daß er sich praktisch unangefochten auf dem Zenit seiner Macht befand — bis zu jenem schicksalhaften Tag im Oktober 1964, als er von der Bühne verschwand. Aber das war nur ein Schauspiel. In Wirklichkeit hatte er den Höhepunkt seines Erfolges 1959 erreicht — seit Mai 1960 ging es wieder abwärts. Was vielleicht die meisten Beobachter verwirrte, war die Tatsache, daß er geschickt Widerstand leistete. Ein verbissener und komplexer Kampf, in zahlreichen Scharmützeln über viele Fragen mit ständig wechselnden Machtallianzen ausgetragen, vernebelte die wahre Situation auf dem Schlachtfeld.

Im allgemeinen, von seinem Streben nach persönlicher Macht einmal abgesehen, waren die Ursachen von Chruschtschows Dilemma seit 1953 darin zu suchen, daß er zwei grundsätzliche Ziele verfolgte: die Entstalinisierung und einen höheren Lebensstandard für das sowjetische Volk. Beide führten zu enormen Komplikationen, und wie jeder Politiker der Welt, der sich verschiedenartigen Pressionen und Impulsen ausgesetzt sieht, versuchte auch er, schwierige Entscheidungen zu umgehen, reagierte allmählich auf die Ereignisse und verfolgte eine Politik mit widersprüchlichen Resultaten.

Entstalinisierung bedeutete vor allem, sich mit der Gesellschaft auseinanderzusetzen, die der Diktator geformt hatte: eine Gesellschaft, begründet auf Angst, Mißtrauen, Feigheit und Unterwürfigkeit, Grausamkeit, Intrige und bürokratischer Überzentralisation. Es bedeutete außerdem, daß man sich mit einer Fülle von Interessengruppen herumschlagen mußte, deren Macht und Vorteile mehr oder weniger von der Fortsetzung des durch Stalin gegründeten

Systems abhingen. Schließlich hatte die Entstalinisierung zur Folge, daß im In- und Ausland Kräfte freigesetzt wurden, über die Chruschtschow bald die Kontrolle verlor. Die Aufstände in Ungarn und Polen im Jahre 1956 waren nur eine Konsequenz. Tatsächlich löste Chruschtschow den Zusammenbruch der Disziplin aus und verursachte den Zerfall des Reiches, der Kommunistischen Weltbewegung, die Stalin geschaffen hatte. Er hatte einen ›bösen Geist‹ aus der Flasche gelassen. (Und der ist immer noch draußen!) Chruschtschow bemühte sich vergeblich, ihn wieder in die Flasche zu zwingen, beschwor dabei aber neue Schwierigkeiten herauf. Sein Nachfolger Breschnew hat sich in dieser Angelegenheit jedoch auch nicht geschickter gezeigt.

Chruschtschows zweites Ziel, den weitverbreiteten Wunsch nach einer raschen Hebung des Lebensstandards zu erfüllen — ein Verlangen, das er durch sein Versprechen vom baldigen Wohlstand steigerte — zwang ihn, die notwendigen Mittel der Rüstungs- und Schwerindustrie zu entziehen und sie der Landwirtschaft und dem Konsumgütersektor zuzuführen, sowie ein Arrangement mit dem Westen zu suchen, das den Druck auf die Wirtschaft erleichtern würde. Mit diesem Bemühen brachte er mächtige Interessengruppen gegen sich auf, wie die Militärs und die Magnaten der Schwerindustrie, die so etwas wie einen Staat im Staat darstellten. Er erregte aber auch den Zorn der Ideologen, die eine außenpolitische Entspannung fürchteten: hatten sie doch von Stalin gelernt, Industrialisierung mit dem Aufbau des Kommunismus gleichzusetzen. Seine konsumfreundliche Politik setzte ferner eine starke landwirtschaftliche Basis voraus, für die ihm das Know-how, ein zeitgemäßer Maschinenpark und ein System des materiellen Anreizes fehlte. Als der Widerstand gegen seine Politik stieg und seine Pläne zu scheitern begannen, verlor er allmählich auch die Unterstützung jener Mitglieder des kommunistischen Parteiapparates, die ihn bis zu einem gewissen Punkt unterstützt hatten. Mit der Verfolgung seiner außenpolitischen Ziele und seinen wiederholten Fehlschlägen in diesem Zusammenhang legte er zudem den Kern für den Bruch mit China.

Die Fragenkomplexe, die zur Verringerung seiner Autorität und Macht in den sechziger Jahren führten, waren folgende:

1. *Außenpolitik und Militärstrategie:* Chruschtschows erklärte und

zweifellos auch aufrichtige Absicht, mit den USA eine Einigung zu erzielen, damit er größere Geldmittel auf die innere Entwicklung des Landes konzentrieren konnte, wurde vereitelt durch die andauernde Opposition im eigenen Land sowie durch die dauernd wechselnde Politik der USA, die seine Motive in Frage stellten.

Wie John Foster Dulles taktierte auch Chruschtschow ständig am Rande des Krieges, doch war er der schlechtere Taktiker. Seine bemerkenswerten Mißerfolge waren das Kongoabenteuer, das Berlinultimatum und die militärische Kraftprobe in der geteilten Stadt nach dem Mauerbau, das kubanische Raketenfiasko, das einerseits zwar zu dem nuklearen Patt führte, welches noch heute die Beziehungen zwischen den USA und der UdSSR bestimmt, andererseits aber Chruschtschow und die Sowjetunion zu Narren stempelte.

2. *Beziehungen zur kommunistischen Welt:* Nach 1960 war es den meisten sowjetischen Politikern klar, daß der Bruch Peking—Moskau irreparabel war. Nicht einig war man sich jedoch über die Frage der Taktik und wie tief man die Kluft werden lassen sollte. Chruschtschow plädierte für eine harte Linie. Suslow und möglicherweise auch Koslow befürworteten ein Vorgehen, das entweder die Chinesen besänftigte oder zumindest einen Modus vivendi schuf, der die Krise entschärfen und vielleicht sogar den Sprung kitten würde.

3. *Landwirtschaft:* Obwohl Chruschtschows Neulandgewinnungsprogramm im Prinzip richtig war, hatte seine Verwirklichung und Chruschtschows Weigerung, auf den Rat von Experten zu hören, zu sinkenden Erträgen geführt. Dazu kamen noch seine nie aufhörenden Agrarexperimente, worunter das bekannteste Beispiel der Maisanbaufeldzug war. Der Kern von Chruschtschows Agrarpolitik war eine Verbesserung der Versorgung an Fleisch und tierischen Produkten. Als er in den Neulandgebieten die gewünschten Erfolge nicht erzielen konnte, wandte er sich dem Mais zu, der — wie er selber gesehen hatte — in den USA erfolgreich verwendet wurde. Mais war tatsächlich eine Feldfrucht mit einem hohen Nutzwert sowohl für menschliche Ernährung als auch als Tierfutter. Aber die Russen waren Mais nicht gewohnt. Außerdem wurde hier — wie bei so vielen anderen Dingen — Chruschtschow von seiner eigenen Begeisterung mitgerissen und ordnete eine Maiskampagne in Gebieten an, die für diese Frucht ungeeignet waren. Er brachte das Land 1963 an den Rand des landwirtschaftlichen Ruins. In einem

verspäteten Bemühen, mutig an einige seiner Probleme heranzugehen, startete er ein großangelegtes Programm zur Expansion der chemischen Industrie, dem Bau und der Einfuhr von Düngemittelfabriken, der erhöhten Produktion von landwirtschaftlichen Maschinen, den Bau von künstlichen Bewässerungsanlagen und anderen Maßnahmen, die beträchtliches neues Kapital erforderten und auf die privilegierten Reservate der Rüstungs- und Schwerindustrie übergriffen.

4. *Zentralisierung gegen Regionalisierung in der Wirtschaft:* Um die Parteikontrolle über die Wirtschaft zu bekräftigen und die stark bürokratisierte und zentralisierte Wirtschaftsmaschinerie neu zu beleben, hatte Chruschtschow 1957 einen gewagten Schritt unternommen. Er schaffte 20 Fachministerien ab und ließ an ihre Stelle 105 regionale Wirtschaftsräte — sogenannte *Sownarchosen* — treten, deren Aufgabe es war, die Industrie auf regionaler Basis zu steuern. Für Tausende von unglücklichen Managern und Wirtschaftsbürokraten bedeutete dies einen Umzug in die tiefste Provinz, wo es nur wenige Annehmlichkeiten gab. Für die zentralen Planer und Technokraten in den früheren Ministerien war es ein Verlust ihrer traditionellen Machtpositionen. In den ersten Jahren brachte diese Reform Ergebnisse, die sich sehen lassen konnten. Aber der Widerstand stieg, und es entstand eine zunehmend kompliziertere bürokratische Struktur durch die Gründung von Staatskomitees und supraregionalen Wirtschaftsräten, die in Wirklichkeit Surrogate für die aufgelassenen Ministerien waren. Als Koslow und Kossygin im Mai 1960 an die Macht kamen, begann eine Kampagne zur neuerlichen Zentralisierung.

5. *Zweiteilung der Partei:* Im November 1962 startete Chruschtschow die kühnste und vielleicht am schlechtesten durchdachte seiner zahlreichen Reformen. Er teilte die Parteikomitees und Regierungen der einzelnen Oblasts und Republiken in zwei unabhängige und gleichstarke Teile: einen für Landwirtschaft, einen für Industrie. Sein Ziel war, die totale Kontrolle der Partei über die Wirtschaft zu verstärken und zu vervollkommnen. In Wirklichkeit schuf er jedoch ein Chaos und machte sich selber Tausende von Feinden. Die bürokratische Struktur wurde noch komplizierter. Jeder Obkom-Sekretär, der bisher ein ganzes Gebiet verwaltet hatte, war plötzlich nurmehr für eine Hälfte zuständig, entweder für den land-

wirtschaftlichen oder für den industriellen Teil, wobei praktisch niemand für das weite dazwischenliegende Tätigkeitsfeld, wie Ideologie, Polizeigewalt, Erziehung oder Kultur verantwortlich war. Außerdem sah diese künstliche Teilung des Apparates auch noch die Abschaffung der Bezirkskomitees der Partei vor, wodurch Zehntausende von Funktionären arbeitslos wurden. Einer der Witze, die damals in der UdSSR kursierten, handelte von einem Parteimitglied, das sich bei seinem Obkom-Sekretär für Landwirtschaft beklagte, daß ihn ein anderer Genosse mit einem Hammer auf den Kopf geschlagen habe. ›Ich würde gern etwas für dich tun, Iwan‹, erwiderte der Landwirtschaftssekretär, ›aber es fällt nicht in meinen Kompetenzbereich. Ja, wenn er dich mit einer Sichel geschnitten hätte, dann . . .‹

6. *Entstalinisierung:* In die Geschichte wird Chruschtschow als der Mann eingehen, der hartnäckig versucht hat, den Stalin-›Kult‹ abzuschaffen und einen Anflug von Gesetzlichkeit und Gerechtigkeit in der UdSSR wiederherzustellen. Aber seine Beweggründe dazu waren nicht gänzlich altruistischer Natur. Die Entstalinisierung war auch eine wirksame Waffe in Chruschtschows Hand, um seine mutmaßlichen Rivalen zu entfernen und seine Macht zu festigen. 1956 war er noch vorsichtig vorgegangen; fünf Jahre später, beim XXII. Parteitag, sollte er mit ihrer Wiederaufnahme verheerende Folgen erzielen. Der einbalsamierte Leichnam des Diktators wurde aus dem Lenin-Mausoleum entfernt und in einem einfachen Grab neben der Kremlmauer beigesetzt. Sein Name wurde aus den Geschichtsbüchern und Karten gestrichen. Die Liberalen atmeten auf, denn die neue Politik leitete auch das zweite kulturelle Tauwetter der Sowjetunion ein — das seinen Höhepunkt in Chruschtschows Entscheidung fand, Alexander Solschenizyns Roman *Ein Tag im Leben des Iwan Denisowitsch* zu veröffentlichen.

Hingegen waren die Chinesen sowie die Stalinisten und Neo-Stalinisten der UdSSR wütend; auch die Reaktion der orthodoxen Ideologen und der kommunistischen Konservativen war vehement. So sah sich Chruschtschow im Frühjahr 1963 gezwungen, den Rückzug anzutreten: er hatte eine neue Krise ausgelöst, die ihn beinahe seinen Posten gekostet hätte.

7. *Führungsstil:* Ein ganzer Beschwerdenkatalog, angefangen bei Chruschtschows unmöglichem Benehmen in der Öffentlichkeit, wie etwa der Schuh-Zwischenfall vor der UNO, bis zur Vetternwirt-

schaft, wie beispielsweise die Begünstigung seines Schwiegersohnes Alexej Adschubej, hatte sich unter dieser Rubrik angesammelt. Der Mann, der nach Stalins Tod am lautesten nach kollektiver Führung geschrien hatte — gerade er hatte sich zum neuen Autokraten entwickelt, Mittelpunkt eines schmeichlerischen Persönlichkeitskultes, der den des toten Diktators zu übertreffen drohte. Überall hing Chruschtschows Bild; keine Rede wurde gehalten, kein Artikel geschrieben ohne blumenreiche Eloge auf seine Größe. Er war ein einfacher, überschwenglicher Mensch, voll Enthusiasmus, dessen aufbrausendes Wesen in einem scharfen Kontrast zu den trägen, schwerfälligen, phantasielosen und ängstlichen Apparatschiks seiner Umgebung stand. Und sie haßten und verachteten ihn. Aber er war auch grob und ungeschliffen, neigte dazu, Tiraden saftiger Flüche hervorzusprudeln, und unterbrach gern die Reden seiner Kollegen mit sarkastischen Bemerkungen, die das Fußvolk erfreuten. Er verachtete die riesige Bürokratie, die Stalin geschaffen hatte, vergaß dabei aber offensichtlich die Tatsache, daß auch seine Macht davon abhing. Er verschmähte die Wissenschaft, verließ sich statt dessen lieber auf Scharlatane, verstand sich aber als Führer einer Partei, die den Anspruch erhob, auf wissenschaftlichen Prinzipien begründet zu sein. Er war ein Aufschneider und Besserwisser, ein Allroundexperte aus eigenen Gnaden — vom Maisanbau bis zur Kernphysik. Er experimentierte wild, stürzte von einer Gesellschaftsreform in die nächste. Ich bin sicher, daß Chruschtschow das Herz am rechten Fleck hatte, und er tat auch viel, um die Lage der UdSSR zu verbessern. In dem Eifer, den er dabei entwickelte, mähte er jedoch eine breite Schneise durch ein Feld von Feinden. Und Anfang der sechziger Jahre hatten sie ihn eingekreist.

Zwischen Frühjahr 1960 und Sommer 1963 war Chruschtschow mehrere Male nahe daran, gestürzt zu werden.

Jene, die sich eindeutig mit ihm identifizierten — wie etwa Breschnew — liefen Gefahr, mit in den Strudel hineingezogen zu werden. Im Winter 1962/63 war Breschnew nahezu in politische Vergessenheit geraten. Seine Stellung als Staatsoberhaupt berechtigte ihn zwar noch zu einem Platz in der ersten Reihe bei offiziellen Ereignissen, doch in Fragen von wirklicher Bedeutung oder in solchen des Parteiprotokolls wurde er nach seinem wahren politischen Gewicht eingestuft: nämlich gleich Null.

Die Aufmerksamkeit, die Kremlexperten der Frage schenken, wer wo auf dem Lenin-Mausoleum steht oder wessen Bild in welcher Reihe an der Fassade eines Gebäudes hängt, mag einen Laien als ziemlich müßiges Unterfangen anmuten. Doch die Erfahrung hat gezeigt, daß diese Feinheiten des Protokolls äußerst wichtige Indikatoren dafür sind, wer in der Kremllotterie gerade oben und wer unten liegt. Es ist beispielsweise unerläßlich, daß ein wichtiger Parteifunktionär — vor Antritt einer Auslandsreise oder bei der Rückkehr von einer solchen — am Flugplatz oder am Bahnhof verabschiedet bzw. wieder begrüßt wird. Je bedeutender die Persönlichkeit, um so größer und wichtiger ist auch die Delegation. Als Breschnew im Dezember 1962 zu einem Parteitag der tschechoslowakischen KP nach Prag flog, war nicht ein einziges Mitglied des Präsidiums erschienen, um ihn am Flugplatz zu verabschieden oder bei seiner Rückkunft zu begrüßen. Das war deutlich.

Auch für Chruschtschow mehrten sich die Boten kommenden Unheils. Mitte Februar entging er mit knapper Not dem politischen Exitus. Gerüchten zufolge, die damals in Moskau kursierten, war er in einer eigens am 15. und 16. Februar abgehaltenen Präsidiumssitzung überstimmt worden und hatte die Mehrheit verloren. Angeblich wurde sein Rücktritt erwogen, dann aber wieder verworfen.

Wir werden nie erfahren, ob das stimmt oder nicht. Allerdings gibt es schlüssige Beweise, daß sich Chruschtschows Politik nach diesem Treffen in drei oder vier Punkten scharf änderte. Schon einige Tage, nachdem die Sitzung stattgefunden haben soll, wurde die sowjetische Haltung China gegenüber spürbar gemildert. Die Vertreter der Rezentralisierungspolitik in der Wirtschaft sowie die ›Stahlfresser‹ verzeichneten einen wichtigen Sieg. Schließlich erlebten auch Chruschtschows Entstalinisierungspolitik und das kulturelle Tauwetter einen völligen Umschwung, der zu einer plötzlichen Kampagne strenger Parteikontrolle über Kunst und Literatur führte.

Angeblich wurde der Angriff gegen Chruschtschow bei jener Präsidiumssitzung von Koslow angeführt und von Suslow unterstützt. Einige Wochen später, Mitte März, verschwand Chruschtschow von der Bildfläche und zog sich zur Erholung in seinen Zufluchtsort in Gagra zurück. Es verging kaum ein Monat, da verschwand auch Koslow — für immer.

Koslow war zum letztenmal in der Öffentlichkeit zusammen mit Breschnew, Kirilenko (der 1962 sein Comeback hatte), Mikojan, Poljanski und Suslow auf einem Künstlerkongreß am 10. April gesehen worden. Gerüchten zufolge, die damals in Moskau kursierten und jetzt allgemein als die einleuchtendste Version akzeptiert werden, telefonierte Chruschtschow an jenem Abend von Gagra aus mit Koslow. Über zahlreiche Fragen gerieten sie wieder heftig aneinander. Koslow, der ein Herzleiden hatte, regte sich so auf, daß er einen Schlaganfall bekam.

Für Breschnew war es ein Glücksfall — für Chruschtschow eine Gnadenfrist.

Koslows Zustand konnte nicht sehr lange geheimgehalten werden. Seine Abwesenheit auf der Tribüne des Lenin-Mausoleums bei der Maifeier mußte erklärt werden. Am 4. Mai — genau drei Jahre nach seiner Aufnahme ins Sekretariat — bestätigte die *Prawda,* daß er krank gewesen sei.

Wie es häufig bei Gehirnblutungen der Fall ist, besserte sich Koslows Befinden zunächst etwas; doch bis Mitte Juni war klar, daß er für immer geschädigt sein würde. Er blieb zwar Mitglied des Präsidiums und Sekretär bis zur Umbildung nach Chruschtschows Sturz, ohne aber noch einmal politisch aktiv zu werden. Im Februar 1965 starb er.

Am 21. Juni 1963 feierte Breschnew sein Comeback. Obwohl er seinen Posten als Staatsoberhaupt beibehielt, wurde er erneut ins Sekretariat des Zentralkomitees gewählt. Damit ließ sich annehmen, daß er als Chruschtschows dritter designierter Nachfolger vorgesehen war — nachdem Kiritschenko in Ungnade stand und Koslow nicht mehr in Frage kam.

Es war jedoch ein qualifizierter Triumph, denn zusammen mit ihm wurde auch Nikolai Podgorny, der Parteichef der Ukraine, zu einem Sekretär des Zentralkomitees ernannt. Podgorny verdankte seine politische Karriere nicht direkt Chruschtschow, war aber eindeutig sein Verbündeter und unterstützte seine Politik. Solch ein rasanter Aufstieg von der Provinz ins Zentrum der Macht konnte gewiß spektakulärer genannt werden als Breschnews Rückkehr zu einer Position, die er drei Jahre zuvor verloren hatte. In gewisser Weise erinnerte Podgornys Versetzung auch an Chruschtschows eigenen Aufstieg von Kiew in den Kreml im Jahre 1949.

Bedeutete dies zwei mutmaßliche Kronprinzen statt einem? Die Ereignisse bestätigten bald, daß dies der Fall war. Chruschtschow hatte offenbar eine wichtige politische Lektion gelernt. Er verminderte die Gefährdung seiner eigenen Position, indem er die Macht an zwei ›Zweite‹ Sekretäre verteilte.

In den ersten Monaten wurde es zusehends schwieriger, vorauszusagen, wer von den beiden den Sieger abgeben würde. Während Breschnew als Präsident vor allem mit Funktionen des Staates und des Obersten Sowjet beschäftigt war, die seine Aufmerksamkeit von der Wiederherstellung seines stark mitgenommenen Apparates innerhalb der Partei ablenkten, arbeitete Podgorny emsig am Aufbau einer eigenen Maschinerie, die auf seinen Verbindungen in Charkow und in der Ukraine beruhte sowie aus den Koslowanhängern bestand, die bei ihm Schutz gesucht hatten. Chruschtschow hatte allen Grund, sich zu freuen.

Es war aber ebenso offensichtlich, daß Breschnew höher in Chruschtschows Achtung stand. Nach der Ermordung von Präsident Kennedy sagte Chruschtschow zu US-Botschafter Foy Kohler: ›Es ist schade, daß ich nicht Breschnew zu dem Begräbnis schicken konnte. Ich möchte, daß er Amerika kennenlernt.‹ Breschnew befand sich damals gerade auf einem Staatsbesuch im Iran.

Diese Bemerkung war aber auch ein Hinweis auf das Dilemma, in dem sich beide, Chruschtschow als auch Breschnew, befanden. Breschnew füllte eigentlich zwei hauptamtliche Positionen aus. Trotz seiner offensichtlichen Spannkraft und seiner Bereitschaft, zahllose Zwölf- bis Sechzehn-Stunden-Arbeitstage zu investieren, war es doch klar, daß er beide Posten physisch auf die Dauer nicht bewältigen konnte.

Chruschtschow hatte tatsächlich etwas dazugelernt. Ob er es dann wieder vergaß, oder ob die Umstände eine Änderung der Taktik verlangten, wissen wir nicht. Jedenfalls sprach er sich auf der Sitzung des Obersten Sowjets am 15. Juli 1964 für Breschnew aus, der seiner Pflichten als ›Präsident‹ entbunden wurde, um sich besser auf seine ›Tätigkeit im Sekretariat konzentrieren‹ zu können. Anastas Mikojan wurde zum neuen Staatsoberhaupt gewählt. Das bedeutete, daß Breschnew endlich als Kronprinz bestätigt war.

Kann Breschnew damals gewußt haben, daß seine Stellvertreterrolle nur drei Monate dauern würde? Ich bezweifle es. Hatte Chruschtschow gerade den Kardinalfehler seines politischen Lebens begangen? Vielleicht — aber er konnte es nicht wissen. Podgorny wäre möglicherweise der nachgiebigere Mann gewesen; doch im Juli 1964 hatte Chruschtschow keine Veranlassung, seinem Favoriten zu mißtrauen. Breschnew war zwar nicht mehr der fügsame Anhänger aus den vierziger und fünfziger Jahren — nichtsdestoweniger schien er loyal zu sein. Und vielleicht war er es wirklich.

Doch Chruschtschow muß gespürt haben, daß seine Tage gezählt waren. Er hatte sogar zu Averell Harriman gesagt, daß er sich an seinem 70. Geburtstag, am 17. April 1964, zurückziehen wolle, und hatte ähnliche Anspielungen auch gegenüber dem polnischen Parteiführer Wladislaw Gomulka gemacht. Chruschtschows Geburtstag wurde mit Lobeshymnen gefeiert, die nur von jenen anläßlich Stalins 70. Geburtstag übertroffen wurden. Doch Chruschtschow blieb im Amt — offenbar ahnungslos, wie sehr er bereits an Autorität eingebüßt hatte. Trotz des Zerfalls seiner Macht gab es jedoch im Spätsommer oder Frühherbst 1964 keinerlei Anzeichen für seinen bevorstehenden Sturz. Wie Michel Tatu, der frühere Moskauer Korrespondent von *Le Monde,* sich in seiner hervorragenden Analyse von Chruschtschows Abstieg ausdrückte, muß es einen ›letzten Tropfen‹ gegeben haben, der das Faß zum Überlaufen brachte. Was dieser ›letzte Tropfen‹ war, bleibt der Spekulation überlassen.

Einige Beobachter argumentierten damals, daß es die Verschlechterung der Beziehungen zu China waren und Chruschtschows Absicht, das rote Schisma auf einer Konferenz der größten kommunistischen Parteien der Welt im Dezember zu vertiefen. Andere behaupten, daß Chruschtschows bevorstehende Annäherung an Westdeutschland und seine Absicht, Bonn, die Hauptstadt der ›militaristischen Revanchisten‹ — Moskaus plakativste Feinde — zu besuchen, den Ausschlag gegeben hätten. Eine dritte Theorie verweist auf einen Krach im September 1964 mit den Verfechtern der Rezentralisierung und der Lobby der Schwerindustrie.

Schließlich war da noch Chruschtschows Propagandawettlauf mit den USA um die Führung in der Raumfahrt, insbesondere der Flug des Dreimannraumschiffs *Woschod am 12.* Oktober. Um den Vorsprung im All zu halten, hatte er den sowjetischen Experten befohlen, eine Dreimannkapsel zu starten, bevor die USA ihre erste Geminikapsel mit einem Zweimannteam hinaufschickten. Die

Wissenschaftler hatten bis zum 7. November — dem von Chruschtschow gesetzten spätesten Termin — weder die nötige Zeit zur Verfügung, um eine solche Kapsel zu entwickeln noch, um Raketen zu bauen, die die erforderliche Schubkraft haben würden. Der Tag kam nichtsdestoweniger — mit einem schweren Risiko für die Kosmonauten. Man hatte einfach das Einmannraumschiff vom Typ *Wostok*, in dem Juri Gagarin seinen heldenhaften Flug unternommen hatte, abgetakelt, die Versorgungs- und Kommunikationsaggregate auf ein Minimum reduziert und drei schmächtige, nur mit Unterwäsche bekleidete Kosmonauten wie Sardinen in eine Büchse hineingequetscht. Daß sie überlebten, ist vermutlich nur dem Glück zu verdanken.

Obwohl diese Entwicklung zweifellos ihr Teil dazu beitragen mochten, ist es doch unwahrscheinlich, daß eine von ihnen oder auch alle zusammen so schwerwiegend waren, um die Verschwörer zu veranlassen, das letzte Risiko einer Konfrontation mit Chruschtschow auf sich zu nehmen. Sie wußten nur zu gut, daß die Folge eines Fehlschlages zumindest der politische Tod war. Es muß also noch etwas anderes gegeben haben, das sie zum Handeln trieb. Aller Wahrscheinlichkeit nach war der entscheidende ›letzte Tropfen‹ Chruschtschows Absicht, auf der nächsten Plenarsitzung des Zentralkomitees, die für November vorgesehen war, die Parteiführung umzubilden. Angeblich sollte sich jenes Plenum mit Agrarfragen befassen; zu Auslandskorrespondenten in Moskau war jedoch durchgesickert — und kaum verhüllte Andeutungen in der Parteipresse nährten diese Vermutung —, daß Chruschtschow unter dem Vorwand einer Diskussion über die Landwirtschaft in Wirklichkeit das delikate Gleichgewicht der Macht in Präsidium und Sekretariat verändern und einige Mitglieder der Oligarchie ihrer Funktionen entheben wollte.

›Sie werden sehen‹, sagte ein zuverlässiger Moskauer Informant zu Tatu, ›die Novemberplenarsitzung wird sehr interessant werden. Es wird viele Veränderungen an der Spitze geben. Fast alle Führer *mit Ausnahme von Chruschtschow* werden davon betroffen sein.‹

Mit anderen Worten: Eine Säuberungsaktion stand bevor. Um ihr zuvorzukommen, mußte das amtierende ›Kollektiv‹ Chruschtschow entfernen. Nun hieß es: entweder er oder sie — und die herannahende Novemberplenarsitzung des Zentralkomitees erforderte schnelles Handeln.

Chruschtschows Sturz war unvermeidbar. Was keiner voraussagen konnte, war der Zeitplan.

Ebenso unvermeidbar war Breschnews Aufstieg zur Parteiführung nach Chruschtschows Verschwinden. Er überragte alle seine Kollegen als der logische Kandidat. Weder Podgorny noch Kossygin kamen ihm an Erfahrung oder Popularität innerhalb des Parteiapparates gleich. Außerdem waren sie im politischen Scharmützel nicht so erprobt. Beinahe drei Jahrzehnte mörderischen politischen Kampfes hatten Breschnew eine Menge gelehrt.

Das bedeutet jedoch nicht, daß Breschnew die entscheidende Rolle in dem Coup gegen Chruschtschow spielte. Im Gegenteil: seine Rolle bleibt im dunkeln. Aber wie in so vielen früheren Fällen war er auch diesmal der Hauptnutznießer.

Wie wir heute wissen, war es eigentlich Suslow, den Chruschtschow im Juli beobachten hätte müssen: Suslow, die graue Eminenz des Kremls, seit 1947 ohne Unterbrechung als Parteisekretär tätig — der kurzsichtige Professor und ultrakonservative Ideologe, der sogar länger als Chruschtschow dem elitären Kreis des ZK-Sekretariats angehörte. Suslow, der wiederholte Königsmacher, der seit Stalins Tod von jeder wichtigen Umbildung in der Hierarchie entweder gewußt oder selbst daran teilgenommen hat. Denn in den 90 Tagen zwischen Breschnews ›Salbung‹ zum Kronprinzen und Chruschtschows Sturz war es Suslow gewesen, der den Coup plante und organisierte, jenen Coup, der Chruschtschows politische Agonie beendete und die Seiten der Geschichte für die Ära Breschnew öffnete.

V. TEIL

Die Macht im Kreml

›*Sie kennen die Schwierigkeit eines Politikerlebens nicht —*
Sie können sie nicht kennen. Es bedeutet jede Minute bei Tag
und bei Nacht jedes Gramm Ihrer Energie. Es gibt keine Ruhe,
kein Ausspannen. Vergnügen? Ein Politiker kennt die Bedeutung
dieses Wortes nicht. Und man weiß nie, was im nächsten
Monat passieren wird.‹

NIKITA CHRUSCHTSCHOW
OKTOBER 1960, GLEN COVE, LONG ISLAND

Verwalter oder Führer?

Das *Dworzowy perewot* — die Palastrevolution —, die Chruschtschow entthronte und Leonid Breschnew die Führung der Kommunistischen Partei der Sowjetunion übertrug, war mit Heimlichkeit und Intrige nach Art eines Florentiner Hofes durchgeführt worden: ein Beweis dafür, daß die führenden Köpfe des Coups aus dem Fehlschlag der ›parteifeindlichen Gruppe‹ 1957 gelernt hatten.

Die wesentliche Voraussetzung bestand darin, Chruschtschow aus Moskau wegzulocken — weg von den zahllosen Schaltern der Macht, die dort zu seiner Verfügung standen. Am 30. September 1964 schickten die Verschwörer ihr ahnungsloses Opfer auf Urlaub in seine Villa in Sotschi am Schwarzen Meer. Niemand hätte bezweifelt, daß er eine Erholung wirklich nötig hatte. In der letzten Zeit war er zusehends reizbar und launenhaft geworden.

Kaum hatte Chruschtschow Moskau verlassen, als die Kabale einsetzte. Doch sollte noch viel Improvisation nötig werden, bis der Anschlag sein erfolgreiches Ende finden konnte. Es gibt sogar überzeugende Beweise dafür, daß der genaue Zeitplan für den Coup erst am 10. Oktober festgelegt wurde.

Schon allein aus diesem Grunde scheint es sicher, daß Breschnew nicht in die *Details* des Planes eingeweiht war, als er am 5. Oktober an der Spitze einer Delegation (der auch sein Freund und Verbündeter Iwan Gruschezki angehörte) nach Ost-Berlin flog, um an den Feiern anläßlich des 15jährigen Bestehens der DDR teilzunehmen.

Breschnew kannte jedoch den *allgemeinen* Plan. Der doppelsinnige Tenor der Rede, die er während der Festlichkeiten am 6. Oktober in Ost-Berlin hielt, läßt keinen Zweifel darüber, daß er von Michail Suslows Absichten wußte. Aber Leonid Breschnew ist ein vorsichtiger Mann; und so ließ er sich einen Weg für den Rückzug offen, falls der Plan fehlschlagen sollte.

Einerseits darauf bedacht, die Tür hinter Chruschtschows ersten Annäherungsversuchen zur Bundesrepublik Deutschland nicht zuzuschlagen, bemühte Breschnew sich andererseits, die besorgten Ostdeutschen zu beruhigen. ›Wie Sie wissen, treten wir selbst für eine Verbesserung der Beziehungen zur Bundesrepublik ein‹, sagte er. Aber: ›Sie und wir sind einer Meinung, wie die deutsche Frage beigelegt werden sollte ... Die Sowjetunion unterstützt voll und ganz das Programm, das die DDR für die Normalisierung der Beziehungen zwischen beiden deutschen Staaten vorgeschlagen hat.‹

Breschnews Verhalten Chruschtschow gegenüber war sogar noch doppelgleisiger. Er wagte nicht, ihn so stillschweigend zu übergehen, wie es Suslow bei einem sowjetisch-ostdeutschen Freundschaftstreffen in Moskau am Vortag getan hatte. Das würde Unheil heraufbeschwören, falls der Plan nicht aufgehen sollte. Aber er rühmte und pries ihn auch nicht, wie es einige andere führende Politiker, vor allem Podgorny, bei öffentlichen Veranstaltungen bis zum Schluß getan hatten. Bei seiner einstündigen Ostberliner Rede war Breschnew vorsichtig genug, Chruschtschow einmal zu erwähnen und zu zitieren — aber nur einmal.

Als Breschnews Iljuschin 18 am Sonntag, dem 11. Oktober, auf dem Moskauer Flugplatz Wnukowo aufsetzte, war die zu seiner Begrüßung erschienene Delegation — entgegen dem traditionellen sowjetischen Protokoll — nicht die gleiche, von der er verabschiedet worden war. Inmitten des kleinen Trupps höherer Funktionäre stand der Oberverschwörer persönlich: Michail Suslow. War dies Breschnews erste Einweihung in den Coup? Das dürfte unwahrscheinlich sein. Gewiß stellte das, was Suslow Breschnew auf der Fahrt vom Flugplatz zu ihren Datschas sagte, keine Offenbarung dar. Es war vielmehr eine Lagebesprechung, denn die Einzelheiten des Angriffs waren während Breschnews einwöchiger Abwesenheit von Moskau ausgearbeitet worden. Suslow muß ihm erklärt haben, daß ihnen nur noch zwei Tage Zeit blieben.

Am Montag, den 12. Oktober, erfolgte der Start von *Woschod* mit dem Dreierteam, und Chruschtschow hatte seine letzte Gelegenheit, in der Öffentlichkeit zu glänzen. Nach außen schien alles routinemäßig zu verlaufen; es gab jedoch feinnuancierte Änderungen in der öffentlichen Verfahrensweise, die die folgenden historischen Ereignisse ahnen ließen.

Kurz vor dem Start um 10.30 Uhr telefonierte Chruschtschow von seiner Villa in Sotschi mit der Mannschaft im Raumfahrtzentrum von Baikonur, um ihnen Glück zu wünschen. Frappant (und von der Außenwelt kaum bemerkt) war, daß Breschnew die Kosmonauten ebenfalls anrief — von seinem Moskauer Büro aus. Der zukünftige Nachfolger demonstrierte seine Präsenz.

Später am selben Tag, während Chruschtschows traditionellem Telefongespräch mit der kreisenden Raumkapsel, geschah etwas noch Ungewöhnlicheres. Mikojan, der sich offensichtlich in den vergangenen zehn Tagen hin und wieder in Sotschi aufgehalten hatte, stand neben Chruschtschow. Als Chruschtschow mit dem Mannschaftsführer Wladimir Komarow sprach, sagte er plötzlich: ›Ich gebe das Mikrophon an Anastas Iwanowitsch Mikojan weiter. Er reißt es mir förmlich aus der Hand. Ich kann ihn nicht länger zurückweisen.‹

Sowjetologen haben viele Stunden damit verbracht, diese Bemerkung zu analysieren und nach ihrer verborgenen Bedeutung zu suchen. Möglicherweise gibt es keine. Aber sie war gewiß symbolhaft angesichts des bedeutsamen Machtwechsels, der bald erfolgen sollte.

Während des Gespräches mit den Kosmonauten hatte sie Chruschtschow vor einer ›nicht weniger schwierigen‹ Aufgabe gewarnt, die noch vor ihnen lag: dem Empfang, der für sie nach ihrer Rückkehr zur Erde in Moskau stattfinden würde. Zuversichtlich meldete sich Komarow ab: ›Auf Wiedersehen, lieber Nikita Sergejewitsch ... Wir verstehen Sie — Sie werden uns auf der Erde erwarten, und wir werden uns treffen.‹

Sie trafen sich nicht: denn als die Kosmonauten eine Woche später in Moskau ankamen, um mit einem stürmischen Empfang gefeiert zu werden, war Chruschtschow bereits eine ›Unperson.‹

Während *Woschod* die Erde 17mal umkreiste, war in der Hauptstadt das Parteipräsidium zusammengetreten und hatte vermutlich Chruschtschow aufgefordert, zu der entscheidenden Sitzung nach Moskau zurückzukehren.

Das Ende kam schnell. Morgens am Dienstag, den 13. Oktober, hatte Chruschtschow seine kurze Unterredung mit Gaston Palewski, dem französischen Minister für Raumfahrt und Wissenschaft. Bereits nach einer halben Stunde brach er das Gespräch mit der Entschuldigung ab, daß er Sotschi verlassen müsse. Sofort, nachdem Palewski weggegangen war, begab sich Chruschtschow — angeblich unter schwerer Eskorte — nach Moskau, wo er um etwa 14.30 Uhr eintraf. Am Flugplatz — laut einigen Berichten — warteten der KGB-Chef Wladimir Semitschastny und dessen Vorgänger und Mentor, Alexander Schelepin. Eilends wurde Chruschtschow zum ZK-Gebäude gebracht, wo das versammelte Präsidium seiner harrte. Suslow eröffnete den Angriff.

Sollten sich die Vorgänge von 1957 wiederholen? Nicht ganz. Diesmal hatte Chruschtschow keine Gelegenheit, das Präsidium durch Mobilisieren einer Mehrheit im ZK außer Kraft zu setzen. Die meisten Mitglieder des Zentralkomitees befanden sich bereits in der Hauptstadt, und die Verschwörer hatten sich ihrer Unterstützung vergewissert. Als das Plenum am frühen Morgen des 14. Oktober zusammentrat, hörte es bloß zu, als Suslow seinen Katalog von Beschuldigungen abspulte, während Chruschtschow — einem Bericht zufolge —, rot vor Wut und mit geballten Fäusten, dabeisaß.

Das Zentralkomitee ratifizierte die schon vom Präsidium gefaßte Entscheidung. Es akzeptierte Chruschtschows ›Rücktritt‹ als Erster Sekretär und als Mitglied des Präsidiums ›mit Rücksicht auf sein vorgerücktes Alter und die Verschlechterung seines Gesundheitszustandes‹. Das einzige, was in jenem Moment mit Chruschschows Gesundheit nicht stimmte, war, daß er vor Wut kochte.

In dem offiziellen Kommuniqué hieß es ferner, ›daß die Plenarsitzung ... den Genossen L. I. Breschnew zum Ersten Sekretär des Zentralkomitees der KPdSU wählte‹.

Zu Breschnews ersten Amtshandlungen gehörten die Telefonate, die er mit seinen neuen ›Kollegen‹, den Führern der kommunistischen Parteien in den osteuropäischen Staaten, persönlich führte, um ihnen die Neuigkeit mitzuteilen. Ihre Reaktion war unterschiedlich.

Der Parteichef der ČSSR, Antonin Nowotny, ein treuer Chruschtschow-Anhänger, erwiderte ärgerlich, daß er Chruschtschow erst vor sechs Wochen gesehen habe und daß dessen Gesundheit damals ganz in Ordnung gewesen sei. Außerdem, so erklärte Nowotny, sei Nina Chruschtschowa zufällig gerade in Karlsbad zur Kur; sie hätte erst vor ein paar Tagen mit ihrem Mann gesprochen, und er habe dabei keinerlei Klagen über seine Gesundheit geäußert.

Der polnische Parteichef Wladyslaw Gomulka hatte eben seinen ungarischen Kollegen Janos Kadar bei einem Treffen im ›Nowa Huta Stahl- und Eisenkombinat‹ bei Krakau zu Gast. Beide Parteichefs befanden sich auf der Rednerbühne im Werksauditorium; Gomulka wollte gerade seine Ansprache beginnen, als ein Funktionär auf ihn zueilte und ihn zu einem Telefon führte. Breschnew war am Apparat und kündigte seinen baldigen Besuch in Polen an, um alles zu erklären.

Gomulka stürzte zurück in den Saal, flüsterte Kadar etwas ins Ohr, ergriff das Mikrophon und verkündete, daß das Treffen, das noch gar nicht richtig begonnen hatte, vorüber sei. Dann eilten die beiden Parteiführer zurück nach Warschau.

Natürlich mußten noch andere Formalitäten geregelt werden, bevor man die Neuigkeit der allgemeinen Weltöffentlichkeit mitteilen konnte — beispielsweise Chruschtschows ›Rücktritt‹ als Ministerpräsident und Kossygins ›Wahl‹ zu seinem Nachfolger. Das Präsidium des Obersten Sowjets erledigte das im Laufe des 15. Oktobers, einem Donnerstag.

Selbst dann gab es keine unmittelbare Verlautbarung. Nach außen war Moskau ruhig: keine Panzer, keine Truppen, keine offenen inweise, daß soeben Weltgeschichte gemacht worden war. Der kubanische Präsident Oswaldo Dorticos war am Vorabend, kurz nach Chruschtschows Sturz, zu einem Staatsbesuch eingetroffen und hatte Mikojan zu einem Konzert im Kongreßpalast des Kremls begleitet, als ob nichts geschehen wäre.

Aber ganz Moskau war voller nicht zu bestätigender Gerüchte, und scharfsinnige Beobachter bemerkten ein paar ungewöhnliche Zeichen. Beispielsweise meldeten einige kleinere westliche Botschaften, die monatelang ohne die üblichen Polizeiwachen gewesen waren, daß unerklärlicherweise am Donnerstag die Posten vor ihren Toren wieder aufgezogen seien. (Dazu sei bemerkt, daß sie seither auch immer dort verblieben, denn das Breschnewregime ist weitaus geheimniskrämerischer und auf mehr Sicherheit bedacht als das Chruschtschows.) Die offizielle Nachrichtenagentur TASS meldete, daß im Kreml ein Mittagessen für Dorticos gegeben wurde. Sie führte praktisch alle anwesenden Mitglieder der Hierarchie an, mit Ausnahme von Chruschtschow. Ein weiteres Mittagessen für den zu Besuch weilenden italienischen Außenhandelsminister, das man für

13.30 Uhr angesetzt hatte, wurde ohne Erklärung um zwei Stunden verschoben.

Am späteren Nachmittag bemerkten Passanten einige stämmige Arbeiter, die das 10 Meter große Bild Chruschtschows entfernten, das an der Fassade des *Moskwa*-Hotels in der Nähe des Kremls bereits für die Heimkehr der Kosmonauten aufgehängt worden war. Das Bemerkenswerteste war jedoch, daß die Regierungszeitung *Iswestija,* die von Chruschtschows flott lebendem Schwiegersohn Alexej Adschubej herausgegeben wurde, nicht wie gewöhnlich um 18 Uhr erschien. Auf Anrufe in der Redaktion erhielt man die schroffe Antwort, daß sie am nächsten Morgen zusammen mit der *Prawda* erscheinen würde.

Als die *Prawda* schließlich an jenem Freitagmorgen, den 16. Oktober, verteilt wurde, informierte sie 230 Millionen sowjetischer Bürger über den Wechsel in ihrer Führung mit einer Hauptschlagzeile, 56 knappen Textzeilen und zwei Fotos: eines zeigte Kossygin, und ein anderes — mindestens 10 Jahre alt — Breschnew. Mehr erfuhr das Sowjetvolk über den Wechsel seiner Regierung und Parteiführung offiziell nie.

Innerhalb von Stunden verschwand Chruschtschows Bild wie von Geisterhand aus Hotelhallen, Restaurants, Läden und Regierungsbüros. Seine Bücher wurden aus Schaufenstern und Regalen entfernt.

Es sollte jedoch noch ein Tag vergehen, bevor das Volk der UdSSR und der Rest der Welt erfuhren, was sie bereits vermutet hatten: daß Chruschtschow nicht zurückgetreten, sondern abgesetzt worden war. Sein Name wurde nie erwähnt, doch ein Absatz in einem längeren Leitartikel, der auf der Titelseite der *Prawda* am Samstag, den 17. Oktober, erschien und den mehrdeutigen Titel ›Die unerschütterliche Leninistische Generallinie der KPdSU‹ trug, verriet die ganze Geschichte: ›Die Leninistische Partei ist ein Feind jeglichen Subjektivismus und jeglicher Kursabweichung im kommunistischen Aufbau. Wilde Pläne — halbfertige Schlüsse und übereilte, realitätsfremde Entscheidungen und Handlungen — Prahlerei und Geschrei — die Neigung, durch Befehle zu herrschen — der Widerwille, das zu berücksichtigen, was Wissenschaft und praktische Erfahrung bereits erprobt haben: dies alles ist der Partei fremd. Der Aufbau des Kommunismus ist eine lebendige, schöpferische Sache. Sie duldet keine Lehnsesselmethoden, Einmannbeschlüsse oder Geringschätzung der praktischen Erfahrung der Massen.‹

In Rußland gehört es zur politischen Tradition, den Gegner in den schwärzesten Farben zu malen — jeden, der nicht ein wahrer Verbündeter ist, als hundertprozentigen Feind zu denunzieren. Wenn man diese Tradition und den Hang zum Extrem im russischen Charakter in Betracht zieht, dann mag man es als ein Zeichen von Breschnews Integrität werten, daß man es bei den Schmähungen Chruschtschows in jenem Absatz auf der Titelseite der *Prawda* bewenden ließ. In den seit Chruschtschows Sturz mittlerweile vergangenen acht Jahren wurde kaum ein weiteres Schimpfwort in der Öffentlichkeit geäußert, und nicht ein einziges wurde mit dem Entmachteten namentlich in Verbindung gebracht. Der Text von Suslows kritischer Rede vor dem Präsidium und Zentralkomitee wurde nie veröffentlicht. Abgesehen von dem Verlust der Macht selbst, war das einzige Schicksal, das Chruschtschow erlitt, die Strafe, daß er totgeschwiegen wurde. Ob Chruschtschow mit Breschnew genauso anständig verfahren wäre, wenn die Ereignisse einen anderen Verlauf genommen hätten? Es war eine neue Art der Liquidation: Auslöschen aus dem Gedächtnis, aus den Seiten der Geschichte. Aber war es humaner? Schließlich erlitt nicht einmal Leo Trotzki, der leibhaftige Teufel des Kommunismus, dieses Schicksal. Im Gegenteil, er bleibt ein Schreckgespenst, das Ideologen beliebig heraufbeschwören können. Wir wissen nicht, was Breschnew empfand, als er Chruschtschow, dem er soviel verdankte, in einen unsichtbaren Mann verwandelte. Aber sicherlich muß er sich selber fragen, ob sein Nachfolger — wer immer es auch sein mag — ihm dieselbe Schmach antun wird.

Wie vorherzusehen war, nahmen viele Russen den Wechsel in der Führung ohne äußerlich erkennbare Gefühlsregungen, von einem Achselzucken oder einer fragend hochgezogenen Augenbraue abgesehen, zur Kenntnis.

›Wie unerwartet das alles ist‹, sagte ein Russe lakonisch zu einem amerikanischen Reporter. ›Und dabei dachte ich, [Chruschtschow] würde die Kosmonauten auf dem Roten Platz begrüßen, wenn sie nach Moskau kommen.‹

Und sie kamen nach Moskau: am 19. Oktober, einem kalten nebligen Montag, kurz nach Mittag. Sieben MIG-Düsenjäger begleiteten ihre silbrige Iljuschin, als sie am Flugplatz Wnukowo zu dem großen Empfang landeten, den ihnen Chruschtschow versprochen hatte. Sein Gesicht war das einzige, das in der Menge fehlte; doch die Kosmonauten ließen sich nichts anmerken. Alle drei nebeneinander — Oberst Komarow in Uniform, Konstantin Feoktistow und Dr. Boris Jegorow — beide in enggeschnittenen westlichen Anzügen — marschierten auf einem roten Teppich von ihrem Flugzeug zu der Tribüne vor dem VIP-Empfangsgebäude. ›Auftrag ausgeführt!‹ meldete Komarow.

Es war immer Chruschtschow gewesen, der die heimkehrenden Kosmonauten mit einer großväterlichen Umarmung begrüßt hatte. Diesmal war es Breschnew, der Komarow umarmte und mitten auf den Mund küßte.

Nachdem das Umarmen, Händeschütteln, Gratulieren und Abspielen der Nationalhymne vorbei waren, sprangen die drei Kosmonauten mit ihren Frauen in ein blumengeschmücktes SIL-Kabriolett. Mit einer Eskorte von fünf Polizisten auf Motorrädern, die in Keilformation vor ihnen fuhren, setzte sich der Zug in Bewegung — über den Leninskij-Prospekt, vorbei an einer fähnchenschwingenden, jubelnden Menge, zum Roten Platz.

Chruschtschow war immer mit den heimkehrenden Helden im offenen Wagen gefahren, hatte sich in ihrer Umgebung gesonnt und den Jubel der Menge lächelnd und mit seinen plumpen Händen winkend erwidert, als ob er eben selber aus dem Weltraum zurückgekommen wäre. Die neuen Führer — Breschnew und Kossygin — folgten den Kosmonauten in einer langen, schwarzen, kugelsicheren Limousine. Das war nur einer der feinen Unterschiede im Führungsstil, die an jenem Tag registriert werden konnte. Nicht zuletzt gehörten auch die strengen Sicherheitsvorkehrungen dazu. Ein westlicher Korrespondent berichtete, daß er seinen Ausweis und seine Einladungskarte achtmal vorweisen mußte, bevor er den abgesperrten Roten Platz betreten durfte.

Dort war jedoch oben auf dem Lenin-Mausoleum die Hauptattraktion nicht mehr die *Woschod*-Mannschaft, sondern Breschnew, der seine Begrüßungsansprache hielt. Dieses sein erstes Auftreten in der Öffentlichkeit als Parteiführer zeigte ein betontes Abweichen vom Stil seines Vorgängers, ein bewußtes Demonstrieren von Mäßigung. Kein Beschimpfen des Westens oder der Chinesen, keine

Stegreifsticheleien oder vulgären Ausdrücke, nur ruhige Worte über das Vermeiden eines Krieges, das Streben nach Koexistenz, Festigen der kommunistischen Einheit und Anheben des Lebensstandards im eigenen Lande. Breschnew klang sachlich und souverän.

Nur einmal ließ er sich zu einer Andeutung von Kritik an dem Mann herab, der so auffällig abwesend war: an seinen riskanten Unternehmen, besonders an den Umständen, die diesen speziellen Raumflug betrafen.

›Wir freuen uns natürlich, daß unser Land bei der Eroberung des Weltraumes an der Spitze liegt‹, sagte Breschnew, der vermutlich nur zu gut wußte, daß dies in Wirklichkeit trotz des scheinbaren Triumphes nicht der Fall war. ›Aber wir Sowjetmenschen betrachten unsere Weltraumforschung nicht als ein Ziel an sich, als eine Art ‚Wettrennen‘. Ein verantwortungsloses Pokern in einer so wichtigen und ernsten Sache wie der Erforschung und Beherrschung des Weltraumes ist uns zutiefst fremd.‹

Nach einer zweistündigen Parade begaben sich die Helden, die Elite der sowjetischen Wissenschaft, der Industrie und des militärischen Establishments, die höhere Führung, Kossygin und Breschnew zu einem Empfang zu Ehren der Kosmonauten und ihrer Familien in die St.-Georgs-Halle des Großen Kreml-Palastes. Mehr als 1000 Gäste plünderten die Tische, die sich unter den Lasten von Kaviar, Fleisch, Gebäck, Wodka, Wein, Champagner und Obst bogen. Kossygin mischte sich diskret unter die Menge, suchte die Gesellschaft westlicher Botschafter und versicherte ihnen, daß es keine scharfe Wendung in der sowjetischen Außenpolitik geben werde. Breschnew hingegen ging daran, politische ›Scherben zu kitten‹, auf Schultern zu klopfen, Hände zu schütteln, Parteivasallen aus der Provinz zu beruhigen, Anekdoten zu erzählen und herzhaft zu lachen, wenn er neue hörte.

Der neue Herrscher der Sowjetunion hatte eindeutig die erste Prüfung bestanden. Viele weitere sollten folgen.

Innerhalb von Stunden, nachdem die Neuigkeit von Chruschtschows Sturz bekanntgegeben worden war, beeilten sich sowjetische Funktionäre, westlichen Diplomaten und Korrespondenten zu versichern, daß sich — wenn überhaupt — nur wenig ändern würde. Breschnews und Kossygins Absicht sei es, sozusagen Chruschtschowismus ohne Chruschtschow zu praktizieren.

Anfangs hatte es den Anschein, als ob die neuen Führer lediglich wüßten, was sie nicht wollten. Breschnews Rede vom 6. November, dem Vorabend des 47. Jahrestages der Revolution, im Kongreßpalast des Kremls klang — obwohl sie ein Zeichen seiner wachsenden persönlichen Macht innerhalb der neuen Oligarchie war — wie das SOS eines Mannes, der kein Konzept hat, wohin er gehen oder was er tun soll, wie die verzweifelte Klage eines Politikers, der sich mit Problemen und Zwangslagen konfrontiert sieht, mit denen er vorher nicht gerechnet hatte.

In der Tat wiederholte sich das Wort ›Probleme‹ so oft in dieser Botschaft ›zur Lage der Nation‹, daß es schwierig war, mitzuzählen. Er sprach von ›ungelösten Problemen‹, ›neuen Problemen‹, ›zahlreichen Problemen‹, ›Problemen, die gelöst werden müssen‹ sowie von mannigfachen ›Mängeln‹, ›Erfordernissen‹, ›Notwendigkeiten‹, ›Verzögerungen, die überwunden‹ und ›Aufgaben, die erfüllt werden müssen‹. Seine angebotenen Allheilmittel waren ›objektive Bewertungen‹, ›richtige Anwendung‹, ›notwendige Maßnahmen‹, ›wissenschaftliche Methoden‹ und ›harmonische Entwicklung‹.

Es verwundert daher kaum, daß ausländische Beobachter in ihm mehr einen Verwalter als einen neuen Führer sahen.

Damals wie heute zog Breschnew es eher vor, die Lösung schwieriger Probleme hinauszuschieben, als unbequeme Entscheidungen zu treffen. Aber allmählich, in stetig-gleicher Weiterentwicklung, bekamen er und Kossygin die Dinge in den Griff.

Der erste und dramatischste Wechsel war der Versuch, nochmals die Möglichkeiten einer Annäherung an China zu sondieren.

Chruschtschow war unaufhaltsam auf einen endgültigen formellen Bruch zugesteuert. Mit einer hysterischen antichinesischen Pressekampagne und keulenschwingenden Anstrengungen wollte er die anderen kommunistischen Parteien der Welt zu einer entscheidenden Konferenz zwingen, auf der Peking schließlich offiziell als aus der kommunistischen Bewegung verstoßen gebrandmarkt werden sollte. Nach Chruschtschows Sturz verstummte der sowjetische Propagandaapparat. Der Druck zu einem internationalen Treffen ließ nach, und Tschou En-lai kam zu Breschnews Rede anläßlich des Jahrestages der Revolution nach Moskau, um zu sehen, ob irgendwelche Kompromisse ausgehandelt werden könnten.

Daß dies nicht der Fall war und die chinesisch-sowjetische Kluft sich vergrößerte und schließlich 1969 zu bewaffneten Auseinandersetzungen am Ussuri, zum heutigen Stadium des Austausches von scharfen Noten führte, war — damals — größtenteils Pekings Unnachgiebigkeit zuzuschreiben. Die Verantwortung sollte sich in späteren Jahren entscheidend nach Moskau verlagern. Doch im November 1964 waren Breschnew und Kossygin zu einem Kompromiß bereit. Sie waren jedoch nicht willens, ihr kollektives Haupt abzuschneiden und es Mao Tse-tung auf dem Tablett zu präsentieren. Tschou En-lai flog unverrichteterdinge nach Peking zurück.

Da eine Annäherung eindeutig nicht in Frage kam, entschloß sich der Kreml zu einer Außenpolitik, die klar von Chruschtschows Linie abwich und die bis heute verfolgt wird: Er versuchte, in Chinas asiatischem Hinterland den Einfluß zu gewinnen, den Chruschtschow aufzugeben bereit war, da er es für zu gefährlich, zu unrentabel und zu riskant hielt, die Sowjetunion in einen direkten Konflikt mit den USA zu stürzen.

Im Februar 1965 schickte Breschnew Kossygin nach Hanoi und Pjöngjang; auf dem Rückweg wurde ein Zwischenaufenthalt in Peking eingelegt, wo ein Treffen mit Mao Tse-tung stattfand, das in eisiger Atmosphäre verlief und offenbar nur die Fronten verhärtete. Die Würfel für die nächsten Jahre waren gefallen: ein größeres Engagement und mehr sowjetische Hilfe für Vietnam. Damit waren vorerst die Chancen für eine Entspannung mit Amerika vertan ... Chancen — das muß auch hervorgehoben werden —, die kaum verbessert wurden durch Präsident Johnsons Entscheidung, mit der permanenten Bombardierung Nordvietnams genau zu jenem Zeitpunkt zu beginnen, als Kossygin Hanoi besuchte und dort eine russische ›Präsenz‹ wiederherzustellen versuchte.

Bis zu seinem Sturz im Oktober 1964 war das dominierende Thema von Chruschtschows Außenpolitik ein stürmischer, oft zänkischer, aber erkennbar konstanter Versuch gewesen, mit den USA eine Art von Modus vivendi zu finden. Gegen den starken Widerstand einiger seiner Kollegen, mächtiger Interessengruppen wie der Armee und Walter Ulbrichts im Namen der DDR, tendierte Chruschtschow auch ganz deutlich zu einer Übereinkunft mit dem damals gefürchtetsten Rivalen der UdSSR: der Bundesrepublik Deutschland. Als die chinesisch-sowjetische Fehde aktuell wurde, scheint sich Chruschtschow entschlossen zu haben, äußerste Anstrengungen zu unternehmen, um die Lage an der West- und Europafront zu entspannen.

Es ist eine Ironie des Schicksals, daß Breschnew 1970, also fünf Jahre später — allerdings unter günstigeren, aber auch unter dringenderen Umständen —, im In- und Ausland genau dieselbe Politik verfolgte wie Chruschtschow, und sie auch — so scheint es zumindest zur Zeit — zu einem erfolgreichen Abschluß bringt.

Die Ereignisse 1965 ließen jedoch bald erkennen, daß Breschnew nicht alles gleichzeitig haben konnte: erneuten Einfluß in Asien und Vietnam, erneute Autorität in der kommunistischen Welt und in den Entwicklungsländern, verbesserte Beziehungen zu den Vereinigten Staaten und Annäherung an Bonn.

Eine Zeitlang betonte die neue Führung ihr Bedauern darüber, daß eine sowjetisch-amerikanische Entspannung zwar immer noch wünschenswert, aber offensichtlich unmöglich sei, solange Washington einen kommunistischen Bruderstaat bombardierte. Als Washington seinen Beschluß faßte und weiterbombte, traf auch Moskau seine Entscheidung. Die Entspannungspolitik wurde eingefroren. Gleichzeitig auf Eis gelegt wurden Chruschtschows Sondierungen um bessere Beziehungen zu Bonn. Breschnew hatte offenbar weder die Macht noch den Wunsch, ein so dornenreiches Problem so früh weiter voranzutreiben.

So gab es also einige Monate nach der Machtübernahme deutliche Abweichungen von Chruschtschows Außenpolitik.

Die innenpolitische Entchruschtschowisierung war nicht weniger auffallend. Dabei überraschte es keineswegs, daß die künstliche Aufteilung der Partei in Industrie- und Landwirtschaftssektoren zu jenen unter Chruschtschow eingeführten Neuerungen zählte, die als erste wieder abgeschafft wurden. Die Partei wurde wieder vereint und im November 1964 erneut Bezirksparteikomitees gegründet. Der Abbau von Chruschtschows *Sownarchosen,* d. h. sein System der Regionalisierung der Wirtschaft, erwies sich als ein etwas komplizierteres und umstritteneres Unternehmen — zum Teil deshalb, weil die Trennungslinien zwischen Zustimmung und Ablehnung des Systems der Regionalräte nicht sehr deutlich verliefen. Es wurde immerhin September 1965, bis dieses Programm, das 1957 soviel Explosivstoff geliefert hatte, wieder rückgängig gemacht werden konnte.

Genau wie Chruschtschow nach dem Tode Stalins versuchte Breschnew sich nach Chruschtschows Sturz als Agrarreformer. Schon während seiner Novemberrede machte er Andeutungen über ein neues Programm für die Landwirtschaft, dessen Einzelheiten er während einer dreistündigen Rede auf der Plenarsitzung des Zentralkomitees im März 1965 enthüllte.

Das wichtigste Versprechen Breschnews war, daß es zukünftig keine landwirtschaftlichen Kampagnen wie Chruschtschows Maisanbau- oder Neulandprogramme geben würde. In der Zukunft, versicherte er, sollte das Gewicht auf der Selbstverwaltung der Kolchosen liegen und auf der Anwendung jener Agrarmethoden, die für die jeweiligen örtlichen Bedingungen am günstigsten erschienen.

Er setzte nur voraus, daß die Kolchosen weiterhin bestimmte Mengen gewisser Agrarprodukte an den Staat abliefern müßten. Dazu muß erklärt werden, daß seit der Kollektivierung in den zwanziger Jahren die Kolchosen verpflichtet waren, jährlich einen Teil ihrer Ernteerträge an Getreide und anderen Produkten zu abnorm niedrigen Preisen abzugeben. Man könnte diese Ablieferungen als eine Art Steuer bezeichnen. Unter Stalin, besonders in den Anfangsjahren der Kollektivierung, war das Ablieferungssoll oft so hoch, daß es die eigentliche Produktionskapazität der Kolchosen oder deren Bedürfnisse an Saatgut für die folgende Saison übertraf. Auch unter Chruschtschow waren die ständig wechselnden, aber immer steigenden Abgabequoten unrealistisch hoch geschraubt worden. Die Ergebnisse dieser Politik waren häufig menschliches Leid, eine systematische Verarmung der Landbevölkerung oder, im günstigsten Fall, einfach schwerwiegende langfristige agronomische Folgen wie Erosion und sinkende Erträge pro Hektar.

In seinem Reformprogramm ging Breschnew zwar nicht so weit, das System der Zwangsablieferung abschaffen zu wollen, aber er setzte ein jährliches Getreideabgabesoll von 55,7 Millionen Tonnen fest und versprach außerdem, daß dieses Soll während der nächsten sechs Jahre, also bis Ende 1970, nicht erhöht werden würde. Diese Quote war sehr niedrig. 55,7 Millionen Tonnen entsprachen auf jeden Fall nicht den Bedürfnissen der Volkswirtschaft; die Summe lag auch weit unter der eigentlichen Menge von 68,3 Millionen Tonnen, die im Jahre 1964 abgeliefert wurde.

In der Praxis sollte dieser von Breschnew hervorgebrachte Plan den

Staat in Zukunft veranlassen, mehr Getreide von den Kolchosen zu kaufen. Gleichzeitig empfahl Breschnew eine Erhöhung des Erzeugerpreises für Getreide und andere Agrarprodukte, was den Staat zwingen würde, für überplanmäßige Ablieferungen auch mehr zu bezahlen. Ferner sollten die Preise gesenkt werden, die Kolchosen für Industriegüter, wie Traktoren und landwirtschaftliche Maschinen, sowie für Dienstleistungen, wie Strom- und Wasserversorgung, entrichten mußten. Es war kurz umschrieben ein System der Subventionierung, wie es auch westliche Länder kennen, und ein Programm der materiellen Anreize, um höhere Erträge zu erzielen.

Außerdem sah der Breschnew-Plan die Einführung verschiedener sozialpolitischer Maßnahmen wie eine Altersversorgung und einen monatlichen Mindestlohn für Kolchosmitglieder vor. Die Verbesserungen waren gewiß spürbar, obwohl Kolchosmitglieder noch immer weniger verdienen als Fabrikarbeiter oder festangestellte Landarbeiter auf den Sowchosen.

Um die Einkünfte der *Kolchosniki* zu erhöhen und eine verbesserte Versorgung der Stadtbevölkerung zu erreichen, sah Breschnew eine Erleichterung der Beschränkungen und eine Reduzierung der Steuern für private Viehzucht und privat bewirtschaftetes Land vor. Damit erhoffte man ein verstärktes Angebot an Obst, Gemüse und Fleisch auf den freien Bauernmärkten der großen Städte. In diesem Zusammenhang muß betont werden, daß heute die Privatgrundstücke der Kolchosmitglieder insgesamt nur drei Prozent des bebauten Landes der UdSSR betragen und daß das in Privatbesitz befindliche Vieh nur etwa 25 Prozent des gesamten Viehbestandes ausmacht. Dennoch beziehen die sowjetischen Konsumenten mehr als 60 Prozent ihrer Kartoffel und Eier, 40 Prozent ihres Obstes, Gemüses, Fleisches und ihrer Molkereiprodukte und sogar 30 Prozent der Wolle von dem privat bewirtschafteten Land.

Breschnews Plan forderte auch stark erhöhte Investitionen für die Landwirtschaft, ambitiöse Bewässerungs- und Kanalisationsprojekte sowie die erhöhte und beschleunigte Produktion von Düngemitteln, Traktoren, Lastkraftwagen, Erntemaschinen, Mähdreschern und anderen Landwirtschaftsmaschinen.

Es war ein guter Plan. Leider zog er die vorhandenen Schwächen des gesamten sowjetischen Wirtschaftssystems nicht in Betracht. Breschnews Tragödie war einfach, daß er seine Versprechen vom

März 1965 nicht halten konnte. Um nur ein paar Beispiele zu nennen: Seine für 1970 vorgesehene Düngemittelproduktion fiel 15 Prozent unter dem Plan aus; bei den Traktoren waren es 19 Prozent, bei den Mähdreschern 15 und bei den LKWs sogar 35 Prozent weniger, als im Plan vorgeschrieben. In Anbetracht der schlechten Wirtschaftslage seit Ende 1970 besteht auch kein Grund zur Hoffnung, daß die Ziele für 1975 erreicht werden können.

Ein folgenschweres Ergebnis dieser Entwicklung ist, daß Breschnews Leistung auf dem Agrarsektor sich im großen und ganzen nicht viel besser ausnimmt als die seines Vorgängers. In den ersten fünf Jahren der Chruschtschow-Herrschaft, von 1953 bis 1957, stieg das landwirtschaftliche Bruttoprodukt um etwa 50 Prozent. Während seiner Regierungszeit der letzten fünf Jahre betrug die Steigerungsrate nur 13 Prozent. Anfangs war die Wirkung der Breschnew-Reform sehr heilsam, und die Wachstumsraten waren beträchtlich. Diese Eingangserfolge ließen aber bald nach, und in den acht Jahren, in denen Breschnews Reform insgesamt wirksam war, stieg die Wachstumsrate nur um 24 Prozent, also durchschnittlich 3 Prozent jährlich — kaum mehr, als der Bevölkerungszuwachs ausmachte.

Die scheinbar dauerhafte Malaise der sowjetischen Landwirtschaft wird durch den Fall Wladimir Mazkewitsch, des in ständig wechselnden Gunstverhältnissen stehenden Agrarzaren der UdSSR, deutlich. Einst galt er als der hellste Stern am landwirtschaftlichen Horizont und wurde 1955 von Chruschtschow zum Landwirtschaftsminister ernannt — 1960 jedoch von demselben, nun verzweifelten Chruschtschow wieder gefeuert. Im Februar 1965 holte ihn Breschnew aus der Versenkung hervor und setzte ihn wieder in sein Amt ein, entließ ihn jedoch abermals im Februar 1973. Die Fehlschläge an der Agrarfront scheinen sich in schöner Regelmäßigkeit zu wiederholen.

Wenn man aber davon ausgeht, daß Breschnews Reformprogramm für die Landwirtschaft im Prinzip richtig war, so muß man die Schlußfolgerung ziehen, daß Alexej Kossygins im September 1965 unterbreitete Wirtschaftsreform noch richtiger war. Leider aber auch nur im Prinzip.

Das Reformkonzept war weder neu noch stammte es von Kossygin. Die Grundidee der Reform eines kommunistischen Wirtschaftssystems — Einführung der Rentabilität, der Marktkräfte wie Angebot und Nachfrage, des materiellen Anreizes sowohl für Arbeiter wie für Manager, der echten Kostenberechnung — hatte ursprünglich 1956 der polnische Volkswirtschaftler Oskar Lange vorgelegt.

In der Sowjetunion wurden seine Ideen von Jefsej Liberman, Professor an der Universität Charkow, begeistert aufgenommen. Obwohl keineswegs der einzige sowjetische Reformvolkswirtschaftler, war es doch sein *Prawda*-Artikel im Jahre 1962, der — von Chruschtschow persönlich gutgeheißen — die neuen Prinzipien festlegte, die als Wirtschaftsreform oder Libermanismus im gesamten Ostblock bekanntwerden sollten.

Libermanismus widersprach freilich völlig den Regeln der geltenden stalinistischen Wirtschaftsform, die nur ein Gesetz kannte: Produktion, ausgedrückt in Gewicht und Volumen — ohne Rücksicht auf Qualität und Kosten —, und nur eine Methode: direkter Befehl und blinder Gehorsam. Unter dem dirigistischen stalinistischen System waren Manager nicht viel mehr als bürokratische Laufburschen, deren einzige Aufgabe darin bestand, den ihnen von oben auferlegten Produktionsplan zu erfüllen, einen Plan, den statt Qualität und Nützlichkeit der Produkte lediglich Quantität und Gesamttonnage interessierten. Die Produktion von Traktoren wurde unter diesem System schlicht in der Anzahl von Tonnen ausgedrückt, was als Anreiz galt, einfach schwerere und daher umständlicher zu bedienende Traktoren zu produzieren, um den Plan zu erfüllen.

Außerdem wurden die Betriebe von ihren Ministerien nicht nur darüber instruiert, wieviel Stück oder Tonnen eines Produktes sie herzustellen hatten, sondern auch, wie viele Bestandteile, wie viele Arbeiter, wieviel an Löhnen und sonstigen Investitionen sie bei der Produktion dieser Ware beanspruchen durften. Sie erhielten buchstäblich Anweisungen, wie viele Schrauben und Muttern sie bei der Montage eines Traktors zu verwenden, wie viele Knöpfe sie an ein Hemd zu nähen und wie viele Nägel sie in eine Verpackungskiste zu hauen hätten.

Unter diesem System und seinen Bedingungen fehlten selbstverständlich die materiellen Anreize und der natürliche Wettbewerb. Um sie zu ersetzen, wurden künstliche Wettbewerbssituationen entwickelt und die Produktion durch moralische Anreize und Appelle an patriotische Gefühle angekurbelt. Das System und der Glaube daran wuchsen unter dem Druck des Stalinkultes zu einer Pseudoreligion.

Einige von Chruschtschows ›wilden Plänen‹ und ›realitätsfremden Entscheidungen‹, wie die Abschaffung der Zentralministerien und die Errichtung der regionalen Wirtschaftsräte, hatten zum Ziel, dieses kopflastige, unproduktive stalinistische System zu verändern.

Libermans Reformvorschlag empfahl, daß Unternehmen von der fast völlig externen Planung und Kontrolle, der sie unterworfen waren, befreit würden. In Zukunft sollten den Betriebsdirektoren nur noch zwei verbindliche Planindikatoren auferlegt werden: Gesamtproduktion und Lieferdaten. Das einzige Leistungskriterium sollte die Rentabilität sein, die ihrerseits Prämien und Lohnerhöhungen für Arbeiter und Geschäftsleitung bestimmen würden. Reinvestitionskapital sollte nicht vom Staat angewiesen, sondern aus dem Gewinn erwirtschaftet werden. Marktkräfte — d. h. das Gesetz von Angebot und Nachfrage — sollten bestimmend sein. Lieferanten und Hersteller, Hersteller und Großhändler, Großhändler und Einzelhändler (alle natürlich weiterhin staatlich) sollten direkt miteinander verhandeln, anstatt Lieferungen und Bestellungen über den bürokratisierten ministeriellen Verwaltungsapparat zu leiten, der den Austausch der Güter aufgrund von vorgeplanten Indikatoren und Quoten anstelle von Nachfrage und Angebot bestimmte.

Im August 1964, kurz vor seinem Sturz, hatte Chruschtschow die experimentelle Durchführung des Liberman-Systems in zwei Textilfabriken gebilligt: in Bolschewika und Majak. Zwei Tage nach Chruschtschows Amtsenthebung ordnete Kossygin die Erweiterung des Bolschewika- und Majak-Experiments an und begann ein Reformprogramm für die gesamte Wirtschaft auszuarbeiten.

Die Opposition war heftig, denn die Reform drohte nicht nur die komplizierte ideologische Grundlage der UdSSR, die Stalin geschaffen hatte, zu erschüttern, sondern bedeutete auch einen Angriff auf die Interessen vieler einflußreicher Gruppen in der sowjetischen Gesellschaft: der Partei, der Regierungsbürokratie, der Kaste der Betriebsdirektoren und Manager sowie der Lobbys der Militärs und der Rüstungsindustrie. Außerdem würde die Reform — bei richtiger Durchführung — sich höchstwahrscheinlich auf das Kräftegleichgewicht zwischen Partei und Regierung, d. h. zwischen Breschnew und Kossygin, auswirken.

Dieser Kampf zwischen Partei und Regierung, der so sehr jenem zwischen Chruschtschow und Malenkow nach Stalins Tod gleicht, erscheint unlogisch in einem Staat, in dem nur eine Partei erlaubt ist, der alle Mitglieder der Regierung angehören. Doch seit den Anfängen der UdSSR haben beide Bürokratien, die Regierung und die Partei, ihre eigene Motorik und ihr eigenes Leben entwickelt, wodurch sie in vielerlei Hinsicht konkurrierende Elemente des Ganzen wurden. (Eine vergleichbare Situation besteht beispielsweise bei den rivalisierenden Truppengattungen der US-Streitkräfte.) Beide sind zu Instrumenten der Macht geworden, und die Rivalität läßt nur dann nach, wenn beider Führung in der Person eines Mannes vereint ist.

Die Bedrohung, welche die Reformidee für die Partei darstellte, ist offenkundig. Wenn man Betriebsdirektoren und Fabrikmanagern das Recht einräumt, ihre Unternehmen nach den Geboten von Profit und den Gesetzen von Angebot und Nachfrage zu führen, dann ist die traditionelle Macht der Partei über die Wirtschaft gefährdet. Deshalb lehnte Breschnew die Reform ab.

Den konservativen Parteiideologen, mit denen sich Breschnew identifizierte, erschien die Wirtschaftsreform als ein Alptraum, denn in ihren Augen drohte der ›Gulasch-Kommunismus und Ökonomismus‹ die ›großen Ideale des Marxismus-Leninismus‹ zu untergraben. Diese ›Ideale‹ setzten den Marxismus-Leninismus mit einer Wissenschaft gleich, und es war den Ideologen klar, daß ein Wirtschaftssystem, in dem Marktkräfte und das Gesetz von Nachfrage und Angebot bestimmend sind, nicht sehr wissenschaftlich sein könnte.

Westliche Beobachter erwarteten ursprünglich, daß die Manager der kommunistischen Betriebe sich für die Reform begeistern würden. Seit den späten zwanziger Jahren unter dem dirigistischen Joch entweder der Partei oder der Regierung oder beider, hätten sie eigentlich die ihnen gebotene Chance, selber die Initiative zu ergreifen, begrüßen müssen. Das erwies sich aber als eine Fehleinschätzung seitens der Experten im Westen, denn man wußte nicht, wie fremd der Gedanke der Eigeninitiative diesen roten Managern geworden war und wieviel Angst sie davor hatten, auf einmal mit Verantwortung konfrontiert zu werden, für deren Übernahme ihnen die Fähigkeiten und das Training fehlte. Selbstverständlich lehnten sie ein System ab, in dem ihnen Befehle von Dutzenden einander widersprechender Aufsichtsbehörden erteilt wurden. Was sie aber am wenigsten anstrebten, war ein System ganz ohne Aufsichtsbehörden. Am liebsten wäre ihnen eine einzige zuverlässige und die Verantwortung tragende Behörde gewesen — sei diese nun ein technisches Ministerium der Regierung oder das lokale Parteikomitee.

In der großen Reformdebatte, die sich im Jahre 1965 entspann, lieferte letztlich Kossygin selber den größten Widerspruch. Er befürwortete zwar die Reform, aber er wollte auch die zentralisierte Ministerialbürokratie wieder einführen, die Chruschtschow abgeschafft hatte. Eigentlich hätte Kossygin erkennen müssen, daß das Prinzip der Reform mit dem der Rezentralisierung der Wirtschaft völlig unvereinbar war.

Jedoch enthielt der Reformplan, den Kossygin unterbreitete und der am 29. September 1965 auf einer Plenarsitzung des ZK angenommen wurde, gerade dieses Paradoxon. Die Wirtschaftsreform wurde eingeführt — auf dem Papier zumindest. Aber alle 1957 abgeschafften zentralen Industrie- und technischen Ministerien wurden wieder neu gegründet. Tatsächlich bestand ein Viertel der ›neuen‹ Minister aus Funktionären, die dieselben Posten bereits acht Jahre zuvor bekleidet hatten. Fast alle waren Anhänger der stalinistischen Wirtschaftsschule gewesen.

Die Reform stellte von Anbeginn einen Kompromiß dar, der die inneren Machtkämpfe zwischen Kossygin und Breschnew, zwischen Regierungs- und Parteibürokratie, zwischen Pragmatikern und Ideologen, zwischen Liberalen und Konservativen widerspiegelte. Sie war eine derart verwässerte Version des Libermanismus, daß ihr Mißlingen vorauszusagen war. Und sie mißlang schließlich auch.

Eindeutig ist aber, daß die neuen Herren im Kreml ihr ursprüngliches Versprechen, Chruschtschowismus ohne Chruschtschow zu betreiben, nicht eingehalten hatten. Innerhalb eines Jahres nach seinem Sturz hatten sie schon die meisten seiner Grundsätze geändert und den Großteil seiner Maßnahmen rückgängig gemacht.

Am weitesten wich jedoch Breschnew vom Chruschtschowkurs ab, als er damit begann, die von Chruschtschow praktizierte Entstalinisierung zu bremsen. Nicht genug damit, daß sie schon einige Wochen nach Chruschtschows Sturz abrupt unterbrochen worden war — es stellte sich bald heraus, daß eine neue Politik eingeleitet wurde, die als ›schleichende Restalinisierung‹ bezeichnet werden kann.

Die Entstalinisierung war nicht nur Chruschtschows größte Leistung, sondern auch sein gewagtestes Unternehmen: denn es gefährdete die Interessen von so vielen. Hunderttausende von Stalins Nutznießern warteten nur auf den Moment, wo Stalin von Chruschtschows Anklage rehabilitiert würde. Breschnew lieferte diese Gelegenheit.

Wir wissen nicht, was Breschnew wirklich über Stalin denkt, ebensowenig wie wir wissen, was Chruschtschow tatsächlich über Stalin gedacht hatte, trotz der vielen Erklärungen, die er zu diesem Thema abgegeben hat. War es Breschnews Ziel, Stalin an sich zu rehabilitieren, oder wollte er ›entchruschtschowisieren‹? Beabsichtigte er nur, den Angriffen auf den Stalinkult Einhalt zu gebieten? War ihm klar, daß dies unweigerlich zur Maßregelung der Angreifer führen mußte? Oder war es lediglich sein Ziel, das Vertrauen in die Weisheit der Partei und ihrer Spitzenführung wiederherzustellen, die — Breschnew natürlich inbegriffen — unter Stalin an die Macht gelangt war?

Man kann nur Vermutungen anstellen. Fest steht hingegen, daß die Breschnewära schon sehr bald von einer beharrlichen Restalinisierung gekennzeichnet wurde und daß Breschnew selber dafür einen Großteil der Verantwortung trägt. Wie unter Stalin werden auch heute Funktionäre entlassen und dafür Nachfolger ernannt, ohne daß darüber in der Presse ein Wort zu lesen ist.

Bald begann man damit, Stalins Image systematisch zu rehabilitieren. Im April und Mai wurden die Memoiren von drei Militärführern veröffentlicht. Nicht eine einzige enthielt die sonst übliche Kritik an Stalin. Gleichzeitig wurde General Sergej Schtemenko, der stalinistische General par excellence, zum Stellvertretenden Chef des Generalstabes ernannt und in all seine militärische Glorie wiedereingeführt.

Am 8. Mai 1965 hielt Breschnew anläßlich des 20. Jahrestages der deutschen Niederlage bei einer Massenkundgebung eine vierstündige Rede, in der er sich bemühte, Stalins über jeden Tadel erhabene militärische Führungsqualitäten während des Krieges zu schildern. Als er den Namen des Diktators nannte, erhob sich — das erstemal nach 8 Jahren — begeisterter Applaus.

Im September ernannte Breschnew seinen stalinistisch orientierten Freund Professor Sergej Trapesnikow zum Leiter der ZK-Abteilung für Wissenschaft und Erziehung. Trapesnikow beeilte sich, seinen Standpunkt klar darzulegen. In einem *Prawda*-Artikel vom 8. Oktober beschrieb er die stalinistische Ära als ›eine der brillantesten Zeiten in der Geschichte der Partei und des sowjetischen Staates. Sie ist erfüllt von der reichsten Erfahrung in der theoretischen wie in der praktischen Aktivität der Partei, in dem beständigen Kampf um die ideologische Reinheit in ihren Rängen.‹

Noch bestehende Zweifel wurden durch ein neu einsetzendes Frostwetter in Kunst und Literatur zerstreut. Eine Woche nach Trapesnikows Eintreffen in Moskau wurden die Schriftsteller Julij Daniel und Andrej Sinjawski verhaftet und das Sommerhaus des bereits zum Schweigen verurteilten Alexander Solschenizyn durchsucht. Die Dissidenten-Bewegung — eine Reaktion auf Breschnews systematische Rehabilitierung Stalins und die Wiedereinführung stalinistischer Praktiken im sowjetischen Leben — war geboren.

Während des gesamten Jahres 1965 kämpfte Breschnew freilich noch um die Konsolidierung seiner Position. Er befand sich in jenem unbequemen Zwischenstadium der Macht: halb Verwalter, halb Führer. Dieser Schwebezustand sollte mit dem XXIII. Parteitag im März und April 1966 enden. Abgesehen von einer bloßen Bestätigung seiner neuen Autorität setzte jener Kongreß auch den neostalinistischen Ton der folgenden Jahre fest. Das Parteipräsidium wurde wieder in Politbüro umbenannt; unter diesem Namen firmierte es auch die meiste Zeit während der Stalinära. Und der neue Führer der Partei nahm denselben Titel an, den auch Stalin getragen hatte: Generalsekretär.

›Ein Generalsekretär wird gemacht‹

Kollektive Führung! Das war Moskaus Losung im Herbst 1964. Dreimal hatte die *Prawda* den beruhigenden Slogan in ihrem Leitartikel vom 17. Oktober, in dem Chruschtschow verdammt wurde, hinausposaunt, und hervorgehoben: ›Kollektivität ist eines der wichtigsten Prinzipien, die von W. I. Lenin ausgearbeitet wurden ... eine der größten politischen Erbschaft unserer Partei.‹

Die *Woschod*-Kosmonauten wurden als das neue ›kosmische Kollektiv‹ beschrieben, und das Fernsehteam, das die Begrüßungszeremonie des Trios filmte, bezeichnete sich selbst als ein ›Fernseh-Kollektiv‹. Sogar die Sportjournalisten stimmten in den Chor ein und berichteten über die sowjetischen Sportler bei den Olympischen Spielen 1964 in Tokio als ›unser olympisches Kollektiv‹.

Doch hinter der Fassade der Kollektivität, die von der neuen Führung so beharrlich aufrechterhalten wurde — und die sie auch heute noch zu bewahren versucht—, begann bereits der Machtkampf. Und das, noch bevor Chruschtschow Zeit gehabt hatte, die Souvenirs von seinem Schreibtisch abzuräumen. In vieler Hinsicht erinnerte es an die Auseinandersetzungen nach Stalins Tod, in manchen anderen, wichtigeren Aspekten jedoch unterschied es sich von jener Schlacht in den fünfziger Jahren: die Spielregeln und die Zeiten hatten sich geändert.

Vor allem war es das Präsidium oder Politbüro, wie es bald wieder heißen sollte, das zum Brennpunkt der Machtkämpfe wurde, als Breschnew versuchte, es mit seinen Anhängern und Verbündeten zu besetzen, um damit eine zuverlässige Mehrheit auf seiner Seite zu haben.

Zweitens wurden — mit Ausnahme einiger ausgesprochener Anhänger Chruschtschows — keine Säuberungen durchgeführt. Obwohl sich das relative Gewicht der Macht innerhalb der obersten

Führung zugunsten Breschnews verschoben hatte, blieb der Führungskreis während der ersten acht Jahre erstaunlich stabil. Er wurde vergrößert, aber es gab wenig Degradierungen. Unter den ersten, die den Hut nehmen mußten, befanden sich der schwerkranke Frol Koslow, Chruschtschows Kulturzar Leonid Iljitschew und sein letzter Agrarzauberer Wassili Poljakow. Zwei Mitglieder von Chruschtschows letztem Politbüro, Nikolai Schwernik und Anastas Mikojan, zogen sich im März 1966 auf dem XXIII. Parteitag ehrenvoll aus dem aktiven politischen Leben zurück. Podgornys Verbündeter Wasili N. Titow wurde, wie schon erwähnt, 1965 von Moskau nach Kasachstan versetzt. Ein weiterer Sekretär des Zentralkomitees, Alexander Rudakow, starb im Juli 1966. Aber weitere Abgänge gab es nicht — bis zum Herbst 1972, als der Parteichef Georgiens, Wassili Mschawanadse, wegen eines Korruptionsskandals in seiner Republik seinen Posten als Politbürokandidat verlor. Im April 1973 wurden dann zwei Vollmitglieder, Gennady Woronow und Pjotr Schelest, aus diesem engsten Kreis der Top-Führung entlassen. Diese beiden waren die ersten ›echten‹ Degradierungen seit Chruschtschows Sturz.

Drittens vermied Breschnew bei seinem Kampf um die Vorherrschaft einen Umstand, der möglicherweise Chruschtschows Kardinalfehler war: die Wahl eines Zweiten Sekretärs, mächtig genug, um seine Autorität zu unterminieren. Er wählte auch keinen designierten Erben. Im ersten Jahr strebte Nikolai Podgorny zweifellos beide Rollen und einiges mehr an, aber Breschnew behielt die Oberhand. Zeitweise schrieben westliche Kremlexperten diese Rolle Andrej Kirilenko zu, revidierten dann aber ihr Urteil, als sie Kirilenko im Auge behielten, der — gleich alt wie Breschnew — älter wurde, ohne daß sich in seiner politischen Karriere irgendwelche bedeutenden oder dramatischen Aufwärtskurven erkennen ließen. Breschnew gab sich von dem Moment an, als er Parteichef wurde, große Mühe, die Meute in sicherer Entfernung zu halten. Seine Einstellung war: Wenn sie sich gegenseitig zerfleischen wollen, dann ist das ihre Angelegenheit. Er jedenfalls hielt Distanz.

Schließlich zauderte Breschnew nicht lange, als es darum ging, die Opfer von Chruschtschows Kapricen oder von Koslows Säuberungen in ihre früheren Positionen innerhalb der Hierarchie wiedereinzusetzen. Daß die meisten von ihnen auch seine Anhänger, Freunde und

Verbündeten waren, ist gewiß kein Zufall. So wurde im Dezember 1964 Dinmuchamed Kunajew als Parteiführer von Kasachstan wiedergewählt. Im Februar 1965 erweckte Breschnew den politischen Leichnam von Wladimir Mazkewitsch zu neuem Leben, indem er ihn wieder mit der Leitung des Landwirtschaftsministeriums betraute. Drei Monate später setzte er dann Fjodor Kulakow, der 1960 einem von Chruschtschows Wutanfällen zum Opfer gefallen war, wieder in Amt und Würden ein, indem er ihn zum Chef der ZK-Agrar-Abteilung ernannte. Im Oktober holte er seinen Freund Wladimir Schtscherbizki aus der politischen Versenkung: Er verhalf ihm zur Wiedereinsetzung als Ministerpräsident der Ukraine — einen Posten, den Schtscherbizki 1963 verloren hatte — und veranlaßte, daß er als Kandidat wieder ins Politbüro aufgenommen wurde.

Breschnews Weg zur unbestrittenen Macht nach Chruschtschows Sturz war oft steinig. So steinig sogar, daß Breschnew zeitweise mit dem Rücken zur Wand kämpfen mußte und man ernstlich daran zweifelte, daß er sein erstes Jahr als Parteichef überleben würde. Angefangen hatte er im Oktober 1964 mit einem Titel, einem legalen Mandat des Zentralkomitees, einigen Anhängern und Verbündeten in wichtigen Positionen und der Erfahrung jahrelangen politischen Nahkampfes: aber sonst — sehr wenig. Er brauchte über ein Jahr, um einen Brückenkopf der Macht auszubauen.

Die erste Umbildung fand einen Monat nach Chruschtschows Sturz anläßlich einer Plenarsitzung des Zentralkomitees vom 14. bis 16. November statt. Adschubej, der bereits seine Stellung als Chefredakteur der *Iswestija* verloren hatte, wurde aus dem Zentralkomitee abgewählt, Koslow aus Gesundheitsgründen seiner Posten als Sekretär und als Präsidiumsmitglied enthoben und Poljakow, der Agrarexperte, aus dem Sekretariat entlassen.

Die Entlassungen fielen nicht ins Gewicht — sie waren zu erwarten gewesen und unwichtig. Wichtig jedoch waren die drei Neuaufnahmen ins Präsidium. Der erzkonservative Pjotr Schelest, Podgornys Nachfolger als Parteichef der Ukraine und später zeitweilig mit ihm verbündet, wurde vom Kandidaten zum Vollmitglied des Präsidiums ernannt. Schelest sollte 1968 eine wesentliche Rolle bei der Invasion in der Tschechoslowakei spielen und 1972 versuchen, das Gipfeltreffen mit Präsident Nixon zu blockieren. Alexander Schelepin, der frühere Komsomol- und KGB-Chef, wurde zum Vollmitglied gewählt, ohne vorher Kandidat gewesen zu sein: offenbar als Belohnung dafür, daß der Sicherheitsdienst die Verschwörer unterstützt hatte. Aber Schelepin erlangte dadurch auch eine beispiellos vorteilhafte Position, die sich auf drei Säulen der Macht stützte: das Präsidium; die Regierung, der er als ein Erster Stellvertretender Premierminister angehörte; das Sekretariat, in dem er ebenfalls Mitglied war und außerdem das ständig mächtiger werdende Aufpasserkomitee für Partei- und Staatskontrolle leitete. Außerdem wurde Schelepins Protegé, KGB-Chef Wladimir Semitschastny, als Vollmitglied ins Zentralkomitee gewählt. Der einzige Trost für Breschnew auf dieser Sitzung war die Wahl von Pjotr Demitschew, dem Sekretär für die Chemische Industrie und die Leichtindustrie, als Kandidat ins Präsidium. Demitschew war zwar kein Breschnewverbündeter, aber er war auch kein Breschnewgegner.

Bei der nächsten Sitzung des Zentralkomitees im März 1965 erging es Breschnew etwas besser. Die einzige Amtsenthebung betraf Leonid Iljitschew, Chruschtschows Kulturzaren, der seines Postens als einer der Sekretäre enthoben wurde. Und wieder waren es die Beförderungen, welche ins Gewicht fielen, und die waren höchst ungewöhnlich.

Kirill T. Masurow, bis dahin Parteichef von Weißrußland, wurde als Vollmitglied ins Präsidium befördert und zum Ersten Stellvertretenden Premierminister ernannt, protokollarisch auf gleicher Stufe mit Schelepin. Dimitri Ustinow, Stalins Rüstungskommissar und Sprecher für die Verteidigungsindustrie, wurde seines Postens als Stellvertretender Premierminister entbunden und zu einem Sekretär des Zentralkomitees und Kandidaten des Präsidiums gewählt. Masurow, ein bewährter Parteifunktionär mit wenig Erfahrung in Regierungsgeschäften, wurde damit Kossygins Stellvertreter. Ustinow, ein Mann mit keinerlei Erfahrung im Parteiapparat, wurde Mitglied des Sekretariats. In dem schwelenden Streit zwischen Partei und Regierung war ein Kompromiß zustande gekommen: Kossygin hatte nun mit Ustinow einen Fuß im Sekretariat, Breschnew mit Masurow ein Parteibein im Ministerrat. Nicht etwa, daß Masurow ein Breschnew-Mann gewesen wäre: im Gegenteil, als Protegé Ponomarenkos, Breschnews früherem Chef in Kasachstan, war Masurows Loyalität fraglich. Aber sein Eintritt in die Regierung bedeutete dennoch einen bedingten Sieg für den Ersten Sekretär. Außerdem hatte er noch andere Männer in der Regierung, auf die er sich verlassen konnte: beispielsweise Ignatij Nowikow und Lew Smirnow, beides Mitglieder der ›Dnjepr-Mafia‹ und beides Stellvertretende Premierminister.

Bevor Breschnew seine Macht am XXIII. Parteitag im März/April 1966 festigte, sollten nur noch geringe Änderungen vorgenommen werden. Aber hinter dem Vorhang scheinbarer Einheit hatte der Kampf gerade erst begonnen.

Der erste Konflikt entstand mit Alexej Nikolajewitsch Kossygin. In vieler Hinsicht war diese Auseinandersetzung eine analoge Entwicklung zu Chruschtschows Kampf mit Malenkow im Jahre 1953. Aber er unterschied sich in einem sehr wichtigen Punkt, nämlich darin, daß Kossygin — trotz der vielen Jahre in der Regierung und in den Positionen an der Spitze der Macht, die er während des Krieges oder kurz danach eingenommen hatte — nie, wie Malenkow, ein Parteifunktionär oder ein einflußreicher Sekretär mit einer Clique von Anhängern und Verbündeten gewesen war. Malenkow hatte schließlich als Stalins erwählter Erbe fungiert und nach dessem Tod versucht, den gesamten Mantel der Führung über Regierung und Partei an sich zu bringen. Kossygin hatte weder die politische Stärke noch wahrscheinlich den Ehrgeiz, mit Breschnew um die Parteiführung zu kämpfen. Er war in erster Linie daran interessiert, für seine Manager freie Hand zu bekommen und die Wirtschaft zu führen. Ansonsten gibt es keinen Hinweis für eine persönliche Rivalität oder Animosität zwischen ihm und Breschnew, so wie es zwischen Malenkow und Chruschtschow der Fall war.

Nichtsdestoweniger hatte Breschnew in Kossygin einen gewaltigen Gegner. Niemand konnte mit 36 ein Stellvertretender Premierminister der UdSSR, mit 39 Premierminister der Russischen Föderation und mit 42 ein Vollmitglied des Politbüros — auf einer Stufe mit Stalin — werden, ohne in den typischen Kremlscharmützeln die nötige Schläue und Kampferfahrung bewiesen zu haben, die dort zum Überleben gehören. Außerdem besteht Einigkeit darüber, daß Kossygin, der Mann mit dem Bassethund-Gesicht, der intelligenteste, fähigste und weltmännischste von allen sowjetischen Führern ist. Seine Freunde wählt er gern unter Intellektuellen, Künstlern und Schriftstellern aus; er liebt Cool-Jazz und Barockmusik; er ist etwas puritanisch, reserviert und publicityscheu. Zudem ist er zäh, unverwüstlich, unermüdlich und ein brillanter Verwaltungsfachmann, der oft bis zu 16 Stunden an seinem Schreibtisch verbringt. Er wußte genau, was er wollte, und er verschwendete nach Chruschtschows Sturz keine Zeit, um es zu bekommen.

Bereits wenige Tage nach seiner Ernennung zum Premierminister veranlaßte Kossygin — offenbar, ohne seine Kollegen im Präsidium, insbesondere Breschnew, zu konsultieren — die Ausdehnung des Bolschewika-Majak-Wirtschaftsreform-Experiments auf eine größere Anzahl von anderen Betrieben der Textilbranche. Das war das erste Anzeichen für Zwietracht in der kollektiven Führung.

Breschnew antwortete auf diese Herausforderung unverzüglich. Bei der Begrüßungszeremonie für die *Woschod*-Kosmonauten am 19. Oktober sagte er zu seinen Zuhörern auf dem Roten Platz: ›Wir werden fortfahren, *die Verantwortung der Partei und ihre führende und organisierende Rolle im Leben der Gesellschaft zu vergrößern.*‹ Jeder, der zwischen den Zeilen lesen konnte, wußte sofort, daß er damit seine *eigene* Verantwortung als Erster Sekretär meinte. Er bekräftigte seinen Standpunkt bei der nächsten sich bietenden Gelegenheit: seiner Rede am Jahrestag der Revolution, als er die Parteimitglieder aufrief, ›weiterhin die Tätigkeit der Regierungs-, Wirtschafts- und Sozialorganisationen zu kontrollieren‹. Er war jedoch zu weit gegangen. Die gedruckte Version seiner Rede war, als sie von der TASS verbreitet wurde, leicht abgeändert worden. Statt ›weiterhin ... zu kontrollieren‹ sollte Breschnew nun von ›wirksamer Kontrolle‹ gesprochen haben. Offensichtlich hatten die Freunde des Premierministers in den Redaktionszimmern hier Zensur geübt.

Die Presse wurde in der Tat zum Hauptaustragungsort des Kampfes Breschnew gegen Kossygin. Adschubejs Nachfolger als Chefredakteur der *Iswestija* war Waldimir Stepakow, ein Verbündeter Kossygins; das Blatt vertrat fortan die Regierungspolitik. Die Argumente der Partei wurden am deutlichsten von der Zeitung *Kommunist* mit ihrem Chefredakteur Wassilij Stepanow vertreten. Während Stepakow und Stepanow mit beredt vergifteten Federn aufeinander losgingen, versuchte Alexej M. Rumjanzew, der Chefredakteur der *Prawda,* zu vermitteln. Der Generaldirektor der TASS, Dimitri Gorjunow, ein Schelepin-Protegé aus gemeinsamen Komsomol-Tagen, schürte eifrig die Flammen. Alle vier wurden im Laufe der Zeit entlassen oder versetzt: Stepakow und Rumjanzew

1965, Stepanow 1966, Gorjunow 1967. Doch solange die Debatte andauerte, wurden Kremlbeobachter zu Zeugen einiger der bittersten Polemiken in der sowjetischen Geschichte.

Der erste Kompromiß war auf der Basis des Masurow-Ustinow-Austausches auf der Plenarsitzung des Zentralkomitees im März 1965 erreicht worden, aus der Breschnew aufgrund seiner umfassenden Agrarreform auch sichtlich gestärkt hervorgegangen war.

Dieser Waffenstillstand hätte vielleicht eine Zeitlang angehalten, wenn Kossygin nicht auf seine Wirtschaftsreform gepocht hätte, gegen die Breschnew und die orthodoxen Ideologen der Partei so heftig opponierten. Das kritische Gleichgewicht, das man im März erreicht hatte, zeigte sich bald gefährdet. Am 17. Mai brach Stepanow, zweifellos mit Breschnews und Suslows Zustimmung, eine neue Krise übers Knie, die beinahe das gesamte kollektive Kartenhaus zusammenfallen ließ.

Sein eigenes Sprachrohr *Kommunist* meidend, wandte sich Stepanow an jenem Tag auf den Seiten der *Prawda* mit einem ätzenden, obgleich esoterisch formulierten Angriff gegen Kossygin, die Regierung und die Wirtschaftsreform, deren vermeintlichen Triumph er mit dem Beginn des ›Gulasch-Kommunismus‹ und der Götterdämmerung des Leninismus-Marxismus gleichsetzte.

Am folgenden Tag stand Moskaus politisches Barometer auf Sturm. Sowohl Breschnew wie Kossygin schienen verschwunden zu sein. Kossygin blieb einem Empfang im Kreml für das bulgarische Staatsoberhaupt fern. Breschnew fehlte bei einem Empfang, den eine algerische FLN-Delegation zu *seinen* Ehren gab. Was sich tatsächlich am 18. Mai abgespielt hatte, bleibt ein Geheimnis. Jedenfalls löste die Krise einen ›langen heißen Sommer‹ für die sowjetische Führung aus. Am 21. Mai antwortete der Chefredakteur der *Iswestija,* Stepakow, dem Chefredakteur von *Kommunist,* Stepanow, mit einem scharf formulierten und kaum verschleierten Angriff auf Breschnew: ›Ein Ingenieurdiplom ist nicht alles. Zu einem guten Führer gehört mehr als Spezialkenntnisse auf diesem oder jenem Gebiet der Technik oder der Wirtschaft. Das Diplom muß ergänzt werden durch Organisationstalent, durch richtige Beurteilung der politischen Rolle eines Führers und durch die Fähigkeit, Menschen zu motivieren . . .‹

Von jenem Zeitpunkt an sank Breschnews protokollarisches Ansehen im selben Maße, wie das Kossygins stieg. In dem Abdruck von Kossygins Reden in der Presse wurde vermerkt, daß er ›stürmische‹ Ovationen erhielt. Seit Chruschtschows Tagen war noch keinem Mitglied der neuen Führung dieses hohe protokollarische Lob zuteil geworden. Einmal wurde Kossygin sogar namentlich zusammen *mit* Breschnew als Leiter einer Delegation des Zentralkomitees genannt. Ihn eine *Partei*-Delegation zusammen mit dem Ersten Sekretär anführen zu lassen, kam der Ernennung eines Koadjutors zu einem Bischof gleich — oder schlimmer.

Breschnews politische Genesung wird durch kein besonderes Ereignis erklärt. Vielleicht war es Kossygins Beschäftigung mit der Mechanik des Reformexperiments oder sein wachsendes Interesse für die Außenpolitik. Als jedenfalls das Zentralkomitee im September zusammentrat, um Kossygins Reformplan zu sanktionieren, hatte Breschnews Position sich ausreichend gefestigt, um eine Beilegung des Konflikts zu ermöglichen.

Diese Plenarsitzung war in jeder Hinsicht ein Kompromiß. Die Wirtschaftsreform wurde in modifizierter Form gutgeheißen, das zentralisierte Verwaltungssystem wiedereingeführt und Kossygin als dessen Führer anerkannt. Damit war — trotz einer Erweiterung von Kossygins Machtbefugnissen — die Reform selbst zum Scheitern verurteilt. Aber auch Breschnews Position war gestärkt worden. Die führende Rolle der Partei wurde — abgesehen von der Wirtschaft — auf allen Gebieten bestätigt, und sogar in Wirtschaftsangelegenheiten wurde der Partei das Recht der allgemeinen Überwachung zugebilligt, was in der Praxis bald zu einer tagtäglichen Einmischung führte. Außerdem rückten drei weitere Verbündete Breschnews in oberste Regierungspositionen als Stellvertretende Ministerpräsidenten auf: Wenjamin Dymschiz, Nikolai Tichonow, der Ingenieur aus Dnjepropetrowsk und Direktor der Röhrenfabrik in Nikopol von 1947—1950, und Michail Jefremow, einst Parteichef des Oblasts Gorki und mit Breschnew seit Ende der fünfziger Jahre bekannt.

Obwohl sich der Streit Breschnew—Kossygin beruhigt hatte, konnte die Position des Ersten Sekretärs keineswegs als stabil bezeichnet werden. Zunächst hatte er es mit zwei anderen Herausforderern zu tun: Podgorny und Schelepin.

Bereits wenige Tage nach Chruschtschows Sturz war klar, daß Breschnew nicht nur mit Kossygin, sondern auch mit Podgorny

221

die Klingen kreuzen mußte. In gewisser Hinsicht bildete Podgorny, der wie eine jüngere, etwas dünnere Ausgabe von Chruschtschow aussah, eine weitaus größere Gefahr. Chruschtschows Entthronung hatte ihn de facto zum Zweiten Sekretär der Partei gemacht, und da Breschnews Macht und Autorität noch auf sehr schwachen Füßen standen, erschien Podgorny gegenüber dem neuen Parteichef ungewöhnlich stark; diesen Vorteil machte er sich auch sofort zunutze.

Während der Empfangsparade für die Kosmonauten war Podgorny Zeremonienmeister. Später nahm er an den Gesprächen mit Tschou En-lai teil. Bei der Plenarsitzung des Zentralkomitees im November war es Podgorny, nicht Breschnew, der die Szene beherrschte. Er fungierte als Berichterstatter und sprach hauptsächlich über die Abschaffung der Zweiteilung der Partei.

Dieses Plenum leitete auch lokale Parteiwahlen ein, um neue Führer für die einzelnen Komitees in Dutzenden von Oblasts zu ernennen, die von Chruschtschows Spaltung betroffen worden waren. Podgorny, unterstützt von seinem Verbündeten Titow, spielte eine wesentliche Rolle bei der Auswahl der Kandidaten für die wiedervereinten Oblastkomitees.

Podgorny, der schon seit vielen Jahren als Befürworter einer erhöhten Konsumgüterproduktion gegolten hatte, schien auch enge Bande mit Kossygin zu knüpfen. Tatsächlich sprachen Moskauer Quellen damals von einer Kossygin-Podgorny-Achse — und das mag verhängnisvoll für Podgorny gewesen sein.

Breschnews erster Gegenzug war Titows Versetzung nach Kasachstan. Aber auch an Podgornys ukrainischem Apparat begann er zu sägen.

Im Mai 1965 machte Podgorny dann einen großen Fehler. Vier Tage nach Stepanows *Prawda*-Artikel, in dem die Reformer angegriffen wurden, hielt er in Baku eine erstaunliche Rede, in der er sowohl die Wirtschaftsreform als auch eine erhöhte Konsumgüterproduktion befürwortete: ›Es gab eine Zeit, in der das sowjetische Volk gewisse materielle Einschränkungen im Interesse einer bevorzugten Entwicklung der Schwerindustrie und der Stärkung der Verteidigungskapazität bewußt in Kauf nahm. Das war vollauf gerechtfertigt ... Doch jetzt vervielfacht sich mit jedem Jahr unser sozialer Reichtum, und es entstehen die notwendigen Voraussetzungen, um die ständig wachsenden Ansprüche des Volkes zu befriedigen.‹

An einer anderen Stelle seiner Rede trat er energisch für die Annahme des Prinzips der ›Rentabilität bei der industriellen und landwirtschaftlichen Produktion‹ ein.

Breschnew befand sich an jenem Maitag selbst in zu arger Bedrängnis, um Podgorny, der sich so heftig und demonstrativ auf die Seite Kossygins und der Reformer geschlagen hatte, entgegentreten zu können. Aber Suslow konnte es, und er tat es auch, indem er in einer Rede in Sofia Podgornys Thesen scharf attackierte. Am selben Tag, an dem die *Prawda* diese Rede veröffentlichte, wurde bekanntgegeben, daß Podgorny ›auf Anraten seiner Ärzte‹ das Haus hüten mußte. Seine ›Krankheit‹, die allen Anzeichen nach eher politischer als medizinischer Natur war, dauerte fast zwei Monate.

Er sollte sich nie mehr ganz davon erholen. Am 9. Dezember veranlaßte Leonid Breschnew Podgornys ›Beförderung‹ zur ›Präsidentschaft‹ der Sowjetunion, wo er Breschnews eigenen Nachfolger in diesem Amt, Anastas Mikojan ersetzte; dieser zog sich — etwas widerstrebend — vom aktiven politischen Leben zurück.

Seither ist Podgorny, der vier Monate später beim XXIII. Parteikongreß auch sein Amt als Sekretär des Zentralkomitees verlieren sollte, Staatsoberhaupt. Wie Breschnew aus eigener bitterer Erfahrung wußte, ist die ›Präsidentschaft‹ weit entfernt von den Hebeln der Macht. Podgornys Alter — er ist drei Jahre älter als Breschnew — gab eine weitere Garantie dafür ab, daß der einstmalige Co-Erbe nicht wieder auftauchen würde, um die Vormachtstellung des neuen Parteiführers streitig zu machen.

Zur selben Zeit, als Podgorny ›befördert‹ wurde, ging auch Schelepin einer seiner wichtigsten politischen Schwungfedern verlustig: er verlor sein Amt als ein Erster Stellvertretender Ministerpräsident und seine Position als Vorsitzender des Komitees für Partei- und Staatskontrolle.

Niemandes politischer Stern war nach Chruschtschows Sturz so schnell aufgestiegen und dann so beständig gefallen wie der Schelepins.

Schelepin, damals und auch heute noch das jüngste Vollmitglied des Politbüros, hat eine brillante Karriere hinter sich. 1940, im Alter von 22 Jahren, trat er in die Partei ein. Während er seinem Studium am Moskauer Institut für Geschichte, Philosophie und Literatur nachging, spezialisierte er sich auf Komsomolarbeit, und brachte es 1952 bis zum Ersten Sekretär dieser Organisation sowie zum Vollmitglied des Zentralkomitees. 1954 leitete er die Mobilisierung von Hunderttausenden von Komsomol-›Freiwilligen‹ für das Neulandprogramm. Er leistete so gute Arbeit, daß Chruschtschow ihn 1958 zum Chef des KGB ernannte; 1961 belohnte er ihn mit einem Posten als Sekretär des ZK und im folgenden Jahr mit einem Amt als einer der Stellvertretenden Ministerpräsidenten. Nach Chruschtschows Sturz rückte Schelepin dann auch noch ins Präsidium auf.

Seine wichtigste Machtbasis — neben der Clique früherer Komsomol- und KGB-Verbündeter, die er in wichtige Positionen setzte — war das Komitee für Partei- und Staatskontrolle. Diese mächtige und mysteriöse Institution, 1962 im Zuge der Zweiteilung der Partei in landwirtschaftliche und industrielle Komitees gegründet, hatte — wenigstens theoretisch — die Befugnis, sowohl Partei- als auch Staatsfunktionäre ihrer Posten zu entheben.

Praktisch hielt Schelepin also so viele Fäden in der Hand, daß er nicht nur für Breschnew, sondern auch für andere im Politbüro eine Gefahr darstellte. Sein Ansehen unter den Politbürokollegen verbesserte sich auch nicht gerade dadurch, daß man auf Moskauer Cocktailpartys und in der ausländischen Presse unaufhörlich über seine vielversprechende Zukunft und seine Aussichten, eines Tages Breschnew zu ersetzen, spekulierte.

Seit Schelepins Eintritt in Politbüro hatte es ständig kleine Anzeichen dafür gegeben — eine falsch placierte Erwähnung in der *Prawda,* eine rangmäßig zu niedrige Verabschiedungs- oder Empfangsdelegation bei einer Auslandreise —, daß seine Kollegen ihm nicht den gleichen Rang zugestanden und ihn wie einen Emporkömmling oder Eindringling behandelten. Es gab nichts Brutales, keinen Frontalangriff auf Schelepin selbst, aber viele Kleinigkeiten, die auf einen Machtkampf zwischen ihm und Breschnew hindeuteten.

Im Dezember 1965 gelang Breschnew Schelepins erste Degradierung: das Komitee für Partei- und Staatskontrolle wurde einfach abgeschafft, und dazu verlor Schelepin auch sein Anrecht auf das Amt eines Ersten Stellvertretenden Premierministers. Beides waren größere Machtamputationen. Schelepin war nun völlig aus dem Regierungsapparat entfernt. Das halb unabhängige Kontrollkomitee, das nur *seiner* Befehlsgewalt unterstanden hatte, existierte nicht mehr.

Es gab damals etliche Spekulationen, ob Schelepin nicht dafür vorbereitet würde, Podgorny im Sekretariat zu ersetzen. Aber Breschnew hatte offensichtlich keinerlei Absicht, einen so jungen, energiegeladenen und ehrgeizigen Mann wie Schelepin in eine derart entscheidende Position zu bringen. Andererseits war Schelepin zu mächtig, um völlig entfernt zu werden, und augenscheinlich zu begabt, um unbeschäftigt zu bleiben. Man beauftragte ihn mit zahlreichen Auslandsmissionen: Er ging nach Hanoi, um die Beziehungen zu Ho Tschi Minh zu verbessern, nach Kairo, um die Nahostpolitik mit Nasser zu koordinieren ... Breschnew brauchte noch fast zwei Jahre, um seinen Herausforderer völlig zu neutralisieren.

Aber die Ereignisse vom Dezember 1965 waren entscheidend gewesen. Breschnews Position war gefestigt. Der XXIII. Parteitag, auf den er sich bereits vorbereitete, sollte kaum mehr werden als ein Forum für die Ratifizierung seiner neuen Macht.

Jener Kongreß, der am 29. März eröffnet wurde und bis 8. April 1966 dauerte, hinterließ einen flüchtigeren Eindruck in der Geschichte der UdSSR und der Geschichte der KPdSU als irgendein anderer Parteitag. Rückblickend scheint er überhaupt nur aus einem Grund abgehalten worden zu sein: weil es die Parteistatuten erfordert hatten. Im Gegensatz zu vielen anderen Kongressen — angefangen mit dem ersten in Minsk 1898 — legte dieser keine neuen Direktiven fest; große ideologische Fragen wurden weder aufgeworfen noch gelöst. Weder Chruschtschows Amtsenthebung noch die Restalinisierungsmaßnahmen der neuen Führung kamen zur Sprache. Alles, was irgendwie Substanz hatte, war tabu.

Es war eine lange, langweilige Affäre, die Breschnew mit einem langen, langweiligen Rechenschaftsbericht eröffnete, der fast acht Stunden dauerte: kürzer als einige von Chruschtschows Reden, gewiß, aber nicht eine Spur so unterhaltsam. Diese Rede bewies, was die meisten der 4260 Delegierten vermutlich bereits gewußt hatten: auf einer Rednerbühne ist Breschnew ein Langweiler. ›Sachlich‹, einer seiner Lieblingsausdrücke, wiederholte sich oft. Aber es gab keine Witze.

Das Zentralkomitee, das vom Parteitag gewählt wurde, war größer als irgendein anderes in der Geschichte der Partei: 195 Vollmitglieder, von denen über zwei Dutzend seit langem Breschnewanhänger und -verbündete waren, und 165 Stellvertreter. Die Veränderungen an der Spitze waren minimal: Dinmuchamed Kunajew trat als Kandidat ins Präsidium ein, ebenso Pjotr Mascherow, Masurows Nachfolger als Parteiführer von Weißrußland. Arwid Pelsche, der alternde Parteiführer von Lettland, wurde zu einem Vollmitglied des Präsidiums und zum Vorsitzenden des Komitees für Parteikontrolle ernannt. Die einzige Entwicklung von wirklicher Bedeutung war jedoch die Ernennung von Andrej Kirilenko zu einem ZK-Sekretär, zusätzlich zu seinem Posten als Präsidiumsvollmitglied.

Alles war eintönig. Breschnew und sein Team hatten eine sonderbare Art, die Dinge so abzuwickeln, als ob sie es schon jahrzehntelang getan hätten. Die unangenehme Vergangenheit wurde stillschweigend eingemottet. Chruschtschow, der erst vor vier Jahren im selben Saal so eine dominierende Rolle gespielt hatte, existierte hier nicht mehr.

Wenn es überhaupt irgend etwas gab, was den XXIII. Parteitag bemerkenswert machte — abgesehen davon, daß er stattfand —, dann die Tatsache, daß das Präsidium wieder in ›Politbüro‹ umbenannt wurde und daß Breschnew in Zukunft den Titel ›Generalsekretär‹ führen sollte.

Dieser Titel, der so sehr an die Stalinära erinnerte, hatte etwas Unheilverkündendes an sich. Freilich, Breschnew war kein Stalin; aber es war ein Zeichen seiner wachsenden Autorität und Macht im Kollektiv — eine Macht, die seine Anhänger bald zu erweitern und seine Gegner einzuschränken versuchten.

Schon im Juli wurden neue Schranken gegen Breschnews Ambitionen aufgerichtet.

Ein esoterisch formulierter Artikel in der *Prawda* mit dem Titel *Kollegialität und Verantwortung* wies auf die starke Opposition gegen Breschnews wachsende Macht hin. In ihm hieß es: ›Der kollegiale Geist setzt sich dann durch, wenn der Respekt vor der Autorität vernünftige Grenzen nicht überschreitet und Sekretäre der Parteikomitees den Takt, die Vorsicht und den selbstkritischen Geist besitzen, die für den kollektiven Meinungsaustausch notwendig sind. ... Ein Parteisekretär ist kein *Natschalnik* — kein Chef —, ihm gebührt nicht das Recht, Befehle zu erteilen. Er ist lediglich der Ranghöchste in der kollektiven Führung. Gewiß, auf ihm ruht die größere Verantwortung, aber seine Rechte sind nicht größer als die der anderen Mitglieder des Parteikomitees.‹

Trotz solcher Hinweise und Ermahnungen benahm sich Breschnew immer mehr wie ein Natschalnik, verbreiterte seine Machtbasis und sammelte zunehmend mehr Fäden in seiner Hand.

Gewiß, Kossygin war der Mann, der im öffentlichen Blickfeld stand, vor allem im Ausland. Seine geschickte Beilegung des indisch-pakistanischen Konflikts beim Taschkenter Treffen zwischen Ajub Khan und Lal Bahadur Schastri im Januar 1966 hatte ihm den Ruf eines gewandten Diplomaten eingebracht. Doch bereits damals spürten Ausländer, daß Breschnew der eigentliche Mann im Kreml war. Als Präsident De Gaulle die UdSSR besuchte, standen Kossygin und Podgorny im Rampenlicht; aber meist war es Breschnew, der die Verhandlungen führte.

Der entscheidende Wandel in Breschnews Image sollte sich ein halbes Jahr später einstellen: an seinem 60. Geburtstag, an dem ein neuer Personenkult geboren wurde.

Als Geburtstagsgeschenk wurde er als Held der Sowjetunion ausgezeichnet, ähnlich wie Chruschtschow anläßlich seines 70. Geburtstages im April 1964. Die offizielle Botschaft des Zentralkomitees des Obersten Sowjets und des Ministerrats pries Breschnew als einen ›hervorragenden‹ Führer, hob seine einmaligen Leistungen auf dem Gebiet der Innen- und Außenpolitik hervor und strich die glänzenden Eigenschaften seines Charakters heraus.

Als Podgorny den Orden an Breschnews tadellos geschneiderten dunkelblauen Anzug heftete, sagte er: ›Mehr als die Hälfte Ihres Lebens, über 35 Jahre, haben Sie in den Reihen unserer glorreichen Kommunistischen Partei verbracht. Überall und immer zählten Sie zu ihren kämpfenden Truppen ... Sie haben einen wunderbaren Weg zurückgelegt: vom einfachen Monteur bis zu der hohen Position eines Generalsekretärs ... Wo immer Sie standen, welche Arbeit die Partei Ihnen auch anvertraute ... Sie blieben immer der Partei und dem Volk treu ...‹

Der goldene Stern des Ordens glitzerte auf seiner Brust, als Breschnew in den Saal des Obersten Sowjets im Großen Kreml-Palast einzog. Dort hielt gerade das Parlament der UdSSR seine jährliche Budget-Tagung ab. Alle Augen waren auf ihn gerichtet, als er vom linken Flügel der Rednerbühne zu seinem Platz in der Präsidiumsloge schritt. Die 1517 Abgeordneten erhoben sich und empfingen ihn mit donnerndem Applaus.

Iwan Spiridonow, der einstige Koslowanhänger, der beim XXII. Parteikongreß 1961 den Antrag gestellt hatte, Stalins Leichnam aus dem Mausoleum zu entfernen, führte den Vorsitz. Er unterbrach die Sitzung, um eine Laudatio auf Breschnew zu halten, die an Stalin- und Chruschtschowzeiten erinnerte: Spiridonow sprach ihn mit dem vertraulichen ›lieber Leonid Iljitsch‹ an und lobte seine ›Tüchtigkeit‹, ›Bescheidenheit‹, ›Rücksicht‹, ›Zuvorkommenheit‹ und seine ›unbestechliche Haltung im Kampf um die Reinheit der Marxistisch-Leninistischen Theorie‹.

Und wieder applaudierten die Abgeordneten stürmisch als Ausdruck ihrer Zustimmung. Breschnew erwiderte mit jener charakteristischen öffentlichen Bescheidenheit, die seine Ambitionen Lügen strafte:

›In einem so bewegenden Moment ist es schwierig, die passenden Worte zu finden, um meine Dankbarkeit auszudrücken ... Alles, was über mich gesagt wurde, schreibe ich der großen Leninistischen Partei zu, die mich aufgezogen hat und als deren Sohn ich mich über 30 Jahre lang betrachtet habe ... Ich sehe diese hohe Würdigung meiner Arbeit und all die Herzlichkeit, die mir entgegengebracht wurde ... nicht nur als eine Würdigung meiner persönlichen Bemühungen in der Vergangenheit, sondern auch als eine Würdigung im voraus, als Zeichen eines großen Vertrauens in die Zukunft, ein Vertrauen, das ich zu rechtfertigen versuchen werde ... Ich gelobe, daß ich den Rest meines Lebens der unermüdlichen Arbeit für unsere Partei und für das sowjetische Volk widmen werde ...‹

Breschnews Geburtstag und die Ordensverleihung fielen auf einen Montag, an dem — mit Ausnahme der *Prawda* — keine Zeitungen erscheinen. Doch an jenem Montag erschienen sie — mit Extra-Ausgaben, die hauptsächlich Mitteilungen über Breschnews Geburtstagsfeier, die Ordensverleihung, biographische Angaben und ein Foto enthielten.

Verglichen mit den kriecherischen Selbsterniedrigungen, die sowjetische Führer an Stalins Geburtstagen gekennzeichnet hatten, oder mit dem übertriebenen Lob, das Chruschtschow bei solchen Anlässen entgegengebracht wurde, kann man das höchstens als einen Anflug von Kult bezeichnen. Aber dennoch — ein Kult war es.

Wie Breschnew jedoch selbst wußte: Kein Personenkult, ob impliziert oder offen, hat einen Sinn, wenn man nicht über die dazugehörige Macht verfügt. Er hatte in dieser Hinsicht schon eine ganze Menge erreicht. War es ihm doch gelungen, das Primat der Partei über die Regierung mehr oder weniger wieder zu behaupten, Podgorny abzuschieben, Schelepin die Flügel zu stutzen und seine Freunde und Anhänger in Politbüro, Sekretariat und in den Apparat des Zentralkomitees einzuschleusen.

Doch zwei Voraussetzungen für unbedingte Autorität fehlten ihm noch immer: die Kontrolle über die Polizei und jene über die Streitkräfte.

Chruschtschow hatte in seinem Feldzug gegen die alte stalinistische Ordnung und in seinem Streben nach Dezentralisierung Berijas gefürchtetes Innenministerium aufgelöst und die Miliz, d. h. die uniformierte Polizei, der Jurisdiktion der 15 Republiksregierungen unterstellt. Im Juli 1966 renationalisierte Breschnew sie unter einem neuen UdSSR-Ministerium zum Schutz der öffentlichen Ordnung, das im Dezember 1968 jenen Titel erhielt, den es bis heute trägt und der so unheilvoll an die Stalinära erinnert: Innenministerium.

Dieses neue Ministerium blieb beinahe zwei Monate ohne Minister. Im September gelang es Breschnew schließlich, seinen Freund und Schützling Nikolai Schtschelokow mit dem Posten zu betrauen.

Die uniformierte Polizei bildete jedoch nur einen Teil — und zwar den unbedeutendsten — des Sicherheitsapparates; Schelepin hingegen kontrollierte durch seinen Protegé Wladimir Semitschastny weiterhin den wichtigeren Teil: das Komitee für Staatssicherheit, das KGB. Breschnew benötigte fast ein weiteres Jahr — bis Mai 1967 —, um diese wesentliche Machtstütze Schelepins zu zerschlagen. Semitschastny wurde zu einem Stellvertretenden Ministerpräsidenten der Ukraine ernannt, und Juri Andropow wurde der neue Chef des Staatssicherheitsdienstes der UdSSR.

Andropow war zwar ein Freund Breschnews, konnte aber keineswegs als von ihm politisch abhängig bezeichnet werden. Wenn überhaupt, dann war er ein Protegé Suslows. Als Breschnew das erkannte, umgab er Andropow mit ihm ergebenen Stellvertretern und Assistenten: mit Semjon K. Zwigun und Wiktor M. Tschebrikow, dem ehemaligen Parteichef der Stadt Dnjepropetrowsk. Dazu kam noch Generaloberst Georgij K. Zinew, Jahrgang 34 des metallurgischen

Instituts von Dnjepropetrowsk. Zwigun ist ›Erster‹ Stellvertretender Vorsitzender des KGB, Tschebrikow und Zinew sind normale Stellvertretende Vorsitzende.

Es blieben also noch die Streitkräfte. Wie bereits erwähnt, hatte Breschnew weitreichende Kontakte im militärischen Establishment, die bis in seine Kriegsdienstzeit und seine kurzfristige nachstalinistische Amtszeit als Politkommissar der Marine zurückreichten. Darüber hinaus stand er bei den Marschällen und Admirälen aufgrund einer wesentlichen Anhebung des Militärbudgets 1967 in erhöhtem Ansehen. Aber Breschnew konnte noch keine bedeutendere Personalernennung innerhalb der Militärhierarchie für sich buchen. Diese Gelegenheit ergab sich jedoch mit dem Tod von Verteidigungsminister Rodion Malinowski am 31. März 1967 und Marschall Andrej Gretschkos Ernennung zu seinem Nachfolger zwölf Tage später.

Die Umstände, die Gretschkos Ernennung zum Verteidigungsminister nach Malinowskis Tod begleiteten, waren Gegenstand einiger sehr seltsamer und hartnäckiger Gerüchte.

Der breitgebaute, meist finster blickende Malinowski war bereits seit Monaten an Krebs erkrankt gewesen; während dieser Zeit war Gretschko de facto Chef der sowjetischen Streitkräfte. Es wurde daher als selbstverständlich angenommen, daß er Malinowskis Nachfolge antreten sollte. Doch nach dessem Tod dauerte es zwölf Tage, bis Gretschkos Ernennung bekanntgegeben wurde.

Die Verzögerung, die zwar nach den Maßstäben der Sowjetbürokratie nicht anomal war, reichte jedoch aus, um Anlaß zu Spekulationen zu geben und das Moskauer Gerüchtekarussell in Bewegung zu setzen. Einige der Gerüchte mögen von den sogenannten Journalisten des KGB ausgegangen sein, die ausländische Korrespondenten mit nicht nachzuprüfenden Informationsbrocken füttern. Die Mehrzahl jedoch stammte vermutlich aus der Runde der Diplomatencocktailpartys. Es wurde angedeutet, daß das Politbüro die Ernennung Gretschkos zu blockieren versuchte, um die Vormachtstellung der Partei über die Militärs durch die Ernennung eines Zivilisten, eines sowjetischen ›McNamaraskij‹ — Dimitri Ustinow — für diesen Posten zu garantieren.

Wie so viele andere Moskauer Gerüchte wurde auch diese Geschichte von vielen Journalisten bald als Tatsache berichtet und von einigen Sowjetologen geglaubt. Sie wird als Faktum wiederholt, sobald sich die Diskussion dem Machtproblem zwischen Partei und Generälen zuwendet. Aber das Gerücht blieb immer nur ein Gerücht, und es gab nie auch nur die geringste Spur eines Beweises dafür.

Sicherlich war Gretschko Breschnews Mann. Aber selbst, wenn dem nicht so gewesen wäre, scheint es zweifelhaft, daß sich eine Politbüromehrheit für Ustinow gefunden hätte. Wenn es eine Debatte über Gretschkos Ernennung gegeben hat, dann fand eine solche höchstwahrscheinlich im Verteidigungsressort selbst statt. Und wenn es eine Alternative zu Gretschko gegeben hat, dann wäre der einzige in Frage kommende Mann Marschall Nikolai Krylow, der Kommandeur der strategischen Raketentruppen, gewesen. Die Debatte — immer gesetzt dem Fall, sie fand statt — konzentrierte sich auf eine Frage, die in Moskau ebenso heikel war wie im Pentagon: Konventionelle contra Raketen-Kriegsführung. Krylow war der Hauptvertreter der letzteren Richtung. Gretschko hatte in dieser Angelegenheit keinen bestimmten Standpunkt bezogen.

Was auch immer die Wahrheit hinter diesen Gerüchten oder angeblichen Debatten sein mag, auf jeden Fall konnte Breschnew am 12. April 1967 auf einen verläßlichen Verbündeten in der Frunse-Straße zählen. Sein Waffenbruder aus der Kriegszeit war als Verteidigungsminister bestätigt worden.

Ein Problem blieb: Schelepin. Das Debakel des Sechs-Tage-Krieges im Nahen Osten vom Juni 1967 löste das Problem für Breschnew. Schelepin und die noch vorhandenen Reste seiner Anhängerschaft wurden die Sündenböcke für das sowjetische Abenteuer im Mittelmeer. Breschnews eigene Rolle bei der Ermutigung Nassers und der Syrer bleibt undurchsichtig. Es soll hier genügen zu erwähnen, daß eine Ausweitung des russischen Einflusses in den Mittelmeerraum ein Traum gewesen war, der bis auf die Zaren zurückging, und Breschnew träumte ihn nicht weniger sehnsüchtig als irgendein anderer sowjetischer Herrscher. Am Ende war es Kossygin, der aus der Krise als der intelligente Manager und Diplomat hervorging, der mit Lyndon B. Johnson zusammentraf, um sicherzustellen, daß es keine Eskalation und keine Konfrontation geben würde. Schelepin, dessen Verantwortung für den Nahostplan nicht geringer und nicht größer gewesen war als die Breschnews oder Kossygins, zahlte die Rechnung.

Schelepins Günstling Nikolai Jegoritschew, der extrovertierte Erste Sekretär des Parteikomitees der Stadt Moskau, wurde summarisch entlassen. Es wurde allgemein berichtet, daß Jegoritschews Sturz auf seine freimütige Opposition gegen die Politbüropolitik im Nahen Osten zurückzuführen war. Was jedoch niemals erklärt wurde, ist die Frage, ob er ein Verfechter einer harten Politik war, der eine härtere sowjetische Aktion forderte, oder ob er für eine weichere Linie eintrat, die eine Erklärung verlangte, wie der Kreml überhaupt in diesen arabisch-israelischen Hexenkessel hineingeraten sei. Aber das spielt eigentlich auch keine Rolle. Tatsache ist, daß mit seiner Amtsenthebung Schelepins letzte Stütze entfernt war.

Wiktor Grischin, ein Kandidat des Politbüros, wurde vom Vorsitz des UdSSR-Gewerkschaftsrats versetzt, um Jegoritschew als Moskauer Parteichef zu ersetzen. Zwei Wochen später, im Juli, bekam Schelepin diesen vakant gewordenen — wohl angesehenen, aber politisch bedeutungslosen — Gewerkschaftsposten zugeteilt. Im September 1967 sollte er dann auch noch sein Sekretärsamt einbüßen. Schelepin blieb zwar bis heute Mitglied des Politbüros, aber seine Machtgrundlage wurde abgetragen.

Endlich konnte sich Breschnew dem widmen, das seine größte Schau werden sollte: der Fünfzigjahrfeier der Oktober-Revolution. Er beherrschte die Feierlichkeiten: eine vierstündige Rede in Moskau, eine programmatische Rede in Leningrad, eine Militärparade über den Roten Platz mit einem Arsenal neuer Raketenwaffen, Einheiten der Fallschirmtruppen mit ihren roten und der Marine mit ihren schwarzen Baretten, zahllose Spruchbänder, Bilder, Slogans und unzählige blumengeschmückte Festzugswagen, ein spektakuläres Feuerwerk und fünf Tage lang Empfänge, Bankette und viel Alkohol.

Nur Ausländer und einige kritische Eingeweihte schienen die falschen Töne in der Jubelfanfare wahrzunehmen: eine 50teilige Fernsehserie über die Geschichte der UdSSR, die häufig Stalin erwähnte und zeigte, aber Chruschtschow weder ein Wort noch einen flüchtigen Schnappschuß widmete; die Verleihung des Lenin-Ordens an den Richter, der Julij Daniel zu fünf und Andrej Sinjawski zu sieben Jahren Konzentrationslager verurteilt hatte.

Wenn Breschnew das in irgendeiner Weise berührte, so zeigte er es zumindest nicht. Er genoß das Rampenlicht der Publizität.

Warum auch nicht? Als er 1931 in die Partei, in die ›Elite des Neuen Rußlands‹ eingetreten war, hatte er damals unmöglich ahnen können, daß er 36 Jahre später nicht nur ihr Führer, sondern auch der verantwortliche Manager bei einem so bedeutsamen Ereignis sein würde.

Invasionen und Doktrinen

Während eine skeptische Welt im Oktober 1964 Nikita Chruschtschows Nachfolger zu beurteilen versuchte, beeilte sich das offizielle Moskau, den ausländischen Beobachtern zu erklären, daß sie von der neuen Führung eine fühlbare Besserung erwarten könnten. Was konnte diese Verbesserung aber sein?

Nun, verschiedene Informanten enthüllten privat, daß sich die neuen Chefs wahrscheinlich alle Mühe geben würden, die Schäden zu reparieren, die Chruschtschow durch seine bullige, fordernde und sich einmengende Art in der kommunistischen Welt angerichtet habe. Die neuen Männer würden die Rechte der anderen kommunistischen Parteien anerkennen, ihre eigenen Angelegenheiten regeln und ihre eigene Politik bestimmen, selbst wenn diese nicht immer mit der Moskaus konform ginge.

›Vielleicht‹, so sagte ein sowjetischer Funktionär einem westlichen Korrespondenten, ›werden wir ein wenig mehr darauf hören, was sie zu sagen haben, und vielleicht werden wir sogar einige ihrer Ratschläge annehmen.‹

Leonid Breschnew und Michail Suslow hatten andere Absichten, als zuzuhören. Sie waren jedenfalls fest entschlossen, die Einheit der kommunistischen Weltbewegung und die sowjetische Hegemonie darüber wiederherzustellen.

Die Geschichte aber war gegen sie. Ihre eigene Ungeschicklichkeit hatte dazu beigetragen. Es stimmt, daß Breschnew einen gewissen Grad der Hegemonie wiederhergestellt hat, aber nur durch brutale Waffengewalt und durch die Formulierung einer Doktrin, die die Anwendung von Gewalt erneut rechtfertigt.

Unter dieser Tünche der durch Panzer und Kanonen aufgezwungenen Vorherrschaft ist die kommunistische Welt geteilter als je.

Der Kern von Breschnews Dilemma ist der Disput darüber, was

›Einheit der Bewegung‹ in Wirklichkeit bedeutet, und was die Rolle der Sowjetunion, des ersten kommunistischen Landes in der Welt, sein sollte. Die Anfänge dieser Debatte reichen auf die Gründung der Komintern im Jahre 1919 zurück, die ihr erster Generalsekretär Grigori Sinowjew unverblümt als ›eine einzige kommunistische Partei‹ beschrieb, ›die Filialen in verschiedenen Ländern hat‹.

Von ihrer Gründung an wurde die Politik der Komintern zum großen Teil durch die innen- und außenpolitischen Bedürfnisse der Sowjetunion bestimmt. Sie wurde ein ›Ex-officia-Instrument‹ der Sowjetmacht, in der die Sowjetpartei alle anderen beherrschte.

Es war so, wie Manuel Gomez, ein mexikanischer Kommunist und Delegierter bei zahlreichen Kominternkongressen, beklagte. ›Ganz gleich, wie stark die anderen Parteien daheim sein mögen, ganz gleich, wie populär ihre Führer sind, sie wußten, daß sie keine Chance hatten, wenn die russische Partei gegen sie war.‹

Obwohl die Komintern und ihre Nachfolgerin, die Kominform, schon lange nicht mehr existieren, dauert der Konflikt zwischen Moskau und den anderen kommunistischen Parteien noch an.

Dieser Konflikt verschärfte sich nach dem Zweiten Weltkrieg, als die Kommunisten Osteuropas, Nordkoreas, Chinas und schließlich auch die Nordvietnams an die Macht kamen. Moskau, das die meisten dieser kommunistischen Staaten geschaffen hatte, betrachtete sie nicht als die Mitglieder eines Commonwealths oder einer Allianz, sondern als Satelliten und Prellböcke eines neuen Imperiums.

Zu Stalins Lebzeiten wurde die sowjetische Hegemonie über die Satellitenstaaten nur einmal herausgefordert: durch Jugoslawiens Tito. Jugoslawiens Exkommunikation aus der Kominform im Juni 1948 konnte das Problem jedoch nicht lösen. Im Gegenteil — Titos ›Ketzerei‹ machte Kräfte der Selbstbestimmung und des Wunsches nach Unabhängigkeit frei, auf die Stalins Regime nur eine Antwort kannte: Unterdrückung.

Obwohl Chruschtschow nach Stalins Tod die Versöhnung mit Tito suchte, verschwanden die zentrifugalen Kräfte in der kommunistischen Welt nicht mehr. Tatsächlich ermutigte sie Chruschtschow mit seiner ›geheimen Rede‹ auf dem XX. Parteitag im Jahre 1956; er fügte dem, was zum großen Teil nationalistische Strömungen gewesen waren, auch noch ideologische Fakten hinzu.

Indem er Stalins Unfehlbarkeit in Frage stellte, stellte Chruschtschow auch die Rolle Rußlands als Modell für den Kommunismus und für die Revolution in Frage, ja sogar die These, daß ein Modell nötig sei.

Im November 1957 trafen sich die Delegierten von 64 Parteien in Moskau, um eine neue Generallinie festzulegen, die die durch den polnischen und den ungarischen Aufstand geschaffenen Veränderungen widerspiegeln sollte. Ironischerweise sollte gerade der von China ausgeübte Druck bewirken, daß die ›Moskauer Erklärung von 1957‹ nicht bloß die Einheit und die Bedeutung des ›proletarischen Internationalismus‹ betonte, sondern auch die führende Rolle der sowjetischen Partei innerhalb der Bewegung — Prinzipien, die Peking heute wohl als böser Spuk erscheinen.

Bald wuchsen jedoch die Unstimmigkeiten zwischen Peking und Moskau; sie führten zu dem chinesisch-sowjetischen Riß und der Bildung von zwei Flügeln innerhalb der Bewegung, von denen einer von Moskau geführt wurde und der andere in Peking Unterstützung suchte, genauso wie zu den Erscheinungsbildern sogenannter ›Neutraler‹ und ›Unabhängiger‹.

Als die Debatten immer hitziger wurden, machte Chruschtschow mehrere Versuche, eine weitere Konferenz zur Lösung des Streits einzuberufen. Schließlich traten im November 1960 in Moskau 81 Parteien zusammen.

Die Grundlinie der Spaltung bei dieser Konferenz war das chinesisch-sowjetische Schisma, obwohl auch weitere trennende Fragen auftauchten. Die lateinamerikanischen und asiatischen Parteien widersetzten sich der Politik hinsichtlich des antikolonialistischen Kampfs. Die orthodoxeren osteuropäischen Führer forderten eine härtere Verdammung des jugoslawischen Revisionismus. Albaniens Enver Hodscha, der in den meisten Fragen von China unterstützt wurde, erniedrigte sich zu persönlichen Schmähungen Chruschtschows. Nach mehr als einem Monat voll Streitereien brachte die Konferenz eine Erklärung von gemeinsamen Prinzipien zuwege, die nichts anderes erreichte, als eine ›Tapete über die Sprünge zu kleben‹.

In dem halben Jahr vor seinem Sturz verwandte Chruschtschow viel Energie darauf, brüderliche Unterstützung für ein weiteres Welttreffen zu gewinnen, diesmal zu dem Zweck, eine Entscheidung in der Chinafrage zu erzielen. Sein Vorschlag war alles andere als populär. Die prosowjetische Front war zerbrochen. In steigendem

Maß widersetzten sich andere Parteien, vor allem die rumänische, italienische, jugoslawische, britische, schwedische und niederländische, dem Prinzip der Exkommunikation und zeigten eine starke Abneigung, sich in das öffentliche Scherbengericht über andere kommunistische Parteien verwickeln zu lassen, und zwar mit dem logischen Einwand, daß Angriffe, bei denen sie sich engagierten, gegen sie umgedreht werden könnten.

Nichtsdestoweniger hatte Chruschtschow Ende Juli 1964 sich und das Prestige der KPdSU verpflichtet: ein vorbereitendes Komitee für die Entscheidungskonferenz würde am 15. Dezember in Moskau zusammentreten, ungeachtet der ›Weigerung dieser oder jener Partei, an dem kollektiven Werk teilzunehmen‹.

Zwei Ereignisse haben dann das geplante Treffen vom 15. Dezember verschoben: Chruschtschows Sturz und der Wunsch der neuen Führung, die Möglichkeiten eines Kompromisses mit Peking zu erkunden.

Der fehlgeschlagene Versuch einer Einigung mit China veranlaßte Breschnew und Suslow, das für den 15. Dezember geplante Treffen auf den 1. März 1965 zu verschieben. Von den 26 ursprünglich eingeladenen Parteien nahmen 19 an den Konsultationen in Moskau teil. Die Meinungsverschiedenheiten unter ihnen waren jedoch so groß, daß Unstimmigkeiten und Moskaus schwindender Einfluß sich stärker abzeichneten als die Hoffnung auf Einheit.

Breschnew und Suslow weigerten sich jedoch, den Versuch aufzugeben. Ihr persönliches Prestige, besonders das Breschnews, war eng mit der Vorstellung einer weiteren Weltkonferenz verflochten. Schließlich wurden Einladungen an die 81 Parteien ausgegeben, die an Chruschtschows Konferenz vom November 1960 teilgenommen hatten. Sie wurden aufgefordert, im Februar 1968 nach Budapest zu kommen, um dort die Vorbereitungen für eine neue Weltkonferenz zu diskutieren.

Von diesen 81 Parteien schickten nur 67 — und diese zögernd — Delegationen nach Budapest — zu einer Tagung, die so von Mißstimmungen gestört war, daß es fast an Anarchie grenzte. Nicht nur, daß die rumänische Delegation einen dramatischen Auszug inszenierte — die Teilnehmer konnten sich auch nicht auf eine gemeinsame Linie gegenüber China oder Westdeutschland einigen. Sogar über die Schuldfrage in der Nahostkrise bestanden Meinungsverschiedenheiten.

Einigung erzielten die Delegierten bei diesem vorbereitenden Treffen nur in einem Punkt: im November 1968 sollte eine neue Weltkonferenz stattfinden.

Diese Konferenz fand dann tatsächlich statt, wenn auch nicht, wie vorgesehen, im November, sondern erst, nach achtmonatiger Verzögerung, im Juni 1969. Zuvor sollte die kommunistische Welt von einer schweren Erschütterung und einer Kostprobe nackter sowjetischer Machtentfaltung heimgesucht werden: dem Einmarsch in die Tschechoslowakei.

Das tragische tschechoslowakische Abenteuer Breschnews begann am 8. Dezember 1967, als er auf eine dringende Einladung Antonin Nowotnys, des Präsidenten und Parteichefs der Tschechoslowakei, in Prag eintraf.

Nowotny, ein orthodoxer Stalinist, der kurz nach Stalins Tod an die Macht gekommen war, bedeutete die politische Verkörperung eines Stillstands in der Geschichte. Er hatte es nie gelernt, die barschen Manieren und die Intrigen der Stalinjahre aufzugeben oder sich mit den Realitäten der 1960er Jahre abzufinden. Als das Land wirtschaftliche Reformen forderte, zögerte er. Als die Intellektuellen allgemein größere Freiheiten von den Beschränkungen der Vergangenheit verlangten, unterdrückte er sie. Am Ende entfremdete er sich jedermann und wurde das Opfer der Kräfte, die er weder kontrollieren noch führen konnte.

Dreimal seit 1953 hatte Nowotnys Sturz unmittelbar bevorgestanden. Bei jeder Gelegenheit hatte er die Zügel der Diktatur grollend ein wenig gelockert und gerade genug Konzessionen gemacht, um eine politische Katastrophe zu verhindern. Aber es war immer zu wenig und geschah zu spät. Im Herbst 1967 sah er sich vor der vierten und letzten Katastrophe.

Seine absichtliche Unterminierung der ohnehin halbherzigen Wirtschaftsreform in der Tschechoslowakei hatte das Land an den Rand des wirtschaftlichen Chaos gebracht. Unter der Intelligenz und den Studenten gärte es. Die Rivalitäten und Streitereien zwischen Tschechen und Slowaken (deren Parteiführer Alexander Dubček war) hatten einen Grad der Intensität erreicht, der die Grundlagen des binationalen Staats bedrohte.

Die Krise schwelte bereits seit dem Sommer; sie erreichte ihren Gipfel im Dezember, als Nowotny feststellen mußte, daß acht der elf Mitglieder des Parteipräsidiums gegen ihn verbündet waren und seinen Rücktritt als Erster Sekretär forderten. In seiner Verzweiflung rief er Breschnew zu Hilfe. Das war ein schwerer Fehler.

Schon einmal — im Jahre 1963 — war Breschnew, auf Chruschtschows Geheiß, nach Prag geeilt, um Nowotny aus einer politischen Klemme zu helfen. Indem er ihm auf die Schulter klopfte und ihn als den ›getreuen Sohn des tschechoslowakischen Volkes und den unermüdlichen Streiter für den Kommunismus‹ begrüßte, hatte Breschnew Nowotny geholfen, den Sturm zu überstehen. Es war aber Chruschtschow und nicht Breschnew, dem Nowotny seine Dankbarkeit zum Ausdruck brachte. Für Nowotny zählten ›Männer der zweiten Garnitur‹ wie Breschnew einfach nicht. Natürlich war dieser verschnupft. Daß Nowotny 1964 seine Unterstützung für Chruschtschow und seine Opposition gegen Breschnew zum Ausdruck brachte, verschlechterte zusätzlich die Beziehungen.

Am 8. Dezember 1967, als Nowotny mit dem Rücken an der Wand kämpfte, flog Breschnew, wie erbeten, nach Prag. Aber er weigerte sich mitzuspielen, er hatte Nowotny in Wirklichkeit nie leiden können. Es war Breschnew jedoch klar, daß das Land, bei dessen Befreiung er im Zweiten Weltkrieg beteiligt war, eines Wandels in der Führung bedurfte. Er sprach mit Nowotny, Dubček und einigen der anderen Protagonisten und versuchte, verschiedenen unbestätigten Berichten zufolge, sogar einige der schwankenden Stimmen für Nowotny zu gewinnen. Sonst griff er jedoch nicht ein. Ohne sogar an dem offiziellen Bankett teilzunehmen, das Nowotny für ihn vorbereitet hatte, kehrte Breschnew nach Moskau zurück; zu den tschechoslowakischen Führern sagte er: *›Eto wasche delo!‹* (›Das ist eure Sache!‹)

Nowotny soll verbittert erklärt haben, daß es ihm ohne Breschnews Anwesenheit besser ergangen wäre. Das stimmte tatsächlich, denn Breschnews Besuch drückte Nowotnys Sturz praktisch den Billigungsstempel des Kreml auf.

Die Krise, die nur durch Weihnachten und Neujahr unterbrochen wurde, schwelte fast noch einen Monat bis zum 5. Januar 1968 weiter, als Dubček dann zum Ersten Sekretär der tschechoslowakischen KP ernannt wurde.

Dubček war für Breschnew keine unbekannte Größe. Sie kannten einander mindestens seit 1963, als Breschnew bei seiner Hilfsmission für Nowotny auch einen Abstecher nach Preßburg gemacht hatte, um Dubček, dem damaligen Führer der slowakischen KP, einen Besuch abzustatten.

Beide hatten einander ausgiebig auf den Rücken geklopft, und Dubček hatte Breschnew versichert, ›unser Volk‹ erkenne voll die Bedeutung ›der Freundschaft und Zusammenarbeit mit der Sowjetunion‹.

In Breschnews Augen hatte Dubček einen fast makellosen Stammbaum. Der Sohn proletarischer Eltern war in der UdSSR aufgezogen worden und hatte die Parteihochschule in Moskau absolviert. Er war ein linientreuer Apparatschik und Rußland bedingungslos ergeben. In mancher Hinsicht schien er mehr Sowjet als Tschechoslowake zu sein.

Tatsächlich bereiteten die ersten paar Monate nach Dubčeks Amtsantritt Breschnew keinen Grund zur Sorge. Ende Januar, als Dubček zu einem Treffen mit Breschnew und anderen Sowjetführern nach Moskau flog, berichtete das Kommunique von einer vollen ›Übereinstimmung der Ansichten in allen diskutierten Fragen‹. Breschnews Vertrauen konnte nicht einmal erschüttert werden, als Dubček sein Versprechen, gegen Nowotny würde nichts weiter unternommen, widerrief. Schließlich war der Mann, der im März gewählt wurde, um Nowotny als Präsident der Tschechoslowakei zu ersetzen, kein anderer als Breschnews alter Waffengefährte Ludvik Svoboda.

Wenn sich jemand Dubček während seiner Anfangsperiode widersetzte, so war das der Ostdeutsche Walter Ulbricht, der sich als einziger unter den kommunistischen Führern geweigert hatte, mit dem neuen Ersten Sekretär der tschechoslowakischen KP zusammenzutreffen.

Da das Konsultativtreffen der kommunistischen Parteien für den 28. Februar in Budapest geplant war, war Breschnew darauf bedacht, einen Riß zwischen Prag und Ost-Berlin zu vermeiden. Er erfand so einen passenden Ausweg, um Ulbricht und Dubček zusammenzubringen, ohne daß einer der beiden dadurch an Gesicht verloren hätte.

Alle kommunistischen Führer sollten nach Prag kommen, um den Tschechoslowaken den 20. Jahrestag der kommunistischen Machtübernahme in der ČSSR feiern zu helfen.

Während seiner Rede im Spanischen Saal des Hradschin gab sich Dubček an diesem Tag alle Mühe, Ulbricht und Breschnew zu beruhigen. Er sah Breschnew fest an und gelobte die ewige Treue der Tschechoslowakei zur ›Gemeinschaft der sozialistischen Länder‹. Dann wandte er sich an Ulbricht, den er mit Namen anredete, und versprach der DDR die Unterstützung der Tschechoslowakei und die ›resolute Opposition gegenüber dem Revanchismus in Westdeutschland‹. Trotz der späteren Beschuldigungen und der Unterstellungen von sowjetischer Seite hat Dubček diese beiden politischen Versprechen gehalten.

Zu Breschnews sichtlicher Verblüffung enthüllte Dubček aber auch seine reformistischen und liberalisierenden innenpolitischen Vorstellungen: einen Kommunismus unter menschlichen Gesichtspunkten, wie man ihn hier nannte.

Es war diese Politik der inneren Liberalisierung — und nur sie allein —, die Breschnew schließlich veranlaßte, die zarte Blüte des ›Prager Frühlings‹ zu zertreten. Hätte man sie blühen lassen, so hätten ihre Pollen der Demokratisierung den ganzen kommunistischen Block, und besonders die Sowjetunion, bestäubt und letztlich das Machtmonopol zerbrochen, von dem Breschnews Herrschaft abhing.

Breschnew erkannte diese Gefahr schon zu einem frühen Zeitpunkt und trug ihr in der Kontroverse mit Dubček Rechnung.

In seiner Rede vom 25. Februar hatte Dubček gewarnt: die Massen zu führen, bedeute nicht, sie herumzukommandieren.

›Die gegenwärtigen Bemühungen um eine Demokratisierung‹, so hatte er gesagt, ›sollten unvermeidlich die Wiederherstellung echter Würde für all die einschließen, die dem Land und dem Sozialismus gedient haben ... Alles Unrecht muß wiedergutgemacht werden ... Der Klassenaspekt im traditionellen Sinn des Wortes ist am Verblassen und der scharfe interne Kampf zwischen den Klassen am Verwelken ... Im Staat und in der Partei ist der demokratische Zentralismus nötig, aber seine Natur und seine Anwendung müssen neu durchdacht werden.‹

Breschnew erschien das als offene Ketzerei, und einen Monat später erwiderte er in einer Rede auf der Parteikonferenz der Stadt Moskau in den schärfsten Tönen und legte gleichzeitig eine ideologische Linie fest, an die er sich seither strikt gehalten hat.

›Die kommunistische Partei‹, so sagte er, ›ist eine Partei von Menschen, die nicht nur gemeinsam denken, sondern auch gemeinsam handeln ... Die Erfahrung hat unwiderlegbar gelehrt, daß die Partei eine feste, gewissenhafte Disziplin braucht, sowohl, wenn sie die Massen zur Revolution anführt, als auch, wenn sie, an der Spitze der Massen, für die Schaffung einer sozialistischen Gesellschaft kämpft ...

Ein akuter ideologischer Kampf ist jetzt im Gang. Die Frontlinie dieses Kampfes, sozusagen seine Wasserscheide, liegt zwischen dem Sozialismus und dem Kapitalismus ... Der Imperialismus hat versucht, die ideologisch-politische Einheit der Werktätigen in den sozialistischen Ländern zu schwächen. Er setzt hauptsächlich auf die Karte der nationalistischen und revisionistischen Elemente. Um es kurz auszudrücken: Der ideologische Kampf in unseren Zeiten ist die schärfste Front des Klassenkampfs. Darin kann es keine politische Gleichgültigkeit, Passivität oder Neutralität hinsichtlich der Ziele geben, die der Feind verfolgt.‹

Dann wandte er sich gegen die inneren Reformer und Dissidenten, die bald den Dubčekismus auf ihr Banner des Protests schreiben würden, und sagte: ›Antisozialistische Organisationen, die durch die Imperialisten geschaffen wurden, suchen nach moralisch instabilen, schwachen und politisch unreifen Menschen. In ihre Fallen sind jene Personen geraten, die zur Selbstdarstellung neigen und bereit sind, sich so laut wie möglich zu ‚bestätigen‘ — nicht durch die Arbeit zum Nutzen des Landes, sondern durch politisch zweifelhafte Mittel ... Diese Renegaten können nicht damit rechnen, unbestraft zu bleiben.‹

Jeder Aspekt des tschechoslowakischen Reformprogramms stellte eine Herausforderung an Breschnews Machtstruktur dar: Pressefreiheit und die Abschaffung der Zensur; das kulturelle und künstlerische Tauwetter; Ota Siks Begriff einer sozialistischen Marktwirtschaft, die tschechisch-slowakische Föderalisierung; die betonte Rolle des Parlaments; die Rehabilitierung der Opfer des Stalinismus; die Untersuchung und mögliche Bestrafung sozialistischer Verbrechen; die Popularisierung des Images der Partei und das Programm für eine innerparteiliche Demokratie.

Gegen all diese ›Drohungen‹ richtete sich schließlich die Invasion im August 1968.

Eine bewaffnete Intervention gegen Prag war schon zu Beginn der Krise in den Bereich des Möglichen gerückt. Die Truppenmanöver im Frühling und Sommer 1968 rings um die Tschechoslowakei waren ein klarer Hinweis darauf. Breschnew suchte aber vermutlich zuerst andere Lösungen, da er genau wußte, daß der Preis einer Invasion hoch sein würde. Die kommunistische Weltkonferenz, auf die er soviel Energie verwendet hatte und auf die er so große Hoffnungen setzte, würde gefährdet werden.

Tito hatte ihn schon gewarnt, er solle sich nicht einmischen — Italiens Luigi Longo ebenfalls. Rumäniens Nicolae Ceauşescu, der den Auszug seiner Delegation bei der Budapester Tagung befohlen hatte, hatte keine der Konferenzen besucht, die sich mit der Tschechoslowakei befaßten. Auch das ungarische Beispiel war noch zu frisch, um schon vergessen zu sein, und Janos Kadar, der Gemäßigtste während der tschechoslowakischen Krise, war schnell bei der Hand, Breschnew daran zu erinnern.

Auch die Ost-West-Entspannung, die eben erst durch Präsident Johnsons Entscheidung, die Bombardierung Nordvietnams einzustellen, wiederbelebt worden war, hätte um Jahre verzögert werden können. Breschnew stand vor einer schwierigen Entscheidung. Er wünschte sowohl eine Demonstration der kommunistischen Einheit wie ein Übereinkommen mit den Vereinigten Staaten, wenn auch nur zu dem Zweck, dadurch einigen seiner anderen Probleme etwas von ihrer Brisanz zu nehmen: China, die Rüstungsausgaben und die Wirtschaft im eigenen Land.

Hinzu kommt, daß Breschnew kein sonderliches Verlangen spürte, als ein zweiter Chruschtschow in die Geschichte einzugehen. Im Juni sagte er beispielsweise unter Tränen zu Josef Zednik, dem Stellvertretenden Vorsitzenden der tschechoslowakischen Nationalversammlung, die UdSSR habe nicht die Absicht, sich in die inneren Angelegenheiten der Tschechoslowakei einzumischen. Es gab, wie man sieht, eine Vielzahl zwingender Gründe für ihn, Zurückhaltung zu üben.

Andererseits war sich Breschnew der wachsenden Gefahr des Prager Experiments deutlich bewußt. Zudem stand er unter dem wachsenden Druck sowohl einheimischer Kritiker als auch militanter **Verbündeter** wie Walter Ulbricht und Wladislaw Gomulka, die ihn bestürmten, etwas zu unternehmen — und zwar schnell.

Breschnew, der wie üblich zum Verschieben und Hinauszögern neigte, erwog weiterhin die verschiedenen Gefahren und Alternativen, während er die Ereignisse in Prag durch weniger drastische Mittel als eine Invasion zu beeinflussen suchte; durch Unterredung, Einschüchterung und unaufhörliches Säbelrasseln.

Der letzte Versuch zu ›friedlichen Maßnahmen‹ war das Treffen in Čierná-nád-Tissoú zwischen neun der elf sowjetischen Politbüromitglieder und dem gesamten tschechoslowakischen Parteipräsidium. Breschnews Ziel war es, die tschechoslowakische Führung zu spalten und Dubček zu Fall zu bringen. Wenn ihm das mißlingen sollte, hoffte er, Dubček Konzessionen abringen zu können.

Die Konferenz begann mit einem Mißklang schon in dem Augenblick, in dem Breschnews Sonderzug mit 15 kugelsicheren Wagen in den Bahnhof der kleinen sowjetisch-tschechoslowakischen Grenzstadt einfuhr. Als Dubček einstieg, um ihn willkommen zu heißen, sah Breschnew grimmig auf die Armee von Presseleuten und Kameramännern, die gekommen waren, um über das Ereignis zu berichten. Er war nicht in der Stimmung, eine politische Erpressung im Scheinwerferlicht der Öffentlichkeit auszuüben, und tadelte Dubček dafür, das Treffen nicht geheimgehalten zu haben.

Barhäuptig und ohne zu lächeln trat Breschnew auf den Bahnsteig, schüttelte den versammelten tschechoslowakischen Führern kalt die Hand. Lediglich Svoboda wurde herzlich begrüßt.

Die viertägige Konferenz vom 29. Juli bis zum 1. August war von Hämmern auf den Tisch, geschrienen Beleidigungen und einer simulierten Krankheit Breschnews begleitet. Schließlich wurde ein Kompromiß ausgehämmert, in dem Dubček einige allgemeine Zusicherungen gab, die dazu bestimmt waren, die Sowjets zu beschwichtigen: die Pressefreiheit sollte gezügelt und das überstürzte Tempo der politischen und wirtschaftlichen Reformen gebremst werden.

Auf der Sechs-Mächte-Konferenz in Preßburg, unmittelbar nach dem Treffen in Čierna, wurden diese Konzessionen bestätigt und kodifiziert. Hier schien Breschnew wie verwandelt. Er war so jovial und gut gelaunt, wie er in Čierna düster und drohend gewesen war. Er gab dem slowakischen Fernsehen ein improvisiertes Interview am Zug, lächelte und winkte und nahm sich sogar die Zeit, die Gräber gefallener Kriegskameraden zu besuchen und dort zu weinen. Die Krise schien vorüber zu sein.

Binnen weniger Tage wurde es jedoch offenkundig, daß Dubček entweder unfähig war, seine Versprechen einzuhalten, oder daß er sie anders ausgelegt hatte als Breschnew: er glaubte, keine wesentlichen Konzessionen gemacht zu haben.

Es ist schwierig festzustellen, welcher einzelne Faktor die Sowjetführer dann doch veranlaßte, in der Nacht des 20. August in der Tschechoslowakei einzumarschieren. Ein Grund war zweifellos die Veröffentlichung des Entwurfs der neuen tschechoslowakischen Parteisatzungen vom 10. August, die einem für den 19. September geplanten Parteitag vorgelegt werden sollten. Dieser Entwurf sah unter anderem die Wahl der Parteioffiziellen durch geheime Abstimmung vor, ein Verfahren, das die ganze hierarchische Struktur gefährdet hätte, wenn es auch von der UdSSR übernommen worden wäre. Beabsichtigt waren außerdem Beschränkungen der Amtszeiten sowie der Machtkonzentration der Parteifunktionäre. Das Ketzerischste an dem Entwurf war jedoch, daß man einen Kanon des ›demokratischen Zentralismus‹ neu definieren wollte. In Zukunft sollte eine fortdauernde Verbreitung von Ansichten der Minderheiten gestattet sein — auch, *nachdem* eine politische Entscheidung bereits gefallen war. Des weiteren würde der geplante Parteitag sicherlich eine Mehrheit von Liberalen und Reformern in ein neues tschechoslowakisches Zentralkomitee wählen und so dem jetzt neun Monate alten Dubček-Regime einen weiteren Stempel der Legitimität und der Unumstößlichkeit verleihen.

Um zu verhindern, daß der Parteitag den Entwurf billigte und dadurch weitreichende Entscheidungen traf, mußten die Sowjets noch vor seinem Zusammentritt eingreifen.

Wie kam es nun zu der eigentlichen Intervention? Darüber gibt es zahlreiche Theorien, die alle auf Vermutungen und nicht zu bestätigenden Gerüchten basieren. Nach einem dieser Gerüchte rief eine Junta von Marschällen und Generälen Breschnew, Podgorny und Kossygin aus dem Urlaub zurück und präsentierte ihnen ein Ultimatum: Einmarschieren — oder . . .!

Nach einer anderen Version hatte sich das Zentralkomitee selbst einberufen, sich für die Invasion entschieden und so das Politbüro vor ein Fait accompli gestellt. Aber abgesehen von einigen zusätzlichen Tschaika-Limousinen, die an einem frühen Augustnachmittag vor dem ZK-Gebäude geparkt hatten, gab es keinen Hinweis darauf, daß das Komitee zwischen dem 17. Juli und dem Oktober 1968 zusammengetreten war.

Eine dritte Version gibt Walter Ulbricht die Schuld, der nach einem gespannten und hitzigen Zusammentreffen mit Dubček am 12. August in Karlsbad Breschnew zum Handeln gedrängt habe. Ulbricht war, als Senior der kommunistischen Staatsmänner, in diesen Tagen in Moskau sicherlich einflußreich — aber nicht *so* einflußreich.

Es bleibt auch ein Geheimnis, wann und wo die Entscheidung schließlich gefällt wurde. Aller Wahrscheinlichkeit nach geschah das in Moskau zwischen dem 14. und 18. August. Breschnew und Podgorny waren beide an der Schwarzmeerküste und trafen sich dort am 14. mit Kadar. Man glaubt jedoch, daß sie am 15. bereits nach Moskau zurückgekehrt waren. Mehr noch: an diesem Tag waren Marschall Gretschko und General Jepischew in der DDR eingetroffen, um die dort massierten sowjetischen Streitkräfte zu inspizieren.

Am 16. August flackerten die sowjetischen Presseangriffe gegen die tschechoslowakische Führung — nach einer zweiwöchigen Pause — wieder auf, obwohl sie erst am 18. wirklich drohende Formen annahmen.

Darüber, wie das Politbüro sich in der entscheidenden Sitzung teilte und wie es abstimmte, gibt es fast ebenso viele Theorien wie Theoretiker, die sie vorbringen. Die einzige Schwierigkeit besteht darin, daß die Tauben des einen Theoretikers die Falken des anderen sind. Tatsächlich weiß es niemand außer den Mitgliedern und dem engsten Stab des Politbüros selber. Alle Mutmaßungen basieren lediglich auf Gerüchten und Vermutungen. Man kann jedoch gewisse Annahmen gelten lassen. Pjotr Schelest, der sich von Anfang an ausgesprochen militant zeigte und als Parteichef der Ukraine der ›Gefahrenquelle‹ am nächsten saß, dürfte zweifellos leidenschaftlich für eine Intervention eingetreten sein. Michail Suslow, der um die Zukunft der Kommunistischen Weltkonferenz fürchtete und von dem man weiß, daß er sich der Intervention in Ungarn im Jahre 1956 widersetzt hatte, mag Einwände erhoben haben. Leonid Breschnew blieb sich wahrscheinlich selber treu und schwankte bis zum letztmöglichen Augenblick.

Vom militärischen Standpunkt aus betrachtet, wurde die Invasion brillant durchgeführt. Politisch war sie ein Fiasko. Der Widerstand des tschechoslowakischen Volkes und die Treue zu Dubček übertrafen bei weitem alles, was sowjetische Ratgeber und Diplomaten Moskau glauben gemacht hatten.

Der Plan hatte die Einsetzung einer konservativen Quisling-Führung anstelle von Alexander Dubček, Ministerpräsident Oldrich Cernik und des Präsidenten der Nationalversammlung Josef Smrkovsky vorgesehen. Dubček, Cernik und Smrkovsky wurden durch den KGB gekidnappt und eilig, vermutlich zu einer geheimen Hinrichtung, nach Moskau geschafft. Die Quislinge konnten aber die Macht nicht übernehmen — in erster Linie dank der Integrität und Standhaftigkeit des Präsidenten Svoboda, der sich weigerte, eine neue Regierung zu ernennen.

Breschnew befand sich in einem Dilemma. Was als schneller chirurgischer Eingriff geplant und als Hilferuf loyaler Kommunisten zum Sturz einer Clique von Konterrevolutionären und Verrätern getarnt worden war, entpuppte sich plötzlich als verpatzte massiv aggressive Einmischung einer imperialistischen Macht in die inneren Angelegenheiten eines wehrlosen kleinen Nachbarn. Die Sowjetpresse hatte Dubček und andere Reformer auf Weisung hin ›Komplicen der Konterrevolution‹ genannt; wenige Tage später mußte Breschnew jedoch mit diesen Männern verhandeln und ihr Verbleiben im Amt ratifizieren.

Diese Verhandlungen begannen mit Svobodas Ankunft in Moskau am 23. August, einem Freitagnachmittag.

Breschnew empfing ihn mit allen Ehren, die einem besuchenden Staatsoberhaupt zustanden: Angreifer und Angegriffener begrüßten sich auf dem Wnukowo-Flughafen so, als ob gar nichts vorgefallen sei: roter Teppich, 21 Salutschüsse, Ehrenkompanie, Nationalhymne und die traditionelle Fahrt den Leninski-Prospekt hinunter zum Kreml. Man fuhr in einem schwarzen SIL-Kabriolett, aus dem Svoboda, Breschnew, Podgorny und Kossygin matt winkten und der schnell zusammengetrommelten Menge bleich zulächelten. Daß Breschnew in der Lage war, die Sache mit einem solchen Aplomb durchzuführen, ist sicherlich ein Kennzeichen für seine politische Härte. Und daß Svoboda, zum mindesten bis zur Kremlmauer, den Schein wahren konnte, zeugt von seiner bewundernswerten Haltung. Sobald sie sich aber innerhalb der alten moskowitischen Festung befanden, fielen die Masken.

Einem zuverlässigen, aber unbestätigten tschechoslowakischen

Bericht zufolge begann Svoboda ruhig genug, geriet aber bald in eine hitzige Auseinandersetzung mit Breschnew. Er bestand darauf, Dubček, Cernik und Smrkovsky zu sehen, und forderte ihre Freilassung. Als Breschnew sich weigerte, warf Svoboda seinen ›Held der Sowjetunion‹-Orden sowie andere Auszeichnungen auf den Konferenztisch, zog seine Pistole, ›die gleiche Pistole‹, wie er erklärte, ›die mir Stalin für unseren gemeinsamen Kampf gegen Hitler geschenkt hat‹ — und drohte, sich zu erschießen. ›Sie können der Welt sagen, daß ich mich selbst getötet habe‹, warnte Svoboda Breschnew, ›aber niemand wird Ihnen glauben.‹

Die stürmische Auseinandersetzung zwischen Breschnew und Svoboda wurde durch wechselseitige Beschuldigungen und Svobodas Hartnäckigkeit unterstrichen. Er sagte, es gäbe nichts zu besprechen, ehe er nicht die gefangenen Mitglieder seiner Regierung sehen könne und ehe nicht die ausländischen Truppen tschechoslowakischen Boden verlassen hätten. Die Gespräche dauerten mehrere Stunden, bis sich Breschnew und die anderen sowjetischen Führer zu internen Besprechungen zurückzogen. Svoboda erhielt ein Appartement im Kreml.

Am nächsten Morgen wurde klar, daß Breschnew und seine Gefolgschaft die Taktik geändert hatten. Svoboda konnte zwei Stunden mit Dubček und den anderen, die ziemlich mitgenommen aussahen, sprechen. Die Sowjets wollten verhandeln und hatten die Quislinge Drahomir Kolder, Alois Indra und Wasil Bilak, genauso wie andere tschechoslowakische Führer — darunter auch Gustav Husák —, nach Moskau gebracht. Svoboda beharrte darauf, es gäbe nichts zu diskutieren, solange die Truppen nicht abgezogen würden.

Schließlich überredete ihn Breschnew, in den Konferenzsaal zu kommen, wo praktisch das ganze tschechoslowakische Präsidium — Reformer und Konservative, Gefangene und Kollaborateure — versammelt war.

Breschnew begann mit einem einstündigen Referat über die sozialistische Brüderlichkeit und gegenseitige Hilfe. Wie berichtet wird, unterbrach ihn Svoboda mit einem Faustschlag auf den Tisch und dem Ruf: ›Fahren Sie mit den Verhandlungen fort!‹ Bei einer anderen Gelegenheit soll Breschnew angeblich erwidert haben: ›Wir haben uns schon andere kleine Nationen vorgenommen, warum also auch nicht die Ihre? Was die Intellektuellen anlangt — nur keine

Sorge! In fünfzig Jahren wird es eine neue Generation geben, die gesünder ist als diese.‹

Im Laufe der Verhandlungen wurde noch öfters geschrien und mit den Fäusten gehämmert. Sie zogen sich noch weitere drei Tage hin. Der Ausgang war natürlich ein Kompromiß: die Truppen würden bleiben, zumindest, bis die Tschechoslowakei ›normalisiert‹ und die Reform praktisch tot war.

Dubček, Cernik und Smrkovsky, deren Macht allerdings stark beschnitten war, kehrten als die legitimen Führer der Tschechoslowakei nach Prag zurück. Wenigstens für eine Weile.

Während der kritischen ersten Tage der Invasion war ein Slogan an die Mauern und Zäune von Prag geklebt worden: ›Lenin, wach auf! Breschnew ist verrückt geworden.‹

War er das wirklich?

Binnen weniger Wochen nach dem Einmarsch wurde die Methode hinter Breschnews ›Wahnsinn‹ offenbar: sie ist in der Doktrin der ›beschränkten Souveränität‹ der kommunistischen Staaten verkörpert — der Breschnew-Doktrin, wie sie bald genannt wurde.

Diese Doktrin war eigentlich ziemlich deutlich in dem Preßburger August-Kommunique zum Ausdruck gekommen; präziser wiederholte sie ein sowjetischer Theoretiker, der für seinen Artikel in der *Prawda* vom 26. September das Pseudonym ›Sergej Kowalow‹ gewählt hatte.

›Es besteht kein Zweifel‹, so schrieb er, ›daß die Völker der sozialistischen Länder und die kommunistischen Parteien die Freiheit haben und haben *müssen,* den Entwicklungsweg ihrer Länder zu bestimmen. Jede ihrer Entscheidungen darf jedoch weder den Sozialismus in ihrem eigenen Land noch die fundamentalen Interessen anderer sozialistischer Länder, noch die weltweite Arbeiterbewegung schädigen ...

Das bedeutet, daß jede kommunistische Partei nicht nur ihrem eigenen Volk, sondern auch allen sozialistischen Ländern und der ganzen kommunistischen Bewegung gegenüber verantwortlich ist ...‹

Im November formulierte Breschnew diese Doktrin auf dem polnischen Parteikongreß noch nachdrücklicher; er unterstrich die ›begrenzte Souveränität‹ kommunistischer Länder und die Verpflichtung der UdSSR, zu intervenieren, wenn der Kommunismus in Gefahr gerate. Angesichts der Tatsache, daß Moskau *sein* Modell als das einzig akzeptable ansieht, folgt natürlich, daß der Kommunismus ›gefährdet‹ ist, wann immer eine Abweichung vom sowjetischen Weg auftritt.

Würde Breschnew, wenn es ihm möglich wäre, die Doktrin auch auf China anwenden? 1969, nachdem sich die chinesisch-sowjetischen Beziehungen bis zur offenen Minikriegsführung am Ussuri mit Dutzenden von Toten und Verwundeten auf beiden Seiten verschlechtert hatten, schien es wahrscheinlich. Es gibt überzeugende Beweise, daß ein militärischer Präventivschlag gegen die chinesischen nuklearen Einrichtungen im Spätsommer oder Frühherbst jenes Jahres ernstlich in Erwägung gezogen worden war.

Diese Drohung brachte Tschou En-lai offensichtlich dazu, sich mit Kossygin nach Ho Tschi Minhs Beerdigung im September 1969 zu treffen und so die chinesisch-sowjetischen Grenzgespräche zu eröffnen, die das erste Tauwetter in einem Jahrzehnt chinesisch-sowjetischer Beziehungen darstellten. Zur Zeit der Niederschrift dieses Buches dauern die Gespräche immer noch an, und es ist klar, daß noch viele Hindernisse überwunden werden müssen.

China ist natürlich nicht die Tschechoslowakei, und Breschnews vorsichtige Politik Peking gegenüber wird durch Chinas wachsende Stärke und offensichtliche Fähigkeit zu einer Vergeltung diktiert. Mehr noch: Breschnew und seine Ratgeber haben aus der tschechoslowakischen Erfahrung einige Lehren gezogen.

Breschnew scheut natürlich nicht davor zurück, Druck anzuwenden — einen massiven Druck, wenn man bedenkt, daß sich die sowjetische Truppenstärke in Zentralasien und im sowjetischen Fernost seit 1969 fast verdreifacht hat und daß jetzt 50 sowjetische Divisionen längs der Grenze gegen China aufgestellt sind.

Seit der Invasion in der Tschechoslowakei hat Breschnew aber auch viel mehr Finesse und Wendigkeit bei seinem Vorgehen gegen China — zweifellos sein primärstes außenpolitisches und ideologisches Problem — an den Tag gelegt.

Ende 1969 und Anfang 1970 hörten westliche Diplomaten und Zeitungskorrespondenten in Moskau ganz unverblümt von sowjetischer Seite, daß die Politik des Kremls auf einen Wechsel in der chinesischen Führung setze.

Nach Pekings Interpretation des geheimen Lin-Piao-Komplotts gegen Mao im September 1970 zu schließen, verließ sich der Kreml nicht bloß auf das Schicksal, sondern ermutigte tatsächlich einen derartigen Wechsel.

Breschnew setzte seine Bemühungen um eine Ausweitung des sowjetischen Einflusses in Chinas asiatischem Hinterhof dort fort, wo er und Kossygin aufgehört hatten — und zwar besonders in Indien, Bangla-Desch und Japan.

Ein Faktor, der diese erneuten Bemühungen veranlaßt hatte, war die chinesisch-amerikanische Wiederannäherung. Für Breschnew und alle anderen Russen löste das Alpträume von einer Einkreisung aus.

China gehört natürlich zu den Haupterwägungen bei Breschnews *Westpolitik*. Und das Gespenst des wachsenden chinesischen Einflusses auf dem Balkan im Sommer 1971 war der Anlaß für das sowjetische Säbelrasseln gegen Rumänien, Jugoslawien und Albanien und die damit zusammenhängende heftige Pressekampagne gegen Bukarest, Belgrad und Tirana, denen vorgeworfen wurde, eine ›antisowjetische Achse‹ zu bilden.

Die Krise vom Juli/August 1971 — beschleunigt durch Ceauşescus Rückkehr von einer triumphalen Chinareise mit einem chinesischen 244-Millionen-Dollar-Kredit und Pekings Versprechen militärischer Hilfe im Fall eines Angriffs auf Rumänien — erinnerte seltsam an die tschechoslowakischen Ereignisse im Jahre 1968: Militärmanöver längs der Grenzen Rumäniens und eine Lawine von Polemik.

Breschnew war jedoch überzeugt, daß eine Aktion oder ein fortgesetzter massiver Druck gegen Rumänien — und weiter gegen Jugoslawien — die entgegengesetzte Wirkung haben würde. Die Kampagne drohte, seine *Westpolitik* zu diskreditieren und die Aussichten auf eine europäische Sicherheitskonferenz zu vermindern, die auf lange Sicht einen besseren Schachzug gegen Peking darstellte als ein Vorgehen gegen Rumänien. Die Minikrise wurde entschärft. Das bedeutet aber nicht, daß die sowjetisch-rumänischen Gegensätze bereinigt wurden.

Seit fast einem Jahrzehnt hat sich Rumänien bemüht, ein größeres Maß an Unabhängigkeit von Moskau herauszuholen, indem es die Angst der UdSSR vor Peking ausnutzt. Wie lange Breschnew das noch dulden wird, bleibt abzuwarten, obwohl es unwahrscheinlich anmutet, daß er die tschechoslowakische Karte noch einmal ausspielt.

Bei einer ursprünglichen Bilanz hatte es sicherlich den Anschein, daß der Preis, den Breschnew für die Invasion bezahlt hatte, ungewöhnlich hoch war. Die jahrhundertelang gepflegten prorussischen Gefühle der Tschechen und Slowaken waren über Nacht zerstört worden. Die ganze Welt verurteilte die Invasion in den schärfsten Tönen. Das Image der UdSSR als der Streiterin für den Frieden und den Inbegriff des Antiimperialismus war zerschmettert. Rumänien und Jugoslawien hatten in der Überzeugung, die nächsten auf Moskaus Liquidationsliste zu sein, ihre Armeen mobilisiert. Die Ost-West-Entspannung mußte wieder in die Tiefkühltruhe gelegt werden. Die kommunistische Bewegung lag in Trümmern und hat sich in einem gewissen Sinn noch heute nicht von dem Schock der Invasion erholt.

Trotz des hohen Preises hat die Invasion aber ihren Zweck erfüllt. Die Prager Reform mit all ihren offenkundigen ›Gefahren‹ war gebannt, und im April 1969 konnte Dubček, ihr Architekt und Hauptsprecher, aller Macht entkleidet werden.

Mehr noch: Wie Breschnew bald entdeckte oder vielleicht schon immer vermutet hatte, zeigte die Weltmeinung ein bemerkenswert kurzes Gedächtnis, und die Realitäten der Großmachtpolitik diktieren ihre eigenen Regeln.

Obwohl die Entspannung eingefroren war, wurde sie wieder aufgetaut — nach einer respektablen ›Trauerzeit‹ für die Tschechoslowakei. Tatsächlich schuf die Invasion eine neue Basis für sowjetisch-amerikanische Beziehungen. Zum erstenmal seit dem Zweiten Weltkrieg war Washington nämlich bereit, den von Moskau auf seine eigene Einflußspähre, sein eigenes Imperium erhobenen Anspruch anzuerkennen.

Breschnew und Suslow durften sogar ihre begehrte Kommunistische Weltkonferenz abhalten, obwohl diese im Juni 1969 nicht gerade jene glorreiche kommunistische Einheit und Übereinstimmung demonstrierte, die man sich ursprünglich von ihr erhofft hatte.

Um andere Parteien nach Moskau zu locken, hatten sich Breschnew und Suslow einverstanden erklärt, die Diskussion auf den niedrigsten gemeinsamen Nenner, auf den man sich einigen konnte, zu reduzieren. Auch der war ab und zu noch nicht niedrig genug. Unter dem Druck der rumänischen und der italienischen KP hatten sie auch einer offenen Informationspolitik über die Konferenz zugestimmt, die weit über die bisherigen Vorstellungen von Informierung der Öffentlichkeit hinausging. Detaillierte tägliche Zusammenfassungen aller Reden wurden herausgegeben, und, wie die Grundregeln es verlangten, wörtlich in der *Prawda* und anderen sowjetischen Zeitungen publiziert. Die sowjetischen Leser bekamen äußerst kritische Ansichten über die Invasion und die Kremlpolitik zu lesen. Tatsächlich bedeutete ein Teil dessen, was die *Prawda* veröffentlichen mußte, so scharfe Kritik am Kreml, wie die in *Samisdat*-Form erschienenen Artikel der politischen Dissidenten.

Nur 75 von insgesamt 111 KPs nahmen an der Konferenz teil. Auffälligerweise fehlten fünf der regierenden kommunistischen Parteien: jene Jugoslawiens, Albaniens, Chinas, Nordkoreas und der Republik Nordvietnam. Selbst Kuba sandte nur eine Beobachtergruppe. Unter den 75 Delegationen, die erschienen waren, befanden sich viele winzige Grüppchen aus Zwergländern wie San Marino und Lesotho. Andere vertraten Minderheitsflügel von Parteien, die sich wegen des Schismas in der kommunistischen Welt gespalten hatten. Ein halbes Dutzend waren illegale Parteien, deren Delegierte — meist in Moskau lebende Emigranten — nicht mehr als einige U-Bahnstationen von dem prunkvollen Georgjewski-Saal des Kremls, wo die Konferenz stattfand, entfernt wohnten. Und wiederum andere waren so hörig und abhängig, daß sich ihre Führer pünktlich zur eigenen Hinrichtung gemeldet hätten, wenn vom Kreml ein dementsprechender Ukas ergangen wäre.

Schließlich zeigten sich lediglich 61 Parteien bereit, die von der Konferenz ausgearbeitete Grundsatzerklärung ohne Vorbehalt zu ratifizieren. Fünf verweigerten überhaupt die Unterschrift, neun andere paraphierten nur gewisse Abschnitte des Dokuments — und auch diese noch mit Einschränkungen.

Nichtsdestoweniger war das bloße Stattfinden der Konferenz ein Sieg, in dem sich Breschnew zu sonnen schien. Er hielt eine lange — fast vierstündige — Rede in seinem üblichen Stil; sie bot nur wenig, was nicht schon vorher gesagt worden war. Selbst einige der Kremlführer schienen dieses Empfinden zu haben.

Während Breschnew weitersprach und seine Bemerkungen mit seltenen Gesten unterstrich oder Pausen einlegte, um etwas Wasser zu trinken, schaute Kossygin lange und müde auf die verzierte Stuckdecke, und Schelest verbrachte fast die ganze Zeit damit, sich den kahlen Schädel zu reiben.

Bei öffentlichen Gelegenheiten, wie einem Galakonzert für die Delegierten im Kongreßpalast des Kremls, brüskierte Breschnew absichtlich ausländische Genossen, deren Politik nicht mit der seinen übereinstimmte: in erster Linie den Rumänen Ceaușescu und den Italiener Berlinguer. Und doch bedeutete es einen persönlichen Triumph: Leonid Breschnew stand endlich auf der Bühne, im internationalen Scheinwerferlicht.

Genauso wie der XXIII. Parteitag ein Wendepunkt in seiner innenpolitischen Laufbahn war, wurde die Kommunistische Weltkonferenz zu einem Wendepunkt in seiner internationalen Rolle. Die angestrebte kommunistische Einheit war genauso weit entfernt wie eh und je — aber Breschnew hatte durch die Konferenz einen erheblichen Prestigegewinn verbuchen können.

Der Kampf um die Macht

Der 22. Januar 1969 war einer der Tage, an dem Moskau aussah wie auf den Abbildungen in den Reiseführern: hell, klar und bitter kalt. Das Thermometer stand bei minus 22 Grad Celsius; die Schneewehen glitzerten in der Mittagssonne, Rauhreif schmückte die Birkenhaine um den Wnukowo-Flughafen, wo die jüngsten Raumfahrthelden — Wladimir Schatalow, Boris Wolynow, Jewgenij Chrunow und Alexej Jelisejew — in Kürze für den traditionellen Galaempfang landen sollten.

Das Szenarium war schon bekannt: eine Menge von Moskowitern, die kleine rote Fahnen und die Bilder der vier Raumfahrer schwenkten; die Frauen und die Kinder der Helden; ausländische Diplomaten und Militärattachés; Leonid Breschnew, Nikolai Podgorny, der Erste Stellvertretende Ministerpräsident Dimitri Poljanski und Beamte von geringerem Rang; eine Delegation anderer Kosmonauten, darunter Valentina Nikolajewa-Tereschkowa, ihr Gatte Andiran Nikolajew, Alexej Leonow und Generalmajor Georgij Beregowoi, ein dunkelhaariger Mann, dessen buschige schwarze Augenbrauen ihm eine auffällige Ähnlichkeit mit Breschnew verliehen.

Das Zeremoniell — es war Breschnews vierter Kosmonautenempfang seit Chruschtschows Sturz — verlief fast routinemäßig: die feierlichen Klänge des ›Fliegermarschs‹, als die Männer, die das erste sowjetische Anlegemanöver im Weltraum durchgeführt hatten, forsch von ihrer Iljuschin 18 über den roten Teppich zur Tribüne marschierten, ihre zackige Ehrenbezeugung, Schatalows knappe Meldung: ›Auftrag ausgeführt!‹, die begeisterten Umarmungen und die Küsse; das Händeschütteln und die kurzen Willkommensworte. Dann drängten sich alle durch das VIP-Gebäude zu einer ganzen Flotte schwarzer SILs und Tschaikas für die traditionelle 33 Kilometer lange Parade zum Kreml und zum formellen Empfang.

Etwa in diesem Augenblick muß der einundzwanzigjährige Iljin, Pionierleutnant der Sowjetarmee, der sich unerlaubt von seiner Einheit in Leningrad entfernt hatte, in der Uniform eines Polizeihauptmanns, die er von einem Verwandten ausgeborgt hatte, mit zwei in den Taschen versteckten Pistolen an den Sicherheitswachen vorbeigeschlüpft sein und eine Position innerhalb des Bogengangs des mittelalterlichen Borowitzky-Turms im Kreml bezogen haben. Dort begann er zu warten.

Als die Autokolonne die Moskwa erreicht hatte, hielt sie an. Die Kosmonauten verließen ihre Limousine, um für die restliche kurze Fahrt über die Kamenny-Brücke und in den Kreml in ein offenes Kabriolett umzusteigen. Auch die Reihenfolge in dem Autokorso wurde geändert. Der Wagen, in dem Breschnew, Podgorny und vermutlich auch Poljanski saßen, verließ die Kolonne und brauste voraus in den Kreml, damit die Führer bereits im Kongreßpalast sein konnten, um die Weltraumhelden bei ihrer Ankunft zu empfangen.

An den zweiten Platz, gleich hinter dem Kabriolett, dort, wo Breschnews Wagen hätte fahren sollen, setzte sich jetzt der SIL 111 mit Valentina Tereschkowa, Nikolajew, Leonow und Beregowoi.

Dann nahm die Kolonne ihre Fahrt wieder auf.

Nachdem das Kabriolett, flankiert von den Motorrädern der Polizei, den Kreml erreicht hatte, bremste es, um die scharfe Kurve und die steile kopfsteingepflasterte Rampe zu bewältigen, die durch das Borowitzky-Tor führte.

Einige Meter dahinter fuhr die SIL-Limousine. Beregowoi mit seinem dunklen welligen Harr und den buschigen Augenbrauen war schwach durch das frostbeschlagene Seitenfenster zu erkennen.

Als sie durch den Torbogen kamen, feuerte Iljin, beide Pistolen schwingend, sechs Schüsse ab; diese verwundeten einen der begleitenden Polizisten, verletzten den Chauffeur tödlich und überschütteten die Wageninsassen mit Glassplittern.

Binnen Sekunden hatten KGB-Sicherheitswachen den Attentäter bewußtlos geschlagen und weggeschleppt — zu schnell, als daß es ihm gelungen wäre, die Zyankalikapsel zu zerbeißen und zu verschlucken, die er, den Berichten nach, bei sich geführt hatte. Nur eine Handvoll Menschen war Zeuge des Zwischenfalls gewesen — und das aus einer beträchtlichen Entfernung —, aber die Nachricht verbreitete sich schnell durch ganz Moskau.

Niemand zweifelte daran, daß der Anschlag Breschnew gegolten hatte. Die Beweise dafür sind, wenn es sich auch nur um Indizienbeweise handelt, überzeugend: die Ähnlichkeit zwischen Breschnew und Beregowoi, besonders hinter Glasscheiben, die in der extremen Kälte beschlagen oder vereist waren, sowie die Position der Limousine auf Breschnews traditionellem zweitem Platz in der Autokolonne.

Mehr noch: Warum hätte schon irgendwer populäre Kosmonauten wie Beregowoi, die Tereschkowa und ihren Mann oder Leonow — den ersten Menschen, der einen Spaziergang im All unternommen hatte — ermorden wollen?

Wie vorauszusehen war, erzählten Beamte des Außenministeriums westlichen Korrespondenten und Diplomaten sofort, daß Iljin wahnsinnig sei. Vierzehn Monate später bestimmte der Sowjetische Oberste Gerichtshof, ohne öffentliches Verfahren, daß Iljin auf unbestimmte Zeit in eine psychiatrische Anstalt ›besonderen Typs‹ zu einer Zwangsbehandlung eingewiesen werden solle. Wie es die Fälle zahlreicher politischer Dissidenten bezeugen, die gegenwärtig unbefristete Haftzeiten in ähnlichen psychiatrischen Strafanstalten absitzen, basieren derartige Einweisungen auf gefälschten, politisch beeinflußten Diagnosen.

Iljin, laut Berichten Veteran der Besatzungsstreitkräfte in der Tschechoslowakei, war vermutlich ein politischer Dissident. Angeblich wurde er von Juri Andropow, dem KGB-Chef persönlich, verhört. Auf die Frage nach dem Motiv seiner Tat soll Iljin geantwortet haben, er habe geschossen, um ›Rußland aufzuwecken‹.

Ob er nun wahnsinnig war oder nicht: Iljins ›Provokation‹, wie TASS den Vorfall in einer Meldung von acht Zeilen — mehr als sechsundzwanzig Stunden nach dem Geschehen — nannte, signalisierte jedenfalls den Beginn einer der kritischsten Perioden für Breschnew in seiner Rolle als Parteiführer.

Iljin stand in seiner Opposition gegen Breschnew oder die tschechoslowakische Invasion nicht allein. Die Vorwürfe kamen von den Intellektuellen, die sich mit der Sache Prags identifizierten, von den Vertretern der harten Linie, die Breschnews zweigleisige Art mißbilligten, und von Generälen, die nach wie vor der Meinung waren, ihre meisterhaft durchgeführte militärische Operation sei von den Politikern verpatzt worden.

Bis zu einem gewissen Grad bot die westliche Berichterstattung — die sich auf Gerüchte, Spekulationen, Wunschdenken, gezielte Fehlinformationen und eine fruchtbare Phantasie gründete — ein übertriebenes und verzerrtes Bild vom Ausmaß dieser Opposition. Das ist jedoch durchaus verständlich, wenn Korrespondenten und Diplomaten gezwungen sind, in einem Informationsvakuum zu arbeiten. Tatsachen waren in Moskau damals noch schwerer ausfindig zu machen als sonst.

Als Kossygin im Dezember 1968 seinen längst überfälligen Urlaub angetreten hatte und Moskaus Offizielle es ablehnten, seine siebenwöchige Abwesenheit zu erklären, munkelte man, er sei der Sündenbock für das geworden, was immer in Prag schiefgegangen war. Kaum war er im Februar wieder an seine Arbeit zurückgekehrt, als sich die Spekulationen auf Breschnew konzentrierten, dessen unmittelbar bevorstehender Sturz durch ›gewöhnlich zuverlässige Quellen‹ in fast jeder osteuropäischen Hauptstadt vorausgesagt wurde.

Aber das war nicht alles reine Phantasie. Es gab Rauch. Die Schwierigkeit bestand darin, das Feuer zu lokalisieren, das, wie es in Moskau üblicherweise der Fall ist, ›im Geheimen brennt‹. Breschnew sah sich tatsächlich mit Widerstand konfrontiert. Die Einwände richteten sich jedoch weniger gegen das, *was* er getan hatte, als gegen die Art und Weise seines Vorgehens.

Beispielsweise vergingen nach dem Eingreifen in Prag mehr als zwei Monate, ehe sich Breschnew herabließ, um die nachträgliche Billigung des Zentralkomitees zu ersuchen. Und selbst dann wurde, nach dem Kommuniqué des Plenums vom 31. Oktober zum 1. November zu schließen, die Tschechoslowakei nur als nebensächlicher Punkt auf der Tagesordnung behandelt. Landwirtschaftliche Fragen schienen bei dieser Tagung weit wichtiger zu sein.

Einige theoretische Parteizeitschriften, wie *Kommunist Estonii*, begannen anzudeuten, daß die Partei in der Führung mehr Kollektivgeist brauche sowie mehr Konsultationen bei lebenswichtigen Fragen. In einem diskreten Hinweis auf Lenins exemplarischen Führungsstil meinte die Dezemberausgabe dieses estnischen Parteiblattes:

›Lenin hielt sich an das Prinzip, daß er nicht persönlich für die Partei oder im Namen der Partei entscheiden könne, wenn es die Interessen der ganzen Partei betraf... Unter ihm herrschte immer eine sachliche und völlig freie Atmosphäre der kollektiven Diskussion...‹

Bald darauf griff ein viel einflußreicheres Organ, *Partiinaja Schisn* (Parteileben), die Frage der kollektiven Führung auf. In seiner ersten Ausgabe im Februar 1969 argumentierte ein Protegé von Schelepin, der vorher schon einmal scharf mit Breschnew aneinandergeraten war, daß die ›Glorifizierung einer beliebigen Person ... die Basis der Parteidemokratie unterminiere‹.

Die Frage von Breschnews ›Glorifizierung‹ hätte möglicherweise noch schärfere Kritiken und Auseinandersetzungen hervorgerufen, wenn sie nicht durch andere, dringlichere Ereignisse in den Hintergrund geschoben worden wäre: durch den Ausbruch von Kämpfen zwischen chinesischen und sowjetischen Truppen auf der Damansky-Insel, die zweite tschechoslowakische Krise, die Kommunistische Weltkonferenz und die Verschlechterung der binnenwirtschaftlichen Situation.

Die spezifische Verantwortung dafür, wer zuerst geschossen, wer wen provoziert hatte, kurz: die Verantwortung für die blutige Schlacht auf Damansky, oder Chenpao, wie die Chinesen die kleine Insel im Ussuri nennen, wird vielleicht nie genau festgelegt werden.

Peking, das sich eben von der ›Kulturrevolution‹ erholte, hatte aber die Gefahr erkannt, die in dem sowjetischen Marsch auf Prag und der implizierten Drohung von Breschnews Doktrin der begrenzten Souveränität lag. China war für eine Auseinandersetzung bereit.

In den vergangenen Jahren hatte es Hunderte, wenn nicht Tausend von Zwischenfällen längs der 6500 Kilometer langen Grenze zwischen der UdSSR und China gegeben. Keiner war jedoch den Kämpfen auf der Damansky-Insel am 2. März 1969 im blutigen Ausmaß und an Zahl der Opfer gleichgekommen.

Zwei Wochen später begann auf dem zugefrorenen Fluß eine zweite, noch blutigere Schlacht mit Panzern, Artillerie und Einheiten in Regimentsstärke.

Für Breschnew — wie für die meisten Russen, die ihre Geschichte kennen und in deren Psyche sich die zwei Jahrhunderte der Tatarenherrschaft unauslöschlich eingeprägt haben — ließen diese Kämpfe das Gespenst einer uralten Furcht wieder emporsteigen: vor der gelben Gefahr. Unwillkürlich veränderten die Auseinandersetzungen an jenem Grenzfluß den Gang der Geschichte.

Einen Tag nach der zweiten Ussuri-Schlacht traf Breschnew, begleitet von Kossygin, Marschall Gretschko und Außenminister Andrej Gromyko, zu der schon vorher geplanten Gipfelkonferenz des Warschauer Pakts in Budapest ein. Thema der Konferenz war die militärische Kommandostruktur und Integration des Pakts, der sich die Rumänen schon seit geraumer Zeit energisch widersetzt hatten. Aber als die Verhandlungen in Gang kamen, wurde offenbar, daß die schwebende Frage der Integration nicht im entferntesten zu Breschnews Hauptsorgen zählte.

Einer der Teilnehmer erzählte dem Korrespondenten der *Washington Post,* Anatole Shub: ›Breschnews Gesicht war rot, und er sah nicht gut aus. Er war nervös und ungeduldig. Sein Jähzorn brauste auf — er hämmerte auf den Tisch. Er dachte nur an ein Problem — und das war China.‹

China wurde in dem formellen Kommuniqué nie erwähnt; offensichtlich war es jedoch die entscheidende Frage gewesen. Und Chinas wegen stellte Breschnew die Weiche für einen neuen Start in der sowjetischen Diplomatie. Das Schlußkommuniqué war bemerkenswert wegen seines spürbar sanfteren Tones gegenüber der Bundesrepublik und den Vereinigten Staaten. Am erstaunlichsten jedoch war eine gemeinsame Erklärung mit der Forderung nach einer europäischen Sicherheitskonferenz. Der Gedanke zu einer solchen Konferenz ließ sich nicht gerade als neu bezeichnen. Die Sowjets hatten die Frage schon bei früheren Gelegenheiten aufgeworfen. Plötzlich aber lag in ihrem Appell ein gewisses Drängen und auch eine gewisse Glaubwürdigkeit. Es war in Budapest, wo Breschnews Konzept einer *Westpolitik* geboren wurde.

Ehe sie jedoch zum Tragen kommen konnte, mußte eine Vielzahl anderer Probleme gelöst und Krisen überwunden werden.

Die erste davon betraf die Tschechoslowakei.

Obwohl die Invasion die Prager Reform erstickt hatte, waren die Reformer im Amt geblieben. Zur Verblüffung des Westens und zum Befremden der ›Falken‹ in Breschnews Lager hatte sich der Kreml gezwungen gesehen, mit ihnen vorläufig Waffenstillstand zu schließen.

Am 28. März um 21 Uhr, zehn Tage nach der Konferenz der Warschauer Paktstaaten in Budapest, bei der Dubček den Vorsitz geführt hatte, wurde dieser Waffenstillstand gebrochen. Der *Casus belli* war der 4:3-Triumph der Tschechoslowakei über die UdSSR bei der Eishockey-Weltmeisterschaft in Stockholm.

Sechs Millionen tschechoslowakische Eishockey-Fans hatten das Spiel am Fernsehschirm miterlebt. Wenige Minuten nach dem Schlußpfiff kamen Tausende ekstatischer singender und jubelnder Jugendlicher auf dem Prager Wenzelsplatz zusammen, um den Sieg zu feiern und dem aufgespeicherten Haß gegen die Russen freien Lauf zu lassen.

Sie zogen vor das Büro von ›Aeroflot‹, der sowjetischen Fluggesellschaft. Jemand warf einen Ziegelstein; dann flog ein zweiter. Als das Fenster zerschmettert war, drang der Mob in das Innere ein, riß die Einrichtung heraus und verbrannte sie auf der Straße.

Diese Plünderung machte Dubčeks Führung ein Ende. Für Breschnew und seine Kollegen war es der schlüssige Beweis, daß Dubček bei seiner Aufgabe, das Land zu ›normalisieren‹, versagt hatte. Der Stellvertretende sowjetische Außenminister Wladimir Semjonow, den einige Kremlkenner für den tatsächlichen ›Architekten‹ der Breschnew-Doktrin und den Autor des unter einem Pseudonym erschienenen Artikels in der *Prawda* vom 26. September 1968 über die begrenzte Souveränität halten, erschien am 30. März in Prag, um dort ein Ultimatum zu überreichen.

Wie William Shawcross die Ereignisse in seiner Dubček-Biographie schilderte, sagte Semjonow Dubček und Präsident Svoboda, daß die Sowjetarmee, wenn die Tschechoslowaken die Ordnung mit ihren eigenen Truppen nicht aufrechterhalten könnten — was anscheinend der Fall sei —, wohl wieder intervenieren müsse.

Um die Drohung zu unterstreichen, erschien am nächsten Tag Gretschko. Er autorisierte seine Besatzungstruppen, die inzwischen diskret in Kasernen abseits von den Hauptbevölkerungszentren stationiert worden waren, in Notwehr zu schießen, und ermächtigte sie, das Kriegsrecht zu verhängen und im Fall von weiteren Störungen Präventivmaßnahmen zu ergreifen.

Am 1. April überreichte Semjonow, von Gretschko flankiert, Svoboda einen Brief Breschnews, der Dubčeks Entlassung forderte. Sein Amt sollte entweder Wasil Bilak, ein Anhänger der harten Linie, oder Lubomir Strougal, ein Konservativer, übernehmen. Als Zwischenlösung schlug Breschnew auch eine Militärregierung vor, die von Svoboda geführt werden sollte. Gretschko fügte drohend einige phantasievoll ausgeschmückte Einzelheiten hinzu — so die Möglichkeit, Prag wieder durch sowjetische Truppen besetzen zu lassen.

Svoboda, der den Vorschlag für eine Militärregierung energisch zurückwies, bat um Bedenkzeit. Später am Tag telefonierten Breschnew und Dubček, wie berichtet wird, miteinander; dabei arbeitete man einen neuen kurzen Kompromiß aus. Breschnew gab Dubček Zeit zum Rücktritt, ehe er seine Drohung, wieder Truppen nach Prag zu schicken, wahrmachte.

Zehn weitere Tage verstrichen, ohne daß irgend etwas Augenfälliges geschah; am 11. April zitierte Breschnew den tschechoslowakischen Botschafter Wladimir Koucky zu sich und wies ihn an, er solle Svoboda sagen, daß die sowjetische Geduld bald am Ende sei. Wenn die Tschechoslowaken Dubček nicht loswerden könnten, würden die Sowjets das für sie besorgen.

Am 17. April trat Dubček schließlich zurück, und Dr. Gustav Husák, ein Kompromiß zwischen liberalen Hoffnungen und den Forderungen des Kreml nach einem Führer der harten Linie wie Strougal, Bilak oder Indra, wurde sein Nachfolger als Erster Sekretär der tschechoslowakischen KP.

Die Tschechoslowakei war endlich ›normalisiert‹ worden. Seltsamerweise dichteten einige westliche Beobachter Gretschko diese ›Leistung‹ an und weckten damit weitverbreitete Vermutungen, die Prätorianergarde im Kreml habe möglicherweise die Macht übernommen.

Das hatte sie nicht; es gab aber einige Anzeichen dafür, die diese Mutmaßungen wenigstens rechtfertigten.

Kaum hatte Gretschko in Prag da einen ›Erfolg‹ erzielt, wo Diplomaten und Politiker versagt hatten, als er schon nach Ost-Berlin eilte, um sich als Gleichberechtigter mit den Parteichefs der DDR und Polen, Walter Ulbricht und Wladislaw Gomulka, zu treffen.

In der Zwischenzeit veröffentlichte in Moskau General Jepischew eine säbelrasselnde Erörterung, die den zurückhaltenden Tönen, die auf dem Treffen des Warschauer Pakts in Budapest angeschlagen worden waren, zu widersprechen schien. In einem von ihm verfaßten Artikel in der Zeitschrift *Kommunist* beschuldigte er die Imperialisten, ›heuchlerisch einen neuen Weltkrieg vorzubereiten‹. Der *Kommunist* war kaum gedruckt, als *Partiinaja Shisn* ihre Kolumnen Marschall Matwej Zacharow, dem Chef des Generalstabs und Ersten Stellvertretenden Verteidigungsminister, öffnete, der über ›gerechtfertigte Revolutions- und Befreiungskriege zur Verteidigung des Vaterlandes‹ schrieb.

Zweifellos war Breschnews Verpflichtung gegenüber der militärischen Führung im Zusammenhang mit der Intervention in der Tschechoslowakei noch gewachsen, und das Damoklesschwert eines sowjetisch-chinesischen Krieges verstärkte diese Abhängigkeit beträchtlich.

Es war auch ganz logisch, daß sich das militärisch-industrielle Establishment mit den ›Falken‹-Ideologen zur Opposition gegen die im Anfangsstadium steckende *Westpolitik* verbündete, gegen die versöhnliche Haltung gegenüber den Vereinigten Staaten — die wenige Tage nach Nixons Inauguration verkündet worden war — und gegenüber den bevorstehenden SALT-Verhandlungen.

Diese Anzeichen und Strömungen wurden jedoch überschätzt. Die Bedeutung, die ihnen im Frühjahr 1969 zugeschrieben wurde, bezog Breschnews eigene Aszendenz oder seine persönlichen Verbindungen gerade zu den Marschällen und Generälen nicht in die Analyse ein. Mehr noch, die Beobachter im Westen neigten fast alle dazu, den ernsten wirtschaftlichen und technologischen Druck zu unterschätzen, mit dem sich die sowjetische Führung konfrontiert sah.

Während der letzten Aprilwoche des Jahres 1969 sorgte Breschnew unter Umständen, die obskur bleiben, für die symbolische Erinnerung an das Primat der politischen Führung. Der traditionelle militärische Teil der Mai-Parade am Roten Platz wurde — buchstäblich im letzten Augenblick — abgesagt. Die Raketen und die andere schwere Ausrüstung waren bereits auf jene Plätze in den Vorstädten gebracht worden, wo gewöhnlich die Probeparaden stattgefunden hatten. Seither wurde auf den Maifeiern nicht mehr kriegerische Macht demonstriert. Und statt des Verteidigungsministers hielt Breschnew die traditionelle Schlüsselrede vom Mausoleum aus.

Es gab noch einen merkwürdigen Zwischenfall in dem Jahr, ehe Breschnew Mitte Dezember daranging, seine Position zu konsolidieren. Im März 1965, bei der Verkündung seiner Agrarreform, hatte Breschnew auch versprochen, daß eine neue Kolchosencharta entworfen und einem Kolchosenkongreß — dem ersten seit 1935 — zur Ratifizierung vorgelegt werden würde. Über vier Jahre verstrichen, ehe der Entwurf fertiggestellt war und der lange erwartete Kongreß schließlich im November 1969 zusammentrat.

Die Vorschläge blieben beträchtlich hinter dem zurück, was Agrarreformer und Liberale erwartet hatten. Trotzdem wurde der Entwurf mit den üblichen Fanfarenklängen angenommen. Am 30. November veröffentlichte die *Prawda* den gemeinsamen Regierungs- und Parteibeschluß, der die Charta billigte. Der Beschluß trug auf der einen Seite die Unterschrift: ›A. Kossygin, Vorsitzender des Ministerrats‹, und auf der anderen: ›L. Breschnew, Sekretär des Zentralkomitees‹.

Sekretär? Bloß Sekretär? Nicht Generalsekretär? Für Beobachter, die sich der Bedeutung bewußt sind, die die offizielle Sowjethierarchie auf das Protokoll und die volle Anwendung von Titeln legt, erschien das als eine seltsame Art, den Führer der Partei zu identifizieren. Solche Auslassungen bedeuten gewöhnlich ernste politische Differenzen. Ganz offensichtlich war das weder ein Irrtum noch ein Druckfehler; denn diese Fassung wurde nicht nur in anderen sowjetischen Zeitungen, sondern auch mehrere Tage später in der englischen Übersetzung des Textes von *Nowosti* wiederholt.

Eine befriedigende Erklärung dafür blieb man bis heute schuldig. Hatte sich Breschnew in politischen Schwierigkeiten befunden, oder war diese Titulierung als Mahnung einer mächtigen oppositionellen Fraktion anzusehen? Vielleicht. Aber in welcher Frage?

Die Routinemäßigkeit des Kolchosenkongresses und das Fehlen wegweisender neuer Richtlinien in der Kolchosencharta hatte offensichtlich einige einflußreiche Persönlichkeiten, darunter Gennady Woronow, den Ministerpräsidenten der Russischen Föderation, enttäuscht. Woronow war seit einiger Zeit mit Ideen der Landwirtschaftsreform identifiziert worden, die für die Mehrheit des herrschenden Establishments zu neuerungssüchtig und zu ketzerisch waren. Aber Funktionären wie ihm fehlte die politische Muskelkraft, um eine derart bedeutsame redaktionelle Änderung in der *Prawda* herbeizuführen.

Möglicherweise wurde der beginnende Breschnewkult angegriffen. Der *Sowjetische Soldatenkalender 1970*, der Mitte September 1969 zum Druck freigegeben wurde, enthielt zum erstenmal auf einigen Seiten eine Zusammenstellung von Breschnewzitaten.

Und vielleicht das wichtigste: Eben war eine zweibändige Ausgabe von Breschnews Ansprachen und Artikeln von 1964 bis 1969 — natürlich als Versuchsballon — in Bulgarien veröffentlicht worden und hatte überschwengliche Rezensionen erhalten. Wollte etwa eine Gruppe oder eine Person — beispielsweise Suslow, der Hüter des heiligen Grals des Kollektivismus — Breschnew davor warnen, zu weit zu gehen?

Die Krise, vorausgesetzt, daß es eine gab, war nur von kurzer Dauer. Als Breschnews Name das nächstemal in der Presse erschien, wurde auch sein voller Titel genannt, und bereits Mitte Dezember befand er sich unbestreitbar in der Offensive. Sein Ziel war die träge Wirtschaft: Kossygins Regierungsadministration sowie die schwankende Wirtschaftsreform mußten als Prügelknaben herhalten.

Als sich das Jahr 1969 seinem Ende näherte, war es offenkundig, daß sich die sowjetische Wirtschaft in ernsthaften Schwierigkeiten befand. Das Jahr wird als eines der enttäuschendsten in Friedenszeiten genannt. Statt um geplante 6,1 Prozent zuzunehmen, hatte die landwirtschaftliche Bruttoproduktion doch tatsächlich um 3 Prozent abgenommen. Die industrielle Bruttoproduktion war nur um 7 Prozent gestiegen: das miserabelste Ergebnis seit 1928.

Das Nationaleinkommen konnte lediglich 6,1 und nicht, wie vorgesehen, 6,5 Zuwachsprozente erreichen. Statt der geplanten 5,9 Prozent hatte die Arbeitsproduktivität nur um 4,4 Prozent zugenommen. Das war das schlechteste Ergebnis seit dem Jahr von Chruschtschows Sturz und das zweitschlechteste in einem ganzen Jahrzehnt. Faktisch waren nur die Löhne und die Kaufkraft schneller als geplant gestiegen. Da aber ungenügend Konsumgüter und Dienstleistungen zur Verfügung standen, für die man das zusätzliche Geld ausgeben hätte können, häufte es sich auf Sparkonten an, verursachte inflationären Druck und wurde für Wodka und Trinkgelage ausgegeben, deren einziger Effekt ein zunehmender Hang zum Blaumachen und eine weiter sinkende Produktivität waren.

Die Gesamtleistungen hatten sich als so minimal erwiesen, daß praktisch alle Ziele für die *pjatiletka* — die Fünfjahresplanperiode von 1966 bis 1970 — herabgesetzt werden mußten. Die Richtungszahlen für 1970 wurden entsprechend reduziert, so daß es in dem wichtigen Jahr der Jahrhundertfeier von Lenins Geburtstag wenigstens den Anschein erwecken würde, als ob die sowjetische Wirtschaft ihr Soll übererfüllt habe.

Tatsächlich waren die schwierigen Wetterbedingungen des Jahres 1969 — ein langer kalter Winter mit einer unzureichenden Schneedecke, Wolkenbrüche im Frühling, Trockenheit im Sommer und frühe Herbstregen — ein bezeichnender Faktor gewesen. Ungünstige Wetterbedingungen in der UdSSR sind wegen ihrer verheerenden Auswirkungen nicht nur auf die Landwirtschaft, sondern praktisch auch auf alle anderen Wirtschaftssektoren, insbesondere Transport- und Bauwesen, berüchtigt.

Breschnew entschied sich jedoch dafür, das Wetter zu ignorieren; er gab statt dessen Kossygin und der Verwaltung die Schuld. Während der Plenarsitzung des Zentralkomitees vom 15. Dezember hielt er eine geheim gebliebene Rede, die den Zustand der Wirtschaft heftig kritisierte und drakonisch orthodoxe Maßnahmen zur Abhilfe forderte.

Der Text dieser Rede wurde nie veröffentlicht, ihr wesentlicher Inhalt aber am 13. Januar 1970 in einem Leitartikel der *Prawda* enthüllt.

Breschnew warf die Wirtschaftsreform praktisch in den Abfalleimer der Geschichte. Anstelle materieller Anreize forderte er mehr ›moralische Stimulantien‹ — Propaganda und Appelle an den Patriotismus —, um die träge Volkswirtschaft neu zu beleben. Er rief nach verstärkter Disziplin und verlangte, daß die Schrauben angezogen werden sollten: bei den Arbeitern, beim Management und in der ministeriellen Verwaltung. Er verlangte scharfe Maßnahmen gegen Müßiggänger, Arbeitsscheue, ›Wanderer‹ und Trinker. Man zog bereits eine totale Prohibition in Erwägung, gab den Gedanken aber schließlich zugunsten einer Preissteigerung für Alkohol und einer Beschränkung der Verkaufszeiten und Verkaufsstellen auf.

Selbst der lang aufgegebene *subbotnik* — ein alljährlicher unbezahlter Arbeitstag —, vielen noch in haßerfüllter Erinnerung, wurde wiedereingeführt. Breschnew ignorierte die Einwände der Reformer, die ihm entgegenhielten, daß Kompromisse und Einmischungen der Partei die wirksame Durchführung der Reform verhindert hätten, und griff statt dessen zu den alten abgenutzten Hilfsmitteln: eine Verstärkung der Rolle der Partei in den Unternehmen, strengere Kontrollen, Drohungen, Ermahnungen und Strafen und die Versetzung von Funktionären.

Kurz gesagt war das eine Kriegserklärung Breschnews an Kossygin, die Beanspruchung vollkommener Macht. Als sich der Widerstand gegen den Generalsekretär formierte, ereigneten sich seltsame Dinge. Die ›Minikrise‹ von 1970 begann.

Während der nächsten sieben Monate glich die sowjetische Szenerie einem turbulenten, verwirrenden politischen Schlachtfeld, auf dem aber die kriegführenden Kontrahenten sowie der Verlauf der Auseinandersetzungen kaum auszumachen waren, da sich alles hinter einem Vorhang abspielte. Als Hintergrund zu diesem seltsamen Schauspiel dienten zwei wichtige Ereignisse: die Feier zu Lenins hundertstem Geburtstag im April und die Wahl des Obersten Sowjet im Juni — sowie ein noch wichtigeres ›Nichtereignis‹: der XXIV. Parteitag der KPdSU, der den Parteistatuten gemäß im März hätte stattfinden sollen, tatsächlich aber um ein Jahr bis zum April 1971 verschoben wurde.

Die ersten zwei Monate des Jahres 1970 verliefen, mit Ausnahme der neuen Maßnahmen zur wirtschaftlichen Disziplinierung, relativ ruhig. Das bemerkenswerteste Ereignis war eine Rede von Wassili Tolstikow — dem Leningrader Parteichef — am 8. Januar, in der er Breschnew darin zu widersprechen schien, wann der Parteitag abgehalten werden sollte. Bis zu diesem Zeitpunkt hatte es nämlich als selbstverständlich gegolten, daß der Parteitag noch 1970, wenn auch später als im März, stattfinden würde. Aber Tolstikow sprach seltsamerweise von 1970 als dem Jahr der ›Vorbereitung des XXIV. Parteitages‹.

Es war ebenfalls Januar, als die erste *sowjetische* Besprechung der bulgarischen Ausgabe von Breschnews gesammelten Reden erschien; außerdem verlegte sich Breschnews Geburtstag in einigen Kalendern des Jahres 1971 vom 19. Dezember 1906 auf den 1. Januar 1907 — auf den Neujahrstag also, einen öffentlichen Feiertag. Zwei der 1971er Kalender, die im Januar 1970 zum Druck freigegeben wurden, enthielten dieses neue Geburtsdatum.

Im März 1970 fing dann Breschnew an, demonstrativ solo zu fliegen. Die *Prawda* berichtete von einem wichtigen ›Konsultativtreffen‹, das er mit einer Gruppe ›technischer Minister‹ der 15 Sowjetrepubliken abhielt, um über Agrarprobleme zu sprechen. Das war ein nicht zu übersehender Vorstoß in den ausschließlichen Kompetenzbereich Kossygins.

Eine Woche danach begab sich Breschnew, bis auf Marschall Gretschko von keinem anderen Politbüromitglied oder einer Regierungspersönlichkeit begleitet, nach Minsk, um die in Weißrußland stattfindenden Heeresmanöver zu inspizieren. Eine Publizitätskampagne um diese Reise ließ den Eindruck entstehen, Breschnew sei der Oberbefehlshaber der sowjetischen Streitkräfte. Und das war und ist er ganz entschieden nicht.

Am 1. April reiste Breschnew, lediglich von seinem Freund und Schützling Wladimir Schtscherbizki und Marschall Zacharow begleitet, zum 25. Jahrestag der Befreiung Ungarns im Zweiten Weltkrieg nach Budapest. Vom selben Tag an schienen Kossygin, Podgorny, Suslow, Schelepin und Poljanski aus dem Rampenlicht der Öffentlichkeit und aus der Presse zu verschwinden.

Gleichzeitig gab es Berichte, — die schließlich alle bestätigt wurden —, von Absetzungen auf hoher Ebene in den Bereichen der Propaganda und der Nachrichtenmedien. Wassili Stepakow, der ehemalige Chefredakteur der *Iswestija*, ein Mann Kossygins, der während der Debatten über die Wirtschaftsreform 1965 einen entschiedenen Standpunkt vertreten hatte, wurde als Chef der Propaganda- und Agitationsabteilung des Zentralkomitees entlassen und zum designierten Botschafter in Peking ernannt.

Nikolai Michailow — Schelepins Vorgänger (von 1938—1952) als Erster Sekretär des Komsomol, — wurde als Vorsitzender des Staatskomitees für die Presse abgelöst. Ein anderer Verbündeter Schelepins, Nikolai Mesjatzew, verlor seinen Posten als Vorsitzender des Staatskomitees für Rundfunk und Fernsehen. Alexej Romanow, der Vorsitzende des Staatskomitees für Kinematographie, wurde in Pension geschickt.

Dann sagte Podgorny einen Staatsbesuch in Japan wegen einer ›fieberhaften Erkältung‹ ab; Kossygin war Meldungen zufolge im Krankenhaus, er litt an Komplikationen nach einer Grippe. Auch Schelepin, Suslow und Poljanski wurden als krank gemeldet.

Bei Breschnews Rückkehr aus Budapest am 6. April waren nur drei Mitglieder des Politbüros — Kirilenko, Masurow und Woronow — noch diensttähig. Sie begrüßten ihn am Kiewski-Bahnhof — unter außerordentlich strengen Sicherheitsvorkehrungen.

Breschnew ignorierte eine kleine Schar von Zuschauern, die auf der dem VIP-Ausgang gegenüberliegenden Straßenseite zurückgehalten wurden, floh in seinen Rolls Royce und verschwand schnell in Richtung Kreml.

Vier Tage später tauchte Schelepin, der sehr hager und mitgenommen aussah, wieder auf, und nahm mit Kirilenko, Masurow und Woronow an den alljährlichen Feiern des Kosmonautentags teil.

Am 11. April veröffentlichte die *Prawda* — zwischen den üblichen Berichten über die Tätigkeiten lokaler Parteiorganisationen versteckt — eine winzige Notiz, die die Beförderung zweier Apparatschiks aus der Provinz — Leonid Jefremov und Tichon Sokolow —, beides Verbündete Breschnews, auf wichtige hohe Regierungsposten meldete. Sokolow wurde zum Ersten Stellvertretenden Vorsitzenden der staatlichen Plankommission ernannt, Jefremow zum Ersten Stellvertretenden Vorsitzenden des wichtigen Staatskomitees für Wissenschaft und Technologie. Dadurch wurde er der Vorgesetzte von Kossygins Schwiegersohn, Dscherman Gwischiani.

Etwas noch Seltsameres ereignete sich am 13. und 14. April: Breschnew begab sich nach Charkow, um einer Traktorenfabrik und der Stadt den Leninorden zu verleihen. Üblicherweise war das eine zeremonielle Amtshandlung der Regierung oder des Staates. Seine Darbietung konnte in jeder Hinsicht als einzigartig bezeichnet werden. Er küßte nicht nur eine dralle blonde Fließbandarbeiterin derartig begeistert auf beide Wangen, daß sie ihn verlegen zurückstieß, er hielt auch zwei große Reden: eine über innere Angelegenheiten und die andere zur Weltpolitik; sie wurden live über alle Fernsehsender der Nation gesendet. Das außenpolitische Referat war eine Wiederholung seiner neuen Politik und dazu bestimmt, unverkennbare Impulse nach Washington zu übermitteln. Die Rede zur Innenpolitik bestätigte seine neue harte wirtschaftspolitische und ideologische Linie; charakteristisch war sie auch durch zwei bedeutsame Feststellungen:

Der Parteikongreß würde in diesem Jahr abgehalten werden, sagte Breschnew. Mehr noch, er behauptete, daß die sowjetische Gesellschaft einen Punkt erreicht habe, wo ›alte Methoden‹ nicht mehr genügten, Schwierigkeiten zu lösen. In der Wirtschaft müsse ein ›neuer‹ Weg gefunden werden.

Am nächsten Tag tauchten auch andere Angehörige der Führung wieder in der Öffentlichkeit auf; trotz ihrer Anfälle von Fieber, Grippe und Lungenentzündung sahen sie nicht schlecht aus. Nur

Schelepin schien noch bleich und abgespannt zu sein, als er sich mit Breschnew in Uljanowsk, Lenins Geburtsort, traf, um dort eine monumentale neue Gedenkstätte einzuweihen.

Kurz bevor Breschnew zum Podium ging, um seine dritte große Fernsehrede in jener Woche zu halten, zeigten die Kameras ihn und Schelepin deutlich in küssender, umarmender, versöhnender Pose.

Am 21. April trafen dann die Kommunistenführer der ganzen Welt in Moskau ein, um Lenins hundertsten Geburtstag zu feiern. Bei einer an diesem Abend stattfindenden Gedenkfeier im Kongreßpalast war die gesamte Kremlspitze wieder zu sehen; sie applaudierte begeistert, als Breschnew eine seiner schier endlos langen Reden hielt. Wieder deutete er an, daß der Parteikongreß in diesem Jahr abgehalten werden würde; und wieder forderte er eine ›intensivierte Entwicklung‹ und eine ›gesteigerte Produktivität der Arbeit auf jedem Gebiet‹. Dann folgte eine deutliche Warnung: ›Lenins Aufmerksamkeit‹, so sagte er, ›hat sich immer auf die Härtung und Stärkung der Reihen der Partei gerichtet. Er sah in einem Fraktionalismus und einer Gruppentätigkeit innerhalb der Partei immer das größte Übel, ein Übel, das resolut und rücksichtslos bekämpft werden mußte.‹ Wen sprach Breschnew hier an?

Korrespondenten und Diplomaten, die bei der Parteioligarchie irgendwelche Anzeichen einer Reaktion zu erkennen versuchten, entdeckten nur wenige. Suslow hatte eine Sonnenbrille aufgesetzt, um seine Augen vor den Scheinwerfern des Fernsehens zu schützen, Kossygin sah nicht düsterer drein als gewöhnlich. Zu einem Zeitpunkt hatte es sogar den Anschein, als ob Woronow und Schelest lachen und sich Witze erzählen würden.

War die Führungskrise vorbei? Nach außen hin schien es so. In Wirklichkeit hatte man nur eine Pause eingelegt.

Ende Mai — auf dem Höhepunkt des ›Wahlfeldzugs‹ zum Obersten Sowjet — ging Breschnew wieder zur Offensive über. Die *Prawda* berichtete, daß er sowohl vor dem Sowjetischen wie dem Ministerrat der Russischen Föderation ›wichtige Reden‹ gehalten habe, obwohl er keinem der beiden als Mitglied angehörte. Das war ein massiver Vorstoß in die Reservate Kossygins und Woronows. Was Breschnew sagte, wurde nie bekanntgegeben, obwohl der Eindruck entstanden war, daß er bei den Sitzungen den Vorsitz geführt hatte.

Am 12. Juni, zwei Tage vor der Wahl, hielt Breschnew in seinem eigenen Wahlkreis, dem Baumanski-Bezirk in Moskau, eine Rede, in der er erneut behauptete, daß der XXIV. Parteitag noch im selben Jahr abgehalten würde.

Einige Wochen später, am 2. Juli, jenem Tag, an dem eine Plenarsitzung des Zentralkomitees in Moskau stattfinden sollte, veröffentlichte die *London Evening News* eine höchst ungewöhnliche Meldung ihres ebenfalls höchst ungewöhnlichen Moskauer Korrespondenten Viktor Louis — dem einzigen Sowjetbürger, der die Erlaubnis hat, ungehindert für große westliche Zeitungen zu schreiben. Louis ist eine der geheimnisvollsten Persönlichkeiten in Moskau. Seine wirkliche Rolle im Sowjetestablishment und seine angeblichen Verbindungen zum KGB bleiben Thema endloser Spekulationen. Es genügt vielleicht, wenn man sagt, daß seine wie auch immer gelagerten Verbindungen sehr hoch reichen.

Louis, der andeutete, daß ein Revirement im Kreml bevorstehe, sagte: ›Gerüchte, daß Herr Breschnew hohen Blutdruck hat und daß seine Ärzte darauf bestehen, er solle unter ärztlicher Beobachtung zu Hause bleiben, sind höchstwahrscheinlich zuverlässig ... Die Gerüchte über eine Umschichtung würden an Wahrscheinlichkeit gewinnen, wenn Herr Breschnew nicht in der Lage wäre, heute dem Plenum des Zentralkomitees über Agrarfragen beizuwohnen. Abgesehen von der heutigen Sitzung soll das nächste öffentliche Auftreten von Herrn Breschnew in wenigen Tagen mit einer sowjetischen Delegation in Bukarest stattfinden; wenn man aber seinen gegenwärtigen Gesundheitszustand in Rechnung stellt, ist es möglich, daß seine Ärzte seinen Besuch in Rumänien absagen werden.‹

Was wollte Louis damit sagen? Das wird wahrscheinlich sein Geheimnis bleiben. Tatsache ist, daß Breschnew an der Sitzung des Zentralkomitees teilnahm, daß er sich aber wegen eines ›Katarrhs‹ entschuldigte und als Vertreter Kossygin und Suslow nach Bukarest schickte.

Am gleichen Tag jedoch, an dem Kossygin und Suslow zu der lange hinausgezögerten und zweimal verschobenen Unterzeichnung eines neuen zwanzigjährigen sowjetisch-rumänischen Freundschaftsvertrags in Bukarest eintrafen, besuchte Leonid Breschnew ein Fußballspiel. Von Podgorny und dem Präsidenten der Zentralafrikanischen Republik, Jean Bokasa, begleitet, saß er in der VIP-

Loge des Leninstadions in Moskau und sah die 1:0-Niederlage seiner Lieblingsmannschaft ›Dynamo Kiew‹ gegen ›Torpedo Moskau‹. Alle, die erlebten, wie Breschnew seiner Mannschaft zujubelte und wie ihn ihre Niederlage schmerzte, konnten erkennen, daß er weder an hohem Blutdruck noch an einem Katarrh litt.

Worunter er jedoch litt, war die weitere Anwesenheit mehrerer hundert Mitglieder des Zentralkomitees, die in Moskau herumsaßen und auf ein zweites, nicht angekündigtes und unerwartetes Plenum warteten.

Es wurde schließlich am 13. Juli abgehalten und entschied lediglich, daß der XXIV. Parteitag nicht 1970 stattfinden sollte, wie Breschnew soeben noch gesagt hatte, sondern erst im April 1971.

Am 14. Juli trat der neugewählte Oberste Sowjet zu seiner Eröffnungssitzung zusammen. Hauptpunkt der Tagesordnung: Kossygins Wiederwahl zum Ministerpräsidenten und die Wiedereinsetzung seiner gesamten Regierungsmannschaft mit mehr als neunzig Ministern.

Jetzt erst war die Minikrise von 1970 vorbei.

Drei Jahre später versuchen Sowjetologen noch immer zu entschlüsseln, was in jenen turbulenten Tagen zwischen Mitte Dezember 1969 und Mitte Juli 1970 wirklich geschehen war. Eines scheint festzustehen: Der Kern hatte in der Auseinandersetzung zwischen Breschnew und Kossygin, zwischen Partei und Regierung gelegen. Ebenfalls offenkundig erscheint, daß Breschnew versucht hatte, die Führungsmannschaft in eine für ihn günstigere Form umzugestalten. Das erklärt auch, warum er bis zur letzten Minute darauf gedrungen hatte, daß der XXIV. Parteitag noch 1970, und zwar so bald wie möglich, abgehalten werden sollte, weil der Kongreß seine politische Stellung sichtlich gestärkt hätte. Da ihm diese Terminfestsetzung nicht gelungen war, muß man annehmen, daß sich ein zu starker Gegenwind entwickelt hatte. Dennoch war er aus der Krise wesentlich gestärkt hervorgegangen.

Eine der interessantesten und plausibelsten Theorien behauptet, daß Breschnews rollende Angriffe gegen die Regierung in wirtschaftlichen Fragen Kossygin Ende März 1970 entweder in eine unhaltbare Stellung gezwungen oder ihn überzeugt hatten, daß ein weiterer Widerstand gegen Breschnew sinnlos sei. Schon seit Anfang 1968 zirkulierten in Moskau Gerüchte, daß Kossygin erschöpft wäre und es außerdem leid sei, Breschnews innen- und außenpolitische Kastanien aus dem Feuer zu holen: er wolle zurücktreten.

Der Theorie zufolge war Mitte April 1970 die Frage von Kossygins Rücktritt mehr oder weniger entschieden. Er würde ehrenvoll im Juli bei der ersten Sitzung des neugewählten Obersten Sowjets erfolgen. Nachdem eine reguläre vierjährige Amtsperiode abgelaufen war, mußte seine Regierung ohnehin formell den Rücktritt einreichen; sein Nachfolger konnte dann in einer so demokratischen Art und Weise wie im Westen ernannt werden.

Weiter war nach dieser Theorie in eben jenen Tagen, also ungefähr zu der Zeit, als die einzelnen Mitglieder der obersten Führung, von ihren verschiedenen Krankheiten genesen, wieder in die Öffentlichkeit zurückkehrten, die Entscheidung über Kossygins designierten Nachfolger — nämlich Dimitri Poljanski — mehr oder weniger gefallen. Der Theorie zufolge hatte es aber auch starken Widerstand gegen Poljanski gegeben, hauptsächlich seitens der Schwerindustrielobby, die ihn als zu stark profiliert und zu einseitig auf die Landwirtschaft fixiert betrachtete. Außerdem schien Poljanski einige sehr mächtige Konkurrenten für das Amt des Ministerpräsidenten — darunter wahrscheinlich auch Breschnew selbst — gehabt zu haben.

Irgendwann zwischen Mitte April und Ende Juni war Poljanskis Nachfolge, entsprechend der bewußten Theorie, wegen der wachsenden Opposition und dem Auftauchen dieses zweiten Kandidaten wieder stark in Zweifel gezogen worden. Im späten Juni war das Politbüro wahrscheinlich zusammengetreten, um eine Entscheidung zu fällen; da es dort augenscheinlich zu einem Unentschieden gekommen war, hatte man beschlossen, die Frage dem Zentralkomitee zur Abstimmung vorzulegen. Als das Zentralkomitee am 2./3. Juli zusammengetreten war, hatte es ebenfalls ein Unentschieden gegeben. Das würde erklären, warum Breschnew auf die Reise nach Bukarest verzichtet hatte, während Kossygin — nach wie vor der Meinung, innerhalb einer Woche von seinem Amt entbunden zu werden — keinen dringenden Grund gesehen hatte, in Moskau zu verweilen, und davongeeilt war, um Nicolae Ceaușescu zu treffen. Die Diskussionen hatten wahrscheinlich bis zur zweiten Sitzung angedauert. Als man sich zu diesem Zeitpunkt über die Nachfolge immer noch nicht einig gewesen war, hatte es keine andere Alternative mehr gegeben, als Kossygin um seinen Verbleib im Amt zu bitten.

Alles deutete darauf hin, daß Kossygin nicht damit gerechnet hatte, daß man ihn auf der Sitzung des Obersten Sowjets am 14. Juli mit der Bildung der neuen Regierung betrauen würde. Er war nicht darauf vorbereitet, eine neue Amtsperiode als Ministerpräsident anzutreten, und tat etwas bis dato Einmaliges: Er ersetzte kein einziges Mitglied des Ministerrats und gab nicht einmal eine Regierungserklärung ab, wie er das bei seiner Wiederwahl vor vier Jahren getan hatte.

Diese Hypothese würde auch helfen, die Verschiebung des Parteitages zu erklären. Die Vorschriften der Partei bestimmen, daß der Ministerpräsident, wer immer er auch sei, für den wirtschaftlichen Hauptbericht vor dem Kongreß verantwortlich ist. Sein Name würde auf der Tagesordnung genannt werden, und es ist üblich, die Tagesordnung zusammen mit dem Datum des Parteitages bekanntzugeben. So hatte man sich nicht auf ein Datum einigen können, ehe nicht der wirtschaftliche Berichterstatter gewählt worden war. Erst nachdem sich entschieden hatte, daß Kossygin im Amt bleiben würde, konnte das Kongreßdatum angegeben werden. Und Kossygin, der bereits auf die Freuden des Ruhestands gerechnet hatte, brauchte offensichtlich etwas Zeit, um sich auf das Konklave vorzubereiten — und zwar mindestens bis Anfang 1971.

Ob diese Erklärung zu den Tatsachen paßt, können natürlich nur die Männer im Kreml sagen. Zwei Dinge waren jedoch offensichtlich und unwiderlegbar. Obwohl Breschnew eines seiner Ziele nicht erreicht hatte, nämlich Ministerpräsident zu werden, hatte er trotzdem seit Dezember 1969 viel an Boden gewonnen. Er vergeudete in den nächsten Monaten nicht viel Zeit, um seinen Gewinn zu konsolidieren.

Militärhistoriker begannen mit der Veröffentlichung detaillierter schmeichelhafter Berichte über seine Leistungen im Krieg.

Seine gesammelten Reden — in zwei Bänden — erschienen jetzt ebenfalls in Russisch, wurden in den Buchhandlungen der ganzen UdSSR verkauft und sehr bald in der Parteipresse begeistert besprochen.

Vorsichtig wagte Breschnew auch seine ersten Schritte auf internationalem diplomatischem Parkett. Willy Brandt traf er das erstemal im August, als dieser nach Moskau kam, um den Deutsch-Sowjetischen Gewaltverzichtsvertrag zu unterzeichnen. Im Oktober spielte er für den französischen Präsidenten Pompidou und dessen Gattin den aufmerksamen Gastgeber.

Am 26. August flog Breschnew nach Alma Ata, um mit Kunajew den 50. Jahrestag von Kasachstan zu feiern. Dann begann er eine zweiwöchige Rundreise durch die anderen zentralasiatischen Republiken. Die Berichterstattung und die Schlagzeilen wurden umfangreicher. Auch die Kommentare nahmen an Überschwenglichkeit mit jedem Tag, den er unterwegs war, zu. Sechsmal in kurzen Abständen veröffentlichte die *Prawda* Fotos von Breschnew auf der Titelseite — ein seit Chruschtschows Zeiten beispielloser Vorgang.

Er bereinigte auch einige politische Rechnungen. Die Chinesen hatten Wassili Stepakow das Agreement verweigert und Breschnew damit Gelegenheit gegeben, einen weit gefährlicheren Gegner, den Leningrader Wassili Tolstikow, als Botschafter nach Peking zu senden. Gab es eine bequemere Art, um Frol Koslows letzten übriggebliebenen Schützling zu neutralisieren — einen Mann, der als Rivale Breschnews im Ringen um die Macht gegolten hatte?

Natürlich gab es auch einige Kritteleien. Gewisse theoretische Zeitschriften betonten weiterhin die Notwendigkeit einer kollektiven Führung. Zudem platzte das Kalenderexperiment.

Aber die letzten Zweifel darüber, daß Breschnews Macht im Anstieg begriffen war, wurden am 31. Dezember 1970 — einige Minuten vor Mitternacht — zerstreut. Seit Jahren — solange man sich erinnern konnte — hatte Juri Levitan, der bekannteste sowjetische Rundfunk- und Fernsehsprecher, das alte Jahr verabschiedet und das neue begrüßt, indem er mit seiner unnachahmlichen theatralischen Baßstimme eine Grußbotschaft von Partei und Regierung verlesen hatte. Diesmal aber stellte Levitan lediglich Breschnew vor — an einem Schreibtisch sitzend, neben sich das Mikrophon und im Hintergrund eine Karte der UdSSR. Das war völlig neu. Nie zuvor hatte ein Parteiführer — weder Lenin noch Stalin oder Chruschtschow — persönlich die Neujahrsgrüße an das Land übermittelt. Millionen Fernsehzuschauer unterbrachen für einen Moment ihre Feiern, um zuzuhören, wie die sonore Stimme des Generalsekretärs der KPdSU sie als ›liebe Landsleute, liebe Genossen und Freunde‹ ansprach und dazu aufforderte, ›neue Meilensteine im Kommunismus‹ zu setzen. Nun war es jedem klar, daß Breschnew einen neuen Meilenstein auf seinem Weg zur Macht gesetzt hatte.

Lenins Erbe

In der kommunistischen Welt galt es als Axiom, daß sich die anderen Hauptstädte eine Grippe zuzogen, wenn Moskau nieste. Im Dezember 1970 jedoch, als Preissteigerungen und das Fehlen von Verbrauchsgütern blutige Aufstände Tausender polnischer Werftarbeiter auslösten und den plötzlichen Sturz des polnischen Parteiführers Wladislaw Gomulka herbeiführten, war es Moskau, das eine Erkältung bekam.

Leonid Breschnews wirtschaftliches Sparprogramm wurde fast augenblicklich aufgegeben. Die scharfen Forderungen nach größeren Produktionsbemühungen und mehr Arbeitsdisziplin verstummten. Die Parteipresse kritisierte verschiedene Technische Ministerien und Verwaltungsbehörden wegen der unzulänglichen Produktion von Lebensmitteln und Verbrauchsgütern. Regierungsbeamte beeilten sich mit der Ankündigung, daß keine Preissteigerungen beabsichtigt seien. Gewerkschaftsvertreter wurden getadelt, weil sie die Forderungen der Arbeiter in den Fabriken nicht genügend beachtet hatten.

Am bezeichnendsten jedoch: Der Entwurf des Fünfjahresplans 1971—1975, der Ende Dezember 1970 fast soweit fertig war, um der Öffentlichkeit vorgelegt werden zu können, wurde zwecks einer drastischen Revision und einer noch nie dagewesenen Verlagerung des Hauptgewichts von den traditionellen Prioritäten der Produzenten auf die der Verbraucher zurückgehalten. Noch am 12. Juni, auf der Wahlversammlung im Moskauer Baumanski-Bezirk, hatte Breschnew seinen Wählern gesagt: ›Die Arbeit am Fünfjahresplan geht weiter. [Obwohl] es noch zu früh ist, von konkreten Zahlen zu sprechen, kann ich Ihnen versichern, daß ein weiteres industrielles Wachstum vorrangig in jenen Zweigen vorgesehen ist, die Produktionsmittel herstellen.‹

Als Breschnew diese Voraussage machte, war der Entwurf des Plans, den Kossygin schon im August 1969 vorlegen hatte wollen, bereits um viele Monate überfällig. Schuld an dieser Verzögerung waren zweifellos die Trägheit der Wirtschaft und die Debatten hinter den Kulissen über Lösungen und Prioritäten. Breschnews Heilmittel hatte ›moralische Aufrüstung‹ geheißen. Die Fachleute — die Volkswirtschaftler, und besonders die Reformer — traten jedoch für mehr materielle Anreize ein. Dabei meinten sie nicht nur mehr Bonusse und größere Lohnschecks, sondern eine quantitative und qualitative Verbesserung in der Versorgung mit Verbrauchsgütern. Sie argumentierten überzeugend, daß kein noch so großer geldlicher Anreiz die Wirtschaft neu beleben würde, wenn die Arbeiter nichts oder nur wenig hatten, wofür sie ihre steigenden Löhne ausgeben konnten. Die alarmierende Zunahme der Ersparnisrate und die Millionen von Rubel, die in einer nationalen Trinkorgie durch Millionen Kehlen geflossen waren, spiegelte das Fehlen echter Produktionsanreize wider.

Die einzige Alternative dazu, so behaupteten weitsichtige Wirtschaftswissenschaftler, würde bedeuten, die Lohnsteigerungen minimal zu halten, während man den Zustrom der Verbrauchsgüter verbesserte.

Alles deutet darauf hin, daß im Herbst 1970 ein Kompromiß zustandegekommen war. Die traditionelle Tendenz, der Schwerindustrie und den Produktionsgütern Vorrang einzuräumen, sollte beibehalten werden, aber die Konsumgüter herstellenden Wirtschaftszweige sollten größere Investitionsmittel erhalten und die Erzeugung von Konsumgütern gesteigert werden.

Dann kamen die Aufstände in Polen — ein Warnsignal, das auch Breschnew nicht überhören konnte. In letzter Minute, d. h. nach den Unruhen in Danzig im Dezember 1970, wurde der Plan eilends revidiert, um die Prioritäten zu ändern.

Als der Fünfjahresplan schließlich — durch Breschnew persönlich und mit seiner alleinigen Unterschrift versehen — am 14. Februar 1971 veröffentlicht wurde, war dies ein epochemachendes Ereignis. Zum erstenmal in der sowjetischen Geschichte gab es eine *pjatiletka,* die eine schnellere Wachstumsrate auf dem Verbrauchsgütersektor (44 bis 48 Prozent) als in der Schwerindustrie (41 bis 45 Prozent) vorsah. Der Plan forderte starke Investitionen in die Landwirtschaft und in jene Industrien, die für den allgemeinen Verbrauch arbeiteten und speziell Personenautos sowie andere dauerhafte Gebrauchsgüter herstellten. In seinem Text wurde erklärt, ›Hauptaufgabe‹ der Zukunft sei es, eine ›bedeutende Steigerung des materiellen und des kulturellen Lebensstandards zu erreichen‹.

Sechs Wochen später, in seinem Rechenschaftsbericht vor dem XXIV. Parteitag, wiederholte Breschnew die neue Linie mit so viel Nachdruck, daß die ›Stahlfresser‹ und die mächtigen Lobbyisten der Schwerindustrie die Redakteure der *Prawda* veranlaßten, zwei wichtige Passagen aus der abgedruckten Version von Breschnews Kongreßbericht zu streichen.

Obwohl man sich bemühte, diesen Lobbyisten zu versichern, daß sie nicht plötzlich die Stiefkinder der Nation geworden seien, paraphrasierte Breschnew Lenin, daß ›in der letztlichen Analyse die Herstellung der Produktionsmittel notwendigerweise mit der von Verbrauchsgütern in Verbindung steht, weil die Produktionsmittel nicht um ihrer selbst willen hergestellt werden . . .‹

Er ließ kaum Spielraum für eine doppelsinnige Auslegung und forderte einen ›ernsten Wandel in der Einstellung zu Verbrauchsgütern‹.

Indem er eine — nach seinen Worten — neue Verbraucherära einführte, sagte Breschnew:

›Die langen Jahre der heroischen Geschichte, als Millionen von Kommunisten und Parteilose bewußte Opfer brachten und sich Entbehrungen unterwarfen . . . liegen hinter uns . . . Was in der Vergangenheit erklärlich und nur natürlich war, als andere Aufgaben im Vordergrund standen, ist unter den gegenwärtigen Bedingungen unannehmbar geworden.‹

Breschnew versprach, die Investitionen in die Landwirtschaft zu erhöhen, die Rolle der privat bewirtschafteten Anbauflächen zu stärken und betonte die Notwendigkeit einer verbesserten Lebensmittel- und Verbrauchsgüterqualität. Er forderte auch neue Rekorde in der technologischen und wissenschaftlichen Leistung und verlangte mehr Rationalisierung. Außerdem verhieß er höhere Renten, höhere Mindestlöhne und einen ganzen Katalog weiterer Sozialleistungen.

Konnte das der gleiche Mann sein, der 15 Monate zuvor auf der Straffung der Arbeitsdisziplin, auf moralischen Stimulantien, einschneidenden Kontrollen und drakonischen Strafen bestanden hatte? Einige Passagen in seiner Rede hörten sich fast genauso an wie die in Podgornys Vortrag in Baku im Mai 1965.

Breschnews Metamorphose mag Verwunderung verursacht und Ungläubigkeit hervorgerufen haben; spezifisch für ihn war sie nicht. Er war nicht der erste — kommunistische oder nichtkommunistische — Politiker, der seine Politik und seine Ansichten praktisch über Nacht geändert hatte. Mehr noch: Der Machtkampf im Kreml zeigte schon immer seine eigenen Spielregeln. Stalin selbst hat gelegentlich die Politik seiner Gegner übernommen, nachdem er sie besiegt hatte. Auch Chruschtschow hat sich, bald nach seiner Abrechnung mit Malenkow, dafür entschieden, mehr Geld für Verbrauchsgüter und weniger für Verteidigung auszugeben.

Hinsichtlich Breschnews wirklichen Neigungen mag eine gewisse Skepsis bestehen; dieser Parteitag ließ ihn jedenfalls als den neuen Wohltäter des einfachen Mannes in der Sowjetunion glänzen.

Der Parteitag baute auch seine Stellung als wahrer Gebieter über die Partei aus. Breschnew bemühte sich nicht einmal um eine Entschuldigung für die illegale einjährige Verzögerung des Kongresses, oder versuchte etwa, das Ganze zu erklären. Er institutionalisierte einfach die Verschiebung. Rufe wie ›Hört! Hört!‹ hallten durch den Kongreßpalast, als Breschnew sagte: ›Viele Genossen sind der Meinung, daß die regulären Parteitage der KPdSU nicht alle vier, sondern alle fünf Jahre stattfinden sollten.‹

Und so wurde dann auch entschieden.

Vor allem schuf der Kongreß einen neuen Persönlichkeitskult. Breschnews sechs Stunden währende Ansprache wurde live vom Fernsehen übertragen. Danach pries jeder andere Sprecher — ob Sowjet oder ausländischer Gast — die angebliche Leistung der Sowjetunion während der letzten fünf Jahre und würdigte überschwenglich Breschnews Anteil daran.

Jewgeni Tjaschelnikow, der Erste Sekretär des Komsomol, brachte es fertig, in seiner kurzen Ansprache Breschnew achtmal namentlich zu erwähnen. Das gleiche gelang A. P. Filatow, dem Parteichef des Oblasts Nowosibirsk. Die Ersten Sekretäre von Lettland und Tadschikistan sowie der Minister für die Leichtmetallindustrie flochten den Namen des Generalsekretärs siebenmal ein. Geidar Alijew, der ehemalige KGB-Chef von Asserbeidschan, der dank Breschnews Protektion Erster Parteisekretär der Republik geworden war, sprach von der ›allgemeinen Liebe‹ und dem ›Respekt‹ die Breschnew durch seine ›unermüdliche Aktivität und seine beständige Sorge für das Wohl des Volkes‹ errungen hatte. Scharaf Raschidow, der usbekische Parteichef, erinnerte mit warmen Worten daran, daß Breschnew nach dem Erdbeben von 1966 nach Taschkent geeilt war und in der ›vordersten Front stand, als die wichtigsten Hilfsmaßnahmen durchgeführt wurden‹.

Breschnew wurde außerdem gelobt für seine ›Prinzipientreue‹, seine ›Beständigkeit‹, den ›tiefen Glauben an die kreative Kraft des Volkes‹, seine ›Schöpferkraft‹, seine ›gewaltige organisatorische Aktivität‹, sein ›Verständnis für das Leben des Volkes‹, seine ›Schlichtheit‹ und seine ›Menschlichkeit‹.

Eine Melkerin aus der Kolchose ›Morgendämmerung des Friedens‹ im Oblast Orjol wußte den 500 Delegierten sogar zu berichten, daß die Wärme und Aufrichtigkeit von ›Leonid Iljitschs Rechenschaftsbericht Tränen der Freude und des Stolzes in meine Augen treten ließ‹.

Zweifellos war der Parteitag ein persönlicher Triumph Breschnews und ein Tribut an sein gesteigertes Prestige. Alle Lobreden konnten jedoch die Tatsache nicht verbergen, daß man ihn nicht mit der unbestrittenen politischen Macht ausstattete, die er angestrebt hatte. Wie so oft in seiner Karriere war er zu einem Kompromiß gezwungen worden. So beachtlich sein Sieg auch sein mochte — er war begrenzt.

Breschnews zunehmender Einfluß und seine steigende Autorität wuchsen am stärksten in dem neuen, vom Parteitag gewählten Zentralkomitee: 241 Vollmitglieder und 155 Kandidaten...

Es trifft wohl zu, daß Breschnews zentraler und regionaler Parteiapparat sich — rein zahlenmäßig gesehen — im Verhältnis zu Kossygins Regierungsbürokratie etwas verringert hatte. Das ist jedoch nur eine relative Rechnung, die die Loyalitäten der einzelnen Mitglieder des Zentralkomitees nicht in Betracht zieht. Insgesamt hatte nämlich die Breschnewgruppe — Schützlinge, Protegés, Gönner, Verbündete, Freunde und Alliierte — drastisch zugenommen, und zwar nicht nur im Zentralkomitee als solches, sondern auch innerhalb seiner verschiedenen beruflichen Interessengruppierungen wie dem Parteiapparat, der Regierungsbürokratie, dem militärischen Kontingent und dem Polizei- und Sicherheitsblock.

Von den 241 Vollmitgliedern kann man mindestens 30 als Schützlinge und hundertprozentige Verbündete Breschnews ansehen. Noch wesentlich mehr gelten als vertrauenswürdige Allierte.

Praktisch wurde die ganze ›Dnjepr-Mafia‹ gewählt. Die Liste umfaßt nicht nur so offensichtlich mächtige Mitglieder der Clique wie Schtscherbizki, Schtschelokow, Kirilenkow und drei Stellvertretende Ministerpräsidenten, sondern auch weniger einflußreiche Veteranen der alten Tage wie Iwan Gruschezki und Generaloberst Konstantin Gruschewoi. Obwohl nicht jeder Oblast-Parteiführer in der UdSSR einen Sitz im Zentralkomitee erringt, schien die Wahl von Alexej Wattschenko, dem gegenwärtigen Ersten Sekretär des Obkoms von Dnjepropetrowsk, und Iwan Junak, dem früheren Vorsitzenden des Exekutivkomitees von Dnjepropetrowsk und heutigen Parteiführer des Oblasts Tula, eine schon vorher feststehende Tatsache. Wer hätte sich jedoch träumen lassen, daß I. L. Furs, gegenwärtig Erster Sekretär des Stadtkomitees von Dnjeprodscherschinsk, als Kandidat des Zentralkomitees benannt werden würde? Neben Parteiführern und Stadtsekretären aus den drei größten Städten — Moskau, Leningrad und Kiew — ist Furs der einzige städtische Parteichef der UdSSR, der dem Zentralkomitee angehört.

Drei von Breschnews engsten Gehilfen und Beratern — Georgij Pawlow, Georgij Zukanow und Konstantin Tschernenko — wurden zu Vollmitgliedern gewählt; eine Leistung, die nicht einmal Chruschtschow erreicht hatte. Breschnews außenpolitischer Experte, Andrej M. Alexandrow-Agentow, errang einen Sitz im Zentralen Revisionskomitee. Ein fünfter Berater, Konstantin Rusakow, der Breschnews persönlichem Stab erst im Juni 1972 zugeteilt worden ist — und der als Komponist der ersten friedlichen Ouvertüren gilt, die Breschnew Peking gewidmet hat —, wurde auf dem Parteikongreß ebenfalls zum Vollmitglied des Zentralkomitees gewählt.

Selbstverständlich wurde auch sein ›freundlicher Nachbar‹ und Geheimpolizeichef Andropow wiedergewählt. Aber selbst Breschnews eigene Aufpasser im KGB errangen Sitze: Semjon Zwigun und Wiktor Tschebrikow avancierten zu Kandidaten des Zentralkomitees, während G. K. Zinew einen Platz im Zentralen Revisionskomitee verbuchen konnte.

Breschnews Leistungen waren erstaunlich. Tod, Pensionierung, fortschreitendes Alter und politischer Kleinkrieg hatten die Reihen der alten Anhänger von Chruschtschow, Schelepin, Koslow und Podgorny gelichtet. An ihre Stelle waren Breschnews Freunde, Schützlinge und Verbündete gewählt worden und hatten ihm damit eine sehr günstige Machtverteilung gesichert.

Wie Breschnew aber erkannte, bedeutete diese günstige Machtverteilung nur wenig, wenn er nicht auch eine Veränderung innerhalb des Politbüros herbeiführen konnte. Hier stieß er jedoch auf hartnäckigen Widerstand. Alle Mitglieder wurden wiedergewählt. Es sollten noch zwei Jahre vergehen, bis Breschnew einige seiner Gegner aus dem innersten Kreis drängen konnte.

Schelepin zum Beispiel war wohl geschwächt worden, und seine ausgehöhlte Machtbasis war gegenüber früheren Zeiten nurmehr eine leere Hülle. Aber er hat — und zwar bis zum heutigen Tag — seinen festen Sitz im Politbüro.

Gennady Woronow, der Ministerpräsident der Russischen Föderation, war mit Breschnew und anderen Konservativen schon seit einiger Zeit zerstritten gewesen. Die Ursache bildete sein Eintreten für das mechanisierte Zweno-System, eine Agrarversion der Wirtschaftsreform: es forderte die Zuteilung von Kolchoslandparzellen an sich selbst erhaltende, kostentragende, unabhängige Teams in der Landwirtschaft. Seine Position in der Führung hatte sich dauernd verschlechtert. An seinem 60. Geburtstag im September 1970 wurde ihm sogar die übliche Ehrung als ›Held der Sozialistischen Arbeit‹ verweigert; trotzdem wählte man ihn wieder in das Politbüro.

Im Juli 1971 wurde er als Ministerpräsident der RSFSR abgesetzt und erhielt eine Sinekure: den Vorsitz des Komitees der Volkskontrolle. Aber selbst dann blieb er Vollmitglied des Politbüros und hielt hartnäckig an seinem Sitz fest, bis er schließlich im April 1973 ausgestoßen wurde.

Auch Pjotr Schelest — noch am Vorabend des Parteitages äußerte er seine Unzufriedenheit über Breschnews Innen- und Außenpolitik — wurde wieder zum Politbüromitglied gewählt. Erst im April 1973 schied er aus.

Unfähig, die nötigen Kräfte für eine Säuberung des inneren Kreises aufzubringen, wandte Breschnew ein altes Mittel an, dessen sich schon Stalin und Chruschtschow erfolgreich bedient hatten: er vergrößerte den Kreis. Von den vier zusätzlichen Männern, die am letzten Tag des XXIV. Parteitages im April 1971 in das Politbüro gewählt wurden, waren zwei entschiedene Schützlinge Breschnews: Schtscherbizki und Kunajew. Ein dritter, Fjodor Kulakow, der Sekretär des Zentralkomitees für Landwirtschaft, war ein zuverlässiger Verbündeter. Der vierte allerdings, der Moskauer Parteichef Wiktor Grischin, galt als unabhängig.

Ein Politbüro mit 15 Mitgliedern war sicherlich schwerfälliger als eines mit 11 — aber Breschnews Position in diesem Politbüro hatte sich verbessert. Noch bedeutender als Breschnews gestiegenes persönliches Ansehen und sein Machtzuwachs auf dem Parteitag war seine neue Rolle als Friedensstifter und Architekt der sowjetischen Außenpolitik. Einige Monate nach dem Kongreß begann er eine Runde der persönlichen Diplomatie: das Treffen mit Bundeskanzler Willy Brandt im September 1971 machte dabei den Anfang.

Die Beweggründe für die deutsch-sowjetische Annäherung waren das wirtschaftliche Dilemma und die mögliche Bedrohung durch China.

Konzipiert wurde sie zusammen mit Breschnews *Westpolitik* auf dem Treffen des Warschauer Pakts in Budapest im März 1969.

Die sowjetische West- und Deutschlandpolitik hatte verschiedene zusammenhängende Ziele. Erstens ging es um die Anerkennung des europäischen Status quo und der Nachkriegsgrenzen, besonders der Oder-Neiße-Linie und der Teilung Deutschlands. Zweitens strebte Breschnew die Legitimisierung der sowjetischen Vorherrschaft über das Reich der osteuropäischen Pufferstaaten an, das Stalin aus den Ruinen des Kriegs herausgeschnitten hatte. Er wünschte eine europäische Sicherheitskonferenz, deren Zweck — abgesehen von der Betonung der sowjetischen und der Reduzierung der amerikanischen Rolle in Europa — in erster Linie ein verringertes militärisches Engagement sein sollte. Das würde es Moskau ermöglichen, Truppen und Material an die östlichen Grenzen zu schaffen. Ferner erhoffte er eine Milderung des wirtschaftlichen Drucks durch reduzierte militärische Bereitschaft sowie durch verstärkten Zugang zur westeuropäischen Technologie, und natürlich eine Ausweitung des Handels.

Breschnew war sich zweifellos bewußt, daß dabei grundlegende Konzessionen — besonders hinsichtlich der Garantien für West-Berlin und der Stellung der DDR — gemacht werden mußten. Letzten Endes war *er* zu der Erkenntnis gekommen, Westeuropa nötig zu haben — und nicht umgekehrt.

Er muß sicher auch erkannt haben, daß der neue Kurs Gefahren bergen würde. Das Trauma des Zweiten Weltkrieges, danach die 25 Jahre kalten Krieges und eine propagandistische Selbsthypnose hatten ihr eigenes Klima des Mißtrauens, des Hasses, der subjektiven Interessen, nationalen Ziele und ideologischen Dogmen geschaffen, die jede neue Politik, ganz gleich, wie dringlich sie auch sein mochte, in Rechnung stellen mußte.

Sowohl in der UdSSR als auch in Westeuropa war mit starker Opposition zu rechnen: sie mußte von jenen Kräften ausgehen, die, obwohl ideologisch kontrapunktisch, im wesentlichen gleicher Ansicht waren: der militärisch-industrielle Komplex, die Superpatrioten und die kalten Krieger, die Mißtrauischen und die Furchtsamen, die Berufshasser und die orthodoxen Ideologen. In Osteuropa würde er mit den Verbündeten rechnen müssen — besonders mit der DDR —, die fürchteten, daß Breschnew ihre Interessen den seinen unterordnen könnte.

Erstmals hatte Wladislaw Gomulka im Mai 1969 probeweise die Fühler nach Bonn ausgestreckt: damals mit dem Vorschlag, über die Oder-Neiße-Grenze ein bilaterales Abkommen zu treffen. Der polnische Plan konnte nicht gerade als neu bezeichnet werden; er war aber gravierend, weil er einige vorher übliche Forderungen an Bonn, wie die formelle Anerkennung der DDR, den Verzicht auf alle Ansprüche auf Atomwaffen und die rückwirkende Annullierung des geschlossenen Münchner Abkommens zwischen Hitler und Chamberlain ausließ.

Das Angebot ruhte bis zum Oktober 1969, als Willy Brandt, dessen Vision einer *Ostpolitik* die *Westpolitik* Breschnews perfekt ergänzte, in Bonn an die Macht kam.

Im Dezember 1969 eröffneten Gromyko und Helmut Allardt, der westdeutsche Botschafter in Moskau, die einleitenden Gespräche. Im Februar 1970 begannen dann die langwierigen Verhandlungen zwischen Gromyko und Brandts Berater Egon Bahr, deren Endergebnis das Gewaltverzichtsabkommen war, das Brandt im August 1970 in Moskau unterzeichnete.

Obwohl es Kossygin sein sollte, der während der Unterzeichnungszeremonie das formelle Rampenlicht mit Brandt teilte, hatte Breschnew als starke treibende Kraft hinter dem Vertrag gestanden — und ihm lag viel daran, das der Welt auch zu demonstrieren. Er stahl Kossygin die Schau, als er den für die Unterzeichnung ausgewählten prunkvollen Georgjewski-Saal des Kremls gerade in dem Augenblick betrat, als die Fernsehkameras mit der Live-Übertragung begannen. Er schüttelte Brandt warm die Hand und sprach sogar einige Worte für das Westdeutsche Fernsehen. Während der Unterzeichnung stand er besitzergreifend hinter Kossygins Stuhl. Dann lud er zu jedermanns Überraschung den deutschen Bundeskanzler ein, doch am nächsten Tag vor dem Rückflug nach Bonn einige Stunden bei ihm zu verbringen.

Der Vertrag bildete jedoch nur die Einleitung zu einer komplexen neuen Lage der Beziehungen in Europa. Da blieb die schwierige Frage der Berlin-Garantien, derentwegen Breschnew nicht nur mit den beiden Deutschlands, sondern auch mit den USA, Großbritannien und Frankreich verhandeln mußte. Mehr noch: Man mußte sich auch mit dem verwickelten Problem der innerdeutschen Beziehungen befassen, und gerade in dieser Frage sah er sich mit einer wachsenden Opposition durch den immer trotziger werdenden Walter Ulbricht konfrontiert.

Um das Verhältnis zwischen Ulbricht und Breschnew zu begreifen, muß man hervorheben, daß Ulbricht — 13 Jahre älter als Breschnew — den sowjetischen Parteichef mehr oder weniger immer als Emporkömmling betrachtet hatte, als einen dieser jungen Apparatschiks, die an ihren Platz verwiesen werden mußten. Er ließ keine Gelegenheit aus, seine jüngeren sowjetischen ›Gleichberechtigten‹ daran zu erinnern, daß er Lenin persönlich getroffen und kennengelernt hatte. Letzten Endes war Ulbricht bereits Sekretär des Zentralkomitees der Kommunistischen Partei Deutschlands gewesen, als der junge Leonid Breschnew eben Kamenskoje verließ, um in Kursk seine Ausbildung als Landvermesser zu beginnen. Ulbrichts ›Dienstalter‹ in der kommunistischen Welt verlieh ihm zweifellos ein großes Prestige und einen starken Einfluß. Wann immer er nach Moskau kam, versäumte er es nie, diesen Einfluß — und manchmal ziemlich rüde — auszuspielen. Das mag menschlich und verständlich sein — politisch war es jedoch nicht sehr klug.

Ulbricht war nicht gegen eine *Westpolitik* an sich oder gegen die Idee einer europäischen Sicherheitskonferenz. Ganz im Gegenteil: er sah in einer solchen Konferenz eine ausgezeichnete Möglichkeit, die internationale Position der DDR zu stärken. Über die Teilnahme

Ost-Berlins an einer derartigen Konferenz bestand kein Zweifel. Das würde zu einer De-facto-Anerkennung der DDR durch alle Teilnehmer, einschließlich der USA, führen. Diese De-facto-Anerkennung würde zweifellos eine Anerkennung de jure durch eine Reihe der teilnehmenden europäischen Staaten nach sich ziehen.

Wogegen sich Ulbricht widersetzte, das war der *taktische* Weg Breschnews, der das Gespenst einer ostdeutschen Isolierung innerhalb des kommunistischen Blocks aufsteigen ließ und die DDR zwingen konnte, ihre wichtigste Forderung aufzugeben: die volle diplomatische Anerkennung durch Bonn. Er vermutete ganz zu Recht, daß eine Reihe bilateraler Gewaltverzichtsgespräche gleich denen, die Moskau und Warschau mit Bonn Ende 1969 eingeleitet hatten, einen Präzidenzfall schaffen und ihn schließlich zwingen würden, sogenannte ›innerdeutsche‹ Nichtangriffsgespräche mit Bonn auf einer Ebene unterhalb der vollen diplomatischen Anerkennung zu führen. Für Ulbricht wäre das gleichbedeutend gewesen mit einer Gefährdung seines ganzen politischen Gebäudes.

Als Ulbricht 1970 sich immer heftiger ›auf die Hinterbeine stellte‹, beschloß Breschnew, ihn aufzugeben. Ulbrichts Pensionierung aus ›Altersgründen‹ im Mai 1971 war sehr geschickt durchgeführt. DDR-Kronprinz Erich Honecker, ein Mann, der leichter zu gängeln war, wurde Parteiführer, während Ulbricht Staatsoberhaupt blieb.

Vor diesem Hintergrund lud Breschnew Brandt im September 1971 zu Gesprächen auf die Krim ein. Die beiden Staatsmänner reinigten die Atmosphäre in einer Anzahl von Fragen und äußerten ihre Ansichten über die europäische Sicherheit, die sowjetisch-deutschen Beziehungen, über innerdeutsche Angelegenheiten, die Berlin-Frage und den Abbau der Streitkräfte in Europa. Breschnew versprach offensichtlich, mehr Druck auf Honecker auszuüben, und Brandt bot im Ausgleich dafür an, sich für Breschnews europäische Sicherheitskonferenz einzusetzen.

Als Brandt die Schwierigkeiten erklärte, auf die er bei der Ratifizierung des deutsch-sowjetischen Vertrags stieß, gewann Breschnew etwas dringend benötigte Einsicht in die Arbeitsweise demokratischer politischer Systeme. Brandt und seine Berater hingegen waren sichtlich beeindruckt von Breschnews Freundlichkeit, seinem großen Verständnis für die inneren politischen Probleme und seiner Bereitschaft, etwas über die Schwierigkeiten anderer zu erfahren.

Darüber hinaus zeigte das Treffen aber Breschnew in einem völlig neuen Licht. Es war sein Debüt in der Arena der internationalen Diplomatie, bei dem er sich als ein sehr befähigter Akteur erwies. Mehr noch: Es war eine einzigartige Demonstration seiner ungeheuren Macht. Nur seine persönlichen Adjutanten einschließlich Alexander-Agentows und einige wenige Spezialisten aus dem Außenministerium assistierten ihm, und es war offensichtlich, daß er es nicht für nötig erachtete, bei jemand ›rückzufragen‹.

Das Erstaunlichste war jedoch, daß sich Breschnew nicht im mindesten daran störte, daß er keine Regierungsposition oder Titel sein eigen nannte. Vor dem Besuch hatten sich Sowjetologen gefragt, ob Breschnew das Problem nicht vielleicht dadurch lösen würde, daß er Brandt als den Vorsitzenden der Sozialdemokratischen Partei begrüßte, um das Treffen als ein Zusammenkommen zweier Parteivorsitzender zu kaschieren. Tatsächlich ließ Breschnew aber alle Erwägungen des internationalen Protokolls schlichtweg fallen; er akzeptierte Brandt ganz einfach als den ›Boß‹ der Bundesrepublik und trat selbst souverän als ›Boß‹ der UdSSR auf.

Hier präsentierte sich ein völlig neuer Leonid Breschnew. Ein noch glänzenderer und urbanerer Breschnew erschien im gleichen Monat später in Belgrad sowie im Oktober in Paris.

Noch Wochen nach der Frankreichreise beschrieben die sowjetischen Nachrichtenmedien diese Reise weiterhin als ein Ereignis, das die ›internationale Aufmerksamkeit gefangennahm‹. Moskaus Fernsehen zeigte einen stundenlangen Dokumentarfilm über die Reise, der die neue Sowjetdiplomatie herausstellte sowie Breschnews Rolle als die des führenden Staatsmanns der Nation beleuchtete. Gleichzeitig suchte der Film das Volk dahingehend zu beruhigen, daß Breschnew bei Auslandsreisen nicht einen Clown à la Chruschtschow spielte, sondern als zurückhaltender, würdevoller Repräsentant einer Großmacht auftrat.

Man zeigte, wie er von den Franzosen begeistert willkommen geheißen wurde (was gar nicht zugetroffen war), in freimütigem Geplauder mit Präsident Pompidou, im ernsten Gespräch mit Arbeitern eines Renault-Automobilwerkes, neben seiner stattlichen Frau Wiktoria in einer Empfangsreihe, und dabei, wie er mit beinahe königlicher Würde und Selbstvertrauen durch die prunkvollen Gänge des Elysée-Palastes schritt.

Natürlich steckte hinter allem ein tieferer Zweck: Breschnew war gerade dabei, nochmals seinen Anspruch auf die Ministerpräsidentschaft — oder zumindest auf ein geeignetes Ersatzamt — anzumelden.

Die ersten Spekulationen über eine neue Führungskrise stammten im August 1971 aus westlichen Kreisen, als Beobachter sich zu fragen begannen, warum weder das Zentralkomitee noch der Oberste Sowjet ihre jährlichen Sommertagungen abgehalten hatten. Die einzige plausible Erklärung schien die zu sein, daß beide Körperschaften darauf warteten, eine wichtige Entscheidung zu bestätigen, derentwegen das Politbüro bisher zu keiner Übereinstimmung gelangt war. Diese Entscheidung konnte sehr wohl die noch schwebende Frage von Kossygins Pensionierung sein.

Kossygin war auf dem Parteitag im April entschieden um eine Stufe tiefer gerutscht. Als Breschnew die Namen der wiedergewählten und neugewählten Mitglieder des Politbüros verlas, nannte er Kossygin nicht an zweiter Stelle, wie er das auf dem XXIII. Parteitag noch getan hatte, sondern an dritter Stelle, nach Podgorny.

Bald gab es auch noch andere Anzeichen. Es war Podgorny, der zu einem kritischen Treffen mit Präsident Sadat nach Kairo reiste, sowie Podgorny und Breschnew, die sich kurz vor dem Brandt-Besuch mit den Spitzen der osteuropäischen Führung auf der Krim trafen. Und anstelle von Kossygin reiste Außenminister Gromyko nach Neu-Delhi, um einen Freundschaftsvertrag mit Indiens Ministerpräsidentin Indira Gandhi zu unterzeichnen.

Dann wurde am 14. Oktober ein scharfer verschlüsselter Angriff gegen Kossygin auf der Titelseite der *Prawda* gestartet. In einem Leitartikel der Zeitung hieß es: ›... leere Zusicherungen und unrealistische Verpflichtungen, die gewisse Stabsarbeiter so großzügig verteilen, untergraben lediglich das Vertrauen [zu diesen Arbeitern]. Könnte zum Beispiel ein Wirtschaftsführer wirklich auf echte Achtung zählen, wenn er Jahr für Jahr die Einführung einer neuen Technologie verspricht, wenn er immer wieder zusagt, die Arbeits- und Lebensbedingungen der Arbeiter zu verbessern — praktisch aber nichts unternimmt?‹ Der wichtigste Wirtschaftsführer der UdSSR war bekanntlich Ministerpräsident Kossygin.

Mitte November 1971 berichteten westliche Kremlexperten von einer umfangreichen Debatte in der *Prawda* und einigen der theoretischen Parteizeitschriften über die Frage, ob Regierungs- und Parteiführung wieder unter einem Mann — vermutlich Breschnew — vereinigt werden sollten. Die Hauptprotagonisten in dieser esoterisch abgefaßten und zwischen den Zeilen zu lesenden Diskussion waren Pjotr Fedosejew, Direktor des Instituts für Marxismus-Leninismus, der die Übernahme beider Positionen durch Breschnew zu befürworten schien, und Michail Suslow, der entschieden für die fortdauernde Trennung von Partei- und Regierungsmacht argumentierte.

Am oder um den 19. November scheint ein Kompromiß, erreicht oder durch die Breschnew-Fraktion angeboten worden zu sein, wie Breschnews Prestige und Macht betont werden könnten, ohne daß Kossygin das Gesicht dabei verlieren würde. An diesem Tag erhielten Korrespondenten in Moskau und anderen osteuropäischen Hauptstädten Tips, daß auf den bevorstehenden Sitzungen des Zentralkomitees und des Obersten Sowjets ein Staatsrat, ähnlich dem in Rumänien oder der DDR, geschaffen werden könnte, dessen Vorsitzender — Breschnew — der Präsident der UdSSR werden würde. Ein jugoslawischer Bericht verband diese beabsichtigte Reorganisation sogar mit der angeblichen Absicht, ›die Wirksamkeit der Verwaltung von staatlichen, aber insbesondere wirtschaftlichen Angelegenheiten zu steigern‹. Die Vorteile schienen klar: Kossygin brauchte nicht formell als Ministerpräsident zurücktreten, Breschnew konnte die direkte Kontrolle der Regierung übernehmen und ein Kampf im Zentralkomitee über die zukünftige Rolle Dimitri Poljanskis dadurch vermieden werden.

Etwas mußte jedoch schiefgegangen sein; denn zwei Tage später, am Vorabend der für den 22. November einberufenen Plenarsitzung des ZK, sagte man den Auslandskorrespondenten in Moskau, die Diskussionen über einen Staatsrat seien ›verfrüht‹ gewesen. Als das Zentralkomitee zusammentrat, blieb alles beim alten. Um seine Stärke — oder Kossygins Schwäche — zu demonstrieren, übernahm es Breschnew persönlich, die wirtschaftliche Debatte auf dem zweitägigen Plenum zusammenzufassen. Die einzige personelle Veränderung in der obersten Führung war die Beförderung Michail Solomontsews, Woronows Nachfolger als Ministerpräsident der RSFSR, zum Kandidaten des Politbüros.

Breschnew hatte offensichtlich in seinem unentwegten Bestreben, den Mantel der Führung von Partei *und* Staat zu übernehmen — den vor ihm Lenin, Stalin und Chruschtschow getragen hatten — einen neuen Rückschlag erlitten. Ihm blieb jedoch nur wenig Zeit, sich darüber zu grämen oder nachzubrüten. Bald sollten ihn andere Probleme voll in Anspruch nehmen.

Auswärtige Angelegenheiten und Breschnews Friedensoffensive waren neben der allgemeinen Wirtschaftslage als Hauptfragen auf der Novembersitzung des Zentralkomitees diskutiert worden. In den letzten zwei Wochen des Jahres 1971 war praktisch die gesamte Führung — die Mitglieder und Kandidaten des Politbüros und die Sekretäre des Zentralkomitees — im ganzen Land unterwegs, um Unterstützung für die neue außenpolitische Linie zu gewinnen. Sie hielten 42 Reden in fast ebensovielen Städten.

Zweifellos gab es sehr viele Kritiker und Skeptiker; der entschiedenste unter ihnen war aber fraglos Pjotr Schelest aus der Ukraine. Schelest hatte sich der Mehrheit des Politbüros in der Frage der Annäherung an Bonn schon seit einiger Zeit widersetzt. Im Oktober 1971 besuchte er an der Spitze einer parlamentarischen Delegation Ost-Berlin. Dort verlieh er seiner Ansicht Ausdruck, daß die Verträge mit Bonn zur Spaltung zwischen den kommunistischen Ländern, besonders zwischen der DDR und der UdSSR, führen würden.

Einen Monat später kam er bei einer von ihm nach Kiew einberufenen ideologischen Konferenz auf dieses Thema zurück.

Unter all den Politbüromitgliedern, die im Dezember Reden hielten, sprach Schelest als einziger nicht in seiner eigenen politischen Hochburg. Statt dessen eilte Podgorny nach Kiew und hielt ein Plädoyer für die *Westpolitik;* Schelest mußte sich während dieser Ansprache mit einer Zuschauerrolle auf der Tribüne begnügen. Schließlich tat Schelest natürlich auch seine Pflicht und hielt eine *einzige* Rede — in Woroschilowgrad, einer Provinzstadt mit 380 000 Einwohnern.

Schelest war jedoch nur die sehr kahlköpfige Spitze eines oppositionellen Eisbergs, der Breschnews Außenpolitik kentern zu lassen drohte. Im Winter und Frühling 1972, als Willy Brandt mit der Opposition im Bundestag kämpfte, schlug Breschnew den noch riskanteren Kurs einer Annäherung an Washington und eines Gipfeltreffens mit Nixon ein.

Bei seinen unbeirrbaren Vorbereitungen auf die historische Begegnung mit dem Präsidenten der Vereinigten Staaten erschien Breschnew wie ein Besessener, der die aufbrandende Kritik um sich herum einfach ignorierte und völlig blind der Herausforderung und dem Affront gegenüber schien, die Nixons Verminung der nordvietnamesischen Häfen für ihn bedeutete. Selbst Breschnews Freunde und Nachbarn wichen zurück. Der Chef der Marine, Admiral Gorschkow, machte, wie berichtet wird, den Vorschlag, Minenräumboote zur Räumung der Häfen zu entsenden. Breschnew war dagegen. Gretschko sprach von der ›wachsenden Aggressivität des Imperialismus, und besonders des amerikanischen‹. Andropow warnte vielsagend, ›daß wir bestimmt keine Illusionen haben und die Möglichkeiten der Zusammenarbeit nicht überschätzen‹.

All das soll nicht besagen, daß Breschnew nicht auch andere außenpolitische Lösungen ins Auge faßte. Am 20. März, auf dem sowjetischen Gewerkschaftskongreß, bot er China noch einmal die Zusammenarbeit an. Wahrscheinlich wurde er dabei von seinem neuen Berater, Konstantin Rusakow, ermutigt.

›Offizielle chinesische Vertreter behaupten‹, sagte Breschnew, ›daß die Beziehungen zwischen der UdSSR und der Volksrepublik China auf den Prinzipien der friedlichen Koexistenz basieren müssen. Schön, wenn Peking einem anderen sozialistischen Staat nicht etwas mehr bieten kann, sind wir auch bereit, die sowjetisch-chinesischen Beziehungen auf dieser Basis aufzubauen.‹

Peking war jedoch nicht interessiert.

Breschnews entscheidende Auseinandersetzung mit seinen Kritikern fand wenige Tage vor Nixons Ankunft in Moskau statt. Am 19. Mai trat das Zentralkomitee zusammen, um Breschnews Bericht zur Außenpolitik ›völlig zu billigen‹. Vermutlich nahm es auch die Degradierung Schelests zur Kenntnis, denn am 21. Mai wurde seine Ernennung zu einem der neun Stellvertretenden Ministerpräsidenten der Sowjetunion bekanntgegeben. Der entscheidende Punkt war, einigen Berichten zufolge, Schelests Weigerung gewesen, Nixon bei seinem geplanten Besuch in Kiew zu begrüßen oder die Hand zu schütteln, ›die in Vietnam blutig geworden‹ war. Binnen vier Tagen sollte Wladimir Schtscherbizki an Schelests Stelle zum Parteiführer der Ukraine ernannt werden. Breschnew hatte allen Grund zum Jubeln.

Nur Breschnew selbst weiß, was er am Montagnachmittag, den 22. Mai 1972, empfand, als Richard Nixon zu dem ersten kurzen Treffen in sein nüchternes Büro im Kreml kam.
Zwölf Jahre waren verstrichen, seit sie sich zum letztenmal unter weniger günstigen Umständen während der berühmten ›Küchendebatte‹ im Sokolnikipark gesehen hatten. Damals waren sie sich gleichgestellt gewesen — heute waren sie das wiederum. Beide hatten an Statur gewonnen, und beide hatten zweifellos einen weiten Weg zurückgelegt seit jener Zeit, als Polemiken für die angemessene Art gehalten wurden, internationale Probleme zu lösen.

Das Gipfeltreffen erfüllte Breschnews Wünsche. Eine ganze Reihe großer und kleiner Abkommen wurde unterzeichnet. Sie erstreckten sich von Verträgen über kooperative und koordinierte Umwelt- und Krebsforschung bis zur ersten Phase des SALT-Vertrags. Eine gemeinsame Prinzipienerklärung wurde herausgegeben. Sie umfaßte allgemeine, aber hoffnungsvolle Verpflichtungen, daß beide Seiten ihr Äußerstes tun würden, um militärische Konfrontationen zu vermeiden, ›in ihren gegenseitigen Beziehungen immer Zurückhaltung‹ üben und sich aller Versuche enthalten würden, ›unilaterale Vorteile auf Kosten des anderen zu erreichen‹. Das Prinzip der ›friedlichen Koexistenz‹ wurde als die einzig mögliche Grundlage der Beziehungen im Atomzeitalter neu bekräftigt. Breschnew wie Nixon unterstrichen die Notwendigkeit des reziproken Abbaus der Streitkräfte und der Rüstung in Europa und drückten ihre Bereitwilligkeit zur Unterstützung einer europäischen Sicherheitskonferenz aus. Nixon stellte sogar einen verstärkten Handel der beiden Länder in Aussicht und bot den Sowjets Zugang zu gewissen hochentwickelten US-Technologien an.

Was Breschnew vielleicht am meisten freute, war der Cadillac, den Nixon ihm zu seiner bereits stattlichen Sammlung ausländischer Autos — bestehend aus einem Rolls-Royce, einem Renault und einem Citroën-Maserati — schenkte.

Während des Schlußempfangs in dem Georgjewski-Saal des Kreml kam Nixon auf einige der Worte zu sprechen, die er während seines Aufenthaltes in Moskau gelernt hatte: ›Ich sagte ‚O. K.‘, und er fragte: ‚Was bedeutet das?‘ Und nachdem ich es ihm gesagt hatte, sagte er: ‚Choroscho.‘ Aber wenn wir jetzt übereinstimmen, sage ich: ‚Choroscho' und Mr. Breschnew ‚O. K.'.‹.

Dann wandte er sich an Breschnew und fragte: ›Ist das richtig?‹, und Breschnew erwiderte: ›O. K.‹.

Für Leonid Breschnew war aber nicht alles O. K. Nach dem Gipfeltreffen kam der Sommer seines Mißvergnügens. Die meteorologische Kombination war die schon sattsam bekannte: Ein langer, strenger Winter mit einer unzureichenden Schneedecke hatte einen großen Teil des Winterweizens vernichtet. Nun traf eine trockene Hitzewelle die zentrale Schwarzerdezone und die Getreidegebiete nördlich des Kaukasus und zerstörte einen großen Teil der Frühlingssaaten und der Kartoffelernte. Das Ergebnis war eine Mißernte, die von *Kolchosnikis* und Regierungsbeamten einstimmig als die ›katastrophalste des Jahrhunderts‹ bezeichnet wurde.

Breschnew stand praktisch vor dem gleichen Dilemma, mit dem sich Chruschtschow 1963 konfrontiert gesehen hatte. Er vereinbarte den Kauf von 28 Millionen Tonnen Getreide in westlichen kapitalistischen Ländern — mehr als 60 Prozent dieser Menge in den Vereinigten Staaten — zu einem geschätzten Gesamtpreis von 2 Milliarden Dollar. Das Sowjetvolk wurde nie davon informiert. Dann ging er selber in die Neulandgebiete, um mit Inspektionsbesuchen, einer Anzahl von Reden und persönlichen Auftritten seinen Teil beizutragen; schließlich konnte er in Kasachstan eine Rekordernte verbuchen, die teilweise die Mißernte der Ukraine und des nördlichen Kaukasus etwas ausglich. Im Spätherbst war es ihm immerhin möglich, eine Gesamternte von etwa 168 Millionen Tonnen Getreide zu melden. Obwohl dieses Ergebnis um 22 Millionen Tonnen unter dem Planziel für 1972 lag, kam es doch den Durchschnittsergebnissen der *pjatiletka* von 1966—1970 gleich.

Das reichte aber nicht, um Schwierigkeiten zu vermeiden. Schon im August 1972 waren die sowjetische Presse und die Propagandamaschinerie eifrig dabei, die Öffentlichkeit zum sparsamen Verbrauch von Brot und Kartoffeln anzuhalten und vor einem Hamstern zu warnen. Im März 1973 hatte sich die Lage derart verschlechtert, daß Funktionäre in der Öffentlichkeit bestätigten, einige Grundnahrungsmittel, wie Butter und Kartoffeln, würden in einigen Teilen des Landes rationiert; auch die Industriestädte Gorki, Wolgograd und Astrachan wären von diesen Maßnahmen betroffen. Nicht einmal unter Chruschtschow war es zu solchen Engpässen gekommen.

Die schlimmste Nachricht wurde jedoch bei der Dezembertagung des Obersten Sowjets bekanntgegeben. Wie vorauszusehen war, hatte das Wetter auch von der Gesamtwirtschaft seinen Zoll gefordert. Schockierend sollten jedoch die Ausmaße sein, in denen die Wachstumsraten betroffen waren. In jedem Produktionszweig, mit Ausnahme der Arbeitsproduktivität, waren die Ergebnisse des Jahres 1972 sogar noch schlimmer als die von 1969. Das Bruttoindustrieprodukt war nur um 6,5 Prozent gestiegen, das Nationaleinkommen nur um 4 Prozent, und das landwirtschaftliche Bruttoprodukt hatte sogar um 5 Prozent abgenommen.

Für die schon an Kummer gewöhnten sowjetischen Verbraucher war jedoch die Nachricht am enttäuschendsten, daß jene Industriezweige, von denen man eine Anhebung des Lebensstandards erwartet hatte, am weitesten zurückgefallen waren. Die Textilbranche meldete nur geringe Steigerungen, und die Schuherzeugung war um 4 Prozent abgesunken. Die Produktion von Fernsehgeräten, Radios, Tonbandgeräten und Plattenspielern hatte sich nur minimal erhöht, und der Bauindustrie war es — wie in jedem Jahr — wieder nicht gelungen, die Planziele für neue Wohnungen zu erreichen.

Die heißen Hoffnungen des XXIV. Parteitages hatten sich zerschlagen. Der von Breschnew angekündigte große ›New Deal‹ entpuppte sich als eines der vielen unerfüllten sowjetischen Versprechen. Die Ziele für die *pjatiletka* 1971—1975 mußten scharf herabgesetzt werden, und drastische Kürzungen in den Wachstumsplänen für 1973 wurden angekündigt. Die einschneidendste Kürzung sah man jedoch auf dem Sektor der Verbrauchsgüter vor.

Um die Verlagerung des Schwergewichts von den Verbrauchs- auf die Produktionsgüter zu unterstreichen, wurde der nicht zu Breschnews Freundeskreis zählende Wladimir Dolgich, ein nüchterner Metallurge, anstelle von Solomentsew zum ZK-Sekretär für Schwerindustrie ernannt.

Dieses Mal fiel es Breschnew reichlich schwer, die Schuld an allem Kossygin zuzuschieben. Wessen Plan war es letzten Endes gewesen? Prügelknaben fand man trotzdem.

Wladimir Mazkewitsch, der glücklose Landwirtschaftsminister, wurde im Februar 1973 entlassen. Dmitri Poljanski, der dabei seinen Posten als einer der beiden Ersten Stellvertretenden Ministerpräsidenten verlor, ersetzte ihn. Für Poljanski, den einstmaligen ›Goldjungen‹ Chruschtschows und ehemaligen Bewerber um Kossygins Ministerpräsidentschaft, war das der erste Schritt auf den Stufen nach unten.

Im April 1973, nur wenige Wochen vor seiner Abreise nach Bonn, wiederholte Breschnew das, was er knapp vor Richard Nixons Ankunft in Moskau auch getan hatte. Er ließ das Zentralkomitee zusammentreten, um sich noch einmal dessen Unterstützung für seine Außenpolitik zu versichern.

In so mancher Hinsicht mag es das wichtigste Plenum der letzten Jahre gewesen sein, denn es unternahm einen großen Schritt in die Richtung, Breschnews beherrschende Stellung im Politbüro zu zementieren. Zum ersten Mal seit Chruschtschows Sturz wurden zwei Mitglieder aus diesem engen Kreis von Sowjetoligarchen ausgeschlossen: Schelest und Woronow. Was aber noch überraschender war — das Politbüro wurde durch drei Männer erweitert: Marschall Gretschko, KGB-Chef Andropow und den sowjetischen Außenminister Andrej Gromyko.

Diese Beförderungen waren geradezu sensationell: Gretschkos politische Beförderung bedeutete, daß zum erstenmal seit 1957 ein sowjetischer Verteidigungsminister Mitglied des Politbüros geworden war; die Gromykos, daß zum erstenmal seit 1956 — also seit der Ära Wjatscheslaw Molotows — ein Außenminister dem engen Zirkel angehörte. Und die Ernennung Andropows schließlich ließ eine Tradition wiederaufleben, die 1953 mit dem Sturz Lawrenti Berijas unterbrochen worden war. Man konnte sich sehr wohl fragen, ob die Sowjetgeschichte hier einen vollständigen Kreis beschrieben hatte.

Was bedeuteten diese Veränderungen für Breschnew selbst? Mit Gretschko und Andropow waren zwei seiner persönlichen Freunde in die entscheidende und die Politik bestimmende Spitzenkörperschaft der Partei eingetreten. Mit Gromyko aber, der seit 1957 Außenminister der UdSSR ist, hatte Breschnew dem Zirkel offensichtlich einen begeisterten Anhänger seiner *Westpolitik* beigesellt.

Wieder jedoch einmal gab es auch Anzeichen dafür, daß Breschnew zu einem gewissen Kompromiß gezwungen worden war. Obwohl Andropow und Gretschko als persönliche Freunde und Verbündete Breschnews zählen, geht aus ihren öffentlichen Erklärungen hervor, daß sie seine Begeisterung für eine Annäherung an den Westen nicht völlig teilen. Anderserseits kann es für ihre Beförderungen einen sehr wichtigen Beweggrund gegeben haben. Als Mitglieder des Politbüros werden sie nicht nur an den politischen Entscheidungen beteiligt sein, sondern dafür auch die Verantwortung tragen müssen. Für sie wird es damit unmöglich werden, die beschlossene politische Linie nachträglich zu kritisieren.

Schelests und Woronows Sturz und der Zugewinn zweier enger Verbündeter wie Gretschko und Andropow verliehen Breschnew offensichtlich eine stabilere Mehrheit. Er konnte aber nicht mit dem Umfang des Politbüros — dem größten seit Stalins Tod — zufrieden sein, und noch weniger mit der Tatsache, daß bei der geraden Zahl der Mitglieder, wenigstens theoretisch, bei Abstimmungen ein Unentschieden möglich werden kann.

Während Sowjetologen und Kremlspezialisten versuchten, diese Entwicklungen zu analysieren und darüber rätselten, ob und wann noch andere Köpfe des Politbüros rollen würden, erschien Breschnew in Bonn zu einer politischen Vorstellung, die die meisten Beobachter sprachlos machte und fast alle Zweifel über seine Macht beseitigte.

Noch zwei Stunden vor seiner Ankunft am Flughafen Köln—Bonn diskutierten Beamte und Politiker der Bundesrepublik, ob man Breschnew mit Salutschüssen empfangen sollte. Die Haubitzen waren schon am Rande des Flughafens aufgestellt, als Außenminister Walter Scheel sich mit seinem Argument durchsetzte, daß solch ein Empfang fehl am Platze wäre, da Breschnew weder Staatsoberhaupt noch Regierungschef sei.

Das Problem wurde dann vom Bundeskanzler schlicht gelöst: er hieß Breschnew als den ›ersten Mann der Sowjetunion‹ willkommen. Breschnews Verhalten während der nächsten fünf Tage räumte auch alle eventuell noch bestehenden Zweifel darüber aus dem Weg.

Mit Selbstvertrauen und Selbstbeherrschung meisterte er fast jede Situation und bewies, daß er auch ohne die erforderlichen Titel fast unbestrittene Macht genießt. Flankiert von Gromyko, einigen anderen Ministern, einer kleinen Armee von Experten und Beratern sowie von 20 Leibwächtern, agierte Breschnew machtbewußt und ließ seine deutschen Gastgeber ungeschminkt wissen, daß er für sein Handeln alle Vollmachten besitzt.

›Die Politik, die ich hier betreibe‹, so erklärte Breschnew bei einer Gelegenheit, ›wurde einstimmig vom Zentralkomitee gebilligt. Das bedeutet, daß 15 Millionen Parteimitglieder, 32 Millionen Komsomolzen und die 250 Millionen Bürger der UdSSR hinter mir stehen.‹

Nur einmal schien Breschnew zu wanken: als Scheel darauf hinwies, daß Moskau das Viermächte-Abkommen über Berlin vielleicht dem Buchstaben nach — nicht aber dem Geist entsprechend — einhalte. Breschnew ließ sich angeblich über Direktleitung mit Moskau und seinen Politbürokollegen verbinden; nach kurzer Zeit erschien er wieder, um Scheel zu versichern, daß ›weder Sie noch ich dort Schwierigkeiten haben wollen‹. Damit war für ihn dieses Thema abgeschlossen — und er bat um einen Drink.

Während fast 800 deutsche und ausländische Journalisten sich um die besten Plätze auf der Pressetribüne stritten, genoß Breschnew in vollen Zügen das Rampenlicht der Publizität. Man hatte den Eindruck, daß er jede Minute seiner neuen Macht und der Aufmerksamkeit, die man ihm schenkte, auskostete. Der wirkliche Prüfstein seiner Lage war aber nicht die ihm im Westen gewährte Publizität, sondern jene zu Hause in Moskau. Und die war beachtlich. Fast der ganze Besuch in Bonn wurde vom Sowjetischen Fernsehen live übertragen, und eine Woche lang beherrschten sein Name und seine Fotos die Schlagzeilen und die Titelseiten der Partei- und Regierungszeitungen der UdSSR.

›Es ist unvorstellbar‹, sagte ein westlicher Diplomat, der lange in Moskau tätig war, ›daß dies derselbe Mann ist, den wir nach Chruschtschows Sturz als einen Kompromißkandidaten und profillosen Apparatschik abgeschrieben hatten. Wie weit wird er es *noch* bringen?‹

Das kann nur die Zukunft beantworten. Aber als ich diese Zeilen niederschrieb, schien Breschnew politisch fest im Sattel zu sitzen. Sollte auch zutreffen, was er der deutschen Illustrierten *Stern* gegenüber versicherte, nämlich daß alle in seiner Familie mit Ausnahme seines Vaters, ›der an einer gefährlichen Krankheit gelitten hatte‹, über 90 Jahre alt wurden, dann kann man damit rechnen, daß Leonid Breschnew noch viele Jahre seine Rolle auf der politischen Weltbühne spielen wird.

Von Freunden und Feinden

Auf den ersten Blick erscheint das politische System der Sowjetunion den meisten Beobachtern als ein fremdartiges unergründliches Labyrinth, das im Westen seinesgleichen sucht. In vieler Hinsicht trifft das zu. Dennoch gibt es eine mögliche Form von Analogie: die Tammany Hall von New York.

In ihrer Blütezeit repräsentierte Tammany die Verkörperung des ›Bossismus‹, das heißt ein System der politischen Machtausübung, das sich um eine einzige mächtige Figur — den Boß — und um eine komplizierte Organisation untergeordneter Figuren — die Maschine — drehte, die durch die Reziprozität ihrer vielseitigen Interessen aneinandergekettet sind. Nicht alle Bosse waren schlecht. Aber alle waren mächtig.

Um sich einen Begriff des Sowjetsystems zu machen, muß man sich eine ›Super-Tammany-Hall‹ mit politischem Monopol vorstellen, die eine praktisch unbeschränkte Kontrolle auch über die Presse, die Polizei, die Wirtschaft, das Militär, das Rechtswesen und sogar das kulturelle Establishment ausübt.

Leonid Iljitsch Breschnew ist heute der sowjetische ›Boß‹. Seine Position erreichte er durch Gönner und Patronage, durch Intrigen, Manövrieren und Schachern mit politischem Einfluß — Praktiken, die allen Gesellschaften und allen politischen Strukturen endemisch sind. Nirgendwo aber sind sie so zu ihrer gegenwärtigen Kunst entwickelt worden wie in der Sowjetunion. Und niemand — vielleicht mit der einzigen Ausnahme Chruschtschows — hat sich so als ihr Meister erwiesen wie Breschnew.

Seit den dreißiger Jahren hat er Musterbeispiele dafür aufgestellt, wie Sowjetpolitiker Freunde gewinnen und Menschen beeinflussen können, um die Machtbasis zu bilden, die sie in das Allerheiligste des Kremls schleust und dort fest verankert.

Das Herz von Breschnews politischer Maschine ist seine ›Dnjepr-Mafia.‹ Es sind Männer wie Breschnew selbst, Absolventen der metallurgischen Institute in Dnjeprodscherschinsk und Dnjepropetrowsk, ehemalige Ingenieure oder Direktoren der Fabriken im Dnjeprbogen, Apparatschiks in den Oblasts von Dnjepropetrowsk und Saporoschje — Männer, die ihm in jüngeren Jahren zur Macht verholfen hatten, genauso wie er ihnen den Weg nach oben geebnet hat; Männer, die dafür sorgten, daß er an der Macht verblieb, genauso wie er für ihr Verbleiben in Macht und Stellung sorgte. Einige sind älter als Breschnew und einige jünger, einige haben sich in den Ruhestand zurückgezogen, andere sind schon gestorben.

Im Verlauf der Jahrzehnte hat sich die ›Mafia‹ in jenem Maß vergrößert, in dem die zweite Garnitur sich wiederum ihre eigene Maschine schuf, die letztlich von der Macht Breschnews abhängt. Die ›Mafia‹ hat sich über die engen geographischen Grenzen des Dnjeprbogens hinaus erweitert und umfaßt heute Persönlichkeiten, denen Breschnew in den verschiedenen Stadien seines politischen Lebens begegnete, denen er Freund war, die er anwarb oder begönnerte: in der Moldau, in Kasachstan, in der Armee, im Apparat des Zentralkomitees und im Präsidium des Obersten Sowjets.

Breschnews politische Maschine ist ganz ohne Zweifel ein Präzisionsinstrument. Aber ihr einwandfreies Funktionieren ist nicht die einzige Erklärung für sein politisches Stehvermögen. Ein anderer Grund mag wohl darin zu suchen sein, daß Breschnew, anders als Lenin, Stalin und Chruschtschow, nie einen Erben ernannt hat.

Breschnews Widerstreben, einen Kronprinzen zu benennen, ist fraglos ein Zeichen seiner politischen Vorsicht. Die Geschichte der Kommunistischen Partei der Sowjetunion weist, wie er sich sicherlich bewußt ist, eine Überfülle von designierten Nachfolgern auf, die schließlich die Autorität ihrer Gönner selber beanspruchten. Das Fehlen eines Erben wirft aber augenscheinlich ebenfalls enorme Probleme auf. Mit jedem Tag, der verstreicht, stellt sich die Frage der Nachfolge immer nachdrücklicher und ist immer schwieriger zu beantworten.

Ende 1973 wird Breschnew auf eine über neunjährige Amtszeit zurückblicken können und seinen 67. Geburtstag gefeiert haben. In einer Zeit der steigenden Lebenserwartung bedeutet das heute kein Alter mehr, und man braucht sich nicht weiter umzusehen, um

Politiker zu finden, die Breschnew noch für einen jungen Mann halten würden. Trotzdem ist nicht zu bestreiten, daß er einer Gerontokratie präsidiert.

Er ist Chef einer Partei mit mehr als 14 Millionen Mitgliedern, von denen über die Hälfte unter 40 Jahre ist. Diese junge Generation stellt die rechtlose und nicht vertretene Mehrheit der Partei dar, deren Führer im Zentralkomitee, auf den Ebenen der Republiken und sogar der Oblasts zum überwiegenden Teil in den Fünfzigern und Sechzigern stehen.

Die Generationsdisproportion hat solche Ausmaße angenommen, daß eine normale evolutionäre Umschichtung der Mitgliedschaft in den Führungsgremien nicht mehr möglich ist. Niemand vermag vorauszusagen, wann sich diese Disproportion zum Brennherd des Konflikts innerhalb der Partei entwickeln wird. Die Möglichkeit wächst aber mit jedem Jahr, das sich die alte Garde länger an die Macht klammert.

Das Durchschnittsalter der Vollmitglieder des Politbüros beträgt 63, das der Kandidaten 59 Jahre. Das jüngste Mitglied beider Gruppen ist der jetzt 55jährige Schelepin. Das einzige junge Blut, das der Hierarchie seit 1968 transfundiert wurde, besteht aus zwei Sekretären des Zentralkomitees: Konstantin Katuschew, heute 46, und Wladimir Dolgich, heute 49 Jahre alt.

Die Sowjetführung, das heißt die 26 Männer, aus denen das Politbüro und das Sekretariat besteht, ist, als Kollektiv betrachtet, die älteste in ganz Osteuropa. Trotzdem muß Breschnews Nachfolger aus diesem Kollektiv kommen. Mit dem Verstreichen der Zeit verengt sich die Wahl immer mehr.

Unter westlichen Sowjetologen postulierte man, daß der Parteichef der Zukunft bei seinem Machtantritt ein Mann sein muß, der Vollmitglied des Politbüros, russischer Nationalität und Mitte bis Ende 50 sein wird — so wie Breschnew im Jahre 1964.

Weiter ist vorauszusetzen, daß er ein Mann mit ziemlich breiten Erfahrungen in der Innen- wie der Außenpolitik, in der Landwirtschaft und in der Industrie, in Staats- oder Regierungsangelegenheiten genauso wie in Fragen der Partei sein müßte. Mehr noch müßte er auch ein Führer mit einer einigermaßen starken Hausmacht sein und seine Laufbahn eine deutlich im Aufsteigen begriffene Tendenz zeigen. Wenn diese Kriterien im Kreml so erfüllt werden müssen, wie die westlichen Experten das annehmen, dann gibt es sehr wenige Breschnews, die in den Kulissen warten.

Der einzige Mann, der alle diese Voraussetzungen bis auf eine erfüllt, ist Alexander Schelepin. Er ist Russe, er ist jung genug und hat entschieden weite Erfahrungen. Der Faktor, der am stärksten gegen ihn spricht, ist, daß sich seine Karriere seit 1965 dauernd im Abstieg befindet und daß seine sorgfältig aufgebaute Machtbasis über die Jahre dezimiert wurde. Auf dem Boden zu liegen, bedeutet aber nicht unbedingt, daß für ihn der Kampf aus ist. Breschnews eigene Laufbahn und die seiner engsten Kumpel im Politbüro — Kirilenko, Kunajew und Schtscherbizki — bezeugen das am besten. Schwächere und weniger ehrgeizige Männer als Schelepin wurden aus politischer Ungnade und Niederlage wieder emporgetragen. Ehe Schelepin nicht seinen Sitz im Politbüro verliert, muß man ihn noch als Kandidaten für die Nachfolge Breschnews betrachten. Es wäre unklug, ihn einfach abzutun.

Breschnews eigene Wahl und die der ›Mafia‹ würde zweifellos auf Wladimir Schtscherbizki fallen. Er erfüllt sicherlich die meisten Voraussetzungen. 1918 geboren, hat er das richtige Alter. Er war zweimal Ministerpräsident der zweitgrößten Republik der UdSSR und ist jetzt ihr Parteichef. Er hat sogar eine gewisse Erfahrung im Ausland. Er bereiste die kommunistischen Länder und hat Kossygin 1966 in die Türkei begleitet. Sein größter Nachteil, den er vielleicht nicht ausgleichen kann, ist seine Nationalität. Er ist Ukrainer, und es wäre überraschend, wenn ein Ukrainer in einem Land Parteichef würde, in dem nationale Rivalitäten und Animositäten eine so große Rolle spielen. Schließlich aber gibt es für alles ein erstes Mal.

Die Nationalitätenfrage ist ein noch größerer Nachteil für Dinmuchamed Kunajew; er ist dem Paß nach Kasache, obwohl man glaubt, daß seine Mutter Russin war. Wenn auch Lenin selbst zu einem Viertel Kalmücke war, so ist es unwahrscheinlich, daß ein Asiate Generalsekretär der KPdSU werden könnte — wenigstens unter den gegenwärtigen Umständen. Des weiteren ist Kunajew bereits 61 Jahre.

Kirill Masurow, 59, ist ebenfalls durch die Nationalitätenfrage gehandicapt. Er ist Weißrusse. Aber das ist praktisch das einzige, das gegen diesen ehemaligen Partisanenkämpfer aus dem Zweiten Weltkrieg vorzutragen wäre, dessen Verbindungen zum Militär so gut, wenn nicht noch besser sein sollen als die Breschnews. Und sollte die großrussische Mehrheit des Establishments eines Tages die Wahl zwischen einem Ukrainer und einem Weißrussen haben, ist nicht auszuschließen, daß ihr der letztere angenehmer ist.

Kurz gesagt, für Masurow spricht viel. Seit Poljanski im Februar 1973 degradiert wurde und Masurow dadurch zum einzigen Ersten Stellvertretenden Ministerpräsidenten Kossygins avancierte, stehen seine Chancen sogar noch besser.

In einem gewissen Sinn ist Masurow sogar ein Dnjepr-Mann, denn er wurde am oberen Flußlauf geboren, in einem Dorf in der Nähe von Gomjol, in der südlichen Ecke von Weißrußland, wo die Bjelorussische Republik an Rußland und die Ukraine grenzt.

Masurows Eltern waren Bauern, und er hat nur eine begrenzte Schulbildung. Er absolvierte eine technische Fachschule für Motortransport und einen Fernkurs der Parteihochschule. Seine Karriere machte er fast ausschließlich in der Partei. Er begann den Krieg in Uniform; nachdem er jedoch verwundet wurde, wurde er damit beauftragt, Partisanen hinter den deutschen Linien zu organisieren. Nach dem Krieg stieg er schnell auf und wurde 1953 zum Ministerpräsidenten von Weißrußland ernannt. 1956 wurde er Parteichef, eine Position, die er innehatte, bis er als Erster Stellvertretender Ministerpräsident 1965 nach Moskau berufen und Vollmitglied des Politbüros wurde.

Weißrußland ist, wie die Ukraine, Mitglied der UN, und in seiner Eigenschaft als Ministerpräsident und Parteichef hat Masurow seinen Staat bei zahllosen internationalen Konferenzen vertreten. Tatsächlich ist er seit 1953 mehr und weiter im Ausland gereist als die meisten Mitglieder der gegenwärtigen Sowjetführung. Wiederholt wurde er mit strategisch wichtigen und politisch delikaten Missionen betraut — von Afghanistan bis Nordkorea, von Vietnam bis Nahost.

Was Masurow bei seinem offensichtlichen Drang nach oben an Energie und Ehrgeiz entfaltet, scheint dem 59jährigen Viktor Grischin abzugehen. Grischin jedoch ist wenigstens Russe. Seine Karriere verlief selbst nach sowjetischen Maßstäben äußerst unauffällig. In Serpuchow, etwa 80 Kilometer südlich von Moskau, geboren, besuchte er zwei berufliche Fachschulen nacheinander: das Moskauer geodätische Technikum, wo er 1932 das Examen ablegte, und das Moskauer Technikum für Lokomotiven und Zugmaschinen, das er

1937 absolvierte. Sein Militärdienst war auf Friedenszeiten begrenzt; 1942 steckte er in der Parteiarbeit in Serpuchow, zuerst als Zweiter und dann als Erster Parteisekretär des Stadtkomitees.

1950 kam er nach Moskau und begann seinen Aufstieg auf der Leiter des Moskauer Städtischen Parteikomitees — der Tradition nach eine der wichtigsten politischen Machtbasen in der UdSSR. 1965 wurde er Chef des sowjetischen Gewerkschaftsbundes, ein Posten, den er bis 1967 behielt, als er in Nachfolge des Schelepinschützlings Nikolai Jegoritschew Parteichef von Moskau wurde und man Schelepin zum Gewerkschaftsführer ernannte. Grischin hat etwas von der Welt gesehen und ist nach sowjetischen Maßstäben ein urbaner Mann. Ist er aber ein zukünftiger Führer seines Landes und seiner Partei? Wäre er nicht unter etwas spektakulären Umständen zum Vollmitglied des Politbüros auf dem XXIV. Parteitag ernannt worden, hätte man ihn kaum als potentiellen Nachfolger in Betracht gezogen.

Fast das Gleiche kann von dem anderen russischen Politbüromitglied, Fjodor Kulakow, 55, gesagt werden, der den traditionellen Kandidatenstatus überging, indem er direkt in den inneren Kreis sprang, während er den Posten als ZK-Sekretär für Landwirtschaft beibehielt. Kulakows Aufstieg in der Parteihierarchie einschließlich seiner spektakulären Degradierung durch Chruschtschow im Jahre 1960 ist ausschließlich auf seine Funktion als Landwirtschaftsexperte zurückzuführen.

Unter den Politbürokandidaten verdienen nur zwei besondere Beachtung: Michail Solomenzew, 60, der Ministerpräsident der Russischen Föderation, und Pjotr Demitschew, 55, Chruschtschows ehemaliger Chemiezar, der jetzt ZK-Sekretär für Kulturelle Angelegenheiten ist. Beide sind Russen.

Solomenzew scheint zweifellos der energischere von beiden zu sein. Als Schützling Frol Koslows war er ein Mann der Schwerindustrie, der seine Laufbahn in der Partei in den fünfziger Jahren in Tscheljabinsk — ein Lehen Koslows — aufbaute; 1959 wurde er Erster Sekretär des Gebiets Karaganda in Kasachstan. Drei Jahre später, 1962, als Koslow die kasachische Parteiorganisation von Breschnew-Leuten säuberte und Kunajew degradierte, wurde Solomenzew zum Zweiten Sekretär der Republik ernannt. Eine der ersten Handlungen Breschnews nach Chruschtschows Sturz war, Solomenzew aus Kasachstan zu entfernen; er landete in Rostow — als Gebietsparteichef.

1966 erlebte Solomonzew ein auffälliges Comeback; er wurde zum Sekretär und Chef der Abteilung für Schwerindustrie des Zentralkomitees ernannt. Das blieb sein Posten, bis er Gennady Woronow im Juli 1971 als Ministerpräsident der RSFSR ablöste und bald darauf auch Kandidat des Politbüros wurde. Er ist ein Mann, den Breschnew gern auf Distanz halten würde — aber auch ein Mann, den man trotz seines Alters im Auge behalten sollte.

Demitschews Name tauchte auf, wann immer im Verlauf der Jahre die Nachfolgefrage diskutiert wurde. Er hat eine sehr vielseitige Laufbahn hinter sich; im Oblast Kaluga in der Nähe von Moskau geboren, hat er sowohl das Moskauer Institut für chemische Technologie wie die Parteihochschule absolviert. Mit anderen Worten: Er ist sowohl Techniker als auch Apparatschik. Seine Parteilaufbahn konzentrierte sich auf Moskau, wo er von 1959—1960 Gebietsparteichef und von 1960—1963 Erster Sekretär des Städtischen Parteikomitees war. Dann machte ihn Chruschtschow zum Chef des ZK-Büros für die Leicht- und die chemische Industrie. Seine Aufgabe war, Chruschtschows Chemikalisierungskampagne durchzuführen. Er behielt diese Position bis nach dem Sturz seines Gönners, als das Büro aufgelöst wurde; anschließend übernahm er die ZK-Abteilung für kulturelle Angelegenheiten, die er bis zum heutigen Tag leitet.

Ein weiterer Mann, dessen Name häufig bei der Diskussion der Nachfolge erwähnt wird, ist Konstantin Katuschew, der Jüngste der gegenwärtigen Kremlmannschaft.

Wann und wie er Breschnew zuerst begegnete, ist schwer festzustellen. Aber seine Laufbahn seit Mitte der sechziger Jahre war höchst spektakulär. Katuschew war ein brillanter Student und ein noch brillanterer Autodesigner und Ingenieur, der in Fachkreisen schon mit 25 Jahren einen ausgezeichneten Ruf hatte. Als Chefingenieur der Gorki-Autowerke rutschte er auch in die Parteiarbeit und wurde 1964 zum Ersten Sekretär des Stadtkomitees von Gorki ernannt. Eiskalt, tüchtig und rücksichtslos, machte er sich augenscheinlich in der Stadt mit 1,2 Millionen Einwohnern viele Feinde.

Im Herbst 1965, als Katuschew anstelle von Michail Jefremow zum Ersten Sekretär des Gebietes Gorki vorgeschlagen wurde, bildete sich eine Fronde der Opposition: es gab Gerüchte über einen Skandal in Gorki und Vorwürfe, die einen Fall von Günstlingswirtschaft, die steigende Jugendkriminalität und den Alkoholismus zum Inhalt hatten. Katuschews Wahl wurde blockiert und verzögert. Im Dezember 1965 reiste Breschnew nach Gorki, um für Katuschews Ernennung zum Oblast-Chef persönlich zu intervenieren.

Im April 1968 holte Breschnew ihn nach Moskau als Sekretär des Zentralkomitees und in dieser Funktion verantwortlich für die Beziehungen mit anderen kommunistischen Ländern. Diesen Posten, hat er bis heute inne.

Katuschew ist natürlich nur ein Mitglied des Sekretariats. Seine Zukunftsaussichten hängen davon ab, ob und wann er Mitglied des Politbüros wird. Der Tag, an dem das eintreten könnte, scheint jedoch nicht mehr fern. Des weiteren ist er Russe und jünger als seine Konkurrenten im gleichen Range.

Letzten Endes kann die Entscheidung über einen Nachfolger Breschnews davon abhängen, wer die Kaderabteilung des Zentralkomiteeapparates kontrolliert.

Tatsächlich tut das Breschnew selbst, obwohl nominell Iwan Kapitonow, 58, ein weiterer Sekretär des Zentralkomitees, diese Funktion ausübt. Breschnew, der die Bedeutung des Kaderpostens sehr wohl kennt, hat Kapitonows Beförderung — sowohl zum Kandidaten wie zum Vollmitglied des Politbüros — geschickt verhindert.

Über die Nachfolgefrage wurde schon viel im Westen diskutiert und spekuliert. Die Diskussionen und Mutmaßungen werden sicher noch andauern. Eines kann aber, so glaube ich, mit an Sicherheit grenzender Wahrscheinlichkeit gesagt werden: Sollte er noch leben und zur Stelle sein, wenn die Frage über Breschnews Nachfolger aktuell wird, dann wird Michail Suslow, der Königsmacher des Kremls — wie so oft seit 1947 — maßgebend an der Entscheidung beteiligt sein.

VI. TEIL

Von Kulten und Persönlichkeiten

Lenin demonstrierte, wie man den Staat leiten soll —
Stalin demonstrierte, wie man den Staat nicht leiten soll —
Chruschtschow suchte zu beweisen, daß jedermann den Staat leiten kann —
Breschnew versucht zu demonstrieren, daß der Staat überhaupt nicht geleitet werden muß . . .

GEHÖRT IN MOSKAU, 1970

Ist das Rätsel gelöst?

Wer und was ist Leonid Breschnew?
Der Politiker ist allgegenwärtig. Sein Bild hängt an der Wand fast jedes Regierungs- und Parteibüros von Brest-Litowsk bis Wladiwostok. Wie eine Ikone wird es von Tausenden bei den Umzügen am 1. Mai und 7. November hochgehalten. In überdimensionaler Größe hängt es bei wichtigen Staatsanlässen und Feiertagen von den Fassaden der öffentlichen Gebäude. Sein Name taucht jeden Tag in der *Prawda* oder *Iswestija* und zahllosen anderen sowjetischen Zeitungen auf. Mehrmals am Tag wird er im Rundfunk und Fernsehen erwähnt. Er erscheint rings um den Erdball in den Schlagzeilen und ist überall bekannt geworden. Seine Reden sind Pflichtlektüre für Millionen. Seine Bücher stehen in den Regalen jeder Bibliothek in der Sowjetunion.

Aber Breschnew, der Mensch, blieb lange Zeit ein Rätsel, versteckt hinter einem bewußt gewobenen dunklen Schleier, der ihn fernhält von den 250 Millionen Menschen, die er regiert. Selbst die unzähligen Bilder, die das Land überflutet haben, geben keinen Hinweis auf den *Menschen,* den sie repräsentieren. Sie sind alle schematisch zweidimensional, zeigen das Gesicht eines Mannes zwischen Mitte Vierzig bis Anfang Fünfzig, ohne Altersfalten; die verräterischen grauen Strähnen und die Linien um Nase und Mund sind so geschickt retuschiert, daß die Zeit spurlos an ihm vorübergegangen zu sein scheint. Breschnew ist ein Mann, den man nur schwer kennenlernen kann.

Auf die Frage, warum Breschnew in Paris keine Pressekonferenz abgehalten hatte, erwiderte ein sowjetischer Beamter dem Korrespondenten der *Washington Post,* Robert Kaiser: ›Einige Menschen mögen das nicht, verstehen Sie Sie haben einen Multimillionär in Amerika, ich glaube, er heißt Hughes. Er kann Pressekonferenzen auch nicht leiden, nicht wahr? Nicht, daß ich jetzt Vergleiche ziehen möchte ...‹

Der Vergleich ist aber gegeben; Leonid Breschnew ist, im ganzen gesehen, ein Mann, der sich absondert — jedenfalls dann, wenn viele Menschen da sind. Auf jeden Fall schien es bis Mai 1973 so, als Breschnew nach Bonn ging. Dort verwandelte sich seine legendäre Abneigung gegen die Presse in eine Publizitätssucht, daß Reportern und Leibwächtern die Puste wegblieb bei dem Versuch, mit seinem Verlangen nach Presse und noch mehr Presse Schritt zu halten.

Diese Zurückgezogenheit läßt ihn für einige Leute unter verschiedenem Aspekt erscheinen. Er sieht abweisend aus: ›Genau wie mein Mann‹, soll die Gattin des französischen Präsidenten Pompidou bei ihrer ersten Begegnung in Moskau im Oktober 1970 zu Breschnew gesagt haben. Schuld daran mögen Breschnews wild-buschige Augenbrauen sein, die den Karikaturisten der Welt häufig als willkommener Aufhänger gedient haben, wann immer sie ihrem Zorn über die Sowjetpolitik ein Ventil verschaffen wollten. Es ist leicht, ihn noch satanischer aussehen zu lassen als den Teufel selbst.

Besonders Frauen scheint Breschnew zu gefallen. Die Damen, die ihm begegnet sind, sprechen von seiner gentlemanhaften Art und dem starken Eindruck, den er auf sie gemacht hat. So küßte er galant die Hand Rut Brandts, ›Sie sind die erste Person, die ich nach Moskau einladen möchte‹, komplimentierte er. Und nach einem Diner im Bundeskanzleramt setzte er sich neben sie auf einen Diwan und proklamierte für die Weltöffentlichkeit: ›Ganz Moskau wird Ihnen zu Füßen liegen.‹ Ausländische Beobachter, die mit ihm zusammen waren, berichten von seinem ›Lächeln mit den Grübchen und seinem fast jungenhaften Übermut‹. Henry Kissinger entdeckte angeblich bei sich und ihm eine ›gemeinsame philosophische Grundeinstellung‹. Und ein westlicher Diplomat, der häufig Gelegenheit hatte, ihn genau zu beobachten, sagte: ›Breschnew schafft gerne eine warme Atmosphäre. Er baut gern Vertrauen auf.‹ Gelegentlich entfaltet er sogar eine gewisse entwaffnende naive Unschuld. Als er bei einem Empfang im Kreml im Oktober 1969 zu dem 1,90 Meter großen US-Botschafter Jacob D. Beam aufschaute, sagte er: ›Sie sind aber wirklich ziemlich groß.‹

Bestimmt ist Breschnew ein Schwerarbeiter. Geschult in der Ära

Stalins, der einen nächtlichen Zeitplan hatte und seine Gehilfen zwang, es ihm gleichzutun, fällt es Breschnew selbst mit 66 nicht schwer, eine Reihe von Sechzehn-Stunden-Tagen durchzustehen.

Jeden Wochentag um 8.45 Uhr morgens — falls er nicht außer Landes gefahren ist oder sich auf seiner Datscha in der Nähe von Moskau aufhält — schießt sein Rolls-Royce oder ein niedriger schwarzer SIL 114 hinter einem KGB-Tschaika (und gefolgt von einem weiteren Sicherheitsauto) aus dem Hof des im stalinistisch-barocken Stil erbauten Appartementhauses am Kutusowski-Prospekt. Der Verkehr wird gestoppt, der Konvoi biegt scharf nach links in die Straße ein und rast die breite Mittelspur — die eigens für Rettungsautos und die Wagen der sowjetischen Elite reserviert ist — entweder zum Kreml oder dem nahen Gebäude des Zentralkomitees am *Staraja Ploschad*.

Breschnew hat in beiden Gebäuden Büros, und es hängt von dem Wochentag ab, welches er zuerst aufsucht. Die Dienstage sind für die Sitzungen des ZK-Sekretariats reserviert, donnerstags trifft sich das Politbüro um 15 Uhr, meistens in einem Konferenzzimmer des Kremls, das unweit von Lenins altem Arbeitszimmer entfernt liegt. Westliche Beobachter in Moskau haben immer vermutet, daß ein unterirdischer Gang, ähnlich jenem zwischen dem Senatsbürogebäude und dem Kapitol in Washington, den Kreml mit dem Gebäude des Zentralkomitees verbindet.

Diplomaten und Korrespondenten, die — wie der Autor dieses Buches — im Ausländerghetto Kutusowski-Prospekt Nr. 7, zwei Häuserblocks von dem *dom Breschnewa* (Breschnews Haus) entfernt wohnten, konnten die Uhren nach dem starren Morgenzeitplan des Generalsekretärs stellen.

Nach seinen eigenen Worten ist Breschnew ein Mann, der sich leicht durch Besucher von seiner Arbeit ablenken läßt. Dem Chefredakteur der deutschen Illustrierten *Stern*, Henri Nannen, offenbarte er: ›Ich kann niemanden warten lassen. Wenn jemand in mein Vorzimmer kommt, kann ich drinnen in meinem Büro nicht mehr ruhig sitzen... Ich muß dann alles beiseite legen und mit dem Besucher sprechen.‹ Das ist ein Grund, warum Breschnew seinen Arbeitstag selten vor 22.30 Uhr beendet, und sogar dann nimmt er meistens eine Aktentasche voll Papiere und Dokumente zur Lektüre mit nach Hause. Zudem hält er sich ungern an einen strikten Zeitplan. Wenn ein Thema oder eine Unterhaltung ihn besonders interessieren, dann neigt er dazu, bis in die frühen Morgenstunden weiterzureden oder zu diskutieren. Mittag- und Abendessen nimmt er gewöhnlich in seinem Büro oder in einem der Speisesäle des Kremls oder des Zentralkomiteegebäudes ein.

Sein Büro im Kreml, neben dem Beratungszimmer des Politbüros, ist groß und nüchtern, ohne jeden Schmuck oder Hinweis auf seinen persönlichen Geschmack. Halb getäfelt, mit Seidentapete, einem riesigen Kristalleuchter und Bilder von Lenin und Marx, ist das Hauptmöbelstück darin ein moderner, überdimensionaler, mit Leder überzogener Schreibtisch. Breschnew sitzt mit seinem Gesicht zum Vorzimmer gewandt. Hinter ihm steht etwas, das wie ein Schrank mit Glastür aussieht, aber in Wirklichkeit ein Geheimeingang zu einem kleinen Ruhezimmer mit Bett, Fernseher und Telefonapparaten ist.

Breschnew gehört zu den Vertretern des ›sauberen Schreibtischs‹. Wichtige Papiere sind gewöhnlich in Heftern verstaut, die akkurat aufeinandergestapelt sind. Es gibt weder Krimskram noch Andenken: nur ein Kalender mit losen Blättern, auf Banknotenpapier gedruckt — wahrscheinlich mit seinem *richtigen* Geburtsdatum —, ein Luzithalter für kleine Notizzettel, eine kleine viereckige Messinguhr, eine Kartei und ein Federhalter mit Tintenfaß.

Natürlich ist auch ein Aschenbecher da, denn Breschnew ist — und zwar schon seit Jahrzehnten — Kettenraucher; einer von denen, die die neue Zigarette mit dem brennenden Stummel der letzten anzünden. Er benützt eine Bernstein-Zigarettenspitze, und sein stolzester Besitz scheint sein Zigarettenetui mit eingebauter Zeitsperre und Schloß zu sein. Wenn er das Rauchen etwas einschränken will, kann er mit der Uhr einrichten, daß sich das Etui erst nach einer bestimmten Zeit öffnet. Bei seinem Interview mit Pierre Durand von der französischen kommunistischen Tageszeitung *L'Humanité* im Oktober 1971 hatte Breschnew das Etui so eingestellt, daß es sich nur alle 45 Minuten öffnete. Dazu hatte er stolz erklärt: ›Gestern habe ich es fertiggebracht, mich so auf 17 Zigaretten pro Tag zu beschränken.‹

Aber dem *Stern* gegenüber gab er mit einem etwas verschmitzten, schuldbewußten Lächeln zu, daß er ›für Notfälle‹ eine Reservepackung in einer Schreibtischschublade bereithält. Während seines Besuches in Bonn konnte man beobachten, wie Breschnew unentwegt mit seinem verschlossenen Etui hantierte, vergebens nach Zigaretten in seiner Rocktasche suchte und sich dann verzweifelt von seinen Begleitern welche auslieh.

Breschnew sieht sich gern als Familienvater, und im Ganzen gesehen ist er das auch. Er und Wiktoria Petrowna, eine mütterlich aussehende Frau, die sich dem Rampenlicht fernhält und verwirrt reagierte, als eine Herde von Journalisten, Photographen und Kameraleuten im Mai 1972 über sie und Patricia Nixon herfielen, sind seit über 40 Jahren verheiratet. Angeblich übt sie einen sehr starken Einfluß auf ihren Mann aus. Selbst in jüngeren Jahren war sie wahrscheinlich äußerlich nicht besonders attraktiv, aber sie soll aus einer bourgeoisen Familie stammen und im Haushalt der Breschnews Maßstäbe gesetzt haben, welche die seiner proletarischen Erziehung weit überragten. Man sagt, daß ihr Geschmack in Einrichtungsfragen noch ein Spiegelbild ihrer Herkunft sei. Im Laufe der Jahre wird das auf Breschnew abgefärbt haben. So wird beispielsweise berichtet, daß er eine schöne Sammlung antiker Uhren besitzt, die er alle selbst wieder instandgesetzt hat.

Die halbe Zeit ihrer Ehe wohnte das Paar in dem gleichen, für hohe Parteifunktionäre reservierten Appartementhaus. Nach Moskauer Maßstäbe befindet er sich in einer ›noblen‹ Nachbarschaft. Die Wohnung ist jedoch sehr laut, denn der Kutusowski-Prospekt, der an der Moskwa am Fuß des Comecon-Wolkenkratzers und bei dem im Zuckerbäckerstil erbauten ›Ukraina‹-Hotel beginnt, ist die Hauptausfallstraße Richtung Westen nach Smolensk, Minsk und Polen. Von früh bis spät dröhnen Lastwagen entlang.

Die Breschnews teilen ihre Wohnung — drei Schlafzimmer, ein Wohnzimmer, ein Arbeitszimmer und eine Küche — mit einer großen Dänischen Dogge (die ein Leibwächter täglich spazieren führt), einer sibirischen ›Laika‹ und Breschnews Mutter Natascha, die mit 86, nach den Behauptungen ihres Sohnes, noch sehr rüstig auf den Beinen ist, die Zeitung liest, begeistert fern sieht und strickt. Auch Enkelin Wiktoria, die Tochter Galinas, wohnte dort, bis sie sich 1972 verheiratete. Jetzt ist Wiktoria selber Mutter und Breschnew stolzer Urgroßvater eines kleinen Mädchens, das wiederum Galina heißt. Kurz vor seiner Reise nach Washington im Juni 1973 ließ er sich sogar samt seiner Frau und dem Urenkel im Kinderwagen auf einer Moskauer Parkbank photographieren.

Breschnews engster persönlicher Freund soll ein ehemaliger Zirkusdirektor aus Dnjepropetrowsk sein. Die andern sind seine beiden Nachbarn Juri Andropow und Nikolai Schtschelokow, die unangemeldet kommen dürfen, sowie seine politischen Gefährten, die ›Mafiamänner‹ vom Dnjeprbogen. ›Tantchen Natascha‹ kennt einige seit jenen Tagen, als sie noch Kinder und Kommilitonen ihres ›Lonja‹ waren, wie Breschnew von ihr und seinen Kameraden genannt wird.

Wenn sie alle einmal Zeit haben — was, wie Breschnew klagt, nur selten der Fall ist —, dann spielt der Boß Küchenmeister, und es wird viel getrunken — auf gut russische Art.

Man könnte das als ein geradezu idyllisches Lebensbild des sowjetischen oberen Mittelstands bezeichnen, wenn es nicht durch die Probleme so vieler Apparatschikfamilien dieser Gesellschaftsklasse beeinträchtigt würde: durch das unsowjetische Gebaren der Kinder.

Neben Angelegenheiten der Partei und des Staats stellte seine Tochter Galina für Breschnew immer das schwerste Problem dar. Ihr Hang zu Männern vom Zirkus und ihre romantischen Eskapaden waren der Hauptgrund, warum Enkelin Wiktoria nicht von ihrer Mutter, sondern von Großvater Breschnew und seiner Frau erzogen wurde. Galina, das würden ihre Freunde und Bekannten in Moskau und bei der *Nowosti*-Presseagentur, wo sie arbeietet, sicherlich bestätigen, ist klug, talentiert und auf ihre etwas mollige Art attraktiv; aber die Mutterrolle lag ihr nie.

Im Vergleich mit ihr ist ihr Bruder, der 40 Jahre alte Juri, ein Muster an Wohlverhalten. Metallurgieingenieur wie sein Vater, hat er viele Jahre für V/O-Promsyrioimport, eine Unterabteilung des Ministeriums für Außenhandel, gearbeitet, die sich auf den Import von Rohmaterialien spezialisiert. Jetzt ist er ihr Leitender Direktor. Seine Frau Ludmilla ist zwei Jahre jünger als er; sie haben zwei Söhne: Leonid, 16 und Andrej, 11.

Juri hat schon ein Stück von der Welt gesehen. Er und seine Familie verbrachten drei Jahre in Stockholm, wo er der sowjetischen Handelsmission angehörte. Er hat zahlreiche Geschäftsreisen unternommen, darunter nach Österreich, England, Japan und Frankreich. Bei einem Besuch in Paris im Januar 1972 machte er selbst Schlagzeilen, als er den *Crazy Horse Saloon,* den bestbekannten und teuersten Strip-tease-Club in der französischen Hauptstadt, besuchte und dem Oberkellner angeblich ein Trinkgeld von 100 Dollar gab. Einige westdeutsche Zeitungen spielten die Sache hoch und behaupteten, Juri sei in Begleitung von fünf Strip-tease-Girls gewesen und habe sich unheimlich betrunken. Juri trinkt tatsächlich; aber an diesem Abend hat er sich durchaus schicklich verhalten. Überhaupt hatten ihn gar keine Mädchen begleitet, sondern nur vier weitere sowjetische Beamte der Handelsmission. Breschnew ist weder prüde noch besonders sittenstreng, aber die peinlichen Schlagzeilen und die Publicity wegen Juris außerdienstlichen Aktivitäten in Paris müssen daheim einen ganz gehörigen Familienkrach verursacht haben.

Breschnews väterlicher Zorn mag verständlich sein — doch ist er auch gerechtfertigt? Es geht nicht darum, daß der Sohn wie der Vater ist, sondern um die Tatsache, daß Juri, wie die Sprößlinge aller hochstehenden Apparatschiks, in einer Umgebung aufgewachsen ist, die für puritanische kommunistische Empfindungen einen Affront darstellen. Tatsache ist, daß Breschnew selbst Privilegien beansprucht, an die der sowjetische Durchschnittsbürger nicht einmal im Traume denken würde und die die erklärten Maßstäbe der kommunistischen Frugalität verletzen. Aber so ist es schon immer gewesen. Selbst zu Lenins Zeiten war die Mitgliedschaft in der Partei gleichbedeutend mit einem Essensgutschein, und das Parteibuch hieß ganz allgemein ›Brotkarte‹. Leonid Breschnew gehörte dieser Elite seit 1931 an und steht jetzt an ihrer Spitze. Regierungsdatschas, Limousinen zum Privatgebrauch, Dienerschaft, Ferienvillen am Schwarzen Meer und vor allem die Einkaufsberechtigung für Sonderläden des Zentralkomitees und des Kremls, wo die besten Sowjet- und die schönsten Importwaren zum Gestehungspreis oder darunter erhältlich sind — das waren schon seit beinahe zwei Jahrzehnten seine Privilegien. Er nimmt sie als selbstverständlich hin.

Falls Breschnew ein Gehalt bezieht, beträgt es wahrscheinlich nicht mehr als 1000 Rubel (etwa 4000 DM) im Monat — weniger als der Betrag, den er als Generalleutnant verdiente, jedoch annähernd achtmal so viel wie der durchschnittliche Monatslohn eines Facharbeiters oder Angestellten (122 Rubel). Um ein Gehalt geht es jedoch gar nicht, denn wie alle anderen Mitglieder des Politbüros und des Sekretariats ist Breschnew zu einem ›offenen Konto‹ bei der Staatsbank berechtigt. Davon kann er beliebig hohe Beträge abheben, ohne irgend jemandem Rechenschaft darüber geben zu müssen.

Natürlich hat er auf dem Politbüroreservat nahe dem Dorf Koltschuga — etwa 28 Kilometer westlich des Stadtzentrums von Moskau — einen Bungalow mit flachem Dach und Kamin im kalifornischen Stil. Das Sperrgebiet ist, wie die meisten Datschas der Elite, von einem drei Meter hohen Holzzaun und einer kleinen Armee grimmig dreinblickender Polizisten und Sicherheitsmänner umgeben, die die Zufahrtswege bewachen. Nach den meisten westeuropäischen oder amerikanischen Maßstäben würde man die Datschas nicht für luxuriös halten — bestenfalls oberer Mittelstand. Nach sowjetischen Kriterien sind sie aber der Inbegriff von Luxus.

Das trifft übrigens auch auf Breschnews Wohnung am Kutusowski-Prospekt zu. Nun sind Fünfzimmerwohnungen in Moskau keineswegs ungewöhnlich. Aber die meisten davon werden von fünf Familien bewohnt — eine Familie pro Zimmer —, wobei sich die ganze Wohngemeinschaft eine Küche und ein Bad teilen muß. Tatsächlich leben fast 30 Prozent der Bevölkerung von Moskau noch in solchen ›Gemeinschaftsunterkünften‹.

Selbstverständlich gibt sich Breschnew lieber bescheiden, als Wohlhabenheit herauszustreichen. Zu Bemerkungen über seine in aller Welt bekannte Eleganz und die Neigung zu teuren Anzügen sagte er einem Reporter in Bonn: ›Das stimmt ja gar nicht. Ich habe noch nicht mal einen guten Wintermantel. Als es letzten November zu dem Revolutionsfeiertag so kalt war, nähte mir meine Frau einen Persianerkragen auf meinen alten Mantel auf, damit ich auf dem Mausoleum bei der Abnahme der Parade nicht frieren würde.‹

Breschnews ›Autoflotte‹ ist jedenfalls legendär; und dazu kommt noch ein ganzer Park von Kreml- und Zentralkomitee-Limousinen, einschließlich ausländischer Fabrikate, unter denen er auswählen kann. Und was hat er Willy Brandt erzählt? O ja, er hat noch eine weitere Yacht, die größer ist als die, in der sie in Höhe von Oreanda kreuzten.

Die Tatsache, daß ein Kremlarzt die Wassertemperatur mißt, ehe Breschnew ins Schwarze Meer springt, kann als offizielle Besorgtheit um die Gesundheit des Parteichefs ausgelegt werden. Was immer der Grund sein mag: Breschnew hält es wahrscheinlich für die natürlichste Sache der Welt.

Tatsache ist, daß der Kommunismus in der Sowjetunion eine neue Oberklasse hervorgebracht hat, die sich ihrer Privilegien genauso erfreut und sie genauso eifersüchtig hütet wie die gute Gesellschaft während der Zarenzeit. Es ist ein außerordentlich hierarchisches System, wobei jeder Schritt die Leiter aufwärts größere und zusätzliche Vorteile mit sich bringt.

Breschnew dürfte sich kaum eine Vorstellung machen können von den überfüllten Gemeinschaftswohnungen, den andauernden Verknappungen, den endlosen Schlangen, der schäbigen unordentlichen Arbeit, den Kämpfen mit der Bürokratie, den kollektivisierten Urlaubsorten, der ärztlichen Versorgung und der an Armut grenzenden Eintönigkeit, mit denen die meisten seiner 250 Millionen Untertanen zu kämpfen haben.

Ein idealistischer, aber trotzdem kritisch eingestellter sowjetischer Journalist sagte einmal zu mir:

›Die Männer im Politbüro, genauso wie die Apparatschiks, die einige Stufen unter ihnen stehen, sind mehr von dem Volk dieses Landes isoliert als irgendeiner der Zaren oder Bojaren früher. Selbst auf der lokalen Ebene sind die Funktionäre zu enormen Privilegien berechtigt und haben nicht die leiseste Ahnung, wie der Rest des Volkes wirklich lebt.‹

Was macht Breschnew mit seinen Privilegien?

Er ist weder ein Intellektueller, noch hat er kulturelle Interessen, trotz Wiktorias bereits erwähnter jahrelanger Bemühungen, seine Interessen zu erweitern. Breschnew erzählte einmal laut seufzend einem französischen Interviewer, seine Besuche im Bolschoi-Theater seien offizieller Natur. ›Ich sehe *Schwanensee* gut zehnmal im Jahr‹, sagte er.

Breschnew ist Ingenieur, Techniker und er liebt technische Dinge: Fernsprechanlagen mit unzähligen Drucktasten, heizbare Swimmingpools, automatische Schiebetüren — das sind Sachen, die er Besu-Wagen gegen einen stahlblauen auszutauschen.

Er ist zweifellos ein Autonarr; eine Leidenschaft, die sein Sohn Juri mit ihm teilt. Breschnew würde, wenn er könnte, selbst in Moskau herumfahren. Das Protokoll und die Sicherheitsvorkehrungen erlauben das jedoch nicht. Aber er setzt sich immer dann ans Steuer, wenn es aufs Land geht. Er liebt die Technik und die Mechanik des Fahrens. Zu Pierre Durand von der *L'Humanité* sagte er: ›Wenn ich selber fahre, entspanne ich mich; ich erhole mich von allen Sorgen und habe den Eindruck, daß nichts schiefgehen kann.‹ Fast nichts. Als er das Geschenk der Bundesregierung, einen Mercedes 450 SCL, in Empfang nahm, setzte sich Breschnew sofort hinter das Steuerrad, und ehe seine sprachlosen Begleiter und Beschützer überhaupt reagieren konnten, brauste er alleine die Serpentinenstraße vom Hotel Petersberg in Richtung Rhein und Königswinter, fuhr auf einen Markierungsstein und riß die Ölwanne des teuren Wagens auf. Die Farbe des Autos — Silbergrau — hatte ihm sowieso nicht gefallen, und Werksvertreter waren sofort bereit, den Wagen gegen einen stahlblauen auszutauschen.

Breschnew ist ein Mann mit männlichen Vorlieben, wozu auch harte Western, schöne Frauen und steife Drinks gehören. Er kann Beträchtliches an Alkohol vertragen und nüchtern bleiben; zuverlässige Quellen weisen darauf hin, daß er guten armenischen Kognak selbst dem besten Wodka vorzieht: angeblich ein Ergebnis von Wiktorias Bemühungen, seinen Geschmack zu kultivieren.

Fußball ist sein Lieblingssport. Den Gerüchten zufolge hat das Sowjetische Fernsehen 1970 die Rechte für die Live-Übertragung der Fußballweltmeisterschaft in Mexiko auf Breschnews Betreiben gekauft. Zweifellos stöhnte er mit dem Rest des Landes, als Uruguay die Sowjetunion durch ein reines Glückstor aus dem Rennen warf.

In Moskau wurde der Beginn von Spielen bis zu 20 Minuten verzögert, damit Breschnew, der von Staats- oder Parteiaffären aufgehalten wurde, den Anstoß von seinem Logensitz aus miterleben konnte.

Breschnew ist jedoch mehr als ein bloßer ›Sitzzuschauer‹. Er nimmt am Sport teil. Er hat damit geprahlt, daß er vor dem Zweiten Weltkrieg ein Diplom als Fallschirmspringer erwarb, und sich beklagt, daß er nicht mehr die Zeit zum Springen habe. Das könnten auch die Sicherheitsmaßnahmen verhindern, selbst wenn ihm die Ärzte es gestatten würden. Im Sommer fährt er Rad und ist ein begeisterter Schwimmer. Im Winter läuft er Schlittschuh und macht, wie fast alle Russen, Langlauf-Skiwanderungen, wahrscheinlich in den schönen Wäldern um seine Datscha in Koltschuga.

Der Sport jedoch, der ihn am meisten begeistert und über den er schier endlos schwärmen kann, wenn ihn einmal jemand daraufhin anspricht, ist die Jagd. Er behauptet, alles — von Hasen in der Gegend um Moskau bis zu Bären in Kasachstan — geschossen zu haben. Sein Lieblingsjagdrevier befindet sich in Sawidowo, am sogenannten ›Moskauer Meer‹, einem künstlichen Stausee, der beim Bau des Moskau-Wolga-Kanals, etwa 130 Kilometer nordöstlich von Moskau, entstand.

Dort unterhält das Politbüro ein privates Jagdreservat von 34 260 Hektar, mit Jagdhütten und Gästehäusern. Angrenzend befindet sich ein Erholungszentrum, das ausländischen Diplomaten und Korrespondenten vorbehalten ist. Einmal hat Breschnew dort, wie er gegenüber Gästen gern erwähnt, an einem Tage sechs Eber geschossen.

Trotz all seiner Jagdgeschichten gefällt Breschnew sich aber auch als Wildheger. Wenn ein Besucher ihn daraufhin anspricht, ergeht er sich in langen und breiten Erklärungen über die Notwendigkeit, das Wild und die Umwelt zu schützen sowie über die bereits erbrachten Leistungen auf diesem Gebiet.

Obwohl es über Breschnews Gesundheitszustand immer wieder Gerüchte gegeben hat, besteht er darauf, vollkommen gesund zu sein, und meistens hat es auch den Anschein. Hat er wirklich einmal einen Herzanfall erlitten, dann leugnet er es und betont, die einzige Medizin, die er je genommen habe, seien Schlaftabletten. Leonid Breschnew leidet an Schlaflosigkeit.

›Wissen Sie‹, sagte er zu Durand, ›wenn man den ganzen Tag gearbeitet hat, wirbeln einem die Probleme, mit denen man tagsüber konfrontiert war, auch nachts noch im Kopf herum. Und in einem Land, das so groß ist wie das unsrige, gibt es wirklich Probleme. Wenn die Leute im Süden Sommerkleidung verlangen, müssen wir denen im Norden Pelzstiefel liefern. Es gibt kleine und große Dinge, Industrie und Landwirtschaft. Es gibt ein ewiges Auf und Ab. Sie alle erreichen uns. Wir müssen uns mit ihnen befassen und Lösungen finden. Auch die Außenpolitik erfordert viel Arbeit. Wir wollen Frieden auf der Welt, aber es scheint, daß nicht alle mit uns immer übereinstimmen.‹

Man fragt sich, ob Leonid Breschnew während seiner schlaflosen Nächte sich nicht manchmal Gedanken darüber macht, wie die Geschichte ihn und seine Staatsführung beurteilen und wie er bei einem Vergleich mit Chruschtschow abschneiden wird.

Die beiden Männer haben viel gemeinsam. Chruschtschow war ein Mann mit begrenzter formaler Bildung, Breschnew hat eine rein technische Ausbildung hinter sich. Beide haben die Schule der kommunistischen Partei durchlaufen. Die Partei vermittelte beiden eine Weltanschauung, die ihre individuellen Erfahrungen bekräftigten und deren einfache Grundsätze in den Reden dieser zwei Männer widerspiegeln: Der Kapitalismus ist ein System der Ausbeutung, dessen Tage gezählt sind; der Kommunismus repräsentiert die Zukunft, weil er ein überlegenes soziales und wirtschaftliches System ist, das die Massen von der Ausbeutung befreit und Wohl und Glück der ganzen Menschheit fördert; die Kommunistische Partei, die die Arbeiterklasse des alten Rußlands zum Sieg geführt hat, bildet ein Schema der Organisation und der Führung, das allein den Sieg des Kommunismus in weltweitem Maßstab garantieren kann.

Für Chruschtschow waren diese Thesen geheiligt und unangreifbar. Sind sie es auch für Breschnew?

Als einer von Stalins Stellvertretern war Chruschtschow an einen eifersüchtigen Herrn gekettet, der von allen, die ihm dienten, blinden Gehorsam und äußerste Unterwerfung forderte. Auch Breschnew diente gehorsam Stalin und dann Chruschtschow, der genauso eifersüchtig war und Gehorsam und Servilität verlangte. Alles deutet darauf hin, daß Chruschtschow unter den Beschränkungen litt, die ihm von Stalin auferlegt wurden; gleichzeitig erhob sich aber seine Stimme am lautesten im Chor zu Stalins Lobe, und niemand vertrat und verteidigte Stalins Politik eifriger als er. Ähnlich litt Breschnew unter Chruschtschow, aber nur wenige zeigten sich Chruschtschow ergebener als er, und wenige priesen und verteidigten Chruschtschows Kurs eifriger als Breschnew.

Chruschtschows Aufträge unter Stalin waren im wesentlichen auf den Parteiapparat beschränkt. Das gleiche kann von Breschnew unter Chruschtschow gesagt werden. Beide hatten, ehe sie an die Macht kamen, lediglich Erfahrung in der Provinz gesammelt, wozu gesagt werden muß, daß Breschnews Erfahrung bei Machtantritt weniger begrenzt als die Chruschtschows war. Als die Macht und das Ansehen der beiden Männer wuchsen, erweiterten sich auch ihre Interessen, und sie prägten allmählich der Außen- wie der Innenpolitik ihren persönlichen Stempel auf.

Hier hören eigentlich die Ähnlichkeiten auf.

Chruschtschow hatte Inspirationen. Er glaubte an Ideen und an deren Weiterentwicklung. Es mag zutreffen, daß er des öfteren opportunistisch handelte. Aber er war auch kühn, experimentierfreudig und gewillt, neue Richtungen einzuschlagen, obwohl er nicht immer den Preis und die Folgen einkalkulierte. Breschnew dagegen, mag er noch so umgänglich und einnehmend sein, mangelt es offenbar an Eingebungskraft. Mit großen Ideen, Theorien oder Dialektik beschäftigt er sich kaum.

Chruschtschows Vorstellungen mögen nicht immer realistisch oder praktikabel gewesen sein, er hatte aber unbestreitbar einen Sinn für das Historische und entwickelte klare Vorstellungen hinsichtlich des Wegs der Sowjetunion in die Zukunft. Breschnew dagegen hat nicht nur fast Chruschtschows ganzes Projektionsgebäude wieder abgetragen, sondern zeigt sich uninteressiert oder unfähig, neue Wege der gesellschaftlichen Entwicklung einzuschlagen. Die alten marxistisch-leninistischen Grundsätze und Dogmen hat Breschnew nicht abgeschrieben — aber zukunftsweisende Konzepte für die Weiterentwicklung des Kommunismus in der UdSSR hat er ebenfalls nicht entwickelt.

Leonid Breschnew zählt zum konservativen Lager. Sein einziges Ziel war bis jetzt die Erhaltung des Status quo.

Das stellte sich besonders klar heraus während der Krise in der Tschechoslowakei 1968. Die Unterdrückung des ›Prager Frühlings‹ und die Invasion gehören sicherlich zu den dunkelsten Epochen von Breschnews Karriere. Ihm fehlte einfach die Größe, um sich friedlich und konstruktiv mit der Herausforderung des ›Kommunismus mit menschlichem Antlitz‹ auseinanderzusetzen. Im Jahre 1968 hatte Breschnew versagt. Es sollte aber nicht das einzigemal sein.

Breschnew begann seine Amtszeit als Parteiführer, indem er die sowjetische Landwirtschaftspolitik umgestaltete. Seine Reformen haben den Bauern spürbare Verbesserungen gebracht, aber den Verbrauchern nur wenige. Wie das Erntefiasko von 1972 bewiesen hat, ist die sowjetische Landwirtschaft weder krisen- noch katastrophenfest. Trotz aller Investitionen und konzentrierten Bemühungen auf dem Agrarsektor wird dieser Wirtschaftszweig durch Untermechanisierung, Überbürokratisierung und allgemeine Patzerei des Managements ständig gebremst. Breschnews UdSSR hat die Schwelle von der Not zur ausreichenden Versorgung überschritten, aber vom Reichtum oder gar vom Überfluß ist sie noch um Jahrzehnte entfernt.

Die Wirtschaftsreform ist tot — ein Opfer des Erbes Stalin sowie des Zweikampfs zwischen Partei und Regierung. Mit ihr wurde auch die einzige Hoffnung auf echten wirtschaftlichen Fortschritt begraben. In seiner Verzweiflung griff Breschnew zu äußersten Maßnahmen, wandte sich aber dann schnell wieder dem Versprechen zu, mehr Konsumgüter zu produzieren. Beide Methoden schlugen fehl, denn sie waren im wesentlichen Lückenbüßer, die die wahre Natur des wirtschaftlichen Dilemmas nicht erfaßten: daß das System nämlich keinen Anreiz bietet und die Initiative erstickt. Infolgedessen schwankt der Zustand der Wirtschaft weiterhin zwischen ›glücklos‹ und ›chaotisch‹ und läßt die UdSSR in ihrem Bemühen, die Vereinigten Staaten, Westeuropa und Japan einzuholen, noch weiter zurückfallen, als das zur Zeit von Chruschtschows Sturz der Fall war.

Die technologische Kluft gegenüber den Industrienationen des Westens hat sich erweitert; Breschnews einziges Heilmittel, noch mehr Technologie im Ausland zu kaufen, übersieht dabei, daß diese Technologie zu dem Zeitpunkt, in dem sie angewendet werden kann oder angewendet wird, bereits wieder veraltet ist.

Trotz all seiner Anstrengungen, die Risse zu kitten, scheint die kommunistische Welt heute noch weniger heil zu sein als damals im Jahre 1965. Was zu Chruschtschows Zeiten noch höflich als das sowjetisch-chinesische Schisma umschrieben werden konnte, hat sich unter Breschnew am Ussuri zum offenen Kleinkrieg entwickelt. Die Konfrontation hat angedauert, sie hat Breschnew in eine Position der Schwäche gedrängt, in der er sich um Frieden und Verständnis im Westen bemühte. Es hätte ihm schlimmer ergehen können, denn der Westen forderte keinen Preis. Andere könnten jedoch eines Tages die Rechnung präsentieren: die unruhigen Völker Osteuropas und die völkischen Minderheiten der Sowjetunion selbst, die vielleicht in China den Schweif erkennen könnten, mit dem man den sowjetischen Hund wedeln lassen kann.

Breschnew war, soweit wir wissen, nie antisemitisch eingestellt. Es hat sogar Hinweise gegeben, daß er philosemitisch gewesen sein könnte — mindestens nach russischen Maßstäben. Das ändert jedoch nichts an der Tatsache, daß er in der Innen- wie der Außenpolitik einen Kurs verfolgte, der — welche Motive auch zugrunde gelegen haben mögen — das Weltjudentum der Sowjetunion entfremdete.

Wenn ihn die Geschichte einmal bewerten wird, werden in erster Linie seine Leistungen auf außenpolitischem Gebiet des Vorweisens würdig sein. In dieser Sphäre zeigt auch er eine gewisse Inspiration. Nachdem es ihm gelungen ist, die sowjetische Hegemonie über das osteuropäische Reich wiederherzustellen, scheint sein Hauptanliegen jetzt ein verbessertes Verhältnis zum Westen zu sein. Es als ›großes Konzept‹ zu bezeichnen, ginge sicherlich zu weit. Dennoch ist nicht zu bestreiten, daß sich unter ihm eine klar erkennbare, langfristige außenpolitische Linie entwickelt hat. In schlichten Worten sieht sie eine Erleichterung des militärischen Drucks und reduzierte Verpflichtungen in Europa und im Westen vor, um sich auf das Hauptproblem der sowjetischen Außenpolitik — China — zu konzentrieren. Ferner hofft Breschnew, durch verbesserte Beziehungen und erweiterten Handel Zugang zu westlichem Kapital, Industriepotential und zur Technologie zu erreichen.

Hier denkt er über Jahre im voraus. Während seines Besuches in Bonn im Mai 1973 wiederholte Breschnew des öfteren seine Vorstellung, daß langfristige Handelsabkommen und langläufige Vereinbarungen über wirtschaftliche und industrielle Kooperation und Gemeinschaftsunternehmen die bestmögliche Garantie darstellen, um die langfristige friedliche Koexistenz zu sichern.

Nach 25 Jahren des kalten Krieges gelang es ihm, die amerikanische Zustimmung zum Prinzip der strategischen Parität sowie die Anerkennung des europäischen Nachkriegs-Status-quo durch die Bundesrepublik zu erreichen. Willy Brandt — und in einem geringeren Ausmaß Richard Nixon — waren ihm dabei behilflich. Welche Rolle er selber beim Zustandekommen des Waffenstillstands in Indochina spielte — zweifellos ein Schlüssel zu der veränderten Weltlage der siebziger Jahre —, bleibt vorerst noch unbekannt.

Er hat zweifellos eine reifere, selbstsichere Sowjetunion auf die weltpolitische Bühne gestellt. Leonid Breschnew ist von Natur aus kein Mann, der mit dem Schuh auf den Tisch der Vereinten Nationen hämmern würde. Er hat aber auch eine Situation geschaffen, in der das Hämmern mit Schuhen nicht mehr nötig ist, die Aufmerksamkeit auf die UdSSR zu lenken. Breschnew ist der Erfüllung eines alten

Traums russischer und sowjetischer Führer nähergekommen: Moskau ist heute eine Macht — um Moskau gehen keine Wege mehr herum.

Gegen diesen unbestreitbaren Erfolg wird die Geschichte aber auch aufrechnen, daß Breschnew Stalins Geist in der Innenpolitik wieder ins Leben zurückrief.

Chruschtschow — aus welchem Grund auch immer — hatte wenigstens die *Hoffnung* auf eine Gesellschaft erweckt, in der die Menschen freier atmen, die Beamten Initiative zeigen konnten — ohne um die Folge fürchten zu müssen; in der das Band zwischen Partei und Volk gestärkt und die Autorität des Regimes eines Tages auf Legalität und Vertrauen statt auf Furcht gegründet werden könnten.

Breschnew hat diese Hoffnung zerstört. Am 25. September 1970, fast neun Jahre, nachdem Stalins Leiche aus dem Lenin-Mausoleum entfernt worden war, wurde eine drei Meter hohe Büste Stalins über dem Grab des toten Diktators an der Kremlmauer enthüllt. Ein Jahr später starb Chruschtschow. *Seine* Leiche wurde in einen obskuren Winkel des *Nowodewitschi*-Friedhofs verbannt. Beide Handlungen waren symbolisch.

Kulturell, intellektuell und im Bereich der menschlichen Freiheit hat die UdSSR unter Breschnews Herrschaft große Rückschritte gemacht. Die begrenzte Freiheit der Meinungsäußerung, die bis zu Chruschtschows Sturz vorhanden war, ist praktisch verschwunden. Die übertriebene Geheimhaltung wie zur Stalinzeit wurde teilweise wiederhergestellt. Das mußte Proteste und Widerspruch hervorrufen. Breschnew kannte darauf nur eine Antwort: Unterdrückung.

Unter Chruschtschows Regime öffneten sich die Tore der Zwangsarbeitslager, und die Gefängnisse leerten sich. Breschnew ist natürlich kein Stalin, und statt Terror auszuüben, hat er im wesentlichen nur damit gedroht. Unter ihm hat sich jedoch ein probeweises Tauwetter in einen neuen Frost verwandelt. Die Gefängnisse füllen sich wieder, und die Lagertore schlagen wieder hinter Tausenden Verzweifelter zu, deren einziges Verbrechen es war, auszusprechen, was sie dachten.

Breschnew hat nur ein Rezept für die intellektuelle Maladie: erhöhte Wachsamkeit gegenüber ausländischen Einflüssen und eine strengere ideologische Disziplin. Die Sowjetunion, die er eines Tages zurückläßt, wird ein unendlich traurigeres Land sein, als sie es zu Zeiten seines Machtantritts war.

An dem Tag, an dem Chruschtschow gestürzt wurde, bemerkte ein amerikanischer Besucher in Moskau, daß die Augen seiner Intourist-Führerin vom stundenlangen Weinen gerötet waren. Chruschtschow, so erklärte sie ihm, war um die Mitte der fünfziger Jahre dafür verantwortlich gewesen, daß ihre Familie aus einem Stalinschen Konzentrationslager befreit worden war.

Wer aber wird weinen, wenn Leonid Iljitsch Breschnew von der politischen Bühne abtritt?

Literatur- und Quellenverzeichnis

Adams, Arthur E., *Bolsheviks in the Ukraine*, Yale University Press, 1963
Alliluyeva, Svetlana, *Twenty Letters to a Friend*, London, 1967
Armstrong, John A., *The Soviet Bureaucratic Elite*, New York, 1959
Avtorkhanov, Abdurakhman, *Stalin and the Soviet Communist Party*, New York, 1959
Bialer, Seweryn (Hrsg.), *Stalin and his Generals*, New York, 1969
Breschnew, Leonid, *Auf Lenins Kurs*, 3 Bde., Moskau, 1970 bis 1972
Brzezinski, Zbigniew, *The Soviet Bloc*, Cambridge, 1967
Carr, Edward H., *The Bolshevik Revolution*, 3 Bde., London, 1952
Cash, Anthony, *The Russian Revolution*, London, 1967
Chruschtschow erinnert sich, 1971, Rowohlt, Reinbek b. Hamburg
Conolly, Violet, *Beyond the Urals*, London, 1967
Conquest, Robert, *Power and Policy in the USSR*, New York, 1967
—, *Rußland nach Chruschtschow*, Rütten & Loening Verlag, München, 1965
—, *The Great Terror (Am Anfang starb Genosse Kirow)*, London, 1968; Droste Verlag, Düsseldorf, 1970
Deutscher, Isaac, *Stalin*, London, 1966
Dornberg, John, *Deutschlands andere Hälfte*, Molden, Wien, 1969
—, *The New Tsars, Russia Under Stalin's Heirs*, New York, 1972
Fainsod, Merle, *How Russia is Ruled*, Cambridge, 1967
Fis, Teodor, *Mein Kommandeur, General Svoboda*, Europa-Verlag, Wien, Frankfurt, Zürich, 1969
Frankland, Mark, *Khrushchev*, Harmondsworth, Middlesex, 1966
Gray, Ian, *The First Fifty Years*, London, 1967
Gretschko, Andrej A., *Durch die Karpaten*, Moskau, 1971
—, *Kampf um den Kaukasus*, Moskau, 1970

Gruschewoi, Konstantin S., *Damals im einundvierzigsten Jahr*, Moskau, 1972

Kellen, Konrad, *Khrushchev, A Political Portrait*, New York, 1961

Kohler, Foy D., *Understanding The Russians*, New York, 1970

Kostiuk, Hryhory, *Stalinist Rule in the Ukraine*, New York, 1960

Krawtschenko, Viktor, *I Chose Freedom*, London, 1951

Leonhard, Wolfgang, *Nikita Sergejewitsch Chruschtschow*, Luzern, 1965

—, *Der Kreml ohne Stalin*, Verlag für Politik und Wirtschaft, Köln, 1959

Lewytzkyi, Borys, *Die rote Inquisition*, Societäts-Verlag, Frankfurt, 1967

MacDuffie, Marshall, *The Red Carpet*, New York, 1955

Manning, Clarence A., *Ukraine Under the Soviets*, New York, 1953

Manstein, Erich von, *Verlorene Siege*, Athenäum-Verlag, Bonn, 1955

Medwedjew, Roy A., *Let History Judge*, New York, 1971

Page, Michael, *The Day Khrushchev Fell*, New York, 1965

Pethybridge, R. W., *A History of Postwar Russia*, New York, 1966

Pirker, Theo (Hrsg.), *Die Moskauer Schauprozesse 1936—1939*, Deutscher Taschenbuchverlag, München, 1963

Pistrak, Lazar, *The Grand Tactician*, New York, 1961

Pidhainy, S. O. (Hrsg.), *The Black Deeds of the Kremlin. A White Book*, Bd. I, Toronto, 1953; Bd. II, Detroit, 1955

Schapiro, Leonard, *Die Geschichte der KPdSU*, S. Fischer Verlag, Frankfurt, 1962

Schwartz, Harry, *The Red Phoenix*, New York, 1961

Schtemenko, Sergej M., *Generalstab in den Kriegsjahren*, Moskau, 1969

Shawcross, William, *Dubček*, New York, 1970

Shub, Anatole, *An Empire Loses Hope*, New York, 1970

Sullivant, Robert S., *Soviet Politics and the Ukraine*, New York, 1962

Tatu, Michel, *Power in the Kremlin (Macht und Ohnmacht im Kreml)*, London, 1969; Ullstein, Berlin, 1968

Tigrid, Pavel, *Why Dubček Fell*, London, 1971

Vladimirov, Leonid, *The Russian Space Bluff*, London, 1971

Weit, Erwin, *Ostblock intern*, Hoffmann u. Campe, Hamburg, 1970

NACHSCHLAGEWERKE

Große Sowjetische Enzyklopädie, 3. Aufl., Moskau, Bde. 1 bis 9
Jahrbücher der Großen Sowjetischen Enzyklopädie, Jgg. 1959 bis 1970
Kleine Sowjetische Enzyklopädie, 3. Aufl.
Prominent Personalities in the USSR, 6015 Kurzbiographien führender Persönlichkeiten der UdSSR; Institut für Erforschung der UdSSR, München, Edward L. Crowley (engl. Sprache). The Scarecrow Press, Methuen, 1968
Morozow, Michael, *Das sowjetische Establishment*, Seewald Verlag, Stuttgart, 1971
Lewytzki, Borys, und Müller, Kurt, *Sowjetische Kurzbiographien*, Verlag für Literatur und Zeitgeschehen, Hannover, 1964

ZEITSCHRIFTEN UND ZEITUNGEN

Current Digest of the Soviet Press, Jgg. 1949—1972
Current History, Jgg. 1952—1965
Der Spiegel, Jgg. 1970—1972
Foreign Affairs, Jgg. 1922—1972
Harpers Magazine, April 1965
Iswestija, Jgg. 1950—1956
Kasachstanskaja Prawda, Jgg. 1954—1956
Neue Zeit, Moskau, Jgg. 1970—1972
Newsweek, Jgg. 1964—1970
Ost-Europa, Jgg. 1953—1970
Ost-Probleme, Jgg. 1952—1953
Prawda, Jgg. 1931—1941, 1946—1972
Problems of Communism, Jgg. 1953—1972
The New Leader, Jgg. 1956—1957
The New York Times, Jgg. 1921—1972
The Reporter, Jgg. 1956—1964
Slavic Review, Jg. 1970
Soviet Studies, Jg. 1967
Time, Jgg. 1964, 1968
Ukrainian Quarterly, Jgg. 1944—1972

Register

Achmatowa, Anna 123
Adschubej, Alexej 183, 198, 216, 219
Afonow, Iwan, 143
Ajub-Khan 227
Alexander III. 36
Alexandra, Zarin 43
Alexandrow-Agentow, Andrej M. 173, 281, 287
Alexandrows (vgl. auch Saporoschje) 19, 102
Alferow, Pawel N. 70, 165
Alijew, Geidar 279
Allardt, Helmut 284
Alma-Ata 143, 145, 149 ff., 154, 158, 167, 175, 177, 275
Anadyr 85
Andrejew, Andrej A. 98 f.
Andronow, Jona 84 f.
Andropow, Juri W. 19, 159, 229, 257, 281, 291, 295 f., 314
Axelbank, Jay 8, 27

Bahr, Egon 29, 284
Baikonur 195
Baku 222, 279
Beam, Jacob D. 310
Beljajew, Nikolai I. 167
Belgrad 251, 287
Berditschew 90 f.
Beregowoi, Georgij 255 ff.
Berija, Lawrenti 123 f., 130, 133 f., 136, 138 f., 229, 295
Berlin 87, 129, 297
– (Ost) 193, 240, 262, 285, 290
– (West) 283
Berlinguer 254
Bilak, Wasil 248, 261 f.
Blinow, A. R. 109

Bokasa, Jean 271
Bonn 25, 187, 204, 284 ff., 290, 295 ff., 316, 323
Brandt, Willy 15, 22 ff., 27 ff., 274, 283 ff., 290, 316, 323
– Rut 310
Bratislava (vgl. auch Preßburg) 91
Breschnew, Andrej 314
–, Galina 71, 110, 174, 313 f.
–, Ilja 36 f., 42
–, Jakow (Vater) 36
–, (Bruder) 37, 56
–, Juri 71, 314 f., 317
–, Ludmilla 314
–, Natascha 37, 313 f.
–, Wiktoria Petrowna 53, 56, 71, 92, 128, 160, 169, 174, 287, 313, 317 f.
Breschnew-Doktrin 249, 261
Brest-Litowsk 309
Bucharin 117
Budapest 237, 240, 260, 262, 268, 283
Bulganin, Nikolai 23, 123, 150, 158, 161, 164
Bukarest 251, 271, 273
Burmistenko, Michail 69

Ceauşescu, Nicolae 243, 251, 254, 273
Cernik, Oldrich 247 ff.
Chamberlin, William H. 62, 284
Charkow 61, 186, 208, 269
Chatajewitsch, M. M. 60, 63, 66 ff.
Chenpao → Damansky-Insel
Christian Science Monitor 62
Chrunow, Jewgenij 255
Chruschtschow, Nikita S. 7, 11, 12 ff., 17 ff., 21, 23, 26, 30 f., 52, 62, 65, 67 ff., 73 f., 80, 83, 87, 92 f., 97 ff., 103 f., 106 ff., 110, 116, 122 ff., 128 f.,

331

130 ff., 135 ff., 140 ff., 149 ff., 157 ff.,
177 ff., 193 ff., 207 ff., 214 ff., 221 ff.,
228 f., 232, 234 ff., 239, 243, 255,
265, 275, 279, 281 f., 287, 290,
293 ff., 297 ff., 303 f., 306, 320 ff.,
324 f.
- Nina 196
Churchill, Sir Winston 87
Čierná-nád-Tissoú 244

Damansky-Insel 259
Daniel, Julij 213, 232
Danzig 277
De Gaulle, Charles 227
Demitschew, Pjotr 217, 303 f.
Den Haag 150
Denikin 45, 47
Djamin, Nikita S. 136
Dnjeprowska Prawda 74
›Dnjepr-Mafia‹ 19, 69, 71, 107, 218, 281, 299
Dnjeprodserschinsk (vgl. auch Kamenskoje) 19, 36 f., 55, 63 ff., 71, 77, 87, 102, 107 f., 281, 299
Dnjepropetrowsk (vgl. auch Jekaterinoslaw) 80, 87, 92, 105 ff., 114 ff., 144, 221, 229 f., 281, 299, 314
Dolgich, Wladimir 294, 300
Dorticos, Oswaldo 197
Dosotheus 111
Dotzenko, Iwan 86
Dserschinski, Felix 46
Dubček, Alexander 18, 30, 91, 238 ff., 244 ff., 252, 260 ff.
Duevel, Christian 8
Duelles, John Foster 180
Durand, Pierre 317, 319
Dymschiz, Wenjamin E. 103, 105, 176, 221

Eisenhower, Dwight D. 170 f.

Fedosejew, Pjotr 289
Feoktistow, Konstantin 200
Filatow, A. P. 279
Frankfurter Allgemeine 14
Frankland, Mark 7
Furs, J. L. 281

Gagarin, Juri 188
Gagra 184 f.

Gandhi, Indira 288
Gastilowitsch, Anton I. 135
Gelendschik 85
Georgij 163
Gerö, Ernö 161
Glen Cove 191
Golikow, F. I. 173
Gomez, Manuel 235
Gomjol 302
Gomulka, Wladislaw 30, 187, 197, 243, 262, 276, 284
Gorban, B. A. 120
Gorjunow, Dimitri 219 f.
Gorki, Maxim 37
- (Stadt) 221, 293, 304 f.
Gorschkow, Sergej G. 134, 176, 291
Gromyko, Andrej 260, 284, 288, 295 f.
Gretschko, Andrej 20 ff., 80 f., 107, 134, 137, 161, 176, 230 f., 260 ff., 268, 291, 295 f.
Grigoriew 47
Grischin, Wiktor 232, 283, 302 f.
Gruschewoi, Konstantin S. 70 f., 107, 136, 281
Gruschezki, Iwan S. 70 f., 92, 176, 193, 281
Gwischiani, Dscherman 269

Hamm, Harry 14
Hanoi 203, 225
Harriman, Averell 187
Hitler, Adolf 77, 85, 284
Hitler-Stalin-Pakt 75, 113
Hodscha, Enver 236
Honecker, Erich 286
Ho Tschi Minh 225, 250
Hughes, Howard 309
Husák, Gustav 248, 262

Ignatiew, S. D. 131
Ignatow, Nikolai 173
Iljin 256
Iljitschew, Leonid 215, 217
Indra, Alois 248, 262
Iswestija 109, 198, 216, 219 f., 268, 309

Jakir, Jona 66
Jakowlew, Iwan D. 167
Jefremow, Leonid 269
–, Michail 221
Jegoritschew, Nikolai 232, 303

332

Jegorow, Dr. Boris 200
Jeschow, Nikolai 67 f.
Jekaterinoslaw (vgl. auch Dnjepropetrowsk) 19, 41, 45 ff., 71 f.
Jelisejew, Alexej 255
Jenjutin, Georgij 164
Jepischew, Alexej A. 136, 246, 262
Jerjomenko, Andrej 92, 135
Johnson, Lyndon B. 203, 231, 243
Junak, Iwan 281
Jusupow, Ismail 177

Kabardinka 85
Kádár, Janos 197, 243, 246
Kaganowitsch, Lasar 99, 104, 159, 162 f.
Kairo 225, 288
Kaiser, Robert 309
Kalinin, Michail 169
Kaluga 304
Kamenskoje (vgl. auch Dnjeprodserschinsk) 7 f., 19 f., 36 ff., 45 ff., 49 ff., 55 ff., 60 f., 63, 70, 107 f., 110, 160, 173, 285
Kapitonow, Iwan 126, 305
Karaganda 303
Karijnbajew, S. R. 149
Karlsbad 246
Katuschew, Konstantin 300, 304 f.
Kaschnikow, F. I. 115
Katherina die Große 36, 71
Keldysch, Mstislaw 23
Kennedy, John F. 186
Kerenski, Alexander 45
Kiew 35, 41, 44, 46 f., 61, 65 ff., 69 f., 83, 87 f., 97, 107 f., 110, 281, 290 f.
Kirilenko, Andrej P. 71, 80, 103 f., 108, 164, 185, 215, 226, 268 f., 281, 301
Kiritschenko, Nikolai 24, 161, 167 f., 170, 185
Kirow, Sergej 62, 65, 124
Kischinew 175
Kischinjow 111, 114 ff., 120, 128
Kissinger, Henry 26
Kleist, Ewald von 78
Kohler, Foy D. 13 f., 186
Kolder, Drahomir 248
Kolontschina 88
Koltschuga 316, 318

Komarow, Wladimir 195, 200
Kommunist 131, 219 f., 262
Kommunist Estouii 258
Konakri 175
Konjew, Iwan 129
Kopenkin, Alexej 85
Korengold, Robert 8
Korolkow, Juri 104
Korottschenko, Demjan 68, 70, 107, 161, 163
Kornijez, Leonid R. 70 f., 80, 107
Košice 91
Koslow, Frol R. 13, 131, 152, 162, 164, 171 f., 174 ff., 180 f., 184 f., 215 f., 275, 282, 303
Kossior, Stanislaw 66 f.
Kossygin, Alexej N. 11, 21 ff., 27, 80, 124, 128 f., 132, 164, 171 f., 181, 189, 197 f., 200 ff., 207, 209, 211, 217 ff., 227, 231, 245, 247, 250 f., 253, 258, 264 f., 267 ff., 277, 280, 284 f., 288 f., 294, 301 f.
Koucky, Wladimir 262
Kowal, Nikolai G. 115
Kowalow, Sergej 249
Krakau 197
Krawtschenko, Wiktor 56, 59 f.
Krawtschuk, Iwan 88
Krivoj Rog 36, 77, 107
Kruglak, Haym 8
–, Nathan 8, 38, 40 ff., 44, 50
Krylow, Nikolai 231
Kulakow, Fjodor 216, 283, 303
Kulikow, Wiktor G. 134
Kunajew, Dinmuchamed 132, 150 ff., 167, 177, 216, 226, 275, 283, 301, 303
Kursk 50, 53, 285
Kustanai 147 f.

Lange, Oskar 208
Lasarews 120
Lemberg 44, 92, 101
Le Monde 187
Lenin (Uljanow), Wladimir I. 12, 18, 21, 36 ff., 45, 52 f., 73, 127, 214, 232, 249, 258, 265, 267, 270, 275, 278, 285, 290, 299, 306, 315
Leningrad 62, 100, 124, 131, 163, 232, 256, 281

333

Leonow, Alexej 255 ff.
Levitan, Juri 275
L'Humanité 8, 317
Liberman, Jefsej 208 f.
Lin-Piao 250
Ljaschtschenko, Nikolai 135
Ljubtschenko, Panas 67 f.
London Evening News 271
Longo, Luigi 243
Louis, Viktor 271

MacDuffie, Marshall 97, 102
Machna, Nestor 47
Majak 209
Malenkow, Georgij 98, 100, 116, 123, 125 f., 128, 130, 133, 138 ff., 142 f., 150, 158 f., 161 ff., 210, 218, 279
Malinowski, Rodion 173, 230
Maljarewski, Jewgeni 76
Malow, Alexander 83
Manchester Guardian 61
Manstein, Erich von 87
Mao Tse-tung 203, 250
Marseille 16
Mascherow 226
Masurow, Kirill T. 164, 217, 220, 226, 268 f., 301 f.
Matjuschin, Fjodor S. 101
Mazkewitsch, Wladimir 207, 216, 294
Menexar, Otto 42 f.
Mesjatsew, Nikolai 268
Michailow, Nikolai 268
Mikojan, Anastas 123, 130, 168, 171, 185 f., 195, 197, 215, 223
Minsk 22, 37, 225, 268, 313
Mischuk, Sjonka 48
Mollet, Guy 160
Molotow, Wjatscheslaw 59, 67, 123, 130, 159, 162 f., 295
Moros 42, 48
Moskalenko, Kirill S. 134, 136
Moskau 12 ff., 16 f., 19, 21, 31, 54 f., 59, 65 ff., 70, 73, 76, 80, 87, 92, 97, 99, 101, 107 f., 110 f., 113, 115 ff., 125, 128, 136, 142 ff., 151, 159 f., 167 f., 171, 174, 177, 180, 184 f., 193 ff., 199, 202 ff., 213 ff., 220, 231 f., 234 ff., 239 ff., 246 ff., 255 f., 258, 262, 270, 272 ff., 276, 281, 283 ff., 289, 291, 295, 297, 302 ff., 313 f., 316 ff., 324 f.

Mschawanadse, Wassilij 215
Muggeridge, Malcolm 61

Nagy-Talavera, Nicholas 8
Naidenow, Pawel A. 106
Nasser, Abdul 225, 231
Neu-Delhi 288
New York Times 112, 114
Nikolajew 108
Nikolajew, Andrian 255 ff.
Nikolajewa-Tereschkowa, Valentina 255 ff.
Nikolaus II. 36 f., 43
Nikopol 107 f., 221
Nixon, Patricia 313
–, Richard 9, 21, 136, 159, 166, 216, 263, 290 ff., 295, 323
Nkrumah, Kwame 175
Nowikow, Ignati 107, 218
Nowoje Wremja 63, 84
Noworossijsk 87, 134
Nowosibirsk 279
Nowosti 264, 314
Nowotny, Antonin 196, 238 ff.

Odessa 136
Ogonjok 28, 103
Oreanda 16, 28, 316
Orjol 280
Orscha 53

Page, Michael 14
Palewski, Gaston 11, 195 f.
Paris 25, 174, 287, 314 f.
Partinaja Schisn 259, 262
Pasternak, Boris 159
Pawleko, Iwan 84
Pawlow, Georgij 107, 281
Pawlowski, Iwan G. 135
Peking 159, 180, 202 f., 236 f., 250 f., 259, 268, 281, 291
Pelsche, Arvid 226
Perwuchin, Michail 161
Petrograd (vgl. auch Leningrad) 46
Petrow 50, 63
Petrowna, Alexandra 43
Petrowski, Grigorij 67 f.
Pidhainy, Oleg 8
Pjöngjang 160, 203
Podgorny, Nikolai 18, 22 f., 171, 177, 185 f., 189, 194, 215, 221 ff., 225,

227, 229, 245 ff., 255 f., 268, 271, 279, 282, 288, 290
Poljakow, Wassili 215
Poljanski, Dimitri 171, 185, 255 f., 268, 273, 289, 294, 302
Ponomarenko, Pantelemjon 125, 142 f., 149 f., 217
Popow, N. N. 67
Postyschew, Pawel 63, 66, 68, 101
Potemkin, Grigorij 71 f.
Powers, Gary 169 ff.
Prag 84, 184, 239 f., 243, 249, 257 ff., 261 f.
Pramnek, E. K. 63, 68
Preßburg (vgl. auch Bratislava) 240, 244
Pompidou, Georges 22 f., 275, 287
– Madame 37
Ponomarew, Boris N. 159 f.
Prawda 22, 29, 58, 65, 75, 101, 104 ff., 108 f., 112, 120 f., 130 ff., 138 f., 147, 161, 185, 198 f., 208, 213 f., 219 f., 222 ff., 226, 228, 249, 253, 261, 264, 266 f., 269 f., 275, 278, 288, 309
Pugatschew 36

Rabat 174
Radhakrishnan 160
Radio Liberty 8
Radul, M.M. 115
Raschidow, Scharaf 280
Raymond, Jack 114
Ribbentrop, Joachim von 75
Reims 91
Romankowo 47
Rowanow, Alexej 268
Roosevelt, Theodore 87
Rostow 304
Rostow-am-Don 167
Rudakow, Alexander 215
Rumjanzew, Alex M. 219
–, Iwan 104
Rusakow, Konstantin 281, 291
Rykow 117

Sadat, Anwer 17, 288
Sadiontschenko, Semjon B. 70, 76
Samerzew, I. T. 78
Saporoschje (vgl. auch Alexandrowsk) 19, 35, 56, 71, 77, 80, 84, 101 ff., 115, 144, 164, 176, 299

Sawidowo 319
Schajachmetow, Schumabai 142 ff.
Schastri, Lal Bahadur 227
Schatalow, Wladimir 255
Schdanow, Andrej A. 98, 100, 105 f., 123 f., 129 f., 142
Scheel, Walter 296 f.
Schelest, Pjotr 23, 215, 246, 253, 270, 282, 290 f., 295 f.
Scheljepin, Alexander 18, 196, 216 f. 219, 221, 223 ff., 229, 231 f., 259, 268 ff., 300 f., 303
Scheltow, Alexej 132 ff.
Schitomir 83, 87 f., 90
Schoerner, Feldmarschall 91
Schtemenko, Sergej 129, 135, 212, 274
Schtokalo, Jossif S. 43 f., 49, 169
Schtschelokow, Nikolai A. 19, 71, 107, 116, 132, 229, 281, 314
Schtscherbakow, A. S. 129
Schtscherbizki, Wladimir 107, 132, 216, 268, 281, 283, 291, 301
Schukow, Georgij 123, 137, 163
Schwernik, Nikolai 169, 215
Sekou Touré 175
Semipalatinsk 145
Semitschastny, Wladimir 196, 217, 229
Semjonow, Wladimir 261
Sergejewitsch, Demjan 68
Serow, I. A. 161
Serpuchow 302
Shawcross, William 261
Shub, Anatole 260
Sihanouk 160
Siks, Ota 242
Simferopol 24
Sinjawski, Andej 213, 232
Sinowjew, Grigori 235
Sintschuk 57
SMERSH 82
Smirnow, Lew 218
Smolensk 313
Smrkovsky, Josef 247 ff.
Snetschkus, Antanas 126
Sofia 223
Sokolow, Tichon 269
Solomontsew, Michail 289, 294, 303 f.
Solotarjow 43 f.
Solowjow, Iwan 85
Solschenizyn, Alexander 182, 213

335

Sora 74
Sotschi 11, 193, 195 f.
Sowjetenzyklopädie, Große 20, 54
—, *Jahrbücher zur Großen* 54
—, *Kleine* 54
Sowjetischer Soldatenkalender 264
Spiridonow, Iwan 228
Stachanow, Alexej 74
Stalin, Jossif W. 12, 17 f., 20 ff., 28, 30, 52 f., 59 f., 62 f., 65 f., 68, 70, 74 ff., 80 f., 87, 92, 95, 97 ff., 105, 108, 110, 113, 115 ff., 121 ff., 133, 135, 137 ff., 143 f., 154, 157 ff., 162, 164, 166, 178 f., 182 f., 187, 189, 205, 209 f., 212 ff., 218, 226, 228, 232, 235, 238, 248, 275, 279, 282 f., 290, 296, 299, 306, 320, 322, 324
Stepakow, Wladimir 219 f., 275
Stepanow, Wassilij 219 f., 222
Stern 8, 297
Stockholm 260, 314
Strougal, Lubomir 261 f.
Süddeutsche Zeitung 27
Sukarno 160
Suslow, Michail 80, 125, 128, 164, 171 ff., 175, 180, 184 f., 189, 194, 196, 199, 220, 223, 229, 234, 237, 246, 252, 265, 268, 270 f., 289, 305
Svoboda, Ludvik 91, 240, 247 f., 261 f.
Swerdlow, Jakow 169
Swerdlowsk 53, 170

Taman 87
Tammany Hall 298
TASS 28 f., 65, 197, 219, 257
Taschkent 280
Tatu, Michel 168, 187 f.
Teheran 23
Thayer, Charles 12, 33
Tichonow, Nikolai 107, 221
Timoschenko, S. K. 82
Tirana 251
Tito, Jossif 23, 25, 160 f., 235, 243
—, Jovanka 160
Titow, Witalij N. 177 f., 215, 222
Tjaschelnikow 279
Tolstikow, Wassili 275
Tolstoi, Leo 37

Tokio 214
Trapesnikow, Sergej P. 115, 117, 212 f.
Trotzki, Leo 46, 48, 79, 81, 199
Tschebrikow, Wiktor M. 229 f., 281
Tschechow, Anton 37
Tscheljabinsk 303
Tschernenko, Konstantin U. 116 f., 164, 173, 281
Tschimkent 144
Tschou En-lai 202 f., 222, 250
Tuapse 85
Tula 281
Turczynski, Emanuel 8

Ulbricht, Walter 203, 240 f., 243, 246, **262, 285 f.**
Uljanow, Sascha 36
Uljanowsk 270
UNRRA 97, 99
Ussuri 203, 250, 259 f., 322
Ustinow, Dimitri 217, 220, 230 f.

Versailles 23

Waroschilowgrad 290
Warschau 143, 150, 197, 286
Washington 170, 204, 252, 269, 290, 313
Washington Post 260, 309
Watschenko, Alexej 281
Watutin, Nikolai 87
Werschinin, Boris 132
Wilson 112
Wladimir I. 35
Wladiwostok 309
Wolgograd 293
Wolkowitsch, Timofej 90
Wolynow, Boris 255
Woronow, Gennady 215, 264, 268 ff., 282, 289, 295 f., 304
Woroschilow, Kliment 123, 130, 169, 171

Zacharow, Matwej 263, 268
Zednik, Josef 243
Zinew, Georgij K. 230, 281
Zukanow, Georgij 107, 164, 173, 281
Zwigun, Semjon K. 229 f., 281